U0112283

Bilingual Classics

双语经典

人生的枷锁 上

〔英国〕威廉·萨默塞特·毛姆 著
刘永权 译

译林出版社

图书在版编目（CIP）数据

人生的枷锁：汉英对照 /（英）威廉·萨默塞特·毛姆（W. Somerset Maugham）著 ；刘永权译. -- 南京 ：译林出版社，2022.8
（双语经典）
书名原文：Of Human Bondage
ISBN 978-7-5447-9180-9

I.①人… II.①威… ②刘… III.①英语－汉语－对照读物②长篇小说－英国－现代 IV.①H319.4：I

中国版本图书馆 CIP 数据核字（2022）第 083271 号

人生的枷锁 〔英国〕威廉·萨默塞特·毛姆 / 著 刘永权 / 译

责任编辑 陈绍敏
特约编辑 杨红丹
装帧设计 鹏飞艺术
校　　对 刘文硕
责任印制 贺　伟

出版发行 译林出版社
地　　址 南京市湖南路 1 号 A 楼
邮　　箱 yilin@yilin.com
网　　址 www.yilin.com
市场热线 010-85376701
排　　版 鹏飞艺术
印　　刷 三河市中晟雅豪印务有限公司
开　　本 889 毫米 × 1194 毫米 1/32
印　　张 60
版　　次 2022 年 8 月第 1 版
印　　次 2022 年 8 月第 1 次印刷
书　　号 ISBN 978-7-5447-9180-9
定　　价 178.00元（上下册）

目　录

第一章

黎明的微光刺破了夜的黑暗与沉寂，彤云低垂，笼罩大地。空气中的阴冷寒气预示着就要下雪了。一位女仆走进房间，房间里正睡着一个孩子，她拉开了窗帘，机械地扫了一眼对面的房子，那是一幢带有门廊的灰泥粉刷的建筑。然后，她走到孩子的床前。

“快醒醒，菲利普。”她催促道。

她拉开被子，把孩子搂在怀中，抱着他下了楼，孩子还处在半睡半醒的状态。

“你妈妈想让你过去。”她说道。

她打开下面一层楼的一个房间的门，把孩子放到了房间里的一张床上，床上还躺着一个女人。女人是孩子的母亲，她伸出手臂，孩子依偎在她的身边。孩子没有问为什么要把他从睡梦中叫醒。母亲吻着他的双眼，一双瘦弱的手伸进孩子的白色法兰绒睡衣里，去抚摸他热乎乎的小身子。随即她把孩子揽得更紧了。

“你还困吗，乖宝贝？”她问道。

她的声音很微弱，像是从很远的地方传过来似的。孩子没有吭声，但开心地笑了。躺在这张温暖的大床上，被一双柔软的手臂拥着，他觉得非常开心。他尽力把身子缩得更小，依偎着妈妈，睡眼惺忪地亲了亲她。没过一会儿，他闭上眼睛，很快又睡着了。医生走了过来，站在床边。

“哦，先别把他抱走。”她呻吟着说。

医生没有说话，面色严肃地看着她。女人知道医生不会允许她再多留这孩子一会儿了，于是又一次亲吻了他。她用手轻轻地抚摩着他的小身子，一直摸到双脚，把孩子的右脚握在手中，摩挲着他的五个小脚指头，随后又慢慢地把手放到孩子的左脚上，开始啜泣起来。

“你怎么了？”医生问道，“你一定是累了。”

她摇了摇头，说不出话来，大滴的泪珠从脸颊上滑落。医生弯下腰去。

“让我把他抱走吧。”

她太虚弱了，无力反对，只好让医生把孩子抱走。医生抱起孩子，把他交给了保姆。

“最好把他放回自己的床上去。”

“好的，先生。”

仍在熟睡中的小男孩又被抱走了。此时，他的母亲伤心欲绝地啜泣着。

“以后他可怎么办呀，我可怜的孩子？”

临时雇来照顾产妇的护士想劝慰她，也许是精疲力竭了，她的哭声自动停了下来。医生走到了房间另一侧的一张桌子旁，桌子上有个死婴，身上盖着一条毛巾。他掀开毛巾看了看，尽管有一张屏风遮挡在他和产妇的床中间，但她猜到了他正在做的事。

“是个男孩还是个女孩？”女人轻声地问护士。

“是个男孩。”

床上的女人没吱声，过了一会儿，负责照料那孩子的保姆回来了。她走到床边。

“菲利普少爷一直没醒，睡得很香。”她说道。

房间里又出现了一阵沉寂。然后，医生又给他的病人诊了脉。

“我觉得此刻我待在这儿也无事可做，”他说，“早饭后我再过来。”

“我领您出去，先生。”孩子的保姆说。

他们默默地走下楼梯。在门厅里，医生停住了脚步。

“你已经派人去请凯里太太的大伯哥了，是吗？”

“是的，先生。”

“你知道他什么时候能到这里吗？”

“不知道，先生，我正在等他的电报。”

“那个小男孩怎么办？我觉得他最好不在场。”

“沃特金小姐说她会照看他的，先生。”

“她是谁？”

“孩子的教母，先生。您觉得凯里太太会好起来吗？”

医生摇了摇头。

第二章

一周以后，在沃特金小姐位于昂斯洛花园街区的家中，菲利普坐在客厅的地板上。他没有兄弟姐妹，所以也习惯了自己玩。客厅里摆满了巨大的家具，在每个沙发上都放着三个大靠垫，在每把扶手椅上也放着一个靠垫。他把所有的靠垫都收集起来，又把几把轻巧、便于搬动的镀金折叠椅子摆放在一起，搭成一个精巧的洞穴，然后自己藏身其中，以躲避他假想中的潜伏于窗帘后面的印第安人。他把耳朵贴到地板上，倾听野牛群在草原上狂奔的声音。就在这时，他听见门开了，他小心地屏住呼吸，以免被发现；但是一只手粗暴地把一把椅子拉开，靠垫也都掉在了地上。

“你这淘气包，沃特金小姐会生你气的。”

“你好，埃玛！”他说道。

保姆弯下腰亲了一下他，然后开始把靠垫抖干净，又把它们放回了原来的位置。

“我可以回家了吗？”他问道。

“是的，我就是来接你的。”

“你穿了件新衣裳。”

那是一八八五年，她里面穿了一件裙撑，外面是黑色的天鹅绒长裙，紧袖削肩，裙子上镶着三条大荷叶边，头上戴着有天鹅绒饰带的黑色无边帽。她迟疑了一下，原来以为小家伙会问的问题并没有被提出来，所以她原来准备的说辞没派上用场。

“你不打算问问你妈妈怎么样了吗？”她终于还是忍不住问道。

“哦，我忘了。妈妈怎么样了？”

现在终于等到这句问话了，她顿时来了精神。

“你妈妈一切都好，也很幸福。”

“哦，很高兴听你这么说。”

“你妈妈已经走了，你再也见不到她了。”

菲利普不知道她的话是什么意思。

“为什么再也见不到了？”

“因为你妈妈去了天堂。”

埃玛开始哭了起来，而菲利普虽然还不大清楚状况，但也跟着哭了起来。埃玛是一个个子很高、骨架很大的女人，一头金发，浓眉大眼。她的老家在德文郡，在伦敦谋生已经很多年了，可口音未改。她这一流泪更是情绪激动起来，把孩子紧紧地抱在胸口。她隐隐地对这孩子生出了怜悯之心，他被剥夺了这世界上唯一最无私的母爱。他要被交给陌生人去抚养，这想想都让人不寒而栗。但不一会儿，她就平静了下来。

“你的威廉大伯正等着要见你哩。”她说道，“去跟沃特金小姐说再见吧，我们要回家了。”

“我还不想说再见呢。”他说道，本能地想掩饰自己的泪水。

“好了，乖，赶紧上楼去拿帽子吧。”

孩子上楼拿了帽子，下楼的时候，埃玛正在门厅里等他。他听见从餐厅后面的书房里传来了说话声，于是停下脚步。

他知道一定是沃特金小姐和她姐姐正在和朋友聊天，他已经九岁了，似乎知道若是他走进房间，她们一定会为他感到难过的。

“我想我应该进去和沃特金小姐说声再见。”

“我想你最好还是去告个别吧。”埃玛说道。

“你进去告诉她们我马上进来。”他说道。

他希望能够充分利用这个机会。埃玛敲了敲门，走了进去。他听到她在通报。

“菲利普少爷想跟您告别，小姐。”

谈话声突然打住了，菲利普一瘸一拐地走进了屋。亨丽埃塔·沃特金是个面色红润、染着头发的胖女人。在那个时代，染发是招人议论的事，自从他的教母染了头发以后，菲利普在家里时可没少听见人们对此说三道四。沃特金小姐和她姐姐住在一起，她姐姐的岁数不小了，已经在安度晚年。屋里还有另外两位菲利普并不认识的太太正在做客，她们好奇地看着他。

“我可怜的孩子。”沃特金小姐一边张开她的双臂，一边说道。

她开始哭了起来。菲利普这时才明白为什么她吃午饭那会儿没出现，还有她为什么穿着一条黑色的长裙。她哽咽着说不出话来。

“我得回家了。”最后，菲利普说道。

他从沃特金小姐的怀抱中挣脱出来，她又亲了他几下。然后，他又向她的姐姐道了别。其中一位来访的太太问菲利普是否可以让她亲一下他，他一本正经地表示了同意。虽然他脸上流着泪，但对自己所激起的这场感伤还是颇为得意的。他本来还想多待一会儿，让大家把愁绪表现得更充分些，但是也觉出来她们希望他离开，所以他说埃玛还在等着他。他走出房间时埃玛已经下楼，到地下室和一个朋友说话去了，他在楼梯平台那里等着她。这时，他又听到屋里传来亨丽埃塔·沃特金的声音。

“他妈妈是我最好的朋友。我真的无法想象她已经不在人世了。”

“你真不应该去参加葬礼的，亨丽埃塔，”她姐姐说，“我知道那会让你伤心欲绝的。”

随后，其中一位来访的太太开口说道：

“可怜的小男孩，想到他一个人孤零零地生活在世上，真让人难过。我看见他还是个跛子。”

“是呀，他出生时有一只脚就是畸形，这让他妈妈操碎了心。”

这时埃玛回来了。他们叫了一辆马车，她告诉车夫他们要去的地方。

第三章

他们到了凯里太太去世时住的那幢房子——房子坐落在一条沉寂而又体面的大街上，位于肯辛顿区的诺丁山门和高街之间。埃玛领着菲利普进了客厅。他的伯父正在给那些送了花圈的人写致谢信。其中一个花圈在葬礼过后才送来，仍然放在纸板箱里，搁在了门厅的桌子上。

“菲利普少爷来了。”埃玛通报说。

凯里先生慢慢地站起身，和小男孩握了握手。想了想，他又弯下身子亲了亲孩子的额头。他的个头中等偏下，已经开始发福了，为了盖住渐秃的头皮，头发留得较长，向后梳着。他把胡子刮得很干净，五官端正，让人不难想到他年轻时可能一表人才。在他的表链上还挂着一个金质的十字架。

“从现在起，你就要和我生活在一起了，菲利普，”凯里先生说道，“你愿意吗？”

两年前，菲利普出了水痘之后曾被送到做教区牧师的伯父家里住过一阵子，但是现在他能记起来的只是一间阁楼和一个大花园，对伯父和伯母的印象反而模糊了。

“愿意。”

“你就把我和你路易莎伯母当作你的父母吧。”

孩子的嘴唇微微抖动着，脸也涨得通红，但没吭声。

“你亲爱的妈妈把你托付给我照料了。”

凯里先生不善言辞，说出这番话来也大费了一番周章。当收到弟媳病危的消息时，他立刻启程赶往伦敦。可在途中，他满脑子想的是，如果她死了，他就得承担起照顾她儿子的责任，他的生活就会被彻底扰乱。他年逾五十，和妻子结婚已经有三十年了，一直膝下无子，可一想到要抚养一个吵闹、粗野的小男孩，他非但没有丝毫喜悦，反而发愁犯难，而且他还一向不怎么喜欢他的弟媳。

“我打算明天就带你回布莱克斯达布尔。”他说道。

“和埃玛一起吗？”

男孩拉着埃玛的手，她也紧紧地攥着他的小手。

“恐怕埃玛必须离开我们。”凯里先生说道。

“可是我想让埃玛和我一起去。”

菲利普开始哭了起来，孩子的保姆也忍不住哭了。凯里先生有些不知所措地看着他们。

“我想最好让我和菲利普少爷单独待一会儿。”

“好的，先生。”

虽然菲利普紧紧抓着她，但她还是温柔地让他松了手。凯里先生把小男孩抱到他的膝上，用胳膊揽着他。

“别哭了，”凯里先生哄道，“你现在已经长大了，不需要保姆。我们也得考虑送你上学。”

“我想让埃玛跟着我。”孩子又在重复他的请求。

“那会花很多钱的，菲利普。你爸爸没给你留下多少财产，我也不知道怎么会这样，你必须仔细考虑着花每一个便士。”

凯里先生在前一天已经拜访过家庭律师了。菲利普的父亲是个小有成就的外科医生，在医院里的地位也很稳固，可在他患败血症突然去世以后，人们才惊讶地发现，他留给妻子的遗产少得可怜，只有一份人寿保险和靠出租布鲁顿街区房屋得到的收入。这是六个月前的事了；而凯里太太那时健康状况已经堪忧，还发现自己又怀了孩子，她也不好好盘算盘算，就把房子租给了第一个出价的人家。她把家具存放了起来，又租了一套带家具的房子，租期是一整年，在牧师看来租金高得离谱。她这样做可能是为了在第二个孩子出生前自己少遭点罪，但是她从来就不会好好理财，也不能量入为出，总是要么这样要么那样让钱财一点一点地从她的手指缝儿中溜走。所以，再看看现在，付完所有账单之后，还有不到两千英镑留给这孩子，这笔钱要用到他能自立养活自己为止。但凯里先生又不可能把这些话解释给菲利普听，后者还在抽抽噎噎哭个不停。

“你最好还是找埃玛去吧。”凯里先生说道，他觉得没人比她能更好地安慰这孩子了。

菲利普一言不发地溜下他伯父的膝头，但是凯里先生又拦住他。

“无论如何明天我们都要出发，因为在星期六我得准备布道文，你得告诉埃玛今天务必收拾好你的东西。你可以带上所有的玩具，如果你想带上你父母的遗物留个念想，你可以分别带上他们的一件东西。其余的所有物件都要被卖掉。”

小男孩悄无声息地离开了房间。凯里先生不太习惯案头工作，一肚子怨气地继续写信。在书桌的一边是一打账单，这些账单让他不胜其烦。尤其有一张更是荒唐透顶，那是凯里太太刚咽气没多久，埃玛马上从花店订了一大堆白色的花朵，摆在停放已故太太遗体的房间里，这纯粹是浪费钱财。埃玛总是自作主张，即使他们没有钱财之虞，他也要把她解雇。

菲利普找到了埃玛，把脸埋到她的怀中，伤心欲绝地哭着。而埃玛也几乎把他当成自己的儿子——他只有一个月大时，她就开始照看他了。她轻声细语地安慰他，答应会时常来看他，绝不会忘记他。给他讲他即将启程去的乡下，还有她自己在德文郡的家里的事情——她的父亲在通往埃克塞特的公路上当收费员；她老家的猪圈里还养了许多头猪；她家养了一头母牛，它刚生了一头小牛——直到菲利普破涕为笑，开始憧憬即将到来的旅程为止。不一会儿，她松开了抱着他的手，还有太多的事情要做，他帮着她把自己的衣服都放到了床上。她让他去儿童房里把自己的玩具收拾好，没过多长时间他就开心地玩了起来。

最后，他一个人待腻了，回到了卧室，埃玛已经把他的东西都放进了一个大箱子里。他还记得伯父说过他可以各挑一样东西来纪念父母。他把伯父的话告诉了埃玛，并问她他应该拿什么东西。

“你最好去客厅里看看什么中你的意。”

“可威廉伯父在那儿呢。”

“没关系的，它们现在都是你自己的东西。”

菲利普慢慢走下楼梯，发现门是开着的。凯里先生已经不在客厅了。菲利普慢慢地来回走动着。他们住在这幢房子里的时间不长，所以里面没有什么东西能让他特别感兴趣。实际上，这是一个陌生人的房间，菲利普看不出什么东西能中他的意。然而，他知道哪些是他妈妈的东西，哪些是房东的物品，很快，他的目光落到一个小闹钟上，他曾经有一次听见妈妈说她喜欢这个闹钟。拿着小闹钟，他又一次满面哀伤地走上了楼。在他妈妈卧室的门外，他停下脚步，静静地听着。虽然没人告诉他不能进去，可他自己有种感觉——贸然进去是不对的。他有一点害怕，心脏不舒服地怦怦跳着，同时又有一种冲动，迫使他把手放到了门把手上。他轻轻地转动门把手，好像怕让屋里的人听见似的，然后，慢慢地推开了门。他在门口站了一会儿,然后鼓起勇气走了进去。现在，他一点也不觉得害怕了，但是四周看上去很奇怪。他关上了身后的房门。卷帘已经拉了下来，一月午后清冷的日光照进了些，房间显得很暗。梳妆台上摆放着凯里太太的梳子和手镜，一只小盘子里放着几个发卡。在壁炉架上放着一张他的单人照片，还有一张他爸爸的照片。妈妈生前不在屋里的时候，他经常来这间屋子，但是现在屋子似乎变得不同了。椅子看上去也怪怪的。床铺得好像晚上有人要来睡觉一样，在枕头上放着一个盒子，里面是一件睡衣。

菲利普打开了一个大衣柜，那里面装满了衣服，他一抬脚踏了进去，张着双臂尽可能多地抱住一堆衣服，把脸埋进了衣服中间，他能在这些衣服上闻到他母亲身上的气息。随后，他又把抽屉拉开，那里也装满了他妈妈的东西，他凝视着它们：在亚麻织品中间夹着几个薰衣草袋，散发着沁人心脾的清香气味。房间里的陌生感消失得无影无踪了，他感觉好像妈妈只是外出散步去了，很快就能回来，然后再走上楼和他一起用儿童茶点。他甚至好像感觉到了她落到他嘴唇上的亲吻。

她和他永别了，这不是真的。这一切都不会是真的，因为这是不可能的。他爬上了床，把头枕到枕头上，静静地躺在那里一动也不动。

第四章

菲利普泪汪汪地和埃玛告了别，但是去布莱克斯达布尔的旅程让他情绪高涨起来，当他们到达目的地的时候，他已经变得听话和开心了。布莱克斯达布尔距离伦敦有六十英里远。把行李交给一名搬运工后，凯里先生就和菲利普一起步行向教区牧师住所走去，用了不到五分钟的时间，他们就到了。菲利普忽然记起了这扇大门，这是一扇装着五根栅栏并被漆成红色的栅门，两侧的门轴很灵活，能轻松地开关。虽然大人不许那样做，但悬在栅门上可以前后打秋千玩。他们穿过花园来到前门。这扇门只有在客人来访和每个星期天，或者在某些特殊的情况下，比如牧师要去伦敦或者从伦敦回来，才用得上。出入这幢房子通常只用另一扇侧门，而园丁和乞丐、流浪汉要进出房子，还有一扇后门。这所住宅相当高大，黄色的砖墙，红色的屋顶，大约建于二十五年前，是一种基督教堂的风格。前门很像一座教堂的门廊，而且客厅的窗户也是哥特式的。

凯里太太——菲利普的伯母，知道他们坐哪趟火车回来，正在客厅里等着，留意听着大门的响动。当她听见动静时，便急急向门口走去。

“这是你路易莎伯母，”一看见她，凯里先生忙说，“快跑过去，给她个亲吻吧。”

菲利普开始拖着他那只跛足，一瘸一拐地跑起来，然后又停了下来。凯里伯母和她丈夫的岁数一样大，是个身材瘦小、干瘪的女人，特别是她那张脸上满是深深的皱纹，还有一双淡蓝色的眼睛。她灰白的头发仍然按照年轻时的式样，把头发卷起来。她穿着一条黑色的长裙，唯一的装饰品是一条金质的链子，链子上挂着一个十字架。她的神态怯懦，声音柔和。

"你们是走回来的吗，威廉？"当她亲吻丈夫的时候，用几乎是嗔怪的口吻问道。

"我忘了这码事了。"做丈夫的一边回答，一边瞟了侄子一眼。

"你走路脚不疼吧，菲利普，是吗？"她关切地问着孩子。

"不疼，我经常走路。"

菲利普听了他们两人的对话，感到有点纳闷。路易莎伯母让他赶紧进屋，他们一起进了门厅。门厅地上铺着红黄相间的瓷砖，上面交替印着希腊十字架[①]和"上帝的羔羊[②]"像。一道气派的楼梯直通门厅，楼梯是用打磨得光亮的松木做的，散发着一种特殊的香味，牧师家里之所以能安装它们，是因为在教堂重新安设桌椅时，很幸运地剩下不少的木料。楼梯栏杆上装饰着象征四福音书作者[③]的图案。

"我已经把炉子生好了，因为我想你们在长途跋涉之后，一定会觉得身上很冷。"凯里太太说道。

厅里矗立着一个黑色的大炉子，通常只有在天气极寒和

---

① 希腊十字架，指的是四臂长度相等的十字架。

② 上帝的羔羊，指的是耶稣。

③ 即马太、约翰、马可和路加，他们写了四部介绍耶稣生平的书。这四位的象征图案分别是人、老鹰、狮子和牛。

牧师感冒时才会生火。甚至在凯里太太感冒时，它都不会被生起火，因为煤炭太贵了。再者说，玛丽·安——家里的女仆——也不喜欢屋里到处都生火。如果主人们想所有的炉子都生上火，那他们就要再请一位女仆了。在冬季，凯里夫妇都待在餐厅里，这样生一处火就足够了；在夏天，他们也无法把这个习惯改掉，所以凯里先生只在星期天下午在客厅里小睡一会儿。但是，在每个星期六，他会让人在书房里生火，以便他能舒服地写他的布道文。

路易莎伯母把菲利普带到楼上，领他进了一间很小的卧室,从卧室窗户向外望去,可以看见车道。窗前还有一棵大树，菲利普现在还能想起它，因为这棵树的枝条很低，可以顺着侧枝爬上树，甚至还可以爬得很高。

“小小房间睡小小孩儿，”凯里太太开着玩笑说，“你一个人睡觉不会害怕吧？”

“哦，不怕。”

菲利普第一次来牧师家时，身边跟着保姆，所以凯里太太根本不用为他操什么心,可现在她看着他有那么点手足无措了。

“你能自己洗手吗，还是我来帮你洗？”

“我自己能洗。”菲利普坚定地说。

“好吧，你下楼吃茶点的时候我会检查你洗干净了没有。”凯里太太说道。

她对怎么带孩子一无所知。当菲利普要被带到布莱克斯达布尔的事情定下来以后，凯里太太已经就如何对待他想了很多，她甚至有点急不可耐地想履行她的职责，可是现在他来了，她却发现自己在菲利普的面前，如同他在自己的面前一样羞怯不安。她希望他不是一个吵闹、粗野的孩子，因为她丈夫不喜欢那样的孩子。凯里太太找了个借口离开了，留下菲利普一个人待着，但是没过一会儿，她又回来了。她敲了敲门，没进屋，只在门外问他是否会自己倒水。然后她又下了楼，摇铃让仆人准备茶点。

餐厅挺大，结构也不错，两面都有窗户，窗户上还挂着厚实的红色棱纹平布窗帘。在房间的中央有一张大餐桌，在房间的一端摆放着一个气派的红木餐具柜，上面还镶嵌着镜子。一个角落立着一架小风琴。壁炉的两侧各放着一把印花的皮椅，椅背上还套着一块椅罩。一把椅子有扶手，被称为“丈夫椅”；另外一把没有扶手，被称为“太太椅”。凯里太太从不坐那把扶手椅，她说她更喜欢坐在不太舒服的椅子上，因为她手头总有很多事情要做，如果她的椅子有扶手的话，她的屁股可能就会粘在椅子上起不来了。

菲利普进来的时候，凯里先生正在往壁炉里添柴火。他跟他的侄子指出，在炉子旁有两根拨火棍：一根较大，锃光瓦亮，从未用过，他把它称为“牧师”；而另一根要小很多，显然经常用来翻动炉火，他把它称为“副牧师”[①]。

“我们在等什么？”凯里先生说。

“我告诉玛丽·安给你煮个鸡蛋。我想你旅途劳顿，一定饿了。”

凯里太太觉得从伦敦到布莱克斯达布尔一定很令人疲惫。她自己很少出门，因为牧师的薪俸一年只有区区三百英镑。当她丈夫想度假的时候，因为负担不起两个人的费用，他总是自己出门。凯里先生非常喜欢参加教会代表大会，通常每年都要设法去伦敦参加会议，他还曾经去巴黎参加过一次展览会，去过瑞士两三次。玛丽·安把鸡蛋端了上来，他

① 这里是双关语。在英语中，Curate 一词有两个含义：一个含义是“副牧师”，另一个含义是“拨火棍”。

们都落了座。椅子对菲利普来说太低，一时间，凯里先生和太太都有些不知如何是好。

“我去找些书来给他垫在下面吧。”玛丽·安说。

玛丽·安从小风琴的上面拿来一本大部头的《圣经》，还有一本祈祷书，牧师习惯从这本书里找些段落作为他的祈祷文。她把书统统放到了菲利普的椅子上。

“哦，威廉，他不能坐在《圣经》上呀，”凯里太太大吃一惊地说，“你就不能从书房里找些别的书给他垫上吗？”

凯里先生考虑了片刻。

“我认为如果你只是这次把那本祈祷书放到最上面，也没什么关系，玛丽·安。”他说道，“这本《公祷书》本来就是我们这些普通人编写的，称不上是神圣的权威之书。”

“我怎么没想到这一层，威廉。”路易莎伯母说道。

菲利普在书上坐了下来，牧师做完饭前祷告，把鸡蛋的尖头部分切了下来。

“给你，”他一边说，一边把这块鸡蛋递给了菲利普，“如果你愿意，你可以把这块吃了。”

菲利普本来想自己吃一个鸡蛋的，但是既然没有整个的鸡蛋，也就只能吃这一小块了。

“在我不在家的这段日子，母鸡下蛋的情况怎么样？”牧师问道。

“哦，很糟糕，每天只有一两只鸡下蛋。”

“你觉得那块鸡蛋的味道如何，菲利普？”他的伯父问道。

“很好，谢谢您。”

“星期天下午，你还会吃到一块的。”

凯里先生在星期天茶点时刻总会吃上一个煮鸡蛋，这样他就可以有充沛的体力做晚祷了。

第五章

菲利普渐渐熟悉了他要一同生活的这些人。从他们谈话的只言片语中，当然有些并非是有意说给他听的，他了解了不少有关自己和故去双亲的事情。菲利普的父亲比他在布莱克斯达布尔做牧师的兄长要小很多，他在圣路加医院实习的时候表现出色，于是被聘为正式员工，没过多久他的收入就相当可观了，不过他花钱也大手大脚的。当牧师打算修缮教堂时，曾向他的弟弟募捐，让他感到吃惊的是竟然收到了他弟弟好几百镑的捐款。而牧师生性节俭，精打细算，收到这笔钱时百感交集。他对他的弟弟能一下子捐出这么多钱来好生嫉妒，在为他的教堂感到高兴的同时，又隐隐为弟弟的大方感到郁闷和懊恼，因为这看起来几乎像是在炫耀。后来他的弟弟——亨利·凯里——娶了他的一个病人，一个身无分文的漂亮姑娘。这个姑娘是个孤儿，没有什么亲戚，但出身很好，婚礼上有一群很不错的朋友出席。牧师去伦敦的时候，总会去看望她，但觉得拘谨。和她在一起时，他有些胆怯，并且他在心里甚至会厌恶她绝美的容貌。作为一个勤勉的外科大夫的妻子，她的穿着打扮未免太过奢华，还有房子里的家具也很漂亮，即使在冬天，她也生活在花团锦簇中，这说明她是个奢侈浪费的女人，而这种品行是牧师所深恶痛绝的。他还听她谈到她要去参加宴会。他一回到家就跟妻子说，既然接受了别人的盛情邀请，就免不了有来有往地回请人家。他曾亲眼看见她家的餐厅里放着葡萄，这种水果肯定很贵，买上一磅至少得花八先令；而在午饭的时候，他还吃到了鲜芦笋，在他宅院的园子里，这种芦笋起码得两个月以后才能长成。现在一切正如他所料，件件都应验了，牧师甚至有种预言家的满足感，就像预言家看到城里的人由于无视他的警告，没有改邪归正，而导致整座城市被烈火和硫黄所吞噬一般。可怜的菲利普实际上也身无分文了，而他妈妈的那些不错的朋友现在能管什么用？菲利普听见有人说他的父亲挥霍无度，简直就是造孽。幸亏上帝慈悲，把他亲爱的妈妈不早不晚地给带走了。因为她也像个孩子一样，对钱财毫无概念。

菲利普在布莱克斯达布尔已经待了一周，这时发生了一件似乎让他的伯父很生气的事。一天上午，牧师在早餐桌上看到了一个小包裹，那是从已故的凯里太太在伦敦的地址转寄来的。上面写着她的地址。牧师打开包裹一看，里面有一打凯里太太的照片。全部是半身像，只照了头和肩膀，她的头发梳得比平时还要随意，刘海儿齐着额头，让她看上去与平常不太一样。她的脸庞瘦削，面容憔悴，但是病容并没有损害她的美丽。她乌黑的大眼睛里透出一抹哀伤，菲利普不记得她以前有过这种神情。乍一看到这位已故的女人的照片，凯里先生吃了一惊，但是这种吃惊很快又变成了困惑。这些照片似乎是最近才照的，但他想象不出是谁让拍的。

“你知道这些照片是怎么回事吗，菲利普？”他问道。

“我记得妈妈说她让人拍了照片，”菲利普回答说，“沃特金小姐还怪她来着……妈妈说：‘我只是想让我的儿子长大以后还能记得我的模样。’”

凯里先生看了菲利普片刻，这孩子用清澈的童音说着。他回忆着母亲当时的话，但是这些话的含义他还搞不清楚。

“你最好拿走一张照片，把它放在你的房间里。”凯里先生说，“我会把其他的照片收起来。”

他给沃特金小姐也寄了一张照片，她回了信，解释了这些照片是怎么拍的。

一天，凯里太太正躺在床上，但感觉比平常好点，早上来过的医生似乎也看到了她好转的希望。埃玛已经把孩子带出去玩了，女仆们也都在楼下的地下室里。突然间凯里太太觉得自己一个人在世上是多么孤苦伶仃，一种巨大的恐惧感涌上了心头，她担心这次的分娩会让自己再也醒不过来，虽然在半个月前自己还盼望着分娩的日子。她的儿子只有九岁，他还能记住她吗？一想到等他长大成人会把她忘掉，而且是彻彻底底地忘掉，她就无法忍受。她是那么一心疼爱他，因为他体弱多病，而且还有残疾，因为他是她身上的肉呀。自从她成家以来，大概有十年了，她还没自己照过相。她想让儿子知道自己最后的模样，那样他就不会忘记她了，不会完完全全地忘记自己了。她知道如果召唤女仆，告诉她自己想起床，女仆一定不会让的，也许还会派人去叫医生来，她现在没有力气去挣扎或者争辩。她强撑着下了床，开始穿衣服。卧床的时间太长了，她的双腿仿佛不是自己的，两只脚也是刺痛得几乎都无法站立，但是她还是咬牙坚持住了。她平时就不怎么习惯自己梳头，她抬起胳膊，开始费劲地把头发理顺，衰弱得快要晕过去了。她以前从不自己梳头，都是女仆帮她梳。她的头发十分美丽，一头金色的长发披肩，两道眉毛又直又黑。她穿上了一条黑裙子，但是挑了一件她最喜欢的晚礼服的紧身胸衣，是用白色缎子制成的，在当时很时髦。她端详着镜子中的自己，脸色苍白，可皮肤光滑洁净。她原来脸上就没什么血色，这使得她漂亮嘴唇的红色更加明显。她又忍不住哽咽起来。可现在还不能顾影自怜，这一折腾，她觉得体力已经快耗尽了。她穿上去年圣诞节亨利送给她的礼物——一件毛皮大衣。她得到这件礼物时，又开心又得意。她悄悄下了楼，心怦怦地跳着，顺利地离开房子，叫上一辆马车去了照相馆。她一共照了十二张照片，在摆姿势照相期间，她不得不叫人给她端了杯水喝；店员看出她正生着病，建议她改天再来照，可她坚持要把照片全部照完。终于照完后，她又坐车回到了位于肯辛顿区那幢昏暗的小房子，她对这幢房子可真是厌烦透了，想到自己会在这里面死去，简直觉得不寒而栗。

她发现前门大开着，当她坐的车过来的时候，女仆和埃玛跑下台阶来搀扶她下车。她们发现她的房间空无一人的时候，可是吓得不轻。刚开始，她们以为她去找沃特金小姐了，急忙派家里的厨娘去沃特金小姐家去寻她。结果沃特金小姐跟厨娘一块回来了，在客厅里焦急地等着。那时，沃特金小姐也走下楼来，满怀焦急和责备。凯里太太这个时候再也撑不住了，她强撑着的那股气力被抽干了，一下子瘫了下来。她重重地倒在了埃玛的怀中，被人抬到了楼上。她昏迷了一阵儿，对那些看护她的人来说，她昏迷的时间似乎漫长得不可思议，大家急忙派人去请医生，但医生没能过来。直到第二天，她好转一些了，沃特金小姐才从她口中知道了事情的原委。菲利普当时正在妈妈卧室的地板上玩耍，房间里的两位女士谁也没注意到他。他对两人的谈话似懂非懂，也说不清为什么那些话留在了他的记忆中。

“我想让这孩子长大后，有一些能想起我的东西。”

“我真不懂她为什么要照十二张，”凯里先生说道，“两张不就行了嘛。”

第六章

在牧师的宅子里，每天的生活似乎都是千篇一律的。

早餐刚毕，玛丽·安就会拿来《泰晤士报》，这份报纸是凯里先生和两位邻居合订的。他可以在上午十点到下午一点之间阅读它，然后园丁就会把报纸送到莱姆斯街区的埃利斯先生家里，埃利斯先生可以把报纸留到下午七点，之后报纸又会被送到住在庄园豪宅的布鲁克斯小姐家里，而她因为最晚读到报纸，所以拥有留下报纸的权利。在夏天的时候，凯里太太总爱做些果酱，经常会向布鲁克斯小姐要些旧报纸包那些瓶瓶罐罐。当牧师安静地坐下来看报纸时，他的太太会戴上帽子出去购物，而且还带上菲利普。布莱克斯达布尔是个渔村，只有一条繁华的街区，遍布着商店、银行、诊所、两三幢运煤船主的豪宅；而在港口的四周是一些破败的街区，那里的居民大多是些渔夫和穷人。他们只能去小教堂做礼拜，就说明他们是些无足轻重的小人物。当凯里太太在街上碰到一群非国教的牧师时，会忙不迭地去路的另一边走，以免跟他们打照面，但如果实在绕不开了，她会把眼睛紧盯着人行道，快步走过去。在繁华街区竟然矗立着三座非教区教堂，对于这档子丢人现眼的事，凯里牧师自是眼睛里揉不得沙子：他理所当然地认为法律早应该介入去阻止随随便便就设立教堂。这里有不少非国教的教徒，部分原因是教区以下的教堂距离小镇有两英里之遥。而凯里太太买东西时又只能和国教教徒打交道，所以对凯里太太来说在布莱克斯达布尔购物可不是件简单的事儿。她心知肚明，牧师家里人的购物偏好对于这些生意人的信仰选择可有举足轻重的作用。比如有两家肉铺，店主也都去教区教堂做礼拜，他们不明白牧师为什么不能同时跟他们两家打交道，他们也很不满意牧师简单的安排：上半年去这家肉铺，下半年再光顾另外一家。那家不能把肉送到牧师府上的店主常常会威胁不再踏足教区的教堂，于是牧师有时也不得不回敬一下，说他不去教区教堂做礼拜是一件大逆不道的事情，如果他继续在这条邪恶之路上走下去，转而去非教区教堂做礼拜，那么即使他铺子里的肉再好，凯里先生也绝不会再照顾他的生意。凯里太太经常在银行那里逗留一阵，以便把丈夫的口信捎给银行经理乔赛亚·格雷夫斯。这位格雷夫斯先生还兼任唱诗班的指挥、教堂司库和教堂执事。他的身材瘦高，面色蜡黄，大长鼻子，头发也已经全白了，在菲利普的眼中，他很老了。他保管着教区的账目，安排唱诗班成员和主日学校孩子外出游玩的一干事宜。虽然教区教堂里连一架风琴都没有，但他所指挥的唱诗班被公认是肯特郡最棒的，至少在布莱克斯达布尔的居民看来，确实如此。但凡有什么仪式，例如主教大人来施坚信礼[①]啦，或者乡村教区教长在收获感恩节来布道啦，他总要做些必要的准备工作。然而，他做事的风格却是独断专行，从不征求牧师的意见，哪怕是做做样子也不干。而牧师，虽然怕麻烦，但是对教堂执事这种对上司大不敬的行事风格也大为恼火。

① 坚信礼，一种基督教仪式。根据基督教教义，孩子在一个月时受洗礼，十三岁时受坚信礼。孩子只有被施坚信礼后，才能成为教会的正式教徒。

因为牧师本人真的把自己看作教区里最重要的人，所以不停地跟太太念叨，如果乔赛亚·格雷夫斯不收敛点，总有一天要给他点颜色瞧瞧。但凯里太太劝牧师还是要对乔赛亚·格雷夫斯迁就些：格雷夫斯的用意是好的，虽然表现得不像个地道的绅士，倒也不该责怪他。牧师最后还是采取了克制的态度，对自己践行了基督教的美德还聊以自慰，但是他私下里把教堂执事称为俾斯麦[1]，作为一种口头上的报复。

终于有一天这对搭档之间爆发了一场激烈的争吵，凯里太太一想到那段令人焦虑的时光至今还心有余悸。事情的起因是保守党的候选人宣布他有意在布莱克斯达布尔的集会上发表演讲，乔赛亚·格雷夫斯把演讲地点安排在了布道堂，然后去找凯里先生并告诉他，自己希望到时也讲上几句。显而易见，那位候选人已经请乔赛亚·格雷夫斯来主持会议了。这已经超过了凯里先生忍耐的底线了。他一直坚信对牧师职权的尊重丝毫不能含糊，如果牧师在场，却让一名教堂执事去主持会议简直可笑至极。他提醒乔赛亚·格雷夫斯，牧师是教区首屈一指的人物，那就是说，凯里牧师才是这个教区的首要人物。乔赛亚·格雷夫斯回敬道，他当然知道教堂中每个人的位置，但是这回是事关政治。他还反过来提醒牧师，救世主还曾严令教徒“恺撒的东西归还恺撒”[2]呢。对此，牧师回答说，魔鬼为了达到自己的目的也会引用圣经，而他自己才是唯一对布道堂如何使用说了算的人，如果不邀请他主持会议的话，他会拒绝把布道堂提供给一个政治会议使用。乔赛亚·格雷夫斯反击道，如果凯里先生一定要这么做那就

---

① 俾斯麦（Bismarck，1815—1898），普鲁士王国首相（1862—1890），德意志帝国宰相（1871—1890），容克贵族出身，以铁腕和专制著称。

② 出自《马可福音》，意思是说，世俗之人的事情归世俗人去管。

悉听尊便，他还可以把会议的地点安排到卫斯理公会的教堂，那里也同样合适。凯里先生则威胁道，如果乔赛亚·格雷夫斯胆敢踏进那个比异教徒的庙宇好不了多少的地方，他就不适合在基督教教区做执事了。乔赛亚·格雷夫斯一怒之下辞掉了所有教会职务，并在当晚派人去教堂取回了他的黑色教士长袍和白色法衣。替他管家的姐姐——格雷夫斯小姐——也辞去了母婴会秘书的职务，母婴会是向教区内贫穷的孕妇提供法兰绒衣服、婴儿衣服、煤炭和五先令救济金的教堂附属机构。凯里先生说这下子他终于可以当家做主了。但是很快他就发现自己不得不面对各种大事小情，而对如何处理又一无所知。乔赛亚·格雷夫斯在跟牧师发过火之后不久，就马上意识到自己已经失去了生活中的一项主要乐趣。凯里太太和格雷夫斯小姐为他俩之间的争吵更是犯愁。在慎重地通信交换过意见后，她们俩又见面商量，决心要把这矛盾化解开：她们从早到晚苦口婆心地劝说，一个劝自己的丈夫，另一个劝自己的弟弟。她们劝这两位绅士的话恰好都说到他俩心坎里去，两个人自己正磨不开面子哩。经过了令人焦虑的三个星期之后，两个男人又握手言欢了。这本来对他们双方都有好处，可俩人把它归因于对救世主共同的爱。最后，那场政治集会还是如期在布道堂举行，但主持会议的是医生，凯里先生和乔赛亚·格雷夫斯两人都讲了话。

凯里太太给银行经理捎完口信之后，通常会上楼和他姐姐聊会儿天，谈谈教区里的闲事儿，比如副牧师如何如何啦，或者威尔逊太太又买了顶新帽子啦——威尔逊先生是布莱克斯达布尔最有钱的人，人们说他一年至少有五百英镑的收入，他还娶了厨娘做老婆——在她们闲聊的时候，菲利普规规矩矩地坐在沉闷的客厅里，目不转睛地盯着鱼缸里游来游去的金鱼。这间客厅只有招待客人时才会使用，窗户大多数时间都是紧闭着的，只是在早上打开几分钟透透气，所以有一股霉味，这种气味让菲利普觉得它和银行业似乎有一种神秘的联系。

待一会儿后，凯里太太想起她得去买东西了，于是他们又继续上路。购完物后，他们经常会走到一条小街上，两边大多是木制的小屋，里面住着的是渔民（随处可见渔民坐在门口修补渔网，渔网挂在门上晾晒着），沿着小街可以走到一片小海滩上，海滩两边仓库林立，但是仍然能够看见大海。凯里太太会站一会儿，望着大海，海水浑浊，呈黄色（谁知道此时她在想什么），而菲利普在海滩上寻找着扁平的石头，用它打水漂。然后，他们再慢慢走回去，他们向邮局里张望，想看看几点钟了，接着又向医生的老婆威格拉姆太太点头致意，威格拉姆太太总是坐在自家的窗户前做针线活儿。最后他们才回家。

午餐在一点钟的时候吃。星期一、星期二和星期三午餐主要吃牛肉——有烤的、剁成肉丁和肉末的；星期四、星期五和星期六主要吃羊肉。在星期天，他们要吃一只自己养的鸡。每天下午，菲利普要学习功课，他的伯父教他拉丁文和数学，其实伯父对这两科也一知半解；他的伯母教他法语和钢琴，她自己对法语也几乎一无所知，但是对于弹钢琴，她还是懂一些的，足以给她唱的那几首过时的老歌配乐，那些歌她一唱就唱了三十年。威廉伯父常常跟菲利普提起，当自己还是副牧师的时候，他太太就已经把那十二首歌曲烂熟于心了，无论什么时候有人请她演唱，她立刻就能引吭高歌。当牧师家里举办茶会时，她还时不时地唱给大家听，不过凯里夫妇邀请到家里做客的人并不多，常光顾茶会的客人有副牧师、乔赛亚·格雷夫斯和他姐姐格雷夫斯小姐、威格拉姆医生和他太太。在喝完茶后，格雷夫斯小姐要弹一两曲门德尔松的《无词歌》，凯里太太会唱起《当燕子飞回家的时候》或者《跑呀，跑呀，我的小马》。

不过，凯里夫妇并不经常举办茶会。他们对准备工作不胜其烦，等客人走了以后，他们还得收拾屋子，那也让他们觉得精疲力竭。他们宁愿自己享用茶点，用完后再玩一会儿十五子棋。凯里太太总是想方设法让她丈夫赢棋，因为他太争强好胜了。他们在晚上八点钟时再吃点中午剩下的冷食，这顿饭总是凑合，因为玛丽·安在准备完茶点之后，就不愿再生火做饭了，凯里太太还得帮忙收拾碗筷。凯里太太的饭量很小，最多吃点面包加黄油，然后再吃点水果羹，不过牧师除了这些，还得再吃一片冷肉。晚饭刚一结束，凯里太太就摇铃让人送来祷告书做晚祷，而菲利普则要上床睡觉了。他不让玛丽·安给他脱衣服，经过一阵子的抗争，他成功地争取到了自己穿衣、脱衣的权利。在九点钟的时候，玛丽·安要拿来一盘子刚下的鸡蛋，凯里太太在每只鸡蛋上写下日期，然后把数字记到小本子上。凯里太太会把装鸡蛋的餐具篮挎在胳膊上，上楼把鸡蛋放好。凯里先生继续读着一本旧书，但当钟表敲响十点钟的时候，他会站起身，关上台灯，紧随太太之后上床睡觉。

菲利普刚来到这里时，在决定安排他应该在哪一天晚上洗澡的问题上，夫妇俩很是纠结。因为厨房的锅炉不太好用，要想有足够的热水绝非易事，不太可能在同一天安排两个人洗澡。在布莱克斯达布尔，只有威尔逊先生才有一间专门的浴室，人们觉得他财大气粗，故意炫耀。玛丽·安星期一晚上在厨房洗澡，因为她喜欢干干净净地开始一周的工作。威廉伯父不能在星期六洗澡，因为他第二天的任务繁重，洗完澡后他老是觉得有点累，所以他在星期五洗澡。基于同样的原因，凯里太太在星期四洗澡。这样看起来，星期六理所当然是留给菲利普洗澡的日子，但是玛丽·安说她不能在星期六晚上一直看着火，因为她星期天还有那么多事情要做：烧那么多饭菜，做那么多糕点，还有很多她也说不上来的事情，在周六晚上还要给一个孩子洗澡——显然他自己洗不了——她实在没有精力应付了。凯里太太觉得不太好意思给一个男孩子洗澡；当然牧师自己还要准备布道词，更没时间，但牧师坚持说菲利普应该一尘不染地迎接礼拜日。玛丽·安说她宁肯走人，也不愿意接受强加给她的差事——她在这儿已经工作了十八年，不能再给她增加负担了，主人们也应该体谅体谅她嘛。菲利普说他不想让任何人给他洗澡，他自己洗澡洗得好着呢。这事本来都这么定了下来。但玛丽·安说她敢打包票他自己洗不干净，与其让他脏兮兮的——不是因为这样出现在上帝的面前会显得不敬，而是因为她不能忍受一个洗不干净的孩子出现在她面前——就算是星期六晚上，就算是她干到累死，她也要给菲利普洗澡。

第七章

星期天，各种事情排得满满当当。凯里先生习惯说他是教区里唯一一个每周工作七天的人。

家里人要比平时早起半个小时。当玛丽·安在八点准时来敲门的时候，凯里先生总免不了一阵感叹——对于一名牧师来说，休息日是不可能睡个懒觉的。而凯里太太则要花更多的时间来穿衣打扮，她在九点钟的时候下楼吃早餐，为了比她丈夫早到一步，走得有点气促。凯里先生的靴子被放在炉火前烤暖一些。这一天的晨祷比平时的时间长，早餐也比往常丰富得多。早餐后，牧师要把面包切成薄片作为圣餐，而菲利普得到了削面包皮的特权。有时，牧师让菲利普去书房去取一块大理石的镇纸，凯里先生用它把面包压得又薄又软，然后再把面包切成小四方块。数量的多少视天气的状况而定。在天气很糟糕的日子，很少有人去教堂；而在天气相当晴朗的日子，虽然来的人不少，但很少有人留下来领受圣餐。当天气干爽，却还没到风和日暖的程度，走路去教堂不失为一件乐事，人们做完礼拜也不急着匆匆离去。这样的日子，领圣餐的人最多。

随后，凯里太太把圣餐盘从食橱里拿了出来，食橱立在食品储存室的边上，凯里先生用一块麂皮把盘子擦得锃亮。

十点钟，马车来了，牧师穿上靴子。凯里太太花了好几分钟戴她的帽子，在此期间，牧师穿着宽松的长袍，站在门厅里，脸上的神情好似一位即将被人领进竞技场的早期基督徒。结婚三十年了，他的太太在星期天早上依然没有及时准备停当，这是头一次，有点非同寻常。终于，她出来了，穿着黑色的缎子衣服。牧师不喜欢教士的太太平时穿着太花哨，每逢礼拜天他坚决要求自己的太太穿黑色。时不时地，凯里太太和格雷夫斯小姐暗地里合计，大胆地在帽子上插一根白色的羽毛或者一朵粉色的玫瑰，但是牧师态度坚决地让她拿掉，他说他可不会和一个穿红戴绿的女人去做礼拜。作为女人，凯里太太不禁叹息；作为妻子，她只得屈从。在抬脚迈上马车的那一刻，凯里先生突然想起来，早餐没人给他送来鸡蛋。他们知道他必须吃个鸡蛋才能声音洪亮，家里有两个女人，可没有一个能为他好好着想。凯里太太责怪玛丽·安，玛丽·安回敬说她不可能事事都想得那么周全。她急匆匆地跑去拿来了一个生鸡蛋，凯里太太顺手把它打进了一个雪莉酒杯中。牧师一口就把它吞咽了进去。圣餐盘被放进了马车，他们出发了。

马车是从“红狮”车行租的，车上有股特殊的发酸的稻草气味。马车前行的时候，两边的窗户紧闭，以免牧师受凉。教堂司事正候在门廊处等着拿圣餐盘。牧师进了法衣室，凯里太太和菲利普在牧师家属的长椅上落座。凯里太太在面前放了一枚六便士的硬币，她习惯把它放进圣餐盘里的，她还给了菲利普三便士，也让他派同样的用场。教堂的人逐渐多起来，礼拜也开始了。

菲利普在牧师布道时变得不耐烦起来，但如果他表现出烦躁不安的样子，凯里太太就会把手轻轻地放到他的胳膊上，目光充满责怪地看着他。当最后的赞美诗唱响的时候，他才又起了兴趣，而格雷夫斯先生在人群中传递着圣餐盘子。

大家都离开了，凯里太太走到格雷夫斯小姐的座位旁，在等男人们完事的间隙，她俩要说会儿话，菲利普则走进了法衣室。他的伯父、副牧师和格雷夫斯先生仍然穿着白法衣。凯里先生把剩下的圣餐给菲利普，告诉他可以吃掉这些面包。牧师原来习惯自己吃掉它们，因为如果把它们扔掉似乎有些亵渎上帝，现在菲利普的胃口正旺，由他代劳正可以免去自己的负担。然后，他们开始数盘里的硬币，有一便士的、六便士的、三便士的。还有两枚一先令的，一枚是牧师放到盘子里的，另一枚是格雷夫斯先生放的。有时，还会有一枚弗罗林[①]。格雷夫斯先生告诉牧师这是谁放的，对于布莱克斯达布尔的人来说，这个人比较陌生，凯里先生也想知道他到底什么来路。但是格雷夫斯小姐早已留意到了这人的冒失举动，而且能够告诉凯里太太这个陌生人来自伦敦，已婚而且有孩子。坐马车回家的路上，凯里太太把这些情况告诉了牧师，牧师决定前去拜访，请他为“编外副牧师协会”慷慨解囊。凯里先生还问了问菲利普的表现怎样，是否得体。可凯里太太一个劲儿地唠叨别的事：威格拉姆太太买了新斗篷啦，考克斯先生今天没来教堂啦，还有人认为菲利普斯小姐订婚啦。当他们终于到家的时候，都觉得他们应该吃上一顿丰盛的午餐。

午饭后，凯里太太回到自己的房间里休息，而凯里先生则躺在客厅的沙发上小睡一下。

他们在下午五点用茶点，牧师得吃一个鸡蛋，好让自己

① 弗罗林，英国在 1849 年首次铸造的面值两先令的银币。

在晚祷时能有足够的气力。凯里太太这回就不去教堂了，给玛丽·安一个机会，但是她在家里也诵读祷文，唱赞美诗。凯里先生在傍晚步行到教堂，菲利普一瘸一拐地跟在他身旁。在乡间小道上一路摸黑行走，给他留下了不可思议的深刻印象。在远处，教堂灯火通明，渐渐地教堂越来越近，似乎它也变得亲切起来。菲利普和伯父起初在一起还很羞怯，但慢慢地就跟伯父熟悉起来了，他用自己的小手拉着伯父的大手，有了一种受到保护的感觉，走路也变得更加轻松自在了。

他们回到家里吃了晚饭，凯里先生的拖鞋正放在火前的鞋凳子上等着主人，在旁边挨着的是菲利普的拖鞋。其中一只是正常的小男孩的拖鞋，另一只是畸形的、样子怪怪的拖鞋。菲利普上楼睡觉时累坏了，所以当玛丽·安给他脱衣服的时候，他丝毫没反抗。她给他盖好被子，吻了吻他。他也开始喜欢她了。

第八章

因为是独生子，菲利普过去的生活总是形单影只，所以他目前在牧师家里的生活并不比他母亲活着的时候孤独到哪去。他和玛丽·安交上了朋友。她长得胖乎乎的，个头不高，三十五岁了，是渔夫的女儿。她在十八岁的时候就来牧师府上干活儿了，这是她的第一份工作，也不打算再另谋高就。但是，她总是把可能嫁人作为随时挥舞的大棒，让她的男女主人心惊肉跳。她的父母住在港口街附近的一栋小屋里，她常常在晚上没事时去看望他们。她讲的关于大海的故事总能触发菲利普的想象，海港周围的狭窄街巷在他少年的幻想中变得丰富多彩、浪漫多姿起来。一天晚上，他央求玛丽·安回家时带上他，但是他的伯母担心他会染上什么毛病，他的伯父则说近墨者黑。牧师不喜欢那些渔夫，认为他们粗野鄙俗，还总去非国教的教堂。然而，菲利普觉得厨房远比餐厅更温馨舒适，无论什么时候，只要有机会，他就会带上玩具，在厨房里玩。他的伯母倒也乐见其成，虽然她认为小男孩没有不调皮捣蛋的，但她不喜欢凌乱，她倒宁愿他把厨房搞得一团糟。如果他坐立不安，他的伯父也会变得烦躁起来，说应该送他上学了。凯里太太觉得菲利普岁数还太小，不适合被送去上学，她还是有些心疼这个没娘的孩子。可是她努力想表现出对他的疼爱，结果反而弄巧成拙，这个孩子在她母爱泛滥时有些害羞，用闷闷不乐来回应，这让她感到无地自容。有时，她听见他在厨房尖着嗓门放声大笑，可她一走进厨房，他就突然变得沉默了。玛丽·安在解释刚才的笑话时，他的脸憋得通红。凯里太太对她所听到的笑话也没觉得有什么可笑，但是她还是硬挤出一丝微笑。

“威廉，他似乎跟玛丽·安待在一起要比和我们待在一起开心得多。”当她回屋做针线活儿时说道。

“大家都看出来了，这孩子没什么教养，他需要好好管教。”

在菲利普到这里的第二个星期天，他就不幸地闯了祸。凯里先生在午饭后跟往常一样，想在客厅里小睡一会儿。但他那天有点心情不好，睡不着。那天上午乔赛亚·格雷夫斯强烈反对牧师在圣坛上摆上烛台做装饰，这些烛台是凯里先生在特坎伯雷买的二手货，他觉得它们蛮不错哩。但乔赛亚·格雷夫斯说它们是罗马天主教才用的玩意儿，这样的奚落让牧师怒不可遏。那场宗教运动[1]开始时，他正在牛津，运动以爱德华·曼宁[2]脱离英国国教而告终。凯里先生本人对罗马天主教也抱有同情，而且他愿意把布莱克斯达布尔的

① 指牛津运动。牛津运动（Oxford Movement）是十九世纪中期由一些拥有英国牛津大学教职的神职人员发起的国教会的天主教复兴运动，又称书册运动。该运动主张恢复教会昔日的荣光和早期传统，保留罗马天主教的礼仪等。

② 亨利·爱德华·曼宁（Henry Edward Manning，1808—1892），英国天主教主教。牛津运动的一员，强调英国国教中的天主教传统，但抨击罗马教皇。1851 年改宗成为天主教徒。

低教会派[1]教区的教堂装饰得富丽堂皇些，不要像以前那样寒酸。在内心深处，他还渴望做礼拜时能有一排排点燃的蜡烛。但他坚决反对人们焚香，也不喜欢“新教徒”这个词，他把自己称为天主教徒，他常常说天主教徒得有个专门词汇，应该被叫作“罗马天主教徒”。其实英国国教才是最正统的天主教，这个术语给人以最完整、最崇高的感觉。他很自得地认为他的脸刮得很干净，让他看上去像一名天主教教士；在他年轻的时候，有一种苦行僧的劲头，给人的印象就更像了。他经常提到有一次在法国港口城市布伦的度假经历，那次由于经济拮据他的太太没有陪他去度假，当他坐在教堂里的时候，法国的牧师走到他跟前，邀请他布道。凯里先生坚持认为尚未领圣俸的副牧师应该独身，因此，他们一结婚，他就把他们都打发走了。在一次选举中，自由党人在他家花园的篱笆上用蓝色的大字写道：此路通向罗马。他怒火冲天，威胁要起诉自由党在布莱克斯达布尔地区的负责人。他已经下定决心了，无论乔赛亚·格雷夫斯说什么，他也绝不会把烛台从圣坛上移走，而且还气鼓鼓地嘟囔了几声“俾斯麦”。

突然，他听见一声出人意料的响动。他拿下遮脸的手帕，从正躺着的沙发上起身，冲到了餐厅。菲利普正坐在餐桌旁，他周围是一些砖头，他搭了一个奇形怪状的城堡，但是城堡底座部分有些缺陷，所以在一阵巨响之后，整个建筑轰然倒塌，成了一片废墟。

“你用这些砖头在搞什么名堂，菲利普？你知道在星期天是不准你玩游戏的。”

菲利普用惊恐的眼神看了他一会儿，跟往常一样，脸涨

① 低教会派，英国基督教圣公会中的一派，主张简化仪式，反对过于强调教会的权威地位。

得通红。

“过去我在家里时总这么玩。”他嗫嚅道。

“我敢保证你亲爱的妈妈绝不会允许你做这样的坏事的。”

菲利普不知道这是件坏事，但倘若知道是的话，他也不希望把这事和他妈妈连在一起，好像他妈妈同意他这么干似的。他耷拉着头，没有作声。

“你不知道在星期天傻玩儿是件非常非常坏的事情吗？你也不想想为什么星期天也叫休息日？你今天晚上要去做礼拜，可你在下午一直在违反上帝的戒律，你还怎么有脸面对你的造物主？”

凯里先生命令他把砖头马上搬到一边去，当菲利普搬砖的时候，凯里先生居高临下地看着他。

“你这孩子真是太淘气了，”他重复道，“想想你会让你可怜的母亲的在天之灵多难过呀。”

菲利普感觉自己快哭了，但他有一种天生的执拗，不愿让别人看见他的眼泪，所以他咬紧牙关，不让自己发出呜咽声。凯里先生坐在扶手椅上，开始漫不经心地翻看着一本书。菲利普站在窗户边，牧师的宅院离通往特坎伯雷的大路还有段距离，从餐厅的窗户可以看见一片半圆的草坪，再向地平线极目远眺，可以看到绿色的田野。羊群正在田野里吃草，天空凄迷而阴沉。菲利普觉得非常悲伤。

没过多久，玛丽·安进屋来摆放茶点，路易莎伯母也从楼上下来了。

“你午觉睡得还好吧，威廉？”她问道。

“不好，”他答道，“菲利普折腾的动静太大，我连眼也没闭一下。”

这话说得并不确切，他睡不着是由于自己的心事。菲利普闷闷不乐地听着，心里想：自己只弄出了一声响动，在此之前或之后，他伯父没有道理睡不着觉呀。凯里太太问了问缘由，牧师叙述了事情的经过。

“他甚至没有说声对不起。”牧师用这句埋怨作为结束。

“哦，菲利普，我肯定你会觉得很抱歉。”凯里太太说道，生怕这孩子给他伯父留下不必要的坏印象。

菲利普没回答，他继续大口嚼着黄油面包。他不知道，在他身体里有种什么样的力量阻止他做出任何歉意的表示。他觉得耳朵里嗡嗡作响，又开始有点想哭了，但是还是一句话也不说。

“你大可不必耷拉着脸，让事情变得更糟。”凯里先生愠怒地说。

在一片沉默中，大家用完了茶点。凯里太太不时地偷偷看一眼菲利普，但牧师故意不理睬他。菲利普看见伯父上楼做去教堂的准备，过一会儿他就会去门厅拿上他的帽子和外衣，不过当牧师下楼时看见菲利普却说道：

“我希望你今晚别去教堂了，菲利普。我认为你没有端正的态度，不适合进入教堂。”

菲利普还是没有说一个字。他觉得那是对他深深的羞辱，他的脸颊又涨红了。他默默地站起身，看着他伯父戴上宽檐帽，穿上肥大的长袍。凯里太太同往常一样一直把他伯父送到门外。然后，她转向菲利普，说：

“没关系的，菲利普，下个星期天你一定会是个乖小孩的，对吗？这样你伯父就会在傍晚带着你一起去教堂的。”

她脱掉他的帽子和外套，把他领进了餐厅。

“你愿意跟我一起祷告吗，菲利普？然后我们一起伴着小风琴唱赞美诗。你愿意吗？”

菲利普坚决地摇了摇头。凯里太太吃了一惊。如果他不和自己一起做晚祷，她就不知道拿他怎么办了。

“那在你伯父回来之前，你想做点什么呢？”她无奈地问道。

菲利普终于打破了沉默。

“别管我，就让我一个人待着。”他说道。

“菲利普，你怎么能说出这种没良心的话？你难道不知道你伯父和我是一心为着你好吗？你难道一点都不爱我吗？”

“我恨你，希望你去死。”

凯里太太倒吸了一口凉气。他说的话那么恶毒，着实吓了她一大跳。她一时说不上话来，一屁股坐在她丈夫的扶手椅上。她想到自己倾注心血疼爱这个无依无靠的跛脚小男孩，也满心渴望能得到他的爱——她是个不能生育的女人，虽说这很显然是上帝的旨意，她注定没有子嗣，但当她看到小孩时，还是忍不住心如刀割，此时她的心就在痛——眼眶中盈满了泪水，一滴一滴地，慢慢从她的脸颊滑落。菲利普惊愕地望着她，见她拿出自己的手绢，放声大哭起来。菲利普猛地意识到她是因为自己的话而大哭，内心充满了歉意。他一声不吭地走到她身边，亲了她一下，这是头一回他主动亲她。可怜的女人，她黑缎袍子下的身体瘦小干瘪，面色蜡黄，盘起的发髻看上去很可笑。她把小男孩抱上膝头，用双手搂着他，哭泣着，好像她的心已经碎了。然而，此时她的泪有一半是欢喜的泪水，因为她觉得和孩子之间的陌生感已经消失。她现在用一种全新的爱去爱他，他让她感到痛楚。

第九章

在接下来的那个星期天，牧师正在准备去客厅午睡——他一生中所有的行为都像举行仪式一般，一板一眼——凯里太太正打算上楼，菲利普问道：

“如果不让我做游戏玩，我要干点什么？”

“你就不能安静地坐一会儿？”

“我不能就这样一动不动地坐到用茶点的时候啊。”

凯里先生向窗外看去，天气又阴又冷，他不能叫菲利普去花园。

“我知道你能做什么了，你可以把今天的祷文选段背诵一部分。”

凯里先生把平常祷告用的祈祷书从小风琴上拿了下来，翻到他想要找的那一页。

“不长，如果你能一字不差地背下来，到用茶点时我可以把我的鸡蛋尖儿给你吃。”

凯里太太把菲利普的椅子拉到了餐厅的桌子旁边——他们现在已经给他买了一把高椅子——把书放到了他面前。

“魔鬼总是会让游手好闲的人干坏事的。”凯里先生说道。

他往火上又压了几块煤，这样在他进来喝茶时，火苗会烧得正旺，然后他又进了客厅。他松了松领口，整理了一下靠垫，让自己舒舒服服地躺到沙发上。因为想到客厅有点冷，凯里太太从门厅里给他拿来了一条小毛毯，把它盖到他的双腿上，然后又裹住他的双脚。接着她又把窗帘拉上，免得阳光晃他的眼，看见他已经眯上了双眼，就蹑手蹑脚地走出房间。牧师今天倒是心平气和，不到十分钟就睡着了，还打起了轻轻的鼾声。

这是主显节[①]过后的第六个星期天，祷文选段的开头是这样一段话：

> 噢，主呀，受到保佑的圣子已得到神启，他可以摧毁魔鬼的所为，使我们成为主的儿子，成为永恒生命的继承人。

菲利普读了一遍，但不明白是什么意思。他开始大声地诵读出来，可根本不懂说的是什么，在他看来，这些句子的结构都很古怪。菲利普在脑子里死记硬背不超过两行，他总是走神：牧师宅院沿墙种着很多果树，有一根长长的枝条不时地抽打着窗户框；羊群在花园远处的田地中麻木地吃着青草。他脑子里似乎是一团糨糊，就是记不住正在看的东西。过了一会儿，恐惧又涌上他的心头：到了用茶点的时候，他要是还记不住可怎么办？他嘴里继续快速地念念有词地背诵着，他还是不能理解这些话的意思，但也顾不了那么多了，他得囫囵吞枣地把这些词句装到脑子里。

凯里太太那天下午也没睡着，到四点钟的时候，她干脆起床来到楼下。她想在菲利普给他伯父背诵祷文选段之前，

① 主显节，庆祝耶稣向世人显现的节日，为每年的1月6日。

先听他背一遍，以保证到时他不会出错，那样他伯父也会高兴，会觉得这孩子把心思用对了地方。但是当凯里太太走到餐厅的门边，刚要进去的时候，听到的声音让她突然止住了脚步，心猛地揪了一下。她转过身，悄悄地走出了正门，围着房子转了个圈，来到餐厅的窗户外，小心翼翼地往里探视。菲利普仍然坐在她给安排的那把椅子上，但是他趴在桌子上，把头埋在了双臂中间，正伤心欲绝地抽泣着。她看见他的肩膀在一耸一耸地动着，这可把凯里太太吓坏了。让她吃惊的是这孩子平时给她的印象总是很镇静，她从没见他哭过。现在她意识到他的镇静是一种本能的反应——他在别人面前耻于表露自己的感情，但在没人的地方却偷偷哭泣。

她不假思索地闯进了客厅，丝毫没考虑她丈夫不喜欢突然被人叫醒。

“威廉，威廉，”她喊道，“那孩子正哭呢，好像非常伤心。”

凯里先生坐起身，把两条腿从紧裹着的小毛毯里抽出来。

“他为什么哭？”

“我不知道……噢，威廉，我们不能让这孩子难过。你觉得是我们哪儿做得不对吗？要是我们有自己的孩子，就知道该怎么办了。”

凯里先生困惑不解地望着她，觉得自己也特别无能为力。

“不会是因为我让他背祈祷文他才哭鼻子的吧，我让他背的都超不过十行。”

“你觉得我是不是应该拿几本图画书给他看看呀，威廉？有几本关于圣城的图画书。这么做没什么不妥吧。”

“挺好，我没意见。”

凯里太太走进书房。收集书籍是凯里先生唯一热衷的事情，他每次去特坎伯雷总要花上一两个小时在二手书店里，每次都会带回来四五本散发着霉味的书。可他又从不读它们，因为他早就没有读书的习惯了，但是他喜欢翻书，如果书中有插图的话，他喜欢看图画，而且喜欢修补坏了的旧书封面。一到天下雨的时候，他就可以心安理得地待在家里，用蛋清调上一锅胶水，花上一下午的时间修补已经开了胶的四开本的俄罗斯皮革制的封面。他收藏了很多本古代游记，里面有钢板雕刻画的插图，凯里太太很快找到了两本描述圣地巴勒斯坦的游记。进客厅之前，她故意在门口咳嗽了一声，好让菲利普有时间恢复平静。她觉得如果在他哭的当口贸然进屋，他会感到难为情的。然后，她又嘎嘎地转了几下门把手。当她进屋的时候，菲利普正埋头认真地读着公祷书，用手遮挡住眼睛，免得让她看出来他刚才在哭。

“祈祷文会背了吗？”她问道。

菲利普好一会儿没说话，她察觉到孩子生怕自己一开口就能让人听出声音不对。她感到这种气氛很尴尬。

“我还没背会。”他吸了口气，终于开口说道。

“哦，好吧，没关系，”她安慰道，“实在背不会也没关系。我给你拿了几本图画书。过来坐到我腿上,我们一块儿来看看。”

菲利普从椅子上滑下来，一瘸一拐地走向她。他一直低着头，好不让她看见自己的眼睛。她伸出胳膊搂住了他。

“你瞧，”她说道，“这个地方就是耶稣基督的诞生地。”

她指给他看的是一座东方的城市，城里都是平顶、圆顶、尖顶的建筑。图画的前景处是一排棕榈树，在树下有两个阿拉伯人和几峰骆驼正在歇脚。菲利普用手摩挲着图画，好像他想触摸那些建筑，还有那些游牧民身上宽松的服饰。

“快给我读读书上都写了什么。”他请求道。

凯里太太用平稳的声音念着另一页上的文字。那是十九世纪三十年代东方的一名旅行者写的一篇富有浪漫色彩的游记，也许辞藻华丽了些，但是散发着浓郁的东方情感的香气，那正是紧随拜伦[①]和夏多勃里昂[②]的下一代作家的风格。过了一会儿，菲利普打断了她。

“我想看另外一幅画。”

玛丽·安走了进来，凯里太太起身帮她铺桌布，菲利普用双手抓住书，如饥似渴地翻看着插图。他伯母费了很大的劲儿才哄他放下书本过来用了些茶点。他已经完全忘却了背祈祷文时可怕的挣扎，也忘却了他的泪水。第二天是个雨天，他又要读那本书，凯里太太很高兴地把书给了他。她曾跟丈夫反复讨论过这孩子的未来，发现他们两个人都希望他以后能领受圣职，现在他那么渴望读有关耶稣出生地的书，这似乎是个好兆头。起码看上去这孩子的思想很自然地集中到了神圣的事情上来。但是过了一两天，他开始要看更多的书。凯里先生把他领进书房，让他看书架上自己收藏的有插图的书，给他选了一本有关罗马的书。菲利普如获至宝地翻看着，那些插图让他有了一项新消遣。为了搞清插图是什么意思，他开始读每一幅图前后的文字叙述。很快，他对他的那些玩具就失去了兴趣。

在那以后，只要没人在他身旁，他就会自己拿出那些书来看，也许是因为留在脑海的第一印象是一座东方的市镇，

① 乔治·戈登·拜伦（George Gordon Byron，1788—1824），英国十九世纪初期伟大的浪漫主义诗人，《唐璜》是他写的一首著名的讽刺长诗。

② 夏多勃里昂（François René de Chateaubriand，1768—1848），法国作家、政治家、外交家、法兰西学院院士。著有小说《阿达拉》《勒内》《基督教真谛》，长篇自传《墓畔回忆录》等，是法国早期浪漫主义作家的代表。

他发现自己最爱看的就是那些描述黎凡特[1]地区的书。当他看到清真寺和富丽堂皇的宫殿的图画时，心就会兴奋得乱跳，而有一本关于君士坦丁堡[2]的书里的一幅插图特别能激发他的想象。插图叫作“千柱厅”，这个“千柱厅”实际上是个拜占庭式的人工湖，经过人们的想象加工，它变成了一个神奇莫测、浩瀚无边的大湖。他看到的传奇描述：有一条小船总是停泊在湖的入口，引诱那些毫无风险意识的人进入，可是那些冒险进入幽暗之处的行者往往有去无还。菲利普猜想，可能小船驶过一个又一个柱子，没法子转出来，也可能它最终驶入一所古怪的大屋，不见了影踪。

一天，幸运之神又眷顾了他，他碰巧看到了一本莱恩翻译的《一千零一夜》。他首先被书里的插图所吸引，然后便开始读了起来。开头的几篇是关于魔法的故事，接着的是其他一些故事，对于那些他喜欢的故事，他读了又读。他完全沉浸到了故事中，忘记了周围的一切，总要被人叫上两三次才去吃饭。不知不觉间，他养成了世界上最令人身心愉快的习惯——阅读。他没意识到，他给自己找了一处庇护所，可以逃避所有生活的苦难；他没意识到，他给自己营造了一个虚幻的世界、这使得真实的世界、日常的生活成为苦涩、失望的源头。没过多久，他开始读其他的书，他的头脑过早地成熟了。他的伯父伯母看见他整天读书，既不忧心忡忡，也不吵吵闹闹，也就不再为他担心了。凯里先生藏书之多，多到了他自己心里都没数的地步，因为他很少读书，他都忘记了自己零打碎敲买来的旧书，他图便宜才买的它们。混杂在

---

① 黎凡特，历史上一个不精确的地理名称，它指的是中东托罗斯山脉以南、地中海西岸、阿拉伯沙漠以北和上美索不达米亚以东的一大片地区。

② 君士坦丁堡，土耳其西北部港口城市伊斯坦布尔的旧称。

布道集、游记、圣徒及长老传记、宗教史话等书籍里的，还有旧小说，这是菲利普最后才发现的。凭借书名，他选了一些小说，他读的第一本是《兰开夏郡的女巫们》，接着又读了《令人钦佩的克里奇顿》，还有其他的很多小说。每当他开始读到一本书中两个孤独的行者在悬崖峭壁边上策马狂奔时，他总感到自己是安全的。

夏天到了，一位做过水手的园丁给他做了一张吊床，悬挂在垂柳的枝干上。在吊床上，菲利普可以躲避任何来牧师住宅的访客的目光，他一躺就是好几个小时，热切地读着书，一读就是大半天。时间飞逝，转眼七月过去，来到了八月。每逢礼拜天，教堂里满是陌生人，礼拜中的献金可以募集到两英镑之多。但在这段时间，牧师和凯里太太很少走出他们的花园，因为他们不喜欢陌生的面孔，讨厌那些来自伦敦的游客。对面的房子被一位绅士租了六周，他有两个小男孩，他有一次特意派人来问菲利普是否愿意去他家跟他的两个孩子一起玩，凯里太太礼貌地回绝了，因为她怕菲利普会被来自伦敦的孩子带坏。他以后还要当教士呢，一定不能让他染上坏毛病。她喜欢从小就在他身上看到撒母耳[1]的影子。

---

① 撒母耳，圣经故事人物，希伯来的法官和先知。

第十章

凯里夫妇下定决心要把菲利普送到特坎伯雷的皇家公学读书了。附近一带的牧师都把自己的孩子送到那里读书。根据长久以来的传统，这所学校已经跟大教堂联系在了一起：学校的校长是大教堂的名誉牧师，之前还有一位校长是副主教。那里的孩子被鼓励要成为献身教会的人，被教育成为一名诚实可信的人，准备毕生为上帝服务。皇家公学还有一所附属预备学校，菲利普要上的就是这所学校。在九月末一个周四的下午，凯里先生把他带到了特坎伯雷。菲利普一整天既兴奋又忐忑。他对学校生活几乎一无所知，不过他以前读过《男童报》,也读过《埃里克——点滴进步》,多少有点了解。

他们走出特坎伯雷的火车站，菲利普紧张得快要晕倒了。坐着马车去学校的路上，他脸色煞白，一言不发。学校前面高高的砖墙让它看上去像个监狱；墙上有扇小门，他们一按门铃就有人打开了门，一个笨拙、邋遢的人走了出来，帮菲利普拿着他的铁皮行李箱和玩具盒。他们被领进了会客室，里面摆放着粗糙、笨重的家具，沿着墙边刻板地摆放了一圈成套的椅子。他们在那里等着校长。

“沃森先生长什么样？”过了一会儿，菲利普问道。

“过一会儿你自己就看见了。”

又是一阵沉默。凯里先生纳闷为什么校长还没来。过了一会儿，菲利普鼓起勇气又开口了。

“告诉他我的一只脚有毛病。”他说。

凯里先生还没来得及说话，门突然被打开了，沃森先生昂然地走进了屋子。在菲利普看来，他长得人高马大，有六英尺多高，肩膀很宽，一双大手，还有一大把红胡子。他带着一种快乐的神态大声地说着话，但是他那种咄咄逼人的热情劲儿让菲利普心惊肉跳。他和凯里先生握了手，然后又抓住了菲利普的小手。

“喂,小家伙,你来上学了,高兴吗？”他声如洪钟地问道。

菲利普红着脸，找不出一个字儿来回答。

“你多大了？”

“九岁。”菲利普答道。

“你得称呼‘先生’。”他伯父说。

“我认为你有太多的东西要学。”校长先生欢快地大声说道。

为了让菲利普放开些，这位校长先生开始用粗大的手指胳肢起菲利普来，菲利普觉得又害羞又不舒服，在他的搔痒下扭动着身子。

“我暂时给他安排到小宿舍里……你会喜欢的，对吧？”他又朝着菲利普补充了一句，“你们那儿只有八个人，你不会觉得太陌生的。”

这时门又开了，沃森太太走了进来。她是个肤色黝黑的女人，一头乌发整齐地中分，嘴唇厚得出奇，而她的鼻子又小又圆，她的眼睛又大又黑，面上冷若冰霜。她的话不多，微笑就更少了。她的丈夫把凯里先生介绍给了她，然后又把菲利普友好地往她面前一推。

“这是新来的孩子，海伦，他名叫凯里。”

她一言不发地跟菲利普握了握手，然后坐下来。校长问了凯里先生菲利普以前学过什么，都看些什么书，来自布莱克斯达布尔的牧师对沃森先生的这份吵闹的热心感到有几分尴尬。过了一会儿，他站起身来。

“我觉得现在我最好把菲利普交给你吧。”

“完全没问题，”沃森先生说道，“他跟我在一起会太太平平的，很快就会适应这里的生活的。是吧，小家伙？”

还不等菲利普回答，这个大个子男人就发出一阵爽朗的大笑。凯里先生亲了一下菲利普的额头就告辞了。

“跟我来，小家伙，”沃森先生喊道，“我领你看看校舍。”

他大步流星地走出了会客室，菲利普急忙一瘸一拐地紧跟在后面。菲利普被领进一间长长的空荡荡的屋子，沿屋子的长向摆放着两张桌子，正好是房间的长度，桌子的两边是一排木板凳。

“现在还没多少学生，”沃森先生说，“我再领你看看操场，然后你自己转转吧。”

沃森先生在前面带路，菲利普发现他们来到了操场上，操场的三面都是高高的砖墙。第四面是铁栅栏，透过栅栏可以看见一片宽阔的草坪，在远处是皇家公学的一些建筑。一个小男孩哭丧着脸正溜达着，边走边踢着石子。

“你好，温宁，”沃森先生叫道，“你什么时候来的？”

那个小男孩走上前，和沃森先生握了握手。

“这位是新来的同学，他比你大，个头比你高，不要欺负他。”

校长瞪着眼睛，但友善地看着这两个孩子，用他那洪钟般的嗓音镇住了他们，然后又在一阵哈哈大笑声中走开了。

“你姓什么？”

“凯里。”

“你爸爸是干什么的？”

“他死了。”

“噢！你妈妈给人洗衣服吗？”

“我妈妈也死了。”

菲利普原以为他的回答会让这男孩有点发窘，可温宁一点也没改变他那种乱开玩笑的腔调。

“嗯，那么她以前给人洗衣服吗？”他继续问道。

“洗过。”菲利普没好气地答道。

“那她是个洗衣妇喽？”

“不，她不是。”

“那她就不算给人洗过。”

小男孩对于自己的诡辩很是得意。这时他瞥见了菲利普的脚。

“你的脚怎么了？”

在他的注视下，菲利普本能地想把脚往后缩，他把那只残疾的脚藏到了好脚的后面。

“我的一只脚有毛病。”他回答道。

“你怎么搞的？”

“我生下来就这样。”

“让我看看。”

“不行。”

“不看就不看。”

这个小男孩话音未落，就飞起一脚踹到了菲利普的小腿上。菲利普没料到他会来这一手，没有做任何的防备，腿上传来的疼痛让他倒吸了一口凉气，但是比疼痛更甚的是受到的惊吓。他搞不清楚温宁为什么要踢他，也没想到要反击。这个男孩比他个子要小，他在《男童报》上读过，打一个比自己个头小的孩子是一件不光彩的事情。当菲利普正在揉小腿时，又有一个男孩出现了，刚才踢他的那个小男孩离开了他。过了一会儿，他注意到那两个男孩正在谈论他，他觉出来他们在看他的脚。他感到浑身发热，极不舒服。

其他的孩子也出现了，有十几个，后来又来了几个，他们开始谈论他们在假期里的活动，他们在哪儿度的假，他们打的板球有多么棒。接着，又来了几个新来的孩子，菲利普和这几个孩子搭上了话。他害羞而且紧张，急切地想给大家留下好印象，但又不知道说些什么好。大家问了他很多问题，他也耐心而乐意地一一作答。有个男孩问他是否打板球。

“不打，”菲利普回答，“我的一只脚有毛病。”

那个男孩很快地低头看了一眼，脸变红了。菲利普看出来那个男孩觉得自己问了一个不得体的问题，他太羞怯，道歉的话又说不出口，所以尴尬地看着菲利普。

第十一章

第二天早晨，叮当的铃声让菲利普从梦中惊醒，他惊讶地环顾小隔间的四周。一声大喊的声音，他才记起了身在何处。

“你醒了吗，辛格？”

小隔间的隔断是用抛光的油松做的，每个小隔间前挂着一个绿色的帘子。在那时，还没有通风换气的想法，窗户平时总是关得很严实，只有在清晨宿舍窗子才打开一阵儿通通风。

菲利普起了床，然后双膝跪地做祷告。那是一个清冷的早晨，他有点打寒战。但是他伯父过去常教育他，如果做祷告时穿着睡衣，而不是等穿好外衣才做，他的祷告上帝会听得更真切。这种说法并没有使他感到意外，因为他已经开始意识到他就是上帝创造出来的，而上帝欣赏信奉他的子民的痛苦。做完祷告，他开始洗漱。五十个住宿生合用两个浴盆，每个孩子一周只能洗一次澡。平时的洗漱就用放在脸盆架上的小脸盆。另外，每个小隔间中的家具还有床和一把椅子。孩子们边穿衣，边快乐地聊着天。菲利普竖起耳朵听着。这时铃声又响了，他们都跑下了楼，在教室的两张长条桌子旁找到自己的座位坐下来。沃森先生走了进来，后面跟着他的太太和雇工们，他也坐下来。沃森先生读祷文时有一种让人印象深刻的方式，用如雷贯耳的声音大声读着祷文，声声都像是一种威胁，灌入每个孩子的耳中。菲利普充满焦虑地听着。然后,沃森先生又读了《圣经》中的一个章节，雇工们这时都鱼贯而出。一会儿工夫，那个邋遢的年轻人拿进来两大壶茶，第二趟又拿来几大盘子涂着黄油的面包。

菲利普比较挑食，厚厚的劣质黄油块儿抹在面包上让他反胃，但是他看见其他的男孩子把黄油都刮掉了，就跟着照做了。他们所有的人都有类似罐装肉之类的吃的，装在玩具用品箱中带进学校；有的人还有“加餐”——鸡蛋或培根肉，沃森先生在这上面可没少赚外快。他问过凯里先生是否菲利普也需要这些“加餐”，凯里先生回答说他认为这样做孩子会被惯坏。沃森先生很是同意他的话——他也认为没有什么东西比面包和黄油对正在长身体的孩子更好的了——但是有些父母，就是不负责任地对后代娇生惯养，非要给他们“加餐”。

菲利普注意到“加餐”能给孩子带来某种优越感，于是下定决心，等给路易莎伯母写信时，也要求给自己来一份“加餐”。

早餐之后，孩子们都跑到操场上溜达，走读生也都渐渐聚集到了这儿。他们的父亲有的是当地牧师，有的是军队补给站的军官，有的是这座古老城镇里的工厂主或者商人。不一会儿，铃声又响了，他们都列队进入教室。有一个又大又长的房间，在房间两头各有两名教师在教二年级和三年级的学生；在里面还有一个小一点的房间，是沃森先生亲自在执教，他教一年级的学生。为了表明这所学校属于正规的皇家公学的预科学校，无论是在讲话还是报告中，这三个班都被称为高级班、中级班和低级班。菲利普被安排进了最后面的那个班，教师是个红脸膛的男人，声音很好听，叫莱斯。和孩子们在一起时，他一直乐呵呵的，时间过得很快。菲利普吃惊地发现差一刻就十一点了。他们有十分钟的休息时间，大家都跑出了教室。

整所学校的学生都叽叽喳喳地冲向了操场。新来的孩子被告知站在中间，而其他的孩子沿着墙分立两侧。他们开始玩“捉猪”游戏，老生们从一堵墙跑向另一堵墙，新生要设法抓住他们。一旦某个学生被捉住了，新生嘴里就要念出咒语：“一、二、三，猪归我了。”被逮住的学生就会成为“俘虏”，就要反过来帮忙抓那些未被逮住的学生。菲利普看见一个男孩跑过身旁，想去抓住他，但是跛足让他毫无机会。那些逃跑的学生看到有机可乘，纷纷跑到他把守的区域来，然后，一个古灵精怪的学生开始模仿菲利普笨拙的跑步姿态。其他孩子看见他的滑稽样，马上都大笑起来，接着他们也都接二连三地模仿，跑到菲利普的四周，怪模怪样地学起他跛足走路的样子，高声尖叫着，放声大笑着。他们的心思都转到新的乐趣中，笑得前仰后合。一个学生给菲利普使了个绊子，他摔倒了，就像平时那样结结实实地摔倒了，磕破了膝盖。当他狼狈地爬起来时，他们笑得更欢了。一个孩子又从后面推了他一把，要不是另一个学生扶了他一下，他又会摔个跟头。孩子们只顾拿菲利普的残疾取乐，都忘了做游戏了。其中一个孩子更是别出心裁，做了个古怪、一摇一晃的跛足走路的样子，让其他人大笑不已；几个孩子甚至躺在操场上，笑得直打滚。菲利普完全吓傻了，他搞不懂为什么他们要嘲笑他。他心跳得厉害，都喘不上气来。菲利普自出生以来，还从没受到过这么大的惊吓。他呆若木鸡般地站在那儿，孩子们在他的身边跑着，模仿着他，大笑着。他们冲他大喊着，让他去抓他们，但是他不再挪动脚步，他不想让他们再看见他跛足跑了。他用尽了全身的力气不让自己哭出来。

突然铃声响了，孩子们都跑回了教室。菲利普的膝盖在流着血，浑身是土，头发蓬乱。莱斯先生好一阵子不能维持好课堂秩序。他们还对刚才那套新奇的把戏兴奋不已；菲利普看见有一两个孩子还在偷偷地瞄他的跛脚，他忙把那只脚藏到了板凳底下。

下午，他们都要出去踢足球。菲利普吃完午饭，正在往外走，沃森先生叫住了他。

“我想你没法踢足球吧，凯里？”他问菲利普。

菲利普难为情地涨红了脸。

“是的，先生。”

“那好吧，你最好还是去球场里转转吧。你能走过去，没问题吧？”

菲利普压根不知道球场在何处，但是他还是应了一声。

“能的，先生。”

孩子们在莱斯先生的带领下打算去踢球，莱斯先生瞥了一眼菲利普，看他没换衣服，就问他为什么不去踢球。

“沃森先生说我可以不用去，先生。”菲利普答道。

“为什么？”

所有的孩子都围着他，好奇地打量他，菲利普心头涌上一股羞辱的感觉。他低着头一声不吭。其他孩子替他回答了这个问题。

“他的一只脚有毛病，先生。”

“哦，我明白了。”

莱斯先生还相当年轻，前一年才获得学位。他突然觉得很不好意思，本能地想向菲利普道歉，但是又有点羞于说出口。于是他粗着嗓子冲孩子们大声喊道：

“大家听好喽，你们这帮孩子，还在等什么呀？大家出发吧。”

他们中的一些人已经开始走了，落在后面的人也三三两两地出发了。

“你最好还是跟我走吧，凯里。”莱斯老师说道，“你不认识路，对吧？”

菲利普猜到了他的好意，喉咙忍不住哽咽了一下。

“我走不快的，先生。”

“我会走得很慢的。”老师笑着说。

菲利普的心一暖，这位红脸膛、普普通通的年轻老师温柔的一句话，顿时让他感到不那么难过了。

不过当天晚上，他们脱衣打算就寝时，那个叫辛格的男孩从他的小隔间里走出来，把头探进菲利普的小卧室。

“我说，让我们看看你的脚吧。”他说。

“不行。”菲利普答道。

菲利普一下子跳到了床上。

“不要对我说不。”辛格说道，“快来，梅森。”

隔壁小隔间里的男孩朝四下看了看，应声溜了过来。他们按住菲利普，想把他身上盖的毯子掀开，但是菲利普紧紧地捂着。

“为什么你们就不能放过我？”他喊叫道。

辛格抓起扫床的笤帚，用笤帚把儿打菲利普紧紧抓着毯子的手。菲利普大叫起来。

“为什么你不老老实实地把脚给我们瞧瞧。”

“我不想。”

绝望中，菲利普握紧了拳头，向折磨他的那个男孩打去，但是他处于劣势，那个男孩抓住他的胳膊，反拧了过去。

“哦，不要拧，不要拧，”菲利普喊道，“你要把我胳膊拧折了。”

“那就放老实点，伸出你的脚。”

菲利普发出一声哀号，喘着粗气。那个男孩又使劲拧了一下他的胳膊，一阵无法忍受的疼痛传了过来。

“好吧，我给你看。”菲利普说。

他伸出了脚，辛格仍然抓着菲利普的手腕，好奇地看着他那只畸形的脚。

“太难看了，不是吗？”梅森厌恶地说道。

又一个男孩也跑进来，看了一眼。

“呸。”他嫌恶地说道。

“要我说，一句话，奇形怪状。”辛格说道，还做了个鬼脸，“它硬不硬？”

他小心翼翼地用指尖碰了碰它，好像它是某种独立的生命体。突然，他们听见了沃森先生踏在楼梯上的重重的脚步声，他们赶紧把毯子扔回菲利普的身上，像兔子似的飞跑回自己的小隔间里。沃森先生走进了宿舍，踮起脚尖，探头透过挂着绿色帘子的杆子往两三个隔间里张望着。这群小男孩都老实地睡在床上，他熄了灯，走了出去。

辛格叫着菲利普，但是他没吭声。他紧紧地咬着枕头，不让别人听到他的啜泣声。他不是因为他们弄疼了他而哭泣，也不是因为他们在看着他脚时所受到的屈辱而哭泣，而是生气自己的懦弱，没能忍受住折磨，按照他们的命令乖乖地伸出了脚。

接下来，他又联想到自己生活的悲惨。在他幼小的心灵中，苦难与不幸像是要没完没了地继续下去。不知为什么，他记起了那个寒冷的早晨，埃玛把他从床上抱起来，把他放到他妈妈身边的一幕。自那一幕发生之后，他还从没想到过一次，可现在，他似乎感受到了他妈妈的身体贴着他、双臂搂着他时的温暖。猛然间，他好像觉得他的生活就是一场梦，妈妈永远地离开了他，还有他在牧师住宅生活的那段日子，以及刚上学这两天来的悲苦的遭遇；明天早上一觉醒来，他就要回家去。想到这里，他擦干了泪水。他太不幸了，但也许一切都不是真的：他的妈妈还活着，埃玛不久就会上楼来睡觉的。他进入了梦乡。

但是第二天铃声叮叮当当响起来，他从梦中惊醒，第一眼看到的仍是他小隔间上方的绿帘子。

第十二章

日子一久，大家对菲利普的畸形足也就失去了兴趣。就像某个男孩子的红头发和另一个男孩子出奇的肥胖，慢慢大伙儿也就见怪不怪了。然而，这段时间里菲利普却变得格外敏感了。只要能不跑，他就绝不会跑，因为他知道跑步会让他的跛足更惹人注目，他采用了一种特殊的走路方式。而且只要能站着，他就尽量一动不动地站着，把他的跛足藏在正常的脚后面，以免引起别人的注意。他时刻注意任何可能会牵扯到他的跛足的话题。因为他无法加入别的孩子玩的游戏，他们的生活对他来说是陌生的。他只能看着他们玩儿，自己找些乐子。这样，在他和同学之间似乎有了一道屏障。有时，别的孩子好像觉得他不能踢足球全是他的错，他自己也无法让大家理解。他经常无人搭理，只是一个人待着。他本来是挺爱说话的，可这样一来就变得沉默寡言了。他开始思考自己和其他孩子的不同。

辛格——宿舍中年纪最大的孩子——不喜欢菲利普，而菲利普的年纪要小一些，就不得不忍受很多不公正的对待。在大约学期过半的时候,学校里流行一种叫“对笔尖”的游戏。游戏由两个人用钢笔在桌面上来玩，一个人用指甲盖推着自己的笔尖让自己的笔尖对上对手的笔尖，并且压在对手的笔尖背上，而对手也要用同样的策略进攻或阻击。当成功地完成了这一步，玩家可以在大拇指肚上哈口气，然后用大拇指用力压住两个笔尖把它们提起来，如果两个笔尖都不落下，那么两个笔尖就都归了胜者。很快，学校里大大小小的孩子都在玩这个游戏，玩得熟练的很快能赢下一大堆笔尖。但过了一阵子，沃森先生认为这是某种形式的赌博，便禁止玩这个游戏了，把孩子们赢来的笔尖都没收充公。菲利普是玩这种游戏的一把好手，他心情沉重地放弃了他的战利品。但是，好几天不玩，他的手有点痒痒。几天后，在去足球场的路上，他走进商店，买了一便士的J字形的笔尖，把它们放在口袋里，用手摸着它们过瘾。不久，辛格就发现了这件事。辛格原来赢的笔尖也都上缴了，但他偷偷留下了一个很大的笔尖，把它称为“巨无霸”，这个“巨无霸”几乎战无不胜，他可不想放弃把菲利普的J字形笔尖全部赢过来的机会。虽然菲利普知道他的小笔尖明显处于劣势，但他天性里有一种冒险的禀赋，他也愿意冒一回险。况且他知道辛格也不容他拒绝。菲利普已经有一个星期没玩这个游戏了，现在又要坐下来玩，他不禁一阵激动。他很快就输掉了两个小笔尖，辛格不免扬扬自得起来。可第三次，菲利普抓住了一次难得的机会，“巨无霸”往旁边滑落，他趁势把J字形笔尖推到了“巨无霸”上。他正在为胜利欢呼，就在这时，沃森先生进来了。

“你们在干什么？”他喝道。

他的目光在辛格和菲利普身上巡视，但两个人谁也没吭声。

“你们难道不知道我已经禁止你们玩这种愚蠢的游戏了吗？”

菲利普的心怦怦地跳得很快。他知道接下来会发生什么，吓得要死，但是在害怕当中他还有某种窃喜。他以前从未被鞭笞过，当然他知道一定很疼，但是这又是事后在学生中可以炫耀的资本。

“到我的书房来。”

这位校长转过身去，他们俩并肩跟在后面。辛格小声地对菲利普说道：

“这下子咱俩要倒霉了。”

沃森先生指着辛格。

“弯下腰。”他厉声道。

菲利普脸色刷白，看见辛格每挨一下鞭子，身体就抽搐一下。第三下过后，就听见辛格哭喊了出来。紧接着又是三下。

“行了，站起来吧。”

辛格站起身，泪水哗哗地从脸上流了下来。菲利普往前走了几步，沃森先生看了他一会儿。

“我不想打你。你是新来的，而且我不能鞭打一个瘸子。你们俩滚吧，不许再调皮捣蛋了。”

当他俩回到教室的时候，一帮孩子不知从什么渠道已经知道了发生的一切，正在等着他们。他们向辛格连珠炮似的提了很多问题。辛格看着他们，因为疼痛脸憋得通红，脸颊上还留着一道道的泪痕。他用头示意大家注意正站在他身后不远处的菲利普。

“他逃脱了挨打，就因为他是个瘸子。”他气哼哼地说道。

菲利普站在那儿一言不发，满脸通红，他觉察到大家纷纷投来轻蔑的目光。

“你挨了多少下打？”一个孩子问辛格。

但是他没有回答，因为疼痛，气不打一处来。

“别想再让我跟你玩‘对笔尖’游戏了，”他冲菲利普吼道，

“你跟个没事人似的，不用担一点风险。”

“我没让你跟我玩呀。”

“你敢说没让？”

他飞起一脚向菲利普踢去，菲利普平时站得就不稳当，随即应声重重地摔倒在地上。

“可恶的瘸子。”辛格骂道。

在这个学期剩下的时间里，虽然菲利普想极力回避辛格，但辛格找到机会就会残忍地折磨菲利普，因为学校本来就不大，两个人想不打照面也不大可能。菲利普想与他和好，为了取悦他，还不惜卑微地买了把小刀送给他。辛格接受了小刀，但一点也没有被安抚。有一两次，菲利普实在不堪欺辱，也拳打脚踢地还击，可辛格的岁数和个头比他都大很多，菲利普每次都被打得鼻青脸肿，到头来还得讨饶。最让菲利普痛苦不已的是，他不能忍受说软话所带来的屈辱，但每当肉体的疼痛超过他能忍受的限度时，他又不得不这样做。更糟糕的是，这种折磨似乎还看不到尽头。辛格只有十一岁，要到他十三岁时才能升到更高一级的学校。菲利普意识到他不得不在两年的时间里生活在这种折磨中，无处可逃。他只有在埋头做功课或者上床睡觉时才会好受一点。他总有一种奇怪的感觉：他生活中的苦难不过是一场噩梦，也许某天清晨，自己会在伦敦家中的那张小床上从梦中醒来。

第十三章

两年时间过去了，菲利普快十二岁了。他在上一年级的时候，总是班里的头二三名。圣诞节后，班里的几个男孩子要毕业升入高级学校了，他将成为班里的第一名。他已经获得一大堆奖励了——不太值钱的书籍，纸张很差，但在装帧考究的封面上印着学校的徽章。他学习成绩名列前茅，别人也不敢欺负他了，他也不那么不开心了。由于他身有残疾，其他同学也不怎么嫉妒他的成功。

“不管怎么说，对他来说，想得到那些奖励还不是轻而易举的事，”他们说，“除了死用功，他什么也干不了。”

菲利普也不像一开始那样害怕沃森先生了。他已经习惯了校长的大嗓门；每当他厚实的手掌落到自己肩膀上的时候，菲利普隐约能够感觉到一种怜爱。菲利普的记忆力很好，记忆力比智力对于学业成绩要有用得多，他心里明白沃森先生希望他从预备学校毕业时能获得奖学金。

然而，他的自我意识也越来越强了。新生儿以为自己的身体只不过是周围物体的一部分，他玩弄自己的脚趾，并没有感觉到它们是自己身体的一部分，只是把它们当成身边的拨浪鼓一样的东西。只有通过不同程度的疼痛，他才能逐渐感觉到自己身体的存在。与此相同，个人要有自我意识，经历是必需的。但是两者还是有些许不同的：虽然每个人都能感到自己的身体是一个独立和完整的有机体，但是并不是每个人都能意识到自己是一个具有完整和独立的个性的个体。在青春期，疏离感是最强烈的，但是它并不总会发展到让个人和他的同伴明显地合不来的程度。例如某个人，如果像蜜蜂在蜂群中那样并没有自我意识，那他在生活中就是幸运的，因为蜜蜂们最有可能获得幸福：他们进行群体活动，他们的快乐，是因为共同分享，而成为快乐。你可以看见在汉普斯特德西斯公园内，他们在圣灵降临节[1]翩翩起舞的情景，他们在足球比赛时的呐喊助威，他们在帕尔莫尔大街[2]俱乐部的窗户边向皇家巡游队欢呼致意。正是因为这些人，人类才被称为社会动物。

菲利普从天真无邪的儿童时期过渡到了自我意识觉醒的痛苦时期，这种痛苦的觉醒因他的跛足被人们嘲弄讥笑所唤起。他的情况太特殊，以至于那些通用的规则，即使它们在一般的事情上行之有效，对菲利普而言都无法适用，他不得不考虑自己的实际情况另寻他法。他读过太多的书，脑子里充满了各种想法，有些还一知半解，这反而给了他天马行空的想象空间。在痛苦和羞怯之下，某种东西在他内心深处悄然滋长，他隐隐地意识到了自己的个性。不过有时，这也让他感到莫名惊讶，他不明就里地做一些事情，事后当他回想起自己做的事时，自己都觉得无法理解。

有个叫卢亚德的男孩，他和菲利普成了好朋友。一天，他们在教室里一起玩儿的时候，卢亚德用菲利普的乌木笔杆

---

① 圣灵降临节，被定于复活节后的第五十天，是基督教庆祝圣灵降临的节日。

② 帕尔莫尔大街位于伦敦，以路两旁俱乐部众多而著称。

变起戏法来了。

“别瞎胡闹，”菲利普说道，“你会把它弄断的。”

“不会的。”

但话音未落，笔杆啪地断成两截。卢亚德狼狈地看着菲利普。

“哦，我说，实在对不起。”

泪珠从菲利普的脸颊滑落，但他没吱声。

“我说，怎么啦？”卢亚德吃惊地说道，“我赔你一根一模一样的。”

“我在乎的不是笔杆，”菲利普用颤抖的声音说道，“只是它是我妈妈临终前留给我的。”

“我说，我太抱歉了，凯里。”

“没关系，不是你的错。”

菲利普拿起断了两截的笔杆看着它们，试图控制住呜咽。他觉得异常愁苦，却说不出原因，因为他心里很清楚，这支笔杆是他上个假期在布莱克斯达布尔花一两个便士买的。他根本搞不懂为什么自己鬼使神差地编了那么个悲惨的故事，可是他还是很难过，好像这事是真的。牧师家里的虔诚气氛和学校的宗教环境让菲利普的良知变得十分敏感。他潜移默化地时常自省，魔鬼在窥视着他，准备时刻夺去他不朽的灵魂。虽说他不见得比大多数的孩子更诚实多少，但每次说谎，他都懊悔不已。他一想到这件事，每次都很痛苦，于是他下决心一定要去找卢亚德，告诉他这个故事是他编造的。尽管在他看来，这世界上没有比羞辱更可怕的事情了，他纠结了两三天，但一想到让自己受辱，而可以增添上帝的荣耀，让他在痛苦中又感到了喜悦。不过最终他也没有采取进一步的行动去说出真相，而是采用一种更舒服的方式——只向上帝做了忏悔，让良心得到安慰。他满意自己的这种做法，可是他不能理解为什么他真的会被自己杜撰的故事所感动，那从肮脏的脸颊流下的泪水竟然也毫不掺假。这时，他联想到以前发生的一幕。当埃玛告诉他妈妈去世的消息时，虽然他已经泣不成声，但他还是坚持要进到屋里和沃特金小姐她们说再见，就是为了好让她们看见他悲伤的样子，从而对他产生同情。

第十四章

后来，学校里掀起了一股笃信宗教的热潮，人们再也听不到脏话、粗话了，甚至低年级孩子的顽劣行径都会受到大家的责备。而更大一点的孩子，就像中世纪的世俗议员[①]一样，用他们胳膊的力量来“训诫”那些比他们弱小的孩子要从善如流。

菲利普日趋活跃的思想渴望新鲜的事物，也变得非常虔诚。不久他听说有可能加入一个名为“圣经联盟”的组织，便给该组织位于伦敦的总部写信询问详情。入会的要求是这样的：在一个表格上填写申请者的姓名、年龄、学校名称；还要签署庄重的声明，在一年中每天晚上要读固定篇幅的圣经；另外还要交半克朗的会费。该组织解释说，之所以要交会费，一部分原因是要证明申请者迫切想成为联盟会员的诚意，另一部分原因是要分担办公开支。菲利普按时把需要的材料和会费寄过去，然后收到一本日历，大约价值一便士，在日历上面标注了每天要读的圣经段落；另外，还附有一张纸，在纸的一面画着耶稣和羔羊，另一面是一小段祈祷文，祈祷文外面用红线框做装饰。在开始读《圣经》段落之前，

① 世俗议员，指不是主教或大主教的贵族议员。

要求先读这段祈祷文。

每天晚上，他都尽可能快地脱下衣服，就为了抓紧时间在油灯被吹灭之前完成他的任务。他勤勉地读着圣经，如同他一贯的读法，读着那些关于残忍、欺骗、忘恩负义、虚伪、下作的诡计等故事，不做评论。这些行为要是出现在他的生活中，准会激起他的恐惧，但现在只是读读，不予置评地在脑中掠过，因为这些行为本来也是在上帝的直接授意下做的。联盟采用的方式是《圣经·新约》和《圣经·旧约》交替诵读，一天晚上，菲利普读到了耶稣基督的这样一段话：

> 如果你怀揣信仰，毫不怀疑，你不仅能让无花果开花，而且就是喝令大山“你从此地移开，倾入大海”，也必将能成。
>
> 凡此种种，在祷告中无论你求什么，只要笃信，你将会得什么。[1]

本来这些话也没给他留下什么特别深刻的印象，但是过了两三天的光景，那天是个礼拜天，常驻牧师选择了这段文字作为他的布道文。按理说即使菲利普想听清布道文的内容也不大可能听到，因为皇家公学的男孩子们都坐在唱诗班的位置上，而牧师的讲坛又在耳堂的角落那里，牧师几乎是背对着他们。距离之远，要么需要牧师声如洪钟，要么需要经过发声法的训练，才能让他的声音被坐在唱诗班座位那里的孩子们听见。按照特坎伯雷长久形成的牧师选拔惯例，他们选择牧师时注重的是他们的学识，而不是他们处理教堂事务

① 《新约·马太福音》中的一段话。

的素质。然而，布道文的词句，也许是因为菲利普前不久刚刚读到过，竟然清晰地飘到了他的耳朵里，冷不防好像专门是对菲利普说的。在布道的大部分时间里，他都想着这几句话。当天晚上，上床睡觉前，他从福音书上又翻到了那几页，再一次找到了那一段话。虽然他对所看见的铅字深信不疑，但同时也已经认识到在《圣经》中，有时明明白白说的是一件事，可通常有着神秘的内涵，暗地里指的又是另外一件事。

在学校他不想问任何人这个问题，所以把问题藏在心中，直到圣诞假期回到伯父家里。一天，他终于找到机会。那时晚饭和祷告刚刚结束，凯里太太像往常一样正在数玛丽·安拿来的鸡蛋，在每只鸡蛋上写上日期。菲利普站在桌子旁，假装漫无目的地翻着《圣经》。

“哦，威廉伯父，上面的这一段，真的就是这个意思吗？”

他用手指头指了指书上的这段话，好像他只是很偶然地读到了这段文字。

凯里先生从眼镜上方看了看，他正在炉火前看《布莱克斯达布尔时报》，报纸是傍晚时才送来的，油墨还未干透呢，牧师在阅读前总会把它晾上十分钟。

“哪一段话？”他问道。

“就是讲你如果笃信，可令大山移开那段。”

“如果《圣经》中是这样说的，那就确定无疑了，菲利普。”凯里太太一边提起餐具篮，一边柔声说道。

菲利普盯着伯父，等着他的回答。

“这事关信仰问题。”

“你的意思是说，如果你真的相信你能移开大山，你就能移开吗？”

“还要靠上帝的恩典。”牧师说道。

“现在，跟你伯父道晚安吧，菲利普。”路易莎伯母说，“你总不至于今晚就想移动大山吧，是吗？”

菲利普让他的伯父亲吻了一下他的额头，然后在凯里太太前面走上楼。他已经得到了他想要的信息了。他的小屋像冰窖似的，他穿上睡衣，还忍不住打寒战。但是他总是觉得，如果在条件艰苦时祷告，他就能够取悦上帝。他手脚冰凉地祈祷，正是对上帝的一种虔诚的献礼。今天晚上他要双膝跪地，把脸埋到双手之中，用尽全身力气向上帝祷告，祈求上帝把他的跛足变正常。与移动大山相比，这可是小事一桩。他知道如果上帝想做，就一定能办成；而就他自己来说，他是笃信不疑的。第二天早晨，带着相同的企望，他又祷告了一遍，他还给奇迹的出现定了个日期。

“噢，上帝，如果怜爱和仁慈是您的愿望，请您以怜爱和仁慈之心，让我的跛足在我返校的前夜完全恢复正常吧。”

他很高兴让自己的请求成为一套固定词句，他后来在餐厅又默诵了一遍。牧师在祷告之后，由跪着到起身之间，总要静默一小段时间，菲利普就是趁着这段时间重复了他的请求。他在傍晚时又说了一遍，在上床之前，穿着睡衣，在寒冷中又哆哆嗦嗦地说了一遍；而且怀着虔诚不疑的心。他一度期盼假期早一点结束，当他想到伯父看到他一步三级地从楼梯上飞奔下来，那副惊得合不拢嘴的表情就忍不住自己哈哈大笑起来；在早餐之后，他还要赶紧和路易莎伯母出门去买一双新靴子。等他到了学校后，一定会让他们目瞪口呆。

“喂，凯里，你的脚怎么好啦？”

“哦，现在没事啦。”他会漫不经心地回答，好像这是世界上再自然不过的事情了。

到时他也能踢足球了。他仿佛看见自己在不停地奔跑，跑得比其他孩子都要快，他的心就好像要跳出胸膛一般。在复活节学期末，学校要开运动会，他也能参加比赛了，甚至想象自己参加了跨栏跑项目。他能够和正常人一样，不再被那些不知道他有残疾的新生盯着看，尤其是在夏天洗澡时不用再小心翼翼，这可真棒呀！过去洗澡时他一脱下衣服，就得赶紧把跛足藏到水里。

他全身心地祷告，没有丝毫的怀疑。他完全相信上帝说的话，在他准备返校的头一天晚上，他在爬上床时由于激动全身都有些颤抖。外面的地面上积雪皑皑，一向节俭的路易莎伯母都难得地大方一次，在她的卧室里点着了炉火。但是在菲利普的小卧室里依然很冷，他的手指都冻麻了，费了很大的劲儿才解开衣扣。他的上下牙直打架，这时，一个念头突然冒了上来：他必须做点什么与以往不同的事情来吸引上帝的注意。他把床前的小地毯掀到一边，好让自己跪在光光的地板上。他还觉得身上的睡衣太过柔软，可能会让上帝不开心，所以把睡衣也脱了下来，光着身子做着祷告。当他上床睡觉时，浑身都冻僵了，好一阵子无法入睡。可当他进入梦乡后，他睡得是那么踏实，甚至第二天早上玛丽·安给他把热水端进来时，不得不使劲把他摇醒。她一边把帘子拉开，一边跟菲利普说着话，可菲利普根本顾不上搭腔。他立刻想起来今天早晨正是见证奇迹的时刻，心中充满了喜悦和感恩。他本能的第一反应就是要用手向下摸摸脚，感觉一下它现在是否健全了，但是这么做了似乎是在怀疑上帝的善意，他知道自己的脚一定是好了。最后，他还是下定了决心，用他的右脚趾探着踩向地面，然后用手去抚摸它。

就在玛丽·安进入餐厅打算做祷告的时候，菲利普一瘸一拐地下了楼梯，然后一屁股坐下来准备吃早餐。

“你今天早上怎么这么安静呀，菲利普？”路易莎伯母立刻问道。

“他正想着明天他在学校的丰盛早餐哩。”牧师说道。

可当菲利普张嘴回答的时候，用了那种总是让他伯父怒不可遏的方式——答非所问。他伯父把它称为“心不在焉的坏毛病”。

“假如你请求上帝做某件事，”菲利普说道，“而且真的相信这事一定会发生，就像移开大山，我的意思是，你本来坚信不疑，可是事情并未如愿，这说明了什么？”

“你可真有意思！”路易莎伯母说道，“你两三周前就开始说什么移开大山的事啦。”

“那只能说明你的心不诚。”威廉伯父回答道。

菲利普接受了这个解释。如果上帝没有治好他，只是因为他没有真的相信上帝的神力。但是他又不明白他到底还能做什么来表明他对上帝的笃信不疑。也许是他没有给上帝足够的时间吧，他只给了上帝十九天的时间呀。过了一两天，他又开始祷告。这次他把日期定在了复活节，那是圣子光荣复活的日子，说不定上帝一高兴就仁慈地同意了他的请求。不过，现在菲利普又增加了些别的方式来实现他的愿望：每遇新月，或者当他看到一匹有斑点的马时，他就开始许愿；他还特别留意天上划过的流星，遇见时也会忙不迭许愿。在短时离校返家在伯父家吃鸡时，他和路易莎伯母一起折断鸡的如愿骨[1]，他也要许愿。每一次许的愿都是希望他的脚能够变得和正常人的一样。他还不自觉地祈求了诸神，那些神更加古老，甚至比以色列人信奉的上帝还要古老。在白天只

① 如愿骨，指鸡、火鸡等禽类的叉骨。西方的迷信中认为，吃家禽等时两人将颈与胸之间的V形骨拉开，得大块骨者可以有求必应。

要有空闲，他就会没完没了地向万能的主祷告，嘴里默诵的总是那几句话。似乎对他来说，用相同的词汇表达他的诉求是一件非常重要的事情。但是，过不了一会儿，那种感觉又会涌上心头：这次他的心还是不够虔诚。他无法抗拒向他袭来的怀疑感，但他安慰自己，他的这些经历和感觉是一种普遍规律。

“我想没人有这样的诚心。”他说。

这就像他的保姆过去常给他讲的关于盐的故事：只要把盐撒到鸟儿的尾巴上，你就能轻而易举地捉住它。有一次，他拿了一小袋盐去肯辛顿花园，但是他怎么都无法离鸟儿足够近，也无法把盐撒到鸟儿的尾巴上。复活节还没到，他就放弃了努力，对伯父还隐隐生出一股怨气，觉得伯父骗了他。圣经中说移开大山的事，也是表面上说一件事，而实际上指的是另一件事。他觉得伯父实际上一直在跟他开玩笑。

第十五章

特坎伯雷的皇家公学，这所菲利普在十三岁所上的学校，一直以来以其悠久的历史为傲。它的前身是一所修道院学校，在诺曼人征服英格兰[①]之前就成立了，由奥古斯丁[②]教团的修士们教授几门基础的课程。后来，就跟很多同类的学校一样，在修道院遭到毁坏后，这所学校由国王亨利八世的官员重建，因此获得了这个名字。从那时起，学校采取了适宜的课程设置，给当地乡绅的儿子，还有肯特郡专业人士的儿子提供他们所需的教育。这所学校的毕业生里出了一两位作家，最初是以诗人身份出现，其出众的才华仅次于莎士比亚，最后以散文蜚声文坛，其对生活的态度深刻地影响了包括菲利普的这一代人。后来，还出过一两位著名的律师，但是有名的律师倒也不少见；还出过一两位出类拔萃的军人。虽然它和修道院脱离了关系，但是三百年来，还是以培养日后要从事神职的人员为主，例如主教、主任牧师、牧师等，几乎所

① 指1066年诺曼人征服英格兰。

② 奥古斯丁（Augustine，罗马名为 Aurelius Augustinus，354—430），古罗马基督教思想家，教父哲学的主要代表，后任北非希波（今阿尔及利亚的安纳巴）主教。他的理论为中世纪西欧基督教的教权至上论提供了理论根据。著有《忏悔录》《论上帝之城》等。

有的乡村地区的教士都来自这所学校。学校中那些男孩子，他们的父亲、祖父、曾祖父都在这儿受过教育，还都成了特坎伯雷主教管辖区的教区教长。所以，这些男孩刚进校门就已经下定决心以后要领受圣职。尽管这样，这里还是有改变的迹象，甚至这些孩子身上也发生了变化，他们重复着从家里听来的闲话，说教会和从前不一样了，倒不是干这行钱多钱少的问题，而是干这行的人出身良莠不齐了。有两三个孩子知道，好几个副牧师的父亲都是做买卖的。所以这些孩子宁愿以后去殖民地（在那时候，如果人们在英格兰实在走投无路了，就会想到去殖民地）谋个差事，也不愿在某个出身低微的人下面干个副牧师。在皇家公学，人们的看法和布莱克斯达布尔牧师家的看法差不多：一个做买卖的人，就是没有福气拥有自己土地的人（在这里，买了土地的绅士农场主和世袭的土地所有者还是有些微差别的），或是没有跻身四大职业[①]之一的人。而对于一位绅士来说，他可能从事的职业也就是这四种之一。在大约一百五十名走读生中，有些是当地乡绅的儿子，还有些是驻军军官的儿子，至于那些父亲做买卖的学生，则自觉低人一等，有些抬不起头来。

学校的教师们可没有什么耐心接受现代教育思想，他们有时在《泰晤士报》或者《卫报》上看到报道这方面的东西会大为光火，他们热切地希望皇家公学保持古老的传统。在学校，他们教的都是僵死的语言[②]，而且面面俱到，以至于日后学生们一想到荷马和维吉尔，就会不胜其烦。虽然也有一两位胆大的教师，吃饭的时候在公共休息室里暗示现在数

① 四大职业，一般指需要接受高等教育和特殊训练的律师、建筑师、医生和牧师。

② 僵死的语言，指拉丁语等人们在生活中不再使用的语言。

学越来越重要，但一般人的感觉是这些课程不如古典文学那么高贵。这所学校既不教德语也不教化学，法语只有年级主任才能教，因为他们维持课堂秩序要比外教好，更何况，他们的语法知识和法国人一样好。至于说如果侍者不懂一点英语的话，他们在布洛涅[①]的餐馆里恐怕连一杯咖啡也点不上，这倒似乎不是太重要。地理课上主要教孩子们画地图，这倒是颇受孩子们的喜爱，尤其是在讲多山国家的课上，很可能在画安第斯山脉和亚平宁山脉时，就会消磨掉大把的时间。这些教师都是从牛津或者剑桥大学毕业的，他们都是神职人员，而且都未结婚。如果碰巧他们希望结婚，那就得接受薪俸很低的职位，牧师会往往都这样处理。但是，多年来还没有一位教师想舍弃特坎伯雷教区绝妙的社交圈子，这要归功于骑兵营，让这个圈子中既有军人威武的色彩又有基督教会的氛围，他们可不愿意去一个乡村教区过那种单调枯燥的生活。而且他们现在都人到中年了。

而另一方面，校长却一定得结婚不可，而且他得操办学校的事务直到上了岁数干不动为止。他退休以后，不但会得到一份比下级教师要优厚得多的生活待遇，还会获得“牧师会荣誉会员”的称号。

但是在菲利普入学的前一年，这所学校发生了一场巨大的变化。校长弗莱明博士已经在这个位置上干了二十五年了，有一段时间他耳聋眼花得厉害，显然无法继续为上帝的荣耀增光添彩了。而恰在此时，郊区的一个薪俸优厚的职位有了空缺，一年可以拿到六百英镑，牧师会把这个职位提供给他，同时也在暗示他们认为他到了该退休的时候了。有这样一笔

① 布洛涅，法国北部港口城市。

收入，他完全可以颐养天年。有两三位觊觎该职位的副牧师跟他们的妻子抱怨，把一个本来需要年轻力壮、精力充沛的人的教区职位，交给一个老态龙钟，对教区事务一窍不通，已经捞得脑满肠肥的人，这真是太不像话了。但是这些没有得到好处的牧师的抱怨并不会传到大教堂牧师会成员的耳朵里，至于那些教区居民，他们在这件事上无话可说，因此也没人征求他们的意见。卫斯理公会教派和浸礼会教派在村子里都有自己的教堂，所以，更不会干涉牧师会的决定。

弗莱明博士另有任用，自然就有必要给他找个继任者。如果从低一级的教师中选又与学校的传统相悖。在公共休息室里，大家一致推选沃森先生——预科学校的校长——来就任皇家公学的校长。他不能算是皇家公学的教师，大家认识他已经二十年了，不用担心他会成为一个讨人嫌的角色。但是，牧师会做出了让他们大吃一惊的决定，选了一位名叫珀金斯的人来做校长。刚开始的时候，没人知道这位珀金斯是何许人也，人们对这个名字也根本没什么印象，但是人们在震惊之余，突然意识到这位珀金斯先生正是亚麻织品店老板珀金斯的儿子。弗莱明博士只是在教师们吃饭之前通知了这个消息，从他的神情上看，他也很惊愕。就餐的教师几乎都一声不吭地埋头吃饭，对此事不做任何评论，直到雇工们离开房间后，他们才开始议论起来。在场人的名字无关紧要，但是好几代的学生都熟知他们的绰号——“叹气”“柏油”“瞌睡虫”“喷气”“小团子”。

他们都记得汤姆·珀金斯，但记得最牢的就是他不是绅士出身。他们清楚地记得他小时候的样子，个头不高，肤色较黑，有一头乱蓬蓬的黑发和一双大眼睛，长得像吉卜赛人。他上学时是走读生，总能获得捐赠基金中的头等奖学金，所以他上学几乎没花什么钱。当然了，他也确实优秀，每当有授奖仪式时，他拿各种奖拿得手累。他是他们炫耀的资本，他们到现在还苦涩地记得：他们当时担忧他可能会接受某个更大的公立学校的奖学金，从他们的手心中溜走。弗莱明博士曾经去找过那位亚麻织品商——汤姆的父亲，他们也都还记得那家名叫“珀金斯-库珀”的麻布制品店，它就在圣凯瑟琳大街——弗莱明校长说他们希望汤姆能留在学校学习直到考上牛津大学。他们学校是“珀金斯-库珀”麻布制品店最大的主顾，珀金斯先生当然高兴地满口答应。汤姆·珀金斯在学业上继续一路高歌猛进，他是弗莱明博士记忆中古典文学成绩最好的学生，在临毕业前，他把学校所能提供的最丰厚的奖学金全都收入囊中。随后，他又得到了牛津大学莫德林学院的奖学金，在那里安下心来读书，继续他在大学中的光辉前程。年复一年，学校期刊上登载着他所取得的一项项成绩，当他功课拿到两项第一时，弗莱明博士还亲自在期刊首页上写了几句赞美之词。“珀金斯-库珀”商铺已经倒闭了：库珀·珀金斯嗜酒无度，就在汤姆·珀金斯取得学位前不久，亚麻织品商填写了破产申请表。大家对汤姆·珀金斯的成功是乐见其成的。

按照预定的轨迹，汤姆·珀金斯得到了圣职，从事了他心仪又适合的职业。他还曾先后在威灵顿公学和拉格比公学做过副校长。

然而，为他在别的学校的成功高兴是一回事，在他的手底下当差又是另一回事了。“柏油”先生过去常罚他抄书，“喷气”先生也打过他耳光。他们无法想象牧师会怎么能犯这么大一个错误，把他派来当校长。别指望大家会忘记他是破产的亚麻织品商的儿子，而库珀酗酒这件事似乎更增加了他出身的不光彩。特坎伯雷教长热情地支持他来做校长这是可以理解的，所以教长可能还会邀请他来赴宴。但是凡是在教堂场地内举办的小型宴会，如果汤姆·珀金斯坐在桌子旁，还会那么轻松欢快吗？还有兵营方面会怎么想呢？他真的不能指望那些军官和绅士能接受他作为他们当中的一员，这会给学校带来不可估量的损失。家长们也会不满，如果有大批学生退学也不是什么稀奇的事。况且见面还得尊称他为“珀金斯先生”，这让人颜面何在？教师们想过递交辞呈以示抗议，但是又心怀忐忑，万一他们的辞呈被平静地接受了可怎么办，还是小心为上。

“我们唯一能做的事是准备好接受变化吧。”“叹气”先生说，他教五年级有二十五年了，没有谁能比他教得更差了。

他们见了新校长之后，心里依然不踏实。弗莱明博士邀请他们与新校长在午餐会时见面。他现在三十二岁了，又瘦又高，跟他们记忆中还是个孩子的时候一样，不修边幅，桀骜不驯。他的衣服做工粗陋而且相当破旧，胡乱裹在身上。他的头发还像以前一样黑，一样长，好像他从来没学会好好地梳理它，他一动，一绺绺的头发就耷拉在前额上，然后他会用手飞快地从眼前向后拨拉回去。他留着黑胡髭，两鬓的胡须浓密地覆盖在脸上，几乎到了颧骨的位置。他轻松地跟教师们打着招呼，好像他跟他们才分开一两个星期，显然他见到他们很高兴。他似乎对他所任的这个职务毫无生疏之感，对于被称为珀金斯先生好像也没觉得有什么奇怪的。

当珀金斯先生和他们道别的时候，其中一位教师没话找话地说，他这会儿去赶火车时间还早。

“我想四处转转，看一眼我们家的老店铺。”他欢快地答道。

大家都很尴尬，他们奇怪他怎么如此没有城府，更糟糕的是，弗莱明博士没听见他的话，他的太太又大声在他耳边重复了一遍：

“他要四处转转，去看看他父亲以前的店铺。”

在场的人都觉察到话里的羞辱之意，感到有些尴尬，只有汤姆·珀金斯一个人没有觉察到。他扭头向弗莱明太太问道：

“现在这家店谁在经营，您知道吗？”

她几乎答不上话来，非常恼火。

“它还是家亚麻织品店，”她讽刺地说道，“现在叫‘格罗夫’亚麻织品店，我们早就不去那儿买东西了。”

“我想他兴许会让我进去看看吧。”

“如果您解释一下您的出身来历，我想他是会让您看的。”

直到那天傍晚晚饭快结束时，在公共休息室里才由“叹气”先生又提起憋在大家心底的话题。“叹气”先生问道：

“喂，你们觉得我们的新校长如何？”

他们想起午餐会时的对话。那根本算不上对话，简直就是珀金斯的独白，他一个人在那儿不停地说。他说话时语速很快，用低沉、浑厚的嗓音说出一连串轻松的话语，伴着短促、奇怪的笑声，露出洁白的牙齿。他们想跟上他的思路很费劲，因为他的思维发散，不时从这个话题跳到另一个相关话题，让他们不明就里。他谈起教学法，这倒无可厚非。可他又大谈在德国兴起的现代教育理论，他们从来没听说过这些理论，而且听上去让他们惶恐不安。他还谈起古典文学，他可是到过希腊，接着又说起考古学，说他曾花一个冬天发掘古物。他们看不出这些对他教孩子们通过考试有什么帮助。他甚至还谈到政治，让他们匪夷所思的是他竟把比肯斯菲尔德勋爵[①]和亚西比德[②]相提并论。他还谈到格拉德斯通[③]和地方自治。他们才意识到他是个自由党人，大家顿时心凉了半截。他还谈到了德国的哲学和法国的小说。教师们觉得如果一个人的兴趣那么庞杂，他的思想就不会多么深刻。

最后还是“瞌睡虫”先生总结了大家的印象，并把它归纳为一句他们都觉得很贴切的话。“瞌睡虫”先生是三年级高班的老师，生性懦弱，整天耷拉个眼皮；瘦高个儿，就像根豆芽菜；他动作迟缓，有气无力，给人一种萎靡不振的印象，他的绰号真是恰如其人。

“他就是个满腔热情的小子。”“瞌睡虫”先生说。

热情是缺乏教养的表现，为绅士所不齿。他们想到了救世军敲锣打鼓、发出呐喊的场面。热情还意味着标新立异，他们想到所有舒服的日子将一去不返，想到所有墨守成规的省心快乐将岌岌可危，就不寒而栗。他们几乎都不敢想象未来会变成怎样的光景。

“他看上去比过去更像个吉卜赛人了。”沉默了一会儿，有人开口道。

“我真想弄明白院长和牧师会在挑选他做校长时，知不知道他是个激进分子。”另一个人愤愤不平地说。

不过，七嘴八舌的议论停止了，他们都心乱如麻，不知说什么好。

---

① 比肯斯菲尔德勋爵（Lord Beaconsfield，1804—1881），即本杰明·狄士累里，英国政治家、作家。

② 亚西比德（Alcibiades，前 450—前 404），雅典将军、政治家，苏格拉底的生死之交。

③ 威廉·尤尔特·格拉德斯通（William Ewart Gladstone，1809—1898），英国政治家，自由党领导人之一，于 1868—1894 年间四度任英国首相。

一周之后，“柏油”先生和“叹气”先生一起去牧师会大楼参加一年一度的授奖典礼的时候，向来语气尖酸的“柏油”先生对他的同事说：

“好吧，我们在这儿已经参加了很多次授奖典礼，是吧？不知道我们还能不能参加下一次。”

“叹气”先生用比平常更加伤感的语气说：

“如果能有一份像样一点的薪俸，我不介意什么时候退休。”

第十六章

一年之后，菲利普升入这所学校就读。那些老教师还都各安其位，尽管他们固执地抗拒改变，但学校还是发生了很多的变化。老教师们表面上附和新校长的想法，但暗流涌动，双方的斗争不断。现在年级主任仍然在给低年级的学生教法语，可学校也聘请了其他教师。一位毕业于海德堡大学，获得语言学博士学位，而且具有在法国中学执教三年经历的教师就是其中之一。他给高年级的学生教法语，还给那些不愿意学希腊语的学生开德语课。另外还聘请了一位教师系统地教数学，而不像原来学校只教些基础的数学知识，浅尝辄止。关键是这两个人都是不领圣职的教师。这可是场真正的革命，两人刚来时，老教师们对他们充满了不信任。学校建了实验室，也开了军训课，他们都说学校的传统全都变了。在珀金斯先生那乱蓬蓬的脑瓜里还有哪些惊世骇俗的计划，只有老天知道了。学校跟一些小型的公立学校规模差不多，只有不超过二百名的寄宿生，规模再也难扩大，因为它的旁边就是大教堂；教堂周围的那片场地，除了有一幢教师宿舍，都被大教堂的教士们占用，再没有多余的地方盖校舍了。但是，珀金斯先生精心设计了一套方案，如果方案能实施，他就会有足够的地方让学校比目前的规模扩大一倍。他还想吸引伦敦的孩子来此地就学，他认为如果让伦敦的孩子和肯特郡乡下的孩子接触会有好处，还可能会开阔乡下孩子的视野，增长他们的见识。

“这是完全违背我们的传统的，”当珀金斯先生向“叹气”先生提议的时候，他抗议道，“我们不辞辛劳地小心保持我们的传统，就是怕来自伦敦的孩子会败坏它。”

“哦，简直是胡说八道！”珀金斯先生说道。

以前从没人敢当着这位年级主任的面说他胡说八道，他正在寻思反唇相讥，也许还可以含沙射影地说点针织内衣之类的话，可珀金斯先生不给他任何机会，用那连珠炮似的说话方式，猖狂、鲁莽地对他说：

“还有那幢在教堂场地的房子——如果你结婚了，我会想办法让牧师会在上面加盖几层的，这样我们就会多出好几间宿舍和书房，你的太太也可以照顾你。”

这位老教士倒吸了一口气。他为什么要结婚？他都五十七岁了，一个五十七岁的男人还结哪门子的婚，总不见得这把年纪还要照顾一个家庭吧。他不想结婚，如果非要在结婚和生活在乡下之间选择的话，他宁愿早点儿退休。他现在渴望的就是安宁的生活。

“我从没想过结婚的事。”他说道。

珀金斯先生用又黑又亮的眼睛看着他，即便这时在他眼中闪过一丝光芒，可怜的“叹气”先生也没察觉到。

“太可惜了！你就不能帮我个忙，把婚结了？如果你肯点头的话，我就去跟教长和牧师会的人说重建你住的那幢楼，那话的分量可就重多了。”

然而，珀金斯先生最不招人待见的改革就是他那套偶尔让教师换班上课的做法。他说的倒是轻巧，请别人帮个忙，但是这个忙没人敢不帮呀。就像“柏油”先生，也就是特纳先生的说法，这会让双方都失去尊严。他不提前通知，只是在晨祷之后可能突然对某位教师说：

“我不知道您可不可以今天十一点上一下六年级的课？我们调一下，没问题吧？”

他们不知道这种做法在别的学校是否常见，但是在特坎伯雷肯定以前没人干过，其结果也很反常。特纳先生就是第一个牺牲品，他提前告诉自己班的学生校长要在当天给他们上拉丁文课，他们还可以当场问校长几个问题装装门面，以免校长把他们都看成一无所知的蠢货。他还利用历史课上剩下的十五分钟给他们讲解李维[1]写的一段文章，按计划是讲这一段的。可等他再回到自己的班里，翻看珀金斯先生给出的成绩报告册时，吃惊地发现，班里两个成绩数一数二的学生似乎表现很差，而其他几个平时成绩中等的学生却得了满分。他问埃尔德里奇——他最得意的门生——究竟是怎么回事时，那个孩子闷闷不乐地答道：

“珀金斯先生就没问我们任何有关篇章解释的事。他问我关于戈登将军[2]我知道些什么。”

特纳先生瞪大眼睛望着他。孩子们显然觉得他们一无是处，他不禁认可他们无声的抗议。他看不出戈登将军和李维之间有什么联系。后来他斗胆向校长提出了这个问题。

“埃尔德里奇很受打击，因为您问他关于戈登将军他知道些什么。”他努力堆起笑脸向校长发问道。

---

① 李维（Livy，罗马名为 Titus Livius，前 59—17），古罗马历史学家。

② 查理·乔治·戈登（Charles George Gordon，1833—1885），英国殖民军官，曾在中国指挥雇佣军与太平军作战，后又参加第二次鸦片战争并参与占领北京和火烧圆明园，后任苏丹总督，被起义军处死。

珀金斯先生哈哈大笑起来。

“我看他们已经学了盖约·格拉古[①]的土地法，就想知道他们是否也了解一些在爱尔兰所发生的土地纠纷。但是他们所有人对爱尔兰的了解只限于都柏林位于利菲河畔这一事实。所以，我就想进一步了解他们是否听说过戈登将军。”

这个可怕的事件表明这位新校长是个狂热地追求知识面广博的人，他甚至怀疑对课程进行考试有何用处，大家死记硬背就是为了应付考试，他注重的是常识。

“叹气”先生现在简直度日如年，他脑子里总是萦绕这样的念头：珀金斯先生会让他把婚期定下来。而且他也憎恨校长对待古典文学的态度。毋庸置疑，这位校长是位称职的学者，目前他正在用正统的方式撰写一部著作：研究拉丁文学的谱系，但是他说起这个话题时非常不严肃，好像那只是像打台球一样的消遣，而非重要的研究，一点也不把它当回事。而三年级中班的教师“喷气”先生，脾气变得一天比一天坏。

菲利普进入皇家公学后，被安排进了“喷气”先生的班级里。这位B. B. 戈登牧师大人的个性并不适合做教师——他毫无耐心，动辄发怒。由于没人过问他，他又只教低年级学生，长久以来，他已经完全失去了自控的能力。他上课以暴跳如雷开始，以大发雷霆结束。他中等个头，胖墩墩的，头发稀疏，原本浅棕色的短发现在已经变得灰白，小八字胡又粗又硬。他的脸盘很大，长着一双浑浊的蓝色小眼睛，脸本来是红扑扑的，可经常在盛怒时变得又黑又紫。他的指甲都被他咬秃了，因为当某个吓得浑身哆嗦的学生在逐字解释

① 盖约·格拉古（Caius Gracchus，前154—前121），古罗马政治家。

课文时，他总坐在讲桌旁，气得浑身颤抖，啃自己的手指甲。关于他暴力行为的传闻，有些可能被夸张了，但是两年前有一件事情，至今在学校还有人津津乐道。据有人讲，有位学生家长威胁要告他。因为他用书打一个叫沃尔特斯的男孩子耳光，打得很重，孩子的听力受到了影响，不得不退学。孩子的父亲是特坎伯雷的居民，该事件引发城里民众的极大不满，当地报纸也都曾报道过此事。但是，沃尔特斯先生只是一个啤酒酿造商，人们对他的同情就打了折扣。而其余的孩子，尽管对这位教师恨之入骨，但由于自己最清楚不过的原因，还是选择站在这位教师的一边，并且表达了对学校事务受到外部干涉的愤慨。他们还对沃尔特斯仍在这所学校上学的弟弟诸多刁难。戈登先生侥幸逃脱了被赶到乡下去终老一生的命运，但从此以后再也不敢体罚学生了。教师们原来拥有的打学生手心的权力，再也没有了。“喷气”先生再也不能用教鞭抽打讲桌来宣泄愤怒，也再不能时不时地抓住一个学生，使劲摇晃他的肩膀来惩罚他。现在他对于淘气或者不听话的孩子也有惩戒的法子，就是罚他们站着，并把一只手臂伸直，保持这种姿势十分钟到半个小时不等。在语言上他还是跟以前一样粗暴，张口就骂人。

对于教菲利普这样害羞的学生，再没有比这位脾气暴躁的“喷气”先生更不合适的教师了。当然，此时来皇家公学读书的菲利普比他初次进沃森先生的学校时胆子要大得多了。他也认识很多他在预备学校就在一起的同学。他觉得自己长大了，本能地意识到在更多的学生中，他的畸形不会被人太过注意的。但是，从第一天起，戈登先生就给他原本不太强大的心脏又罩上了一层恐惧的阴影。这位教师很快就能区分出哪些孩子害怕他，似乎也就因为这一点让他更加不喜欢他们。菲利普很享受听课的乐趣，但是现在他整天提心吊胆地盼着上课的时间早点儿结束，更遑论大胆提问，可能问题又不合适，会招致教师劈头盖脸一阵羞辱，他只是傻坐着，轮到他起立对课文内容进行解读时，他会战战兢兢，吓得如生了病一般。他真正开心的时刻是珀金斯先生来给他们上课的时候，对于这位热衷于普通常识的校长，菲利普倒是很能迎合他的这份热情。菲利普读了各种各样远超他这个年龄所能理解的奇书异志，珀金斯先生经常会向全班提一个问题，然后在教室里转圈等待答案，最后在菲利普的座位前停下脚步，嘴角挂着让这个孩子心中狂喜的微笑说道：

“现在，凯里，你来告诉他们。”

菲利普在珀金斯先生课上得到的好分数让戈登先生更加怒不可遏。一天，轮到菲利普来解释课文了，这位先生坐在那里，用眼睛一边死盯着菲利普，一边狂咬拇指。他的怒气正在暴发的边缘，菲利普开始用很低的声音翻译了。

“别嘟嘟囔囔的，大点声！”先生喊道。

好像有东西堵在菲利普的喉头了。

“继续！继续！继续！”

这三声一声比一声大，结果把菲利普脑子里的东西都吓跑了，他茫然地看着书上的字。戈登先生的呼吸开始变得沉重起来。

“如果你不懂，干吗不明说呢？你到底懂还是不懂？你上次听没听我的讲解？你干吗不开口？说话呀，你这个木头脑袋，说话！”

这位先生抓着椅子的扶手，紧紧地抓着，好像生怕自己会向菲利普猛扑过去。学生们都知道在以前他常常掐着学生的喉咙，直到他们几乎都背过气去。他额头上的青筋毕露，脸色铁青，阴沉沉的，简直变成了个疯子。

昨天，菲利普还对这段文字了然于胸，但是现在什么都不记得了。

“我不懂。”他气喘吁吁地说。

“你为什么不懂？让我们一个字一个字地来看，我们很快就知道你是不是真的不懂。”

菲利普站在那里没有吱声，脸色刷白，浑身微微有些颤抖，他的头低得都快挨到课本了。而那位先生的呼吸变得更加粗重。

“校长说你很聪明。我真搞不懂他是怎么看出来的。常识！”他狂笑起来，“我不知道他们为什么把你安排到这个班。木头脑袋！”

他对这个词很是得意，又极力高声重复了几次。

“木头脑袋！木头脑袋！木头脑袋的死瘸子！”

一通喊叫，让他情绪稍有缓和。他看见菲利普的脸突然涨红了。他让菲利普去取记过簿，菲利普放下手里那本讲述恺撒历史的课本，默默地走出教室。记过簿是个黑色的本子，上面记录着犯了错的学生的名字。如果学生的名字被三次登记在册，就意味着他要挨一顿鞭笞。菲利普来到校长的住处，敲了敲他书房的门。珀金斯先生正坐在桌子旁边。

“我能拿一下记过簿吗，先生？”

“就在那儿呢。”珀金斯先生应道，用他的头示意记过簿所在的位置，“你犯了什么错？”

“我不知道，先生。”

珀金斯先生看了菲利普一眼，没说话，继续忙手头的工作。菲利普拿上记过簿，走了出去。上完课没过几分钟，他把记过簿又送回来。

"让我看一下。"校长说,"戈登先生在记过簿上写你'粗俗无礼',到底怎么回事?"

"我不知道,先生。戈登先生说我是个木头脑袋的死瘸子。"

珀金斯先生又看着他,他在琢磨这孩子的回答是否隐藏着讽刺,但这孩子浑身还在颤抖,脸色惨白,眼睛里充满了痛苦。珀金斯先生站起身,放下手里的记过簿,随手拿起了几张照片。

"今天早上,我的一位朋友给我寄来一些雅典的照片。"他语气随意地说道,"看这张,这是雅典卫城[1]。"

他开始给菲利普解释他所看到的照片。伴随着他的话语,古城的废墟变得生动起来。他给菲利普看了狄俄尼索斯[2]剧场,解释观众的座位是怎样排列的,在剧场座位上可以远眺蓝色的爱琴海。然后,他突然说道:

"我记得当年我在戈登先生班里学习的时候,他常常管我叫'站柜台的吉卜赛人'呢。"

而菲利普的注意力正在那些照片上,好一阵子才回过神来思考话中的含义。珀金斯先生又给他看了一张萨拉米斯岛[3]的照片,用他的手指,那根手指的指甲尖上还有一圈黑边,指着希腊战舰和波斯战舰双方的位置和部署。

① 雅典卫城是希腊最杰出的古建筑群,是综合性的公共建筑,为宗教、政治的中心地。

② 狄俄尼索斯,古希腊神话中的酒神,奥林匹斯十二神之一。

③ 萨拉米斯岛是塞浦路斯古都,也是希腊爱琴海附近的一个岛屿,此处爆发过"萨拉米斯海战"。

第十七章

接下来的两年，菲利普的学校生活虽然单调，但也还算自在。他受到的欺负也并不比个头与他差不多的同学多多少，另外因为身有残疾，他基本上不参加什么活动，这样不怎么显山露水，没人打扰，倒让他心存感激。他不太合群，所以有时感到很孤独。他在“瞌睡虫”先生所教的三年级高班里度过了好几个学期。“瞌睡虫”先生一副无精打采的模样，耷拉着眼皮，看上去厌倦一切。他倒是能尽职，可就是总有点心不在焉的感觉。他是一个善良、温和、不太聪明的人，对学生的操守很有信心。他认为让学生们做个诚实的人首先就是不要让学生说谎这种念头进入他自己的头脑中，哪怕片刻也不行。他经常引用这样一句话：“你们祈求的多，给你们的就多。”[①]在三年级高班的学习生活倒也轻松。你可以预先知道哪几句诗该轮到你解释了，还有大家相互传递的对照译文，你可以在两分钟内找到你要的答案；当轮流回答问题时，你还可以把一本拉丁文语法书摊开放在你的膝头做准备。“瞌睡虫”先生从来没注意到这样一个奇怪的事实：在十几份不同的练习中，众多的学生竟然会不可思议地犯同样的错误。

① 该句引自《新约·马太福音》中的第七章第七节。

他对考试不怎么相信，因为他发现在考试中学生总没有平时在班上表现那么优异。虽然这多少令人失望，但也不是什么了不起的大事。学生照样按部就班地升级，虽然他们学到的东西不多，但在弄虚作假时能够厚颜无耻地自得其乐，这本事可能对他们以后的生活大有用处，比读懂拉丁文要有用多了。

再后来，他们轮到"柏油"先生教了。他的真名叫特纳。他是这帮老教士中最快活的人了，五短身材但大腹便便，下巴上那一把黑胡须现在已经开始变白了，皮肤黑不溜秋的。他穿着教士的黑袍，的确会让人联想到柏油桶。虽然他如果听到学生叫他这个绰号，他会依照校规罚学生抄五百行字，但在晚餐会上，他经常自己拿他的绰号开玩笑。在教士们中间他是最世俗的一个，他外出下馆子比其他任何人都多，他所交往的圈子也不限于牧师这个群体。学生们把他看成一个十足的无赖。一到假期，他就会脱掉自己的牧师服，有人曾在瑞士看见过他穿着一身鲜艳的花呢套装。他还喜欢杯中之物和美食佳肴，有一次有人看到他在皇家餐厅和一位女士——可能是他的近亲，正大快朵颐呢。从此以后，好几代的学生都认为他纵酒狂欢，种种细节均指向一个不容置疑的信念——人性本就是堕落的。

特纳先生估计，要把这些上过三年级高班的孩子重新塑造得有点教养，得花费他一个学期的工夫。他时不时地透点口风，以示他对自己同事所带班级究竟是个怎样的差班洞若观火，他倒是不把这种情况当作什么伤脑筋的事儿。他觉得这些男孩子就是小混混，如果他们的谎言没有被当场戳穿，他们才不会说实话。他们的荣誉感很特别，而这种荣誉感在跟教师们打交道时根本不管用，只有等他们认识到调皮捣蛋没有什么好果子吃时，他们才会多少有所收敛。他对自己带的班很是自豪，尽管现在他已经五十五岁了，但还是跟他刚来学校时一样，热衷于让自己的班级在考试当中成绩远比其他班级好。他跟其他的胖子一样也好发火，但火气来得快，去得也快。他班里学生很快发现，在他不断痛骂学生的话语的背后，他还是相当善良的。他对愚钝的学生没有耐心，但对那些表面任性妄为、内里聪明的学生还是愿意费心地多加教导的。他喜欢请他们喝茶，尽管受邀的学生发誓喝茶时没见什么饼干、蛋糕一类的茶点，但他们接到他的邀请时还是真心地高兴。大家通常认为，他的肥胖是因为他胃口极大，而他胃口大的原因是肚里的蛔虫在作怪。

菲利普现在更加惬意了，因为空间有限，只有高年级学生才能使用几个书房。在此之前，他一直住在大厅里，大家在里面吃饭，低年级学生还在那里预习功课，乱糟糟地让他隐隐觉得不快。和一大堆人住在一起还时常让他心神不安，他急切地想一个人独处。在这里，他经常自己去乡下散步。学校不远处有条小溪，溪流两岸的树木修剪得很整齐，溪水在绿油油的田地里蜿蜒而行。沿着岸边漫步，不知道为什么，总会让他心生愉悦。走累了的时候，他就趴在草地上，看着激流中的鲦鱼和蝌蚪快速地游动。在教堂的场地里闲逛让他格外心满意足。夏天的时候，学生们在绿地中央练习打网球，但是在其他的季节，这里很安静。男孩子们有时会勾肩搭背地四处转悠，或者某个用功的学生若有所思地慢慢溜达，嘴里还念念有词地背着什么东西。一群白嘴鸦栖息在几棵大榆树上，空气中充满了它们忧伤的鸣叫。正中有座高高塔楼的大教堂坐落在草坪的一侧，尽管菲利普那时对美还一无所知，但当他看着它时，已感受到了一种他无法理解的、令他困扰的愉悦。他有了一间书房（一小间四四方方的卧书房[1]，朝着贫民区，四个学生合用），他买了一张大教堂的照片，把它钉在书桌上方。他发现自己对从四年级教室的窗户向外眺望产生了新的兴趣。从这儿可以俯瞰一块古老的草坪，它经过了仔细的修整，草坪四周是大树，树叶茂密繁盛。这景象在他心底激起一种奇妙的感受，他搞不清是痛苦还是喜悦，那是他第一次对美有了感悟。与此同时，还有其他的一些改变——他的声音变得粗哑了，好像不再受他的控制，从他的喉咙里发出了奇怪的声音。

接着，他开始去上课了，地点是校长的书房。在下午茶用过之后马上进行，开设这门课程的目的是让孩子们为坚信礼做好准备。菲利普的虔诚没有经受住时间的考验，他已经放弃每晚读《圣经》好长时间了。但是现在，在珀金斯先生的影响下，以及他身体发生的新变化，他变得躁动不安起来。他过去的感觉又回来了，他狠狠地责备了自己的退步。在他脑海中出现一幅景象：地狱之火在猛烈地燃烧。他的所作所为比一个异教徒好不了多少，若是他死去的话，怕是会堕入地狱吧。他曾笃信苦难永恒，他坚信这点远超他相信永恒的幸福。一想到他所冒的那些风险，他就不寒而栗。

自从那天菲利普在班上受到令人无法忍受的侮辱，珀金斯先生态度和蔼地跟他聊了很多之后，他对校长的感情就如同狗对主人的崇拜。他想方设法地讨好校长。菲利普珍视偶然从他嘴里吐出的微不足道的赞扬。他出席在校长住所里举办的安静的小型聚会，他完全拜服在校长的脚下。他一直用眼睛盯着珀金斯先生闪亮的眸子，嘴半张着坐在那里，头微

① 既可做卧室又可做书房的卧书房。

微前倾着，生怕漏掉只言片语。周围环境的平淡无奇使得他们谈论的事情显得格外动人。校长本人也常常被自己的话题所感染，把书本往前面一推，双手合十紧紧攥在一起放到胸前，好像要平复心脏的狂跳，讲起他们宗教的种种神秘。有时菲利普不能理解，不过他也不想理解，他隐隐约约感觉到，能够体会就足够了。那时，在他看来，长着一头蓬乱黑发、面色苍白的校长，如同敢于申斥国王的以色列先知。而当他想到基督耶稣时，他似乎看到基督耶稣也长着相同的黑眼睛和苍白的脸颊。

珀金斯先生用极其严肃的态度对待他这部分工作。这时再也见不到他口吐莲花的幽默，正是这种玩世不恭让其他的教士怀疑他轻佻浮躁。在他忙碌的一天中，他总能把事情安排得井井有条，抽出空来分别为准备施坚信礼的学生讲上十五分钟或者二十分钟的课。他想让他们觉得这是他们生活中自觉迈出的严肃的第一步。他力图探索他们的心灵深处，想把自己炽热的献身精神灌输进去。校长觉得，尽管菲利普很羞怯，但有可能在他身上发掘出和自己一样的巨大热情。对他而言，这孩子似乎天生就具有宗教气质。有一天，他突然中断正在讲的话题。

“你有没有想过，等你长大后，打算做什么？”他问道。

“我伯父想让我当牧师。”菲利普答道。

“那你自己有什么想法？”

菲利普眼睛看着别处，他有点耻于说自己不配侍奉上帝。

“我不知道什么样的生活能像我们的生活这样充满幸福感，我多希望我可以让你感觉到这是多么好的恩赐呀。各行各业的人都能侍奉上帝，但只有我们离上帝更近。我不想影响你的决断，如果你下定了决心——噢，马上——你就能禁不住感受到一种喜悦和放松，永远不会消失。”

菲利普没有回答，但是校长从他的眼中已经看出他认识到了某种他试图要表达的东西。

“要是你能保持你现在的状态，你会发现有朝一日你能成为学校的高才生，毕业的时候，也能稳妥地拿上奖学金。你自己还有什么财产吗？”

“我伯父说，等我到了二十一岁的时候，每年会有一百镑的收入。”

“那你算是有钱的了。我是两手空空。”

校长迟疑了一下，然后随手拿起一支铅笔，在面前的吸墨纸上画了一条线，继续说道：

“我恐怕你以后对职业的选择会很有限，很明显你不能从事要求身体灵活的职业。”

菲利普的脸一下子红到了发根，每次有人提到他的跛足他都会这样。珀金斯先生严肃地望着他。

“我很好奇如果你对你的不幸不那么过分敏感会怎样。你从来没想过要感谢上帝把你变成现在这个样子吗？”

菲利普抬头很快地看了校长一眼。他的嘴唇紧闭，他想起了自己有好几个月的时间，相信他们跟他讲的那些话，他乞求上帝治好他的跛足，就如同上帝曾治愈麻风病人，让盲人重见光明那样。

“只要你在接受不幸时，有违抗抱怨之心，只会给你招致耻辱。但如果你把不幸看作上帝赋予你的十字架，只是因为你的肩膀足够结实，能承受它，你就会释然了。它是上帝恩赐的符号，那么它就会变成幸福的源泉，而不是苦难的深渊。”

珀金斯先生看出这个孩子不愿意讨论这件事情，就让他走了。

但是菲利普对校长的话反复地想了又想，没用多长时间，他的内心就开始充满仪式感，一阵神秘的狂喜攫住了他的心灵。他的灵魂似乎从禁锢它的肉体中解脱出来，好像崭新的生活即将在他面前展开。他求真向善的全部热情都被激发了出来，他想全身心地侍奉上帝，他下了坚定的决心以后要去做牧师。当那伟大的一天来临时，他的灵魂会为所有的准备而感动，为他所读过的书而感动，更为校长对他巨大的影响而感动。他几乎无法控制自己喜悦和恐惧的心情。有个念头一直折磨着他，他知道他要一个人走过圣坛，最怕自己一瘸一拐的样子被所有人看在眼里——不仅在全校师生面前，他们要出席礼拜活动；而且在陌生人面前，那些来自城里的人到教堂来看他们的儿子受坚信礼。然而，要是那个时刻来临了，他突然感到，他能够愉快地接受这种屈辱了。当他一瘸一拐地走向圣坛时，在大教堂的穹顶之下，一切都是渺小和微不足道的，他有意把他的畸形作为一种供品奉献给爱他的上帝。

第十八章

但是菲利普在山顶稀薄的空气中没办法久待。现在，他最初心中充满宗教热情时出现的情形又再次出现了。因为他深刻地体会到了信仰的美，渴望自我牺牲的烈火在胸膛燃烧，射出宝石般的光彩。他的力量似乎不足以支撑他的勃勃雄心，由于激情的过度宣泄他已经筋疲力尽。他的心灵突然充满了奇异的荒芜之感。曾几何时，他觉得上帝无处不在，但如今他开始忘记上帝的存在了。他仍然准时参加宗教活动，只不过那已变成一种形式。刚开始的时候，他还因为这种堕落而责备自己，对地狱之火的惧怕促使他想再次热烈起来，但是那种激情已逝，逐渐地，其他的兴趣开始分散了他的注意力。

菲利普的朋友不多，他好读书的习惯让他落落寡合。读书已经成为他必不可少的需要，和别人相处一会儿以后，他就会觉得厌倦和烦躁不安。他对自己广博的知识很自负，那些知识都得益于他阅读的大量书籍。他的思想很敏捷，对同伴的无知与愚蠢也毫不掩饰他的蔑视。他们都抱怨他有点狂妄，因为他只在他们都觉得无关紧要的事情上拔得头筹，他们不无讽刺地说，他有什么本事还那么目中无人。菲利普还培养了他的幽默感，发现他自己有一种挖苦人的本领，这种本领可以触到别人的痛处。他说这些话是因为觉得好玩，几乎没有意识到这些话可能带来的伤害，然而当他发现受到他伤害的人对他十分反感时，他也感到非常气愤。因为他开始上学时所受到的屈辱，让他对同学产生了一种畏避的心理，直到后来也无法完全克服。他还是羞怯又沉默寡言。然而，虽然他极力疏远其他孩子，但他又衷心地渴望获得大家的喜爱，这对有些孩子来说易如反掌，可对他来说却难如登天。虽然他嘴上可能对这些孩子挖苦得更加不留情，还总是嘲笑他们，但实际上，他心中极其羡慕。如果可能，他会不惜任何代价和他们交换位置。确实，他宁愿和学校里最笨的学生调换位置，因为他有健全的双脚。他还形成了一个怪癖：想象自己化身成了他特别喜欢的某个孩子，会把自己的灵魂挪移到他的身体里，用他的声音说话，用他的声音大笑；他还想象自己在做这个孩子做过的所有事情。这想象是如此生动鲜活，以至于有那么一瞬间，他真的好像已经不再是他自己了。他就用这种方式，享受着异想天开的短暂欢乐。

在圣诞学期开始的时候，也就是菲利普领受了坚信礼之后，他搬到了另外一间书房。其中有个名叫罗斯的孩子，他和菲利普在同一个班级，菲利普总是用又妒忌又崇拜的目光看着他。罗斯长得并不好看，尽管一双大手和大骨架预示他以后个头一定不低，但整体看上去一点也不灵活。他的眼睛很迷人，当他笑的时候（他总是在笑），眼睛周围都是皱纹，很是喜庆。他既不聪明，也不笨，但功课学得不错，更擅长玩游戏。他很受师生们的欢迎，而他也喜欢其他的人。

当菲利普被安排进这间书房时，他忍不住看看其他人，那几个人已经在一起住了三个学期，对他冷冷地表示了欢迎。这又使他紧张起来，感觉自己是个不速之客；但他已经学会隐藏自己的感情，他们觉得他倒也安静、不张扬。和罗斯住在一起，菲利普和其他孩子一样无法抵抗他的魅力，菲利普甚至比以往更加羞怯和不安。也许正是因为这点，也许罗斯一心想施展他特有的魅力，或者纯粹是出于好心，总之，正是罗斯第一个把菲利普带进了圈子。一天，他很唐突地问菲利普是否愿意跟他一起去足球场。菲利普红了脸。

“我走不快，可能赶不上你。”他说道。

“别说废话，走吧。”

就在他们出发之前，有个男孩在书房门口探进头来，叫罗斯跟他一起走。

“不了，”他答道，“我已经答应和凯里一起走了。”

“不用管我，”菲利普马上说，“我没事的。”

“别说废话。”罗斯说。

他用和善的目光看着菲利普，笑了起来。菲利普感到内心一颤。

过了一小段时间，他们的友谊发展得很快，这也是小男孩间常有的情况，这一对好朋友简直形影不离。其他人对两人之间突然的亲密感到很好奇，有人问罗斯对菲利普这人怎么看。

“哦，我不知道，”他答道，“说实在话，他这人不错。”

很快，他们两个人就总是勾着肩一起去教堂，或者一边聊天，一边在教堂场地里溜达；无论在哪儿看见他们中的一人，必然能找到另外一个人。好像是承认他对罗斯的所有权一样，如果有人想找罗斯，往往会给凯里留个口信儿。菲利普起初还挺低调，不让那种盈满内心的喜悦冲昏自己的头脑，但没过多久，他对命运的怀疑便被狂喜所替代了。他觉得罗斯是他所见过的最棒的伙伴。他的书本也变得不再重要，他顾不上它们了，因为绝对有更重要的事情把他的时间都占满了。罗斯的朋友们过去常常来他的书房喝茶，在没有更好的事情要做的情况下，有时过来闲坐——罗斯喜欢热闹，不放过玩闹耍笑的机会——他们发现菲利普是个十分有教养的家伙。对于罗斯朋友们的认可，菲利普心里很高兴。

当学期的最后一天到来的时候，他和罗斯商量他们坐哪趟火车回来，这样他们就可以在火车站见面，在返回学校前一起在城里喝茶。菲利普心情沉重地回了家，整个假期脑子里都想着罗斯，而且脑中还想象着下学期他们俩要一起做的事情。他对住在牧师宅院的假期生活开始厌倦起来。在假期的最后一天，他的伯父用一种跟以前一样的可笑口吻，问了他和以前一样的问题：

“嗯，你很高兴又要返校了吗？”

菲利普开心地答道：

“当然啦。”

为了确保能和罗斯在车站见面，他还特意搭乘了一班比以往要早出发的火车，他在站台上等了大约一个小时。当从法弗沙姆开来的列车进站的时候，他知道罗斯要在那儿换乘，他激动地跟着车跑着。但是，罗斯没有坐这趟车。他拦下一个搬运工问了下一趟列车什么时候到，又耐心等了起来。不过，他又一次失望了。他又冷又饿，只好穿过小巷和贫民窟，抄一条近路回到了学校。他发现罗斯已经在书房里了，脚搭在壁炉架上，正在谈天说地，五六个学生正随意坐在书房中。他和菲利普热情地握手，但是菲利普脸色阴沉，他知道罗斯已经完全忘记了他们的约定。

“我说，你怎么这么晚才到？”罗斯问道，“我以为你回不来了。”

“你四点半时在车站呢，”另一个学生说道，“我下火车时看见你了。”

菲利普的脸微微红了，他不想让罗斯知道，自己像个傻瓜似的一直在车站等他。

“我得照顾我们老家的一位朋友，”他随口说着准备好的瞎话，“别人请我帮忙送她。”

但是失望还是让他有些闷闷不乐，他一声不吭地坐着，不得不说话时，就硬着头皮简单地敷衍两句。他暗下决心，等他和罗斯单独在一起时，他要把这事跟他好好理论理论。可当别人陆续离开了，罗斯立即过来，坐在菲利普坐的椅子的扶手上。

“我说，我真的很高兴这学期我们还能在一间寝室。太棒啦，不是吗？”

他见到菲利普似乎真心感到高兴，菲利普的恼怒也就烟消云散了。他们又开始热切地谈论起很多他们感兴趣的事情来，好像俩人分开还不到五分钟。

第十九章

起初，菲利普对罗斯的友谊心存感激，不敢对他再提更高的要求了。他一切听其自然，倒也知足常乐。但是，过了没多久，他开始心中抱怨罗斯对谁都那么友好。他想独占罗斯的这份友谊，以前他把和罗斯之间的友谊看作上帝的恩赐，可现在他认为这是他的权利。每当看见罗斯和别人在一起时他就心怀嫉妒，虽然他清楚这是不理智的，可有时就是忍不住要对罗斯说些尖酸刻薄的话。如果罗斯在别人的书房里玩上一个小时，菲利普就会在他回来的时候，阴沉个脸，皱个眉头。而更让他难受的是，罗斯要么没注意到他的冷脸，要么故意不睬他，那会让他闷闷不乐一整天。菲利普明知自己这样做傻透了，可还是要找碴和罗斯吵架，他们会一连好几天谁也不理谁。但是，最终还是菲利普无法忍受和罗斯冷战下去，甚至在认为自己有理的情况下还是忍不住谦卑地先向他道歉。然后，接下来的一周他们又和从前一样是好朋友了。但是，他们最好的时光已经不在，菲利普明白罗斯经常和他一起散步，只是出于习惯，或者怕自己生气。他们彼此也不像一开始那样有说不完的话，罗斯经常觉得和他在一起无聊，菲利普觉得自己的跛足开始让罗斯不耐烦了。

在快到学期末的时候，有两三个孩子得了猩红热，很多人说要把他们都送回家，免得大面积传染。但是，病人只是暂时被隔离了，因为病情没有蔓延，人们觉得疾病暴发的可能性被遏制住了。菲利普是患病的学生之一，在整个复活节假期，他一直待在医院。在夏季学期刚开始的时候，他又被送回到牧师家里，为的是让他多呼吸一点新鲜空气。尽管医院已经保证菲利普的病不会再传染，但是牧师接他时还是半信半疑。他觉得医生建议他侄子在康复期内应该到海边来实在欠考虑，只是因为菲利普实在没别的地方可去，所以他也只能同意把侄子接回家里来住。

菲利普是在学期中间回的学校，他已经把和罗斯的争吵全忘到脑后了，只记得他是自己最好的朋友。他知道自己以前太幼稚了，下决心要更加理性些。在他生病期间，罗斯给他寄了好几封简短的信件，基本上都是用这样的话收尾："快点好起来，赶紧回来吧。"菲利普想罗斯期待他回来的心情一定和他想见罗斯的心情一样迫切。

菲利普发现由于猩红热，六年级有个孩子死了，所以学校调整了书房，罗斯不再跟他住在一起了。这真让菲利普感到失望和难过。但他一到校，就一头冲进了罗斯的书房。罗斯正坐在书桌前，背对他和一个名叫亨特的男孩做着功课，当菲利普进来的时候，他生气地转过身来。

"到底是谁呀？"他喊道，然后，他看清是菲利普，"哦，是你呀。"

菲利普尴尬地立在原地。

"我觉得我应该过来看看你怎么样了。"

"我们在做功课呢。"

亨特这时插了句话。

"你什么时候回来的？"

“刚刚回来。”

他们坐在那儿看着他，好像他这个不速之客打扰到了他们。显然他们巴不得他快点离开。菲利普的脸一下子红了。

“我马上走。你做完功课,可以来我书房。”他对罗斯说道。

“好吧。”

菲利普出来后，关上了房门，一瘸一拐地回到了自己的书房。他觉得受到了很大的伤害。罗斯看上去似乎并不高兴见到他，他对自己的出现几乎有一种愠怒，好像他们只是泛泛之交。菲利普一直在自己的书房里等着，不想离开片刻，就怕万一罗斯过来了找不到他，可是他的朋友最终也没出现。第二天早上，当他去做祷告的时候，看见罗斯和亨特勾肩搭背，大摇大摆地一起走了过去。后来别人把他离校后看不到的情形告诉了他。他忘记了，对于学校中的男孩子来说，三个月可是一段相当长的时间，虽说他在隔离的状态下度过了这段时间，可罗斯生活在现实世界中，亨特已经填补了他空出来的位置。菲利普发现罗斯在有意回避他，但是他已经不再是那个忍气吞声，有话往肚子里咽的男孩了，他要把话说清楚。他等着机会，直到一天他确定只有罗斯一个人待在书房，就走了进去。

“我能进来吗？”菲利普问道。

罗斯尴尬地看着他，这种尴尬让他对菲利普有些恼怒。

“是的，如果你愿意的话。”

“你可真是太好了。”菲利普不无挖苦地说道。

“你有何贵干？”

“我说，我回来后，你怎么变得这么差劲了？”

“哦，别傻了。”罗斯说道。

“我不知道你看上了亨特什么。”

“那是我自己的事。”

菲利普俯视着他，他不能把肚子里的话一下子都倒出来，他害怕那会让自己蒙羞。罗斯站了起来。

“我得去健身房了。”他说道。

当他走到门口的时候，菲利普强迫自己张嘴说话了。

“我说，罗斯，不能那么无情无义吧。”

“哦，你滚一边去吧。”

罗斯走出门，砰地把门关上了，只留下菲利普一个人待在屋里。菲利普气得浑身直哆嗦。他回到自己的房间里，脑子里反复想着刚才两人的对话。他现在恨罗斯，他想伤害他，他想用一切恶毒的话骂他。他琢磨着这下子他们的友谊彻底完蛋了，还想着别人怎么在背后谈论这事。在他敏感的内心中，他仿佛看到了别人的讥笑和好奇，其实别人根本不会把他的事情放在心上。他自己想象着大家的风言风语。

“不管怎么说，他俩的友谊不可能持久下去的。我真想知道他怎么受得了凯里，那个讨厌的家伙！”

为了显示他的无所谓，他故意和一个叫夏普的男孩好得不得了，其实他心里挺讨厌和瞧不起夏普的。这个男孩家在伦敦，很粗鲁，身材肥胖，嘴唇上刚刚长出绒毛，浓密的眉毛在鼻梁上方连在了一起。他的双手很柔软。对于他的年纪来说，他太过温文尔雅了。他说话带着点伦敦东区土腔。他是那种太过懒散而不愿意参加活动的男孩，总能别出心裁地找出各种各样的借口避免参加那些必须得去的活动。教师和学生们都不太喜欢他。正是因为傲慢，菲利普现在主动跟他交朋友。再过几个学期夏普就要去德国待上一年。他讨厌上学，把上学看成对他的侮辱，但他不得不忍受到他岁数足够大的时候，才能逃离学校进入社会。伦敦是他唯一喜欢的地方，他有说不完的故事，讲述假期中他在伦敦所做的事情。从他的聊天中——他用一种柔和、深沉的嗓音——讲述伦敦街头夜晚的绯闻逸事。菲利普听他描述的时候，立刻觉得又着迷又厌恶。在他丰富生动的想象中，他似乎看到了剧场玻璃门中川流不息的人群，还有廉价餐馆闪烁的灯光，酒吧里都是半醉的男人，他们正坐在高脚凳上和女招待聊着天。在大街两旁的路灯下，模糊的人群神秘地来来往往，专注于寻欢作乐。夏普借给他从霍尼韦尔街上搞来的廉价小说，菲利普在他的小隔间里，带着一种既新奇又害怕的心情读这些小说。

有一次，罗斯想和菲利普和解。他毕竟是个天性善良的孩子，他不喜欢树敌。

“我说，凯里，你干吗这么傻气呀？不理睬我和大家伙儿对你有什么好处呀。”

“我不明白你的话是什么意思。”菲利普冷冷地答道。

“好吧，我不明白为什么我们不能好好谈谈。”

“我烦你。”菲利普说道。

“那你随便吧。”

罗斯耸了耸肩，走开了。菲利普脸色刷白，当他被触动时，总是这样，他的心猛烈地跳着。当罗斯走开后，他突然觉得痛苦万分。他想不通为什么自己要用那种方式去回答罗斯。本来只要能和罗斯再次成为朋友，他愿意付出一切的。他讨厌和罗斯争吵，现在看到自己让罗斯痛苦，他觉得非常抱歉。可就在刚才那一刻，他完全控制不了自己，好像有个魔鬼攫住了他的灵魂，迫使他违心地说出那些伤人的话，即使当时他想跟罗斯握手言和，想对他做出让步。但是想伤人的念头在他心中太强烈了，他想为自己所承受的痛苦与屈辱进行报复。那既是一种骄傲，也是一种愚蠢，因为他知道罗斯根本不在乎，而他自己反而受伤更甚。他心中突然涌出一个念头，他要去找罗斯，跟他说：

“我说，我很抱歉刚才失去理智了，我控制不了自己才说了那样的混账话，让我们和好吧。”

然而他知道自己绝不会那么做的。他害怕罗斯会讥笑他。他生着自己的闷气。没过多一会儿，夏普走了进来，他瞅准一个机会第一次跟他吵了一架。菲利普有个很刁钻的本事，他能抓住别人的痛处，所说的话能让人痛苦不已，因为那确实也是实情。可是这次夏普却占了上风。

“我刚才听见罗斯和梅勒说到了你，”他说道，“梅勒说：‘为什么你不踹他？那样会给他个教训，让他注意自己的态度。’而罗斯说：‘我可不愿意那么做。该死的瘸子。’”

菲利普突然憋得脸通红。他说不出话来，他的喉咙里好像有个肿块，几乎让他窒息。

第二十章

菲利普升入六年级了，但是他现在讨厌上学，彻底讨厌了。同时，也失去了雄心壮志，无论做好做赖，他都毫不在乎了。每天早晨从梦中醒来，他都心情沮丧，因为他必须度过单调乏味的一天。他厌倦了不得不做一些事情，因为别人要求他去做。条条框框让他心烦意乱，不是因为它们没有道理，而是因为它们是束缚。他渴望自由。他厌倦重复学习他已经知道的事情，厌倦了有些东西被翻来覆去地讲，只为照顾有些头脑迟钝的学生，其实有些东西一说出来他就能明白，不用反复地解释。

珀金斯先生的课可以选择听，也可以选择不听。他讲课可以立刻就来劲儿，并且神情专注。六年级的教室是被重新翻修过的老教堂的一部分，教室有一个哥特式的窗户，菲利普为了打发无聊，把这窗户画了一遍又一遍。有时凭记忆，他还画大教堂高高的塔楼，或者通向教堂场地的通道。他对画画很有一套。路易莎伯母在年轻的时候画过水彩画，她有好几个画册，里面全是教堂、古桥和如画般的农舍的素描。在牧师住宅里举办茶会时，这些素描经常被拿出来给客人们看。有一次，她送给了菲利普一个颜料盒作为圣诞礼物。于是他开始临摹她的画，他临摹的逼真程度超出了人们的意料。

后来没多久，他就开始构思自己的小幅图画了。凯里太太鼓励他，这也是让他不调皮捣蛋的好方式，以后他的素描也许在义卖时还能派上用场呢。有两三张素描还被裱在画框里，挂到了他卧室的墙上。

然而有一天，在上午的课程结束的时候，他从教室里懒洋洋地往外走，珀金斯先生叫住了他。

“我想跟你说几句话，凯里。”

菲利普等着。珀金斯先生用他那瘦削的手指捋了捋胡须，看着菲利普。他似乎在为他想说的话措辞。

“你是怎么回事，凯里？”他突然问道。

菲利普涨红了脸，飞快地看了校长一眼。但是他现在对校长的脾气很了解了，所以没有吭声，他等着校长把话继续讲完。

“我最近对你很不满意。你懒散、浮躁、没精打采，对你的功课好像也毫无兴趣。作业也拖沓潦草，成绩糟糕。”

“我很抱歉，先生。”菲利普说道。

“就这么句简单的话？”

菲利普苦着脸看着地面。他怎么能回答说他现在烦得要死呢？

“你知道，这学期你退步，而不是进步了。我不会给你一个良好的成绩报告单的。”

菲利普想知道，要是校长知道这份报告单是如何被对待的，会说些什么。报告单往往在早餐时送到牧师公馆，凯里先生漠不关心地瞟一眼，然后把它递给菲利普。

“这是你的成绩报告单。你最好看看它上面都写了什么。”他一边说着，一边用手指去剥旧书目录册的封皮。

菲利普看了看报告单。

“成绩还行吗？”路易莎伯母问道。

“没反映出我的真实水平。”菲利普答道，微笑着把报告单递给她。

“一会儿我戴上老花镜后再看。”她应道。

但是在早餐之后，玛丽·安走进来说肉商来了，路易莎伯母就把报告单的事忘得一干二净了。

珀金斯先生继续说：

“我对你很失望，而且我也无法理解。我知道要是你想做任何事，你一定能做得到，但是你好像现在什么都不想了。本来下学期我还想让你当班长呢，但是我现在觉得最好还是等一等再说。”

菲利普的脸红到了耳根，他不喜欢被人瞧不起的感觉。他抿紧了嘴唇。

“还有一件事。你现在必须得考虑一下你奖学金的事了。除非你开始非常认真地学习功课，否则你什么都得不到。”

菲利普被这番话激怒了。他对校长生气，对自己也生气。

“我想我不打算去上牛津了。”他说道。

“为什么不想去了？我想你的理想是成为牧师呀。”

“我改主意了。”

“为什么？”

菲利普没有回答。珀金斯先生摆出了一个常做的古怪姿势，就像佩鲁吉诺[1]画作中的人物，若有所思地用他的手指捋着胡须。他看着菲利普，好像他正努力地想看穿他的想法。然后，他突然告诉菲利普他可以走了。

---

① 佩鲁吉诺（Pietro Perugino，约1445—1523），意大利文艺复兴时期画家，擅长画柔和的彩色风景、人物和脸以及宗教题材的作品。

显而易见，校长对菲利普的回答并不满意。一周之后的一天傍晚，当菲利普拿着一些卷子走进校长的书房时，校长又旧话重提，但是这次他采取了不同的方式：他对菲利普说话的方式不像是一个校长对一个学生，而像是一个成年人对另一个成年人。他好像现在不再关心菲利普功课的好坏，也不再关心菲利普强劲的竞争对手让他获得奖学金进入牛津的机会渺茫了，更重要的事情是：菲利普改变了以后生活的目标。珀金斯先生决心再次唤起他今后做牧师的热情，极力想去触动菲利普细腻的情感。这项工作对珀金斯先生来说并不算难，因为他在劝说的过程中自己心里的感情也被搅动起来了。菲利普改变主意让他觉得很郁闷，他也的确认为菲利普这样就放弃了他今后的幸福真是莫名其妙。珀金斯先生的话很有说服力，而菲利普对于别人动感情的演讲也真的容易受到感染。校长的话充满感情，尽管他的外表很平静——他的面孔，部分是由于他本人长得就严肃，更多的是当校长多年形成的习惯，除了稍纵即逝的脸色变化能够多少让人察觉到他感情的起伏外，基本上不露声色。菲利普被校长的话深深打动了。他对校长的关心也非常感激，对自己的行为给校长带来困扰，也很不安，心里感到难过。不过，想到全校的人都知道校长为自己的事还劳神过问，他心里还有点暗自得意。同时，他的内心像是有另外一个灵魂在拼命挣扎，大声呼喊着两个字：

“我不，我不，我不。”

他觉得自己在不断下沉，没有丝毫的力气去抵抗心里不断涌起的虚弱，那种情形就像在盛满水的盆里浮着一只空瓶，水汩汩地灌进瓶子里，瓶子在装满水后慢慢沉下去。他咬紧牙关，心里一遍又一遍地对自己说着：

“我不，我不，我不。”

最后，珀金斯先生把手放到菲利普的肩上。

“我不想对你施加影响，”他说，“你得自己做决定。祈求万能的上帝帮助和指引你吧。”

当菲利普走出校长的屋子时，天下起了小雨。他穿过拱门来到教堂场地，那儿一个人也没有，榆树上的乌鸦也没有出声。他漫无目的地四下走着，觉得浑身燥热，小雨让他舒服多了。他反复回想着珀金斯先生对他说的话，现在他从狂热中平静下来，他对当时没有让步心中充满庆幸。

在黑暗中，他只能模模糊糊看见巨大教堂及其附属建筑群的大致轮廓，他现在觉得自己对它有说不出的厌恶，因为在这里他被迫参加冗长的礼拜活动，让他不胜其烦。圣歌唱起来没完没了，唱圣歌的时候不得不又累又无聊地站在那里把歌听完；那嗡嗡的布道声也听不清，因为得一直端坐着，想活动一下身子时，发现身子都僵直了。菲利普想起了在布莱克斯达布尔星期天一天两次的礼拜活动：教堂空旷又寒冷，到处都弥漫着一股润发油和衣服上浆的味道，副牧师要布一次道，他的伯父还要布一次道。随着自己的年龄的增长，他已经对伯父愈发地了解了。菲利普是个直性子的人，眼睛里不揉沙子。他无法理解一个人以牧师的身份真诚地说着一番话，而平时做的又是另外一套。这种言行不一的欺骗行为让他感到愤怒。他的伯父就是一个意志薄弱、自私自利的人，生活中的主要愿望就是能省事时绝不费事。

珀金斯先生向他描述了一番献身上帝后的美好生活。但菲利普知道在他家乡东英格兰的一隅，那里的牧师究竟过的是怎样的生活。比如说怀特斯通教区的牧师，那是一个离布莱克斯达布尔不远的教区，该教区的牧师是个单身汉，为了给自己找点事情做，最近办了家农场，当地的报纸不断地报道他在乡村法院不时跟这个人打官司，或对那个人提起诉讼的消息——一会儿是雇工们告他欠薪，一会儿是他控告商人们以次充好欺骗他。大家还传言他不给他养的奶牛喂饲料。总之，大家对他非议很多，觉得应该采取点行动治治他。还有一个佛恩教区的牧师，他蓄着胡子，一表人才。他的太太因为无法忍受他的虐待，不得不离开了他，她在乡间邻里到处散布他道德败坏的丑事。还有一个海边的小村庄苏尔勒的牧师，他可经常被人看见每天傍晚在酒馆里鬼混，酒馆离他的家只有一步之遥。教会执事们偶尔登门向凯里先生求教。因为平时除了农夫和渔民外，他们找不到别的人可以闲谈。在漫漫冬夜，寒风呼啸着穿过光秃秃的树林，四下里荒无人烟，只看到一片片一成不变的翻过的耕地。这里只有穷困，缺少有价值、有意义的工作，而人们性格中的扭曲、乖僻却毫无限制地释放出来，没有什么东西能让他们收敛，他们变得狭隘、古怪。菲利普对这些人和事一清二楚，但出于孩子的执拗心理，他没有把这些提出来作为借口。一想到要过这样的生活，他就浑身颤抖。他想摆脱这些束缚，去外面的世界。

第二十一章

很快，珀金斯先生就明白他的话对菲利普没有起任何作用，于是在剩下的学期里也就不理他了。在成绩报告单上，他还写了一段尖酸刻薄的评语。当报告单寄到菲利普家里的时候，路易莎伯母问他报告单上是怎样写的，他开心地答道：

“糟透了。”

“是吗？”牧师说，“那我得再看一下。”

“您觉得我继续待在特坎伯雷还有用吗？我早就应该想到如果我去德国学习一段时间可能会更好些。”

“你脑袋瓜里怎么会有这种念头？”路易莎伯母问道。

“您不觉得这是个相当好的想法吗？”

夏普已经离开了皇家公学，从汉诺威给菲利普写过信。他是真正在德国开始了新生活，一想到这儿，菲利普就更坐卧不安了。他觉得自己再也无法忍受还有一年的束缚。

“但是要是那样的话你就不会得到奖学金了。”

“不管怎么说，我已经没有得到奖学金的希望了。而且，我也不知道我干吗非去牛津不可。”

“可你不是以后要当牧师吗，菲利普？”路易莎伯母惊慌地问道。

“很久之前我就放弃那种想法了。”

凯里太太目瞪口呆地望着他，不过她已习惯自制，然后，她又给他伯父倒了杯茶。他们都没再说话。过了一会儿，菲利普看到泪水慢慢地从她脸颊滑落，他的心突然揪紧了，因为自己让她难过。她穿着紧身黑色长裙，那是从街上的裁缝铺定做的，她脸上布满皱纹，眼睛黯淡无光，透着疲惫，灰白的头发梳的发式跟她年轻时一样，仍是傻气的发卷，看上去可笑，又让人莫名地觉得可怜。菲利普第一次注意到这一点。

后来，牧师把自己和副牧师关在书房里深谈去了，菲利普用手揽着他伯母的腰。

“我很抱歉让您难过了，路易莎伯母。”他说道，“可是如果我真的不适合做牧师，即使勉强做了，也做不好的，对吧？”

“我真的很失望，菲利普，”她哽咽道，“我本来一门心思指望你以后当牧师。我觉得你可以成为你伯父的副牧师，以后，当我们走了以后——毕竟，我们有走的那一天，不是吗？——你就可以接替他的位置。”

菲利普颤抖了一下，他的心被痛苦攫住了，跳得仿佛鸽子落入罗网，在用翅膀扑腾着。他的伯母轻声抽泣，头靠在他的肩膀上。

“我希望您能劝威廉伯父让我离开特坎伯雷。我对那儿真是烦透了。”

但是布莱克斯达布尔的牧师不会轻易地改变他已经做出的安排，他打算让菲利普在皇家公学学习直到十八岁，然后再去牛津。不管怎么说，他也不会听任菲利普离开学校，再说，也没提前通知学校，所以这学期的学费也会照付。

“那么，您是否为我通知一下学校，说我圣诞节前离校呢？”经过了一场漫长而不愉快的谈话后，菲利普对他的伯父说。

“我会给珀金斯先生写封信，看看他有什么意见。”

“哦，我真希望我已经二十一岁了，什么事都得听别人的指挥简直让人受不了。”

“菲利普，你不应该那样跟你伯父说话。”凯里太太轻声说道。

“可是您难道看不出珀金斯想让我留下来吗？他想把学校里的每个学生都攥在他的手掌心里。”

“你为什么不想去牛津学习了？”

“如果我都不想当牧师了，去牛津学习还有什么好处？”

“你说什么不想当牧师，你已经是教会中的人了。”牧师呵斥道。

“那就是说我已经是牧师喽。”菲利普不耐烦地顶撞道。

“那你以后想干什么呀，菲利普？”凯里太太问道。

“我也不知道。我还没想好。但是不管我以后干什么，会几门外语总是有用的。如果我在德国待上一年会比待在那个鬼地方学到的东西多得多。”

他不会说自己觉得在牛津学习无非就是他现在学校生活的继续，也好不到哪里去。他特别希望成为自己命运的主人，而且他也知道，如果进了牛津，很多老同学都在那里，都认识他，而他想离这些人远远的。他觉得他在学校的生活就是一种失败，他想开始一种新生活。

菲利普想去德国的念头和最近在布莱克斯达布尔人们所讨论的某些新思想不谋而合。有时一些去医生家的朋友会带来外面世界的消息；八月份来海边度假的游客也有自己看待事情的视角。牧师听说有些人认为旧式教育已经今不如昔，现在不那么管用了，而各种现代语言已经变得越来越重要，不像他自己年轻时那样可有可无了。他自己的思想开始动摇了。他自己曾经有一个弟弟在好几门考试不及格后，就被家里送到德国去学习了，那在当时也是开了一个先例，可后来他这个弟弟在德国患伤寒死掉了，因此，这种实验可能也是危险的。经过无数次的谈话，商量的结果就是菲利普要在特坎伯雷再读一个学期，然后再离开。对这项协议，菲利普倒也不是完全不满意。然而，在他回校几天后，校长有一天跟他说：

“我收到了你伯父的一封信。信中说你想要去德国，他征求我对这事的看法。”

菲利普大吃一惊，他对监护人的这种出尔反尔大为光火。

“我想这事已经定了，先生。”他气哼哼地说道。

“远非如此吧。我已经回信说我认为让你中途退学是最大的错误。”

菲利普立即坐下来给他伯父写了一封言辞激烈的信。他没有顾忌措辞。他真是气坏了，那天晚上一直到很晚才睡下。第二天一大早他就醒了，开始反复思量他们对待他的方式。信寄出后，他焦急地等待回信。过了两三天信到了，是路易莎伯母写的，很委婉，但字里行间充满了痛苦，责备菲利普不应该对伯父说那样说话，他的伯父看后很伤心，说菲利普不体谅人，没有基督徒的宽容精神。他必须清楚他们这么多年来只是尽其所能为他好，他们有着更多的人生阅历，能够判断什么对他好。菲利普双手紧握。这些话他平时听得太多了，他不明白这些话为什么就没人置疑；他们并不明白他的处境和情况，凭什么就认为年纪越大就越有智慧，认为这是不言自明的人生真理？信的结尾还告诉菲利普，凯里先生已经撤回了他先前给学校的退学通知。

菲利普怀揣怒火，好不容易等到了第二周的半休日。因为周六下午学生们得去大教堂做礼拜，所以他们通常是周二和周四放半天假。等其他六年级的学生都走了的时候，他故意落在后面。

“请问，先生，今天下午我能回趟布莱克斯达布尔吗？”他问道。

“不行。”校长简短地答道。

“我有很重要的事情要回去见一下我伯父。”

“你没听见我说不行了吗？”

菲利普一声不吭地走了出去。他几乎被羞辱所击倒，他强烈地感受到他不得不张口请假的羞辱和被一口回绝的羞辱。现在他的心中对校长充满了恨意。菲利普在这种专制下痛苦万分，这种专制不为飞扬跋扈的行为找任何的理由。他愤怒得不计后果了，午饭后他直接来到火车站，返乡的路他太熟悉了，正好赶上一趟开往布莱克斯达布尔的列车。当他走进牧师的住宅时，看见他的伯父和伯母正坐在餐厅里。

“喂，什么风把你吹回来的？”牧师问道。

很明显他不怎么愿意见到菲利普，看上去有点局促。

“我想我还是回来跟您明确一下我退学的事。我想知道您究竟是什么意思，我在这儿时，您答应得好好的，可一周之后，就变了卦。”

对自己冲撞伯父他有点害怕，但他已经下定了决心要采用什么样的措辞了，虽然心跳得厉害，还是强迫自己一吐为快。

“今天下午回家，你请假了吗？”

“没有。我跟珀金斯请假，但他没准假。如果您愿意给他写信，告诉他我回来了，我无非就是挨顿臭骂罢了。”

凯里太太坐在那里编织着东西，双手颤抖着。她不习惯这种别人在她面前争吵的场面，此时如坐针毡。

“如果我告诉他，你挨骂也是自作自受。”凯里先生说道。

“如果你喜欢做个告密者，那当然可以。在事后跟珀金斯告发，就像你以前做的那样，你现在完全可以这样干。”

菲利普说出这样的话有点犯傻，因为这恰恰给了牧师想要的机会。

“你跟我说话这么无礼，我可不能还坐在这儿忍受着。”他镇静自持地说道。

牧师站起身，快步离开餐厅进了自己的书房。菲利普听见他砰地把门关上并落了锁。

“噢，我真希望我现在就二十一岁了。受到这样的束缚，我都快憋屈死了。”

路易莎伯母开始不出声地哭泣起来。

“噢，菲利普，你真的不该对你伯父那样说话。请你过去跟他说声对不起。”

“我可不会说什么对不起。是他先要卑鄙手段愚弄我的。让我继续待在学校明明就是在浪费钱嘛，但是他会在乎吗？那又不是他的钱。老天让这么一个不明事理的人当我的监护人真是瞎了眼了。”

“菲利普。”

听见这让人心碎的声音，菲利普滔滔不绝的气话戛然而止。他都没有意识到他说的话是多么尖酸刻薄。

“菲利普，你怎么能这么不知好歹呢？你知道我们所做的一切都是为了你好。我们知道我们没有教育孩子的经验，我们自己不能生养孩子，这就是我们为什么要咨询珀金斯先生意见的原因。”路易莎伯母的声音沙哑了，“我也努力像亲生母亲那样对你，我爱你就像你是我的亲生儿子。”

她是那样的瘦小和脆弱，在她古板的神态里，透着令人心碎的哀伤，深深地触动了菲利普。他的喉咙像是被什么东西堵住了，眼里充满了泪水。

“真对不起，”他说道，“我不是存心说出这些混账话的。”

他跪在伯母的身边，用双手抱住她，亲吻她被泪水打湿的憔悴脸颊。她伤心欲绝地抽泣着，他心中似乎突然涌起一丝莫名的怜惜，她的一生就这样虚度了。她以前从来没在别人面前这样流露出自己的感情。

“我知道，我有点心有余而力不足，菲利普，但我确实不知道应该怎样待你。我没有孩子，就如同你失去母亲一样，我们俩都是够可怜的。”

菲利普忘记了愤怒和自己的心事，一心想着去安慰她，用他前言不搭后语的话和笨手笨脚的抚摸。这时时钟敲响了，他得立刻飞跑着去赶火车，只有赶上这趟火车才能及时回到特坎伯雷赶上点名。当他坐在车厢的角落里时，才缓过神来，这趟自己算是白跑了。他气自己的软弱，伯父的装腔作势和伯母的哭哭啼啼就把自己当初回来的目的消弭于无形，真是丢人。然而，他不知道他走后这老两口怎么商量的，他们又给校长写了封信。珀金斯先生看信时，不耐烦地耸了耸肩。他把信递给菲利普看，上面写道：

亲爱的珀金斯先生：

原谅我为菲利普的事再次麻烦您，我和他伯母对他很是担心。他好像很急于退学，他的伯母觉得他很不开心。鉴于我们不是他的亲生父母，我们很难决定下一步该怎么办。他好像觉得在校学得不怎么好，再待下去也是浪费钱财。如果您能和他谈谈，我将感激不尽。但如果他还是不改变初衷，也许就像我原来所想的那样，在圣诞节前就让他退学也许会好些。

您忠实的

威廉·凯里

菲利普把信递还给校长，心头有种胜利的自豪感。他终究实现了自己的愿望，他很满意。他自己的意志战胜了别人的意志。

“我也犯不上花上半个小时给他写回信了，如果你的伯父收到你的下一封信可能又会改变主意。”校长恼火地说道。

菲利普什么都没说，脸色异常平静；但是他控制不住眼睛里兴奋的光芒。珀金斯也注意到了，突然哈哈一笑。

“你算成功了，对吗？”他说道。

菲利普也爽快地微笑起来。他无法掩饰心中的狂喜。

“你急于退学，这是真的吗？”

“是的，先生。”

“你在这儿不开心吗？”

菲利普脸红了。他本能地讨厌别人刺探他内心深处的感情。

“哦，我不知道，先生。”

珀金斯先生用手指慢慢地捋着长胡须，若有所思地望着他，好像是自言自语地说道：

“当然了，学校主要是为那些资质平平的学生而设。所有的孔都是圆的，无论木桩的形状是什么样的，都必须被楔进去。没人有时间去操心那些拔尖的学生，他们只考虑中等的学生。”接着，他突然对菲利普说：“听着，我对你有个建议。反正现在已经快到期末了，如果你想去德国，再待上一个学期你也死不了，你在复活节后去德国求学，比你在圣诞节后去要好。在春季去德国上学比在仲冬时节去要舒服得多。如果在下学期结束你还想去的话，我决不拦着你。你觉得怎么样？”

“十分感谢，先生。”

菲利普很高兴还能有三个月的缓冲余地，他并不介意多待上一个学期。当他知道在复活节前他就能离开这儿，永远获得自由时，学校似乎不再像监狱那样面目可憎了。他的心欢快地跳着。那天傍晚，在小教堂中，他环顾那些按照年级规规矩矩列队的男孩子，想到很快他就再也见不到他们了，满意地在心中暗笑。这使得他看他们时几乎怀着一种友好的感情。他的目光停留在罗斯身上，罗斯很认真地站在他班长的位置上：他一心想在学校成为有影响力的好学生，该轮到他读那天晚上的课文了，他读得字正腔圆。菲利普想到自己将永远摆脱他了，嘴角露出了微笑。六个月后，罗斯身材高大，还是四肢健全，都与他无关了。是继续当班长，还是板球队的队长，又有什么了不起？菲利普又看着穿着长袍的教师们。戈登已经去世了，两年前他死于中风，但剩下的教师都在场。菲利普现在明白他们也是一群可怜虫，也许除了特纳，在他身上还有点男人的气概。一想到这些年自己一直屈服于他们的管教之下，心中痛苦异常。六个月后，他们也不再重要了。他们的赞扬对他来说毫无意义，而对于他们的批评他也只会耸耸肩。

菲利普已经学会不露声色，羞怯的毛病仍然令他苦恼，但是他总是保持着振奋的精神状态。虽然他一瘸一拐地走路，谦恭、沉默、内向，但是他的内心却在大声呼喊，走起路来仿佛步伐也轻快了起来。在他的脑海中，各种各样的想法层出不穷、奔腾跳跃，丰富多彩的幻想如电光石火，这些想法彼此追逐，快得连他自己也捉不住。但是它们无论是来还是去，都让他内心充满喜悦。现在让他高兴的是，他又能埋头于功课了，在这学期剩下的几周里，他能够把荒废很久的功课都补回来。他的脑子很灵，在学习知识时，也有热情和渴望。在期末考试时，他各科成绩都很出色。对此，珀金斯先生只给出了一句评语，那时他在跟菲利普谈论他写的一篇作文，在经过一番一般性评论之后，校长说道：

"所以，你已经决定不再做傻事了，对吗？"

校长咧开嘴笑了，看着菲利普，菲利普低下头，尴尬地笑了一下。

在夏季学期期末的时候，也往往是颁发各种奖项的时候，大约有五六个学生会瓜分这些奖项，本来他们早已不把菲利普放在眼里，不把他当作有力的竞争对手了，可现在他们又开始忐忑不安地看待他了。菲利普打算在复活节前退学，本来他是不会跟他们竞争的，但退学的计划他跟谁也没提过，看到他们的紧张劲儿，心里不免暗自得意。菲利普知道罗斯对法语很有自信，因为他在法国度过两三个假期。另外，罗斯还指望获得英语作文的教长奖学金。可是当他看到菲利普在这两门功课上成绩比他好得多，心中很沮丧；而菲利普看到他这副样子，心里有一种满足感。还有一个叫诺顿的学生，要是拿不到学校的奖学金就进不了牛津学习，他问菲利普是否也在争取这些奖学金。

"你有什么反对意见吗？"菲利普问道。

想到别人的未来掌握在自己的手中，这让菲利普很开心。先把这些不同的奖励牢牢地攥在手里，然后再把它们让给别人，因为自己不稀罕它们，这种做法有点浪漫的成分在里面哩。最后，摊牌的一天终于到了，他去找珀金斯先生道别。

“你不会当真要退学吧？”

看到校长明显很吃惊的神态，菲利普的脸色沉了下来。

“您说过到时您不会再拦着我的，先生。”他回答道。

“我以为那是你一时的心血来潮，我没把它真当回事。我知道你固执又任性。可到底为什么你就非想着现在离开不可呢？不管怎么说，你再有一个学期就毕业了。你可以很轻松地拿到牛津大学马格达兰学院的奖学金，你还会得到一半我们颁发的奖学金。”

菲利普阴沉着脸看着校长，他觉得自己被人愚弄了，但是既然他已经得到了承诺，珀金斯先生就非得兑现不可。

“你会在牛津度过一段非常美好的时光。你还不必马上就决定你以后从事什么行当。我真想知道你是否了解你以后的人生会是多么光明，任何有脑子的人都会看到这一点的。”

“我现在已经做好了去德国的所有安排，先生。”菲利普冷冷地说道。

“这些安排都不可能改变了吗？”珀金斯先生嘴角挂着挖苦的微笑问道，“我非常遗憾失去你这样的学生。在学校，不聪明但用功的学生成绩总比那些聪明但偷懒的学生好，但聪明的学生用起功来——那会怎么样呢，他就会取得像你这学期所取得的成绩。”

菲利普的脸唰地红了。他不习惯听人赞扬，以前也从来没人说过他聪明。校长把手放到了菲利普的肩上。

“你知道，把东西硬往一个笨学生脑袋里塞是个乏味的工作，但是时不时地，你有机会教一个一点就透的孩子，他几乎在你张嘴的同时，就理解你说的话了，哎呀，那时教书就是世界上最快乐的事情。”

菲利普被校长的善意打动了，他以前从来没想到过珀金斯先生真的把自己的去与留当回事。他被感动了，自尊心也得到了极大的满足。如果风光地结束中学生活，然后再去牛津学习，这会是多么开心的事情。在他的脑海中闪过大学美好的生活场景，有些是从回母校参加校友比赛的校友那里听来的，有些是从寝室里某位学生读大学校友的来信中获悉的。但是，他马上又感到了羞愧，如果他现在放弃，他会把自己看成一个大傻瓜的。他的伯父会为校长的诡计得逞咧嘴大笑的。他对那些唾手可得的奖励原本看不在眼里，打算戏剧性地放弃它们，可现在如果和那些凡夫俗子一样去争来夺去，那岂不是寒碜。倘若此时再有人劝说一下，能够挽回他的自尊，菲利普就会如珀金斯先生所愿，去按校长的要求做任何事了。然而，他的脸上没有显示出内心情感冲突的迹象，脸色依然平静和阴沉。

“我想我还是要走，先生。”他说道。

珀金斯先生，就如同很多人一样，凭借个人影响处理事情，看到他的力量没有马上达到预期效果，就变得有些不耐烦了。他还有很多工作要做，不可能把大量时间浪费在一个顽固的孩子身上，而且在他看来，这个孩子简直疯了。

“那好吧，如果真的要走，我答应放你走，我信守承诺。你什么时候去德国？”

菲利普的心跳得很厉害。这场战役终于胜利了。是不是打输了更好呢，他不知道。

“在五月初，先生。”他回答道。

“嗯，你回来时一定要来看我们呀。”

他伸出手。如果他再给菲利普一次机会的话，菲利普可能会改变主意的，但是他似乎觉得菲利普已经铁了心，没有挽回的余地了。菲利普走出了那屋子，他的学校生活结束了，他自由了。然而，在那一刻他所期待的那种欣喜若狂的感觉并没有如期而至。他在教堂场地里慢悠悠地四下溜达着，他陷入极度的沮丧中。现在他希望他真不该那么傻。他不想走，但是他知道自己无法鼓起勇气再回头去找校长，告诉校长自己又想留下了。他绝不会给自己招来这样的耻辱。他不知道自己是否做出了正确的选择，他开始对自己和周围的环境不满起来。他扪心自问：是不是每当一个人得偿所愿时，后来又总会希望要是当初功败垂成就好了。

第二十二章

菲利普的伯父有位名叫威尔金森小姐的老朋友，她住在柏林，是一位牧师的女儿。她的父亲是林肯郡一个村庄的教区牧师，凯里先生正是跟着她的父亲度过了担任副牧师的最后一段时光。她的父亲去世后，她不得不自己谋生，在法国和德国很多地方做过家庭教师。她一直和凯里太太保持着通信联系，在布莱克斯达布尔的牧师家中度过两三次假期，就像凯里家不常来的客人一样，付一点食宿的费用。事情已经变得明了，与其跟菲利普较劲儿还不如顺着他，可以少些麻烦，凯里太太给威尔金森小姐写信征求她的意见。威尔金森小姐推荐菲利普去海德堡，那是一个学德语的好地方，菲利普可以住在厄林教授夫人家里，那里也很舒适，一周的食宿费是三十马克。厄林教授自己在当地一所高中任教，也可以给菲利普上课。

在五月的一天上午，菲利普来到了海德堡。他的行李放在手推车上，他跟着搬运工出了车站。天空一片湛蓝，街道两旁的树木枝繁叶茂。他们穿过街道，空气中有种东西让菲利普神清气爽。刚开始新生活，周围都是陌生人，菲利普感到有些胆怯，但更多的是喜悦。他有点郁郁不乐，因为没人来迎接他；搬运工把他送到一幢白色的大房子的前门，就走掉了。他有点难为情。一个邋遢的小伙子开门让他进了屋，并把他领到了客厅里。一整套家具把客厅塞满了，家具上面罩着绿色的天鹅绒罩布；在客厅中间有一张大圆桌，桌上有一大捧养在清水里的鲜花，鲜花被一张纸紧紧地包裹着，纸边的皱褶就像羊排骨似的；花的周围间隔均匀地摆放着一些皮封面的书籍。屋里有股发霉的气味。

没过多久，教授夫人身上带着一股饭菜味儿走了进来。她矮胖敦实，头发纹丝不乱，红扑扑的脸，眼睛也不大，但像珠子似的闪亮，一副热情洋溢的神情。她拉着菲利普的双手，询问威尔金森小姐的情况，她们两人曾经两次在一起度过好几周的假期。她是用德语说的，断断续续夹杂点蹩脚的英语。菲利普没法让她明白其实自己并不认识威尔金森小姐。然后，她的两个女儿也都进来了。在菲利普看来，她俩似乎都不年轻了，但也许都没超过二十五岁。老大特克拉跟她妈妈一样，都是矮胖的身材，脸上的神情也同样圆滑善变，不过她的脸很漂亮，有一头浓密的黑发。她的妹妹安娜个头很高，相貌平平，但是她的微笑让人很舒服，让菲利普一下子就觉得还是妹妹更让人喜欢。几分钟的寒暄之后，教授夫人把菲利普领进了他的房间，然后离开了。房间在角楼上，从窗口能俯视街心花园[①]里树木的顶端，床位于房间的凹处，当坐在书桌边时，会感觉这间屋子一点也不像个卧室。菲利普开始收拾行李，把所有的书都拿出来放好。他终于成了自己命运的主人。

一点钟的时候，铃声响了，召唤他去吃饭。到了客厅，菲利普发现教授夫人的房客都聚齐了。他被介绍给了她的丈

---

① 原文为德语。

夫，一位高个儿的中年人，脑袋挺大，金发已渐渐变得灰白，一双柔和的蓝眼睛。他用正确但显得古板的英语跟菲利普说了几句话。他的英语显然是从对英语古典文学的研究中掌握的，而不是从日常对话中学来的；他所用的口语词汇听着很古怪，菲利普只在莎士比亚的戏剧中见过它们。教授夫人把她的住宅称作“房客之家”而不是“膳宿公寓”，至于两者之间有何差别，恐怕得玄学家明察秋毫的眼力才能辨别出来。大家坐下来吃午饭，吃饭的房间又长又暗，是客厅的外套间。看到大约有十六个人坐在桌边，菲利普觉得很拘谨。教授夫人坐在餐桌的一端，用刀把熟肉切成小块。是那个给菲利普开门的小子负责给大家分派食物，由于他笨手笨脚，把盘子碰得叮当直响。虽然他的动作很快，但第一批得到食物的人已经盘光碗净了，而最后一批人还没得到自己的那一份食物。教授夫人坚持在这个屋檐下只能说德语，所以，尽管腼腆的菲利普鼓起勇气想说上几句，也不得不闭上了嘴，只好默默地观察起那些将要与他一起生活的人来。在教授夫人身边坐着几位老太太，不过菲利普并没怎么注意她们。他的关注点在两个年轻女孩的身上，她们两个都是金发，其中一位还相当漂亮。菲利普听见有人叫她们赫德威格小姐和凯茜莉小姐。凯茜莉小姐背后拖着一条长辫子。她俩并排坐着，彼此聊着天，不时憋不住笑出声来，她们时不时地往菲利普这边瞟上一眼，其中一个压低声音说了点什么，两人又咯咯笑了起来。菲利普很尴尬，脸红到了耳根，觉得她们正在取笑他。紧挨她们坐的是一位中国人，黄色的脸上挂着灿烂的微笑，他正在大学里学习西方社会与文化。他的德语说得很快，带着奇怪的腔调，两个女孩有时听不大明白，然后她们又发出一阵笑声，他脾气很好地也跟着大笑起来，笑的时候，他的杏仁眼几乎眯成了一条缝。还有两三个美国人，他们穿着黑色的外套，皮肤又黄又干，他们是神学院的学生。透过他们蹩脚的德语，菲利普听出了他们新英格兰口音中的鼻音，他用怀疑的目光看了他们一眼，因为他一直都被灌输这样的观念：美国人都是些粗野、胆大妄为的野蛮人。

饭后，他们在客厅里铺着绿天鹅绒的硬椅子上又坐了一小会儿，安娜小姐问菲利普是否愿意和她们一块去散步。

菲利普接受了邀请。他们很快就凑成了一堆，有教授夫人的两个女儿，另外的那两个女孩，一个美国大学生，还有菲利普。菲利普在安娜和赫德威格小姐的身边走着，他有点紧张不安，因为他还从来没跟女孩子相处过。在布莱克斯达布尔只有渔夫的女儿和当地商人的女儿，他知道她们的名字，也跟她们打过几次照面，但他很害羞，觉得她们会嘲笑他的残疾。他倒是很乐意接受牧师和凯里太太的观点——认为自己身份高贵，而农夫们身份低微，他们之间有着天壤之别。医生倒是有两个女儿，但是她们比菲利普大得多，在菲利普还是小孩子的时候，她们就相继嫁给了医生的两个助手。在学校的时候，有几个男孩子认识两三个大胆有余、庄重不足的女孩子；或许完全是出于男孩子的想象，他们编出和她们有私情，在情海绝望挣扎的故事。但是菲利普表面上总是做出一副清高、不屑一顾的样子，来掩饰心中对这些传闻的惶恐。他的想象力以及他所读过的书籍都在他的心中激发了一种保持拜伦式的态度的渴望。于是他被两种情绪撕扯：他一边怀有自卑的病态自我意识，一边又坚信自己应该表现出殷勤有礼的样子。这会儿，他觉得自己应该是开朗和妙趣横生的，但是他的脑子似乎空空如也，想不出什么可说的。安娜小姐，教授夫人的女儿，出于责任感，有一搭没一搭地跟他没话找话说，但是另外一个女孩说得就很少了。她用扑闪扑闪的眼睛不时看着他，有时会放声大笑，让他更是困惑不已。在菲利普看来，她一定觉得自己是个十足的笑柄。他们沿着长满松树的山坡缓缓而行，松香的怡人气味让菲利普心情舒畅。天气也很暖和，万里无云。最后，他们来到了一处高地，从这儿他们眺望，阳光下远处的莱茵河河谷展现在他们面前。广袤的土地，以及在更远处的城市，都在阳光下闪耀着金色的光芒。莱茵河像一条银色的缎带蜿蜒穿过广袤的土地。菲利普知道，要是在自己所熟悉的肯特郡的一隅，很难看到这么开阔的场所，而在海面上只能看到广阔的地平线。他现在所看到的开阔的远方让他产生了一种特别的、难以名状的战栗。他突然觉得异常兴奋。虽然他不知道这种感觉是什么，但他知道这是他第一次拥有的体验，它很纯粹，是一种陌生的情感，是美的感觉。他们有三个人坐在凳子上，其他人继续往前走着，女孩子们用很快的德语交谈着，而菲利普旁若无人地尽情饱览着眼前的绮丽风光。

“啊，我太幸福了。”他不知不觉地自言自语。

第二十三章

菲利普偶尔会想起在特坎伯雷皇家公学的岁月，当他回忆起在某一天的某个时刻他们正在做的那些事儿的时候，自己忍不住暗自发笑。他时不时地还会梦到自己还在那儿。醒来以后，发现自己躺在角楼上的小房间里，感到格外满足。从床上，他可以看到蓝天上飘浮着大片大片的积云。他沉醉于自由自在的状态，想睡就睡，想起就起，没人对他发号施令。最让他满意的是从此以后不用再撒谎了。

按照早先的安排，厄林教授教他拉丁语和德语；一个法国人每天过来教他法语；教授夫人还推荐了一位正在攻读语言学学位的英国人教他数学，此人名叫沃顿。菲利普每天上午去他的住处学习。他住在一幢破旧楼房顶层的一间屋子里，房间又脏又乱，充满了呛人的气味，那是一种由很多不同的恶臭混杂在一起的气味。十点钟菲利普到他那里的时候，沃顿通常还躺在床上，见到菲利普，他会从床上跳起来，披上一件脏兮兮的袍子，穿上毛毡拖鞋，然后，一边给菲利普上着课，一边吃着简单的早餐。他的个头不高，喝了过多的啤酒身材发了胖，胡子很浓密，一头乱蓬蓬的长发。他来德国已经五年了，变得跟日耳曼人相差无几了。他在剑桥已经获得了学位，但说起剑桥大学时总带着一种不屑一顾的口气；

等从海德堡大学拿到博士学位，他就得回到英国去，谋个教书的营生。谈到这种生活前景，他又满心厌恶。他喜欢德国大学的生活，这种生活自由自在，开心快乐，还有有趣的伙伴。他是大学生协会[1]的成员，答应有机会带菲利普去参加大学生啤酒晚会[2]。他穷得叮当响，对此也毫不讳言，说给菲利普上课意味着他的午餐是吃肉，还是只能吃面包和奶酪，两者的差别不小哩。有时他头天晚上喝多了，头疼得厉害，连杯咖啡也喝不下了，就只能头昏脑涨地上课。为了应付这种情况，他在床底下存了好几瓶啤酒，喝上一瓶啤酒，抽上一斗烟会有助于他承受生活的重担。

"以毒攻毒。"[3]他一边嘴里嘟囔着，一边小心地给自己倒上一杯啤酒，尽量不让泡沫泛起太多，以免耽误他尽快把酒喝到嘴。

接下来他会给菲利普讲上一大段大学生活的情况，两个敌对团体的争吵啦、决斗啦，还有这位或那位教授的优点啦。菲利普从他那儿学到的人情世故远比数学知识多得多。有时沃顿会哈哈大笑，向椅子背一靠，说道：

"你瞧，我们今天什么也没干，你不用付我上课的费用。"

"哦，没关系。"菲利普说道。

这些事既新鲜，也很有意思，他觉得它们比起他从没搞懂过的三角学来说，要重要得多。就像一扇生活的窗户，他以前从来没有机会向里面窥视过，他怀着一颗不断狂跳的心

---

① 原文为德语。

② 原文为德语。

③ 以前，这是一种治疗狂犬病的方法，据说将咬伤自己的狗的毛发放在自己的伤口上可以治疗狂犬病。此处的意思是指宿醉的人早上起来希望通过喝一杯酒来治疗宿醉。

在好奇地窥探着。

“不，你还是收起你的臭钱吧。”沃顿说道。

“但是你中午吃什么呀？”菲利普笑着说道，因为他很清楚他这位老师的经济状况。

沃顿甚至要求他把每节课两先令的课酬每周付一次，而不是一个月付一次，因为这样会更省事一些。

“哦，别担心我的午饭，喝一瓶啤酒就把午饭解决了，这也不是第一次，而且我这么做时，脑子反而会更清醒些。”

他钻到床下（长时间不洗，床单已经变成了灰色）捞出一瓶啤酒，咕咚咕咚很快就喝光了。菲利普因为岁数太小，还不知道生活中还有这样的好东西，回绝了沃顿好意的邀请，所以他一个人独自喝了起来。

“你打算在这儿待多久？”沃顿问道。

他和菲利普两人已经不再拿上数学课做幌子了，这让他们如释重负。

“呃，我不知道。我想大概一年吧。然后我的家人想让我去牛津上学。”

沃顿轻蔑地耸了耸肩。这对于菲利普来说又是一个新的体验，他刚知道竟然有人对于在牛津这样的学府学习这样不屑一顾。

“你去那儿干吗？只不过去那混个好听的名儿罢了。你为什么不在这里上大学呢？只待一年不好。在这儿待上五年吧。你知道，生活中有两样好东西：思想的自由和行动的自由。在法国你能得到行动的自由，你想干什么就干什么，没人会干涉你，不过你的想法必须和别人的一样；在德国，你必须干别人也在干的事儿，但是你愿意怎么想就怎么想。这两种自由可都是好东西，我个人更喜欢思想的自由。可是在英国，这两样东西你一样也得不到——你会被陈规扼杀，你不能天马行空地思想，也不能随心所欲地行动。这只是因为它号称是个民主国家。我想美国会更糟。”

他小心翼翼地向后靠着，因为他坐的那把椅子有只腿已经摇晃了，要是在他高谈阔论、妙语如珠的当口，突然摔倒在地板上，岂不是大煞风景。

“今年我应该回英国去，不过如果我能筹点钱，勉强能生活下去的话，我还想再待上一年。可到时我不得不走的话，我必须和这一切说再见。”他伸出手臂挥舞了一圈，指着这间肮脏的阁楼，没叠被的床铺，散落在地板上的衣服，靠着墙角立着的一排空啤酒瓶，每个角落里都有摞着的缺面开线的破书。“去某个偏僻的大学试着谋个语言学教授的职位，到时我要打打网球，泡泡茶会。”他突然收住了话头，用古怪的目光瞥了菲利普一眼。菲利普衣着非常整洁，领口干干净净，头发一丝不乱。“哦，我的上帝！我该去把脸洗一下。”

菲利普脸红了，觉得自己打扮整齐，在沃顿看来简直不可容忍，该受责备。因为近来他开始注重仪表，他还经常打着从英国带来的几条精挑细选的漂亮领带。

夏天就像一个征服者那样降临到了这个国家。每一天都是美好的。天空出奇的蓝，有一种傲慢的意味，就像马刺一样刺激着人的神经。街心花园的排排树木，葱葱郁郁；而那些房屋，在阳光的照耀下，反射出炫目的白光，好像要刺伤你的眼睛。有时在从沃顿家回来的路上，菲利普会坐在街心花园树荫下的一条凳子上乘凉，欣赏着阳光透过树叶照在地上形成的光影图案。他的心灵像光束一样快乐地舞蹈着，享受着忙里偷闲的时光。还有时他会信步穿过这座古老城市的街道。他用敬畏的目光看着那些成群结伙的学生，他们的脸上带着划伤，挂着彩，戴着五颜六色的棒球帽神气十足地走过。下午他会和住在教授夫人家里的姑娘们一起在小山丘上转转；还有时他们会去河边，在枝繁叶茂的露天啤酒店中喝下午茶。在傍晚，他们会在市立公园[①]里散散步，聆听乐队的演奏。

菲利普很快就了解到在这个屋檐下的每个人的关注点。教授的大女儿特克拉小姐和一位来自英国的年轻人订了婚，这个年轻人来德国学德语时曾在他们家住了一年时间，他俩本来当年年底就应该结婚。但是这个年轻人来信说，他的父亲，一位住在斯劳的橡胶商，死活不同意这门亲事。特克拉小姐经常以泪洗面。有时可以看到她和她母亲紧抿着唇，目光严厉，仔细读着那位进退两难的年轻人的信件。特克拉小姐画水彩画，偶尔她和菲利普，还有其他几位姑娘中的一位，出门去画上几幅水彩画。漂亮的赫德威格小姐在爱情方面也不顺。她是一位住在柏林的商人之女，一位风度翩翩的轻骑兵爱上了她，他的姓氏里还带个“冯”[②]呢。但是他的父母反对这桩婚事，觉得她的条件配不上他。家里人把她送到海德堡来是为了让她忘了他，她却根本做不到，还继续和他保持着通信联系，她的情人说他正竭尽全力说服让人恼火的父亲改变主意。她把这一切都向菲利普和盘托出，然后轻轻地叹了口气，脸蛋绯红，给他看了那位性格欢快的中尉的照片。在教授夫人家里所有的女孩中，菲利普最喜欢她。每次大家一起散步，他总要想方设法走在她身边，当其他人对他这个明显的偏爱打趣时，他的脸一下子红到了耳根。他人生

① 原文为德语。

② 德国贵族的姓氏里往往带“von（冯）”，这里指该年轻人出身于贵族家庭。

第一次向异性表白就是对赫德威格小姐说的，然而很不幸的是，完全出于偶然。事情的经过是这样的：每天晚上，如果他们不出去，年轻的女士们就会在铺满绿色天鹅绒的客厅里唱唱歌儿，而安娜小姐，总爱帮助人，不辞辛劳地给大家伴奏。赫德威格小姐最喜欢唱的一首歌叫《我爱你[①]》。有一天晚上她唱完这首歌后，菲利普和她站在凉台上，看着满天的星星。一瞬间，菲利普突然想吐露心声了。他开口说道：

“Ich liebe dich.”

他的德语说得结结巴巴，一边说一边绞尽脑汁地找自己需要的词。他停顿了片刻，但还不等他说下去，赫德威格小姐打断了他：

“Ach, Herr Carey, Sie müssen mir nicht ‘du’ sagen ——不要用第二人称单数对我说话。”[②]

菲利普觉得浑身发烫，因为他从没想到自己有胆子在一个女孩面前如此亲昵放肆，一时之间竟不知说什么好了。倘若辩解说自己并不是在透露心声，只不过是提到了那首歌的名字，也显得太有失风度了。

“Entschuldigen Sie,”[③]他嗫嚅道，“请您原谅。”

“没关系。”她小声说道。

她愉悦地微笑着，悄悄地拉起他的手，紧紧一握，然后转身回到了客厅。

第二天他觉得很不好意思，没有跟她说一句话，而且由于羞怯，尽一切可能回避着她。当有人叫他照例出去散步时，他找借口说有功课要做，回绝了。但是赫德威格小姐找了个

---

① 原文为德语，就是下文菲利普说的“Ich liebe dich”。

② 原文为德语。

③ 德语，就是后面那句中文的意思。

没人的机会，单独和他说了会儿话。

“你为什么这样做呢？”她温和地说，“你知道，我对你昨天晚上说的话一点也没生气，你爱我才会情不自禁地说那样的话，我觉得很开心。不过话说回来，虽然我和赫尔曼还没有正式订婚，但我不会再爱上别人了，我已经把自己看作他的新娘啦。”

菲利普的脸又红了，但是他脸上挂上了一副求爱被拒绝的表情。

“我祝你幸福。”他说。

第二十四章

厄林教授每天都给菲利普上一堂课，还列了个书单让菲利普去读，直到最后可以读《浮士德》才算告一段落。同时，厄林教授别出心裁地点拨菲利普可以把莎士比亚戏剧的一个德文翻译版作为入门教材，而莎翁的剧本，菲利普在学校时已经学过了。当时正是歌德的地位在德国如日中天的时候，虽然他对爱国主义表现出一副不屑一顾的态度，但还是被看作民族诗人，受人爱戴，自从一八七〇年战争[①]以来，他似乎已经成了国家统一最重要的荣耀象征之一了。听见了格拉沃洛特[②]的大炮轰鸣，热情的人们好像陷入了五朔节前夜[③]的狂欢。然而，一位作家的伟大之处在于不同的人在他的作品中都可以汲取不同的灵感。厄林教授虽然不喜欢普鲁士人，但是由于喜欢歌德的作品，对他本人也佩服得五体投地，歌德的作品超凡脱俗、庄严肃穆，能为清醒的人们提供一座庇护之所，以抵御当代人的猛烈攻击。最近在海德堡，有一位剧作家的名字经常被人们谈起，去年冬天，他的剧目在剧院里上演，拥护者一片喝彩，而体面的人士却嘘声一片。在教

① 指1870年爆发的普法战争。

② 格拉沃洛特，法国地名，普法战争中一场重大战役发生地。

③ 原文为德语，五朔节前夜，4月30日夜晚魔女们和恶魔在一起欢笑。

授夫人家的长桌旁边，菲利普听到大家讨论此事，讨论中厄林教授会失去他平常的冷静，用拳头敲打着桌子，用他低沉悦耳的吼声压制住所有的反对意见。这出戏完全是胡扯又下流的闹剧，他强迫自己坐在座位上等待这场剧散场，但他搞不清自己是觉得无聊还是想呕吐。如果以后剧院都变成这个样子，那么也到了警察闯进来查封它的时候了。厄林教授绝非古板之人，在皇家剧场观看插科打诨的闹剧时，也会和其他观众一样捧腹大笑，但现在上演的剧目只会让人恶心。为了发泄不满，他一手捏住鼻子，另一只手放在牙齿之间打起了口哨。这出戏是家庭的毁灭、道德的沦丧、德意志的崩溃。

“听我说，阿道夫，[①]”教授夫人在长桌的另一头说道，“请冷静些。”

他冲她挥舞着拳头。其实他本来是个很温和的人，在他的生活中，如果不事先征求太太的意见，他是绝不会贸然做任何事情的。

“不，海伦，我要告诉你，”他喊道，“我宁可马上让我的女儿们死在我的脚下，也不愿意让她们去听那个无耻之徒的废话连篇的。”

那部剧是《玩偶之家》，作者是亨里克·易卜生[②]。

厄林教授把易卜生和里夏德·瓦格纳[③]归为一类人，但是谈到后者时并不生气，只是觉得好玩，哈哈一笑作罢，因为瓦格纳不过是个冒充内行的骗子，但是个成功的骗子，这

---

① 原文为德语。

② 亨里克·易卜生（挪威语：Henrik Johan Ibsen，1828—1906），挪威戏剧家、诗人。作品多以社会问题为题材。

③ 里夏德·瓦格纳（Wilhelm Richard Wagner，1813—1883），德国作曲家，毕生致力于歌剧的改革与创新。

里总还是有点喜剧色彩的，让人能够开心。

“Verrückter Kerl![1]一个疯子！”他说道。

他看过《洛亨格林》,这出戏还算说得过去,虽说有点沉闷，但还不至于差到哪里去。但是《齐格菲》这出戏！当厄林教授一提到它时，他就用手托着头，大笑起来。从头到尾就没一个真正悦耳的曲调！教授想象着里夏德·瓦格纳正坐在包厢里，看到所有的观众都在一本正经地看着这出歌剧，他就会忍俊不禁，最后笑得肚痛的。这简直就是十九世纪最大的骗局。他把啤酒杯端到嘴边,头往后一仰,把酒喝得一滴不剩，然后用手背抹了一把嘴，说道：

“我告诉你们，年轻人，不用等十九世纪结束，瓦格纳就会被人们彻底忘掉。瓦格纳！他的所有作品都抵不上多尼采蒂[2]的一出歌剧。”

---

① 德语，意思就是跟在后面的那句话。

② 多尼采蒂（Donizetti，1797—1848），意大利作曲家，意大利浪漫主义歌剧乐派的代表人物，以创作的快速、多产而著称。

第二十五章

在菲利普的老师中，最古怪的莫过于他的法语老师迪克罗先生了。这位先生是日内瓦公民，是个高个的老头，皮肤灰黄，脸颊凹陷；他的头发灰白、稀疏，但很长。他穿着破旧的黑衣服，外套的肘部满是破洞，裤子也磨损了，亚麻衬衣也很脏。菲利普从未见他领子干净过。他的话很少，但上课一丝不苟，可又缺乏激情，他踏着上课点来，也一分不差地准时离去。他收取的课时费非常低廉。他平时很少吭声，菲利普所了解到的他的情况都是从别人那儿打听到的。好像他曾经和加里波第[1]一起参加过反对教皇的斗争，但后来他清楚地发现，他为争取自由——建立共和国的理想——做的所有努力不过是换了一种枷锁而已，于是他愤然离开了意大利。后来又不知他在政治上犯了什么罪，被驱逐出了日内瓦。菲利普看着他时有一种既困惑又吃惊的心情，因为他看上去与他的“革命思想”大相径庭：他说话声音很低，特别彬彬有礼；要是没受到别人的邀请坐下来，他就一直站着；偶尔在街上碰到菲利普，他都会摘下帽子，用一种极优雅

① 朱塞佩·加里波第（意大利语：Giuseppe Garibaldi，1807—1882），意大利爱国志士及军人，他献身于意大利统一运动，是意大利建国三杰之一。

的姿势向菲利普致意；他从不大笑，甚至也很少微笑。倘若菲利普的想象力再丰富一些，他可能会想象当年的迪克罗是个风华正茂的青年，在一八四八年他应该正值血气方刚的年龄。而那时，欧洲的国王们一想到他们法国兄弟的下场，就会惶惶不安地四处奔走；也许那股向往自由的浪潮正席卷欧洲，横扫挡在前面的专制主义和暴政（那些专制主义和暴政在一七八九年革命之后的反动逆流中正在死灰复燃），在人们心中燃起更炽热的火焰。人们还可以这样想象他那时的状况：对人类平等和人权的理论充满激情，在巴黎的街垒后面探讨、争论并战斗，在米兰的奥地利骑兵前纵马飞驰，一会儿在这个地方锒铛入狱，一会儿又在那儿遭到放逐，可他总是满怀希望，被那个神奇的字眼“自由”支撑着信念；直到最后，他被疾病、饥饿、衰老所击垮。他除了给几个穷学生上上课赚点钱外，再没有别的办法维持生计了。他发现自己置身这座整洁的小镇，但小镇也正处在个人暴政的蹂躏之下，遭受践踏的程度甚于欧洲的其他地方。或许在他的缄默之下隐藏着对人类的蔑视，因为他们已经抛弃了他年轻时的伟大梦想，现在正沉迷于懒散的舒适中；或者三十年来的革命生涯已经教会了他明白这样一个道理：人类本就不配享有自由。他认为自己用毕生精力去追求的那个目标是不值得的。或许他已经筋疲力尽了，只是漠然地等待死亡带给他的解脱。

有一天，菲利普带着他这个年龄通常都有的冒失劲儿，问迪克罗先生，他曾经和加里波第一起并肩战斗过这事是否是真的。那位老人似乎觉得这个问题不值一提。他用跟平常一样低沉的声调，非常平静地说道：

"是的，先生。"[①]

"他们说您参加过巴黎公社？"

"他们这么说了？我们开始上课吧？"

他把书打开，菲利普心虚地开始翻译那段他早已准备好的课文。

一天，迪克罗先生似乎疼痛难忍，到菲利普房间的那几级楼梯爬得十分吃力，一进了菲利普的房间，就一屁股坐了下来，脸色蜡黄，额头上冒出豆大的汗珠，想缓缓劲儿。

"我想您是病了。"菲利普说。

"不碍事。"

但是菲利普看出他很痛苦，等上完课，菲利普问他是否要歇几天，直到身体好些了再上课。

"不用，"老人用低沉的声音说道，"我身体还行，还可以继续教下去。"

菲利普在不得不提到有关钱的事时，就有一种病态的紧张，这会儿他的脸涨得通红。

"但是对你来说没有任何影响，"他说道，"我一样会付给您课酬的。如果您不介意的话，我现在就提前把下周的钱给您。"

迪克罗先生每小时的课时费是十八便士。菲利普从口袋里掏出一枚十马克的硬币，很不好意思地放在了桌上。他无法把钱送到老人手里，那样显得老人像个乞丐似的。

"要是这样的话，我想还是等我身体好些了再来吧。"他拿起那枚硬币，然后还是同往常告辞时一样，向菲利普优雅地鞠了一躬，就走了出去。

---

① 原文为法语。

“再见，先生。”[①]

菲利普隐隐地感到有些失落。想到自己慷慨的举动，他以为迪克罗先生会感激涕零。他有点吃惊地发现这位老教师接受了这份礼物，就好像那是他应得的。他太年轻了，没有意识到受惠者知恩报答的心理，要比施惠者施恩图报的心理要淡薄得多。迪克罗先生五六天后又露面了，他步履蹒跚，看上去很虚弱，但是似乎已经从一场大病中慢慢恢复了过来。他还是那么沉默寡言，还是那么神秘、孤僻和邋遢。直到上完课，他才提到自己生的这场病。然后，就在他走到门边，把门打开，打算离开的时候，又停下了脚步。他犹豫着，好像有什么难以说出口的话。

“如果不是你给我的那点钱，我可能早就饿死了。我全靠那点钱挺过了这些天。”

他庄重而又有些讨好地鞠了一躬，然后走出了门。菲利普觉得喉头有些哽咽。他似乎多少有点明白了，这位老人在无望的凄苦中挣扎着。当菲利普自己觉得生活无限美好时，生活对这位老人而言是多么艰难呀。

---

① 原文为法语。

第二十六章

当教授太太告诉菲利普有位名叫海沃德的英国男子要搬来和他们一起住的时候，菲利普已经在海德堡待了三个月了。当天晚上吃晚餐时，他就见到了那个新来的人。接下来的几天，住在这个屋檐下的每个人都处于兴奋的状态中。首先，天知道怎样的谋划起了作用，也许是谦卑的祈祷，也许是含而不露的威胁，总之，那位与英国年轻人已经订婚的特克拉小姐终于接到了年轻人父母的邀请，请她去英国拜望他们。她动身时，随身带着一本水彩画册，以显示她的多才多艺，还带了一捆情书，以证明那个年轻人是多么爱她。一周之后，赫德威格小姐带着灿烂的微笑宣布：她所爱的骑兵中尉要和他的父母一起来海德堡了。中尉的父母一方面经不住他们儿子的软磨硬泡，一方面被赫德威格小姐父亲所提供的嫁妆所打动，终于同意来海德堡见一下这位年轻的女士。这次会面令人满意，赫德威格小姐也得意扬扬地把她的情人带到市立公园，让住在厄林教授太太家里的所有人都认识一下……那几位坐在桌子上首、紧挨着教授太太的老太太显得焦躁不安。当赫德威格小姐说她要马上回家，准备一场正式的订婚仪式时，教授太太显得格外大方地说，她要请大家喝草莓酒[1]。厄林教授一直以自己擅长调制这种柔和的美酒而自豪。在晚餐之后，掺有苏打水的一大碗白葡萄酒端了上来，酒面上漂着香草，还有野生的草莓，酒碗被隆重地放到了客厅的圆桌上。安娜小姐跟菲利普开玩笑道，他心仪的爱人要走了，这让菲利普觉得浑身不自在，而且心里酸酸的，很是惆怅。赫德威格小姐一连唱了好几首歌，安娜小姐演奏了《婚礼进行曲》，教授唱了《保卫莱茵河》[2]。身处这样欢乐的气氛中，菲利普没怎么在意那位新来的房客。他俩在晚餐时坐在对面，但菲利普一直忙于和赫德威格小姐聊天，而这位陌生人不懂德语，吃饭时一声没吭。菲利普看到他戴着一条淡蓝色的领带，就凭这一点，陡然对他心生厌恶。他是一位二十六岁的年轻人，眉清目秀，留着鬈曲的长头发，不时地用手漫不经心地梳理一下。他的眼睛大而蓝，不过是那种很淡的蓝，眼神倦怠。他的脸刮得很干净，他的嘴唇尽管很薄，但唇形很好。安娜小姐对相面很感兴趣，她让菲利普以后留意一下这个人的颅骨长得有多么好，而他面部的下方又显得懦弱无力。她信誓旦旦地说，他的脑袋是一个思想者的头颅，但是下巴缺少个性。这个命中注定要当一辈子老处女的安娜小姐，颧骨很高，大鼻子生得很难看，特别重视人的个性。虽然人们在谈论他，但他一个人远离人群站在一旁，心情不错地观察着这一群闹哄哄的人，神态中有几分傲慢。他个头很高，也很瘦，一副风雅不俗的神态。那个美国学生威克斯看见他一个人待着，就走上前跟他搭讪。这两人形成了鲜明的对比：美国学生衣着整洁，黑色的上衣，夹花条纹的裤子，长得又瘦又干瘪，

---

① 原文为德语。

② 原文为德语。

举手投足间有种教士的味道；而那个英国人呢，穿着一身宽松的花呢西服，粗手大脚，动作也是慢条斯理的。

直到第二天，菲利普才跟这位新来的房客说上话。在午餐前，他们发现就他们两人在客厅的阳台上。海沃德向他打招呼道：

“你也是英国人，对吧？”

“是的。”

“这儿的伙食总是跟昨晚的一样差劲吗？”

“差不多都是这个样子。”

“糟透了，是吗？”

“糟透了。”

菲利普觉得伙食没什么不好呀，事实上他不但胃口很好，吃得很多，而且觉得很合口味。但是，他不想让别人看出来自己在吃的方面那么没品位，把别人认为无法下咽的食物当成美味佳肴。

特克拉小姐去英国做客了，家里的事情就更多地落在妹妹身上，她不能经常抽出时间去远足了。那位把金发编成长辫子、脸很小、鼻子很塌的凯西莉小姐最近也常闭门谢客，不大爱跟人交流。赫德威格小姐走了，那个叫威克斯的美国学生，原来还经常陪他们一起散步，现在也去德国南部旅游去了。菲利普大多数时间都是自己待着，海沃德想跟他套个近乎，可菲利普有个不幸的特点：出于害羞，或者是从洞穴人继承下来的返祖现象，他与人第一次见面时总是对人没有好感，直到慢慢相处熟悉了，才能消除初识的印象，这也使得别人很难接近他。对于海沃德的主动，菲利普觉得很尴尬。有一天海沃德邀请他出去散步，他只得接受了，因为他觉得实在想不出体面的托词来。他照例先是一通道歉，也生气自己为什么控制不住脸红，于是故意哈哈一笑想摆脱尴尬。

“我恐怕走不快呀。”

“天哪，我们又不是在打赌谁走得快。我就想散步。你不记得佩特[1]在《马里乌斯》的一章里说过，轻松的散步是对话最好的动因吗？”

虽然菲利普经常也能想到俏皮话，但他终究还是个很好的倾听者，他的俏皮话很少能够说出口，因为可以说时，最好的时机已经过去。可海沃德非常健谈，任何一个比菲利普更有阅历的人可能会觉得海沃德就是喜欢听他自己侃侃而谈。他傲慢的态度给菲利普留下了很深的印象。他忍不住心生敬佩之情，但又有些被吓坏了，有人竟然对菲利普过去如此看重，甚至敬畏的那些人和事不屑一顾。海沃德对痴迷体育运动的人充满蔑视，讽刺那些从事不同形式体育运动的人是“追名逐利者”。菲利普没有意识到，海沃德只是用对文化的迷恋代替了对体育运动的迷恋而已。

他们漫步到了城堡那里，坐在城堡平台上俯视小镇。小镇坐落在宜人的内卡河[2]山谷中，充满了令人惬意的友好气氛。从家家户户烟囱里飘出的青烟笼罩在小镇上空，化成淡淡的蓝色雾霭。高高的屋顶和教堂的塔尖，让小镇有种中世纪的恬淡。小镇虽然简朴，但会让人心生暖意。海沃德谈起《理

---

① 沃尔特·佩特（Walter Pater，1839—1894），英国作家、批评家。佩特著有著名哲理小说《享乐主义者马里乌斯》。

② 内卡河，德国西部的一条河流，发源于黑林山，在曼海姆与莱茵河交汇。

查德·费弗雷尔》[1]和《包法利夫人》[2]，谈到魏尔伦[3]、但丁[4]和马修·阿诺德[5]。在那些日子，菲茨杰拉德对莪默·伽亚谟[6]诗集的翻译，只为一些特殊阶层的人所知晓，而海沃德却给菲利普背了其中的几段。他很喜欢背诵诗歌，无论是他自己写的还是别人写的，但都是以一种单调的咏诵方式背出来的。等他们回到家里时，菲利普对海沃德已由戒备转变为膜拜了。

他们每天下午都要出去散步，没过多长时间菲利普就对海沃德的家世多少有了些了解。他的父亲是位乡村法官，在他父亲去世后不久，他就继承了一年三百英镑的遗产。他在查特豪斯公学的学业成绩十分优异，以至于待他要进入剑桥大学时，三一学院的院长都特意对海沃德决定进入三一学院就读表示满意。海沃德准备成就一番伟业。他很快就融入了最出色的学术圈里；他对勃朗宁[7]的诗作热情有加，对丁尼

---

① 《理查德·费弗雷尔》是英国小说家、诗人乔治·梅瑞狄斯（George Meredith, 1828—1909）写的长篇小说，全名为《理查德·费弗雷尔的苦难》（*The Ordeal of Richard Feverel*）。

② 《包法利夫人》是法国作家福楼拜的长篇小说。

③ 保罗·魏尔伦（Paul Verlaine, 1844—1896），法国象征派“诗人之王”。

④ 但丁（Dante Alighieri，1265—1321），意大利诗人，现代意大利语的奠基者，欧洲文艺复兴时代的开拓人物之一，以长诗《神曲》（原名《喜剧》）而闻名。

⑤ 马修·阿诺德（Matthew Arnold，1822—1888），英国诗人、评论家。

⑥ 莪默·伽亚谟（Omar Khayyam，1044—1123），波斯诗人，以四行诗闻名，所写诗篇表现出对生存奥秘的沉思和对世俗快乐的赞美。他的诗集《鲁拜集》由英国诗人、评论家爱德华·菲茨杰拉德（1809—1883）以完全意译的方法译成英语，曾在英国上流社会风行一时。

⑦ 罗伯特·勃朗宁（Robert Browning，1812—1889），英国诗人，与丁尼生齐名，是维多利亚时代两大诗人之一。他采用创新的戏剧独白形式和心理描写方法写作诗歌，对后世诗人产生了较大的影响。

生[①]的诗歌嗤之以鼻。知晓雪莱[②]和哈丽特[③]关系的种种细节。他对艺术史也有所涉猎（在他房间的墙上，挂满G. F. 沃茨[④]、伯恩-琼斯[⑤]和波提切利[⑥]等人画作的复制品），他也写一些风格悲凉，却不乏特色的诗歌。他的朋友都认为他出类拔萃、极有天赋，将来肯定会一鸣惊人，海沃德听到后倒也是自鸣得意。没过多久，他就成了文学和艺术方面的权威。纽曼[⑦]的《自辩书》对他的影响很大，而罗马天主教生动的教义符合他的审美情趣。他只是害怕他父亲（一个平庸、莽撞、思想褊狭的人，平时只读麦考莱[⑧]的作品）大发雷霆，才没让自己“离经叛道”去皈依天主教。当他仅以及格的成绩获得学位时，他的朋友们都大感惊诧，但他只是耸耸肩，巧妙地暗示他不想做考官手中的玩偶。他让人觉得一等学位太俗不可耐。他用调侃的语气描述了一次口试的经过：有个围着夸张领圈的家伙问了他一些有关逻辑的问题，口试过程冗长乏

---

① 丁尼生（Alfred Tennyson Baro，1809—1892），英国维多利亚时代的著名诗人，其诗作音韵和谐，辞藻华丽，1850年被封为“桂冠诗人”。

② 雪莱（Percy Bysshe Shelley，1792—1822），英国著名作家、浪漫主义诗人，被认为是历史上最出色的英语诗人之一。

③ 哈丽特(Harriet，1795—1816)，雪莱的第一任妻子，1816年投河自尽。

④ 沃茨（G. F. Watts，1817—1904），英国画家、雕塑家。

⑤ 爱德华·伯恩-琼斯（Sir Edward Burne-Jones，1833—1898），英国画家、图书插画家、彩色玻璃和马赛克设计师。

⑥ 桑德罗·波提切利（Sandro Botticelli，1445—1510），意大利文艺复兴时期的画家。

⑦ 约翰·亨利·纽曼（John Henry Newman，1801—1890），英国神学家和作家，牛津运动的领袖，后皈依天主教，1879年成为红衣主教。发表《自辩书》一文，历述自己宗教信仰变化的经过，广受天主教人士赞誉。

⑧ 麦考莱（Thomas Babington Macaulay，1800—1859），英国历史学家、作家。

味，突然他注意到提问的家伙穿着一双两侧有松紧布的靴子，那靴子看上去怪诞又可笑；一会儿过后，他的心思又从靴子上转移了，他想到国王学院礼拜堂[①]那哥特式的美。不管怎么说，在剑桥大学他度过了一些美好的时光。在这儿，他曾宴请过不少亲朋好友，他宴请的饭菜之可口在他认识的人里可没人比得上。在他的房间里，谈天说地也让他记忆深刻。他还给菲利普引述了一句精辟的格言：

> 他们告诉我，赫拉克利特[②]，他们告诉我，你已去世。[③]

这时，他又讲起了那位口试官和他的靴子的逸事，忍不住哈哈大笑起来。

“当然，这事很蠢，”他说道，“但是在蠢事之中也有妙处。”

菲利普心里有点激动，觉得这句话太妙了！

后来海沃德又去了伦敦学习法律。他在克莱门特法律协会的宿舍中租了几间不错的房间，墙上有护墙板，他设法把房间布置得看上去像他在三一学院的房间那样。他隐约有些政治上的野心，他自称是辉格党人，被人推荐加入了自由党人的俱乐部，但该俱乐部的氛围却是绅士气十足。他想以后执业做律师（他选择了高等法院的大法官法庭，因为这儿处理的官司不是那么残暴）。一等到时机成熟，各方兑现了承

---

① 国王学院礼拜堂（King’s College Chapel）是剑桥建筑的一大代表，也是中世纪晚期英国建筑的重要典范。国王学院是剑桥大学最著名的学院，在亨利六世的鼎力支持下于1441年成立，学院草地中央即为亨利六世的青铜纪念像，国王学院的主要入口是十九世纪雄伟的哥特式门楼。

② 赫拉克利特（Herakleitus，约前540—前470），古希腊哲学家。

③ 引自古希腊诗人卡利马科斯（约前305—前240）所写的警句。

诺，他马上就会得到某个不错的选区的议员的位置。在此期间，他经常去歌剧院，结交了几个风雅之士，他们的志趣相投。他还加入了一个晚餐俱乐部，该俱乐部的座右铭是：健全、善良和美好”。他和一位比他大好几岁的女士建立了柏拉图式的友谊，那位女士住在肯辛顿广场，几乎每天下午他都会和她在朦胧的烛光下一边喝茶，一边谈论乔治·梅瑞狄斯和沃尔特·佩特。众所周知，随便一个傻瓜都能通过律师协会举行的考试，所以他在学习上也就疲沓拖拉。没想到他最后的结业考试竟然没有及格，他觉得这是对他个人的侮辱。同时，那位住在肯辛顿广场的女士告诉他说，自己的丈夫马上要从印度回来度假了，作为一个男人，她丈夫尽管各方面都不错，但也是一个俗人，对于一位年轻男子与他妻子的频繁接触也会心存芥蒂吧。海沃德觉得生活中充满了丑恶，一想到要再次面对考官们的吹毛求疵就心生厌恶，他觉得倒不如把脚边的球一脚踢开，反而潇洒痛快。况且他还欠下了一屁股债。再说，一位年收入三百英镑的人想在伦敦过绅士般的生活就有些捉襟见肘，他的内心也渴望着威尼斯和佛罗伦萨，这两座城市在约翰·罗斯金[①]笔下是那么神奇和具有魅力。他觉得自己不适合处理庸俗、繁忙的法律事务，因为他已经发现把他的名字往大门上一挂，是招揽不到什么案子的，而现代的政治似乎又不够高贵。他觉得自己适合做一名诗人。他退掉了在克莱门特法律协会租的房间，动身去了意大利。他在佛罗伦萨度过了冬天，又在罗马过了一个冬天，现在又来到了德国打算度过他在国外的第二个夏天，以便日后能阅读歌德的原著。

海沃德有一个非常可贵的天分，他对文学有着真切的感

---

① 约翰·罗斯金（John Ruskin，1819—1900），英国作家和美术评论家。

受力，能把自己的激情酣畅淋漓地融入作品中。他能与作者产生共鸣，洞察作者的精华所在，然后又能充满理解地谈论作者。菲利普读的书也不少，但是他读书不加选择，碰到什么读什么，现在终于碰到一个可以在文学鉴赏上给他以指点的人了，真是再好不过了。他从小镇的图书馆借来很多书，开始阅读海沃德所谈及的所有精彩作品。他并非总是读得津津有味，但是他始终如一地坚持读下去，他渴望自我提升，觉得自己非常愚昧和浅薄。到了八月底，威克斯从德国南方回来的时候，菲利普已经完全处在海沃德的影响之下了。海沃德不喜欢威克斯，痛恨这个美国人的打扮——黑色的外套和夹花条纹的裤子，每当谈起威克斯那新英格兰良知，海沃德就会轻蔑地耸耸肩。菲利普每次听到海沃德对威克斯的诋毁，都有不以为意，尽管威克斯对他很友善。但是，如果反过来威克斯说海沃德的坏话的话，菲利普就会大为光火。

“你的新朋友看上去像个诗人。”威克斯挖苦道，他那充满忧虑和怨恨的嘴角挂着一丝微笑。

“他就是个诗人。”

“他是这么告诉你的吗？在美国，我们把他称为不折不扣的废物。”

“呃，我们现在可不是在美国。”菲利普冷冷地说道。

“他多大了？二十五？他就这样游手好闲，待在膳宿公寓里写诗。”

“你不了解他。”菲利普气冲冲地说。

“哦，不，我太了解了，像他这样的人我遇到过一百四十七个。”

威克斯的眼睛闪闪发亮，但是菲利普领会不了美国式的幽默，他噘起嘴，板着脸。在菲利普眼中，威克斯已经年届中年，但实际上他才三十出头。他瘦高个儿，像学者似的，有点驼背。他的头又大又丑，头发暗淡稀疏，皮肤呈土黄色。他的嘴唇很薄，鼻子细长。额骨向前突出，生就一副粗俗相。他态度冷淡，举止刻板，看上去冷漠，没有激情，可他却有一种让人匪夷所思的轻浮气质，会让一些性格严肃的人感到不安，而他本能地又偏偏喜欢跟这类人凑在一起。他在海德堡学习神学，但是其他学习神学的美国学生都对他充满疑虑。他离经叛道得让他们惊骇不已。他的那种怪异的幽默让他们实在无法认同。

“他这样的人你怎么可能遇到过一百四十七个？”菲利普一脸严肃地问道。

“我在巴黎的拉丁区遇见过他这样的人，我在柏林、慕尼黑的膳宿公寓遇见过；还在佩鲁贾[①]和阿西西[②]的小旅馆里见过；他那样的人三五成群地站在佛罗伦萨波提切利的画作前，他那样的人坐满了罗马西斯廷教堂[③]的长凳。在意大利，他这样的人喝葡萄酒会喝多；而在德国，他喝啤酒会喝多。凡是正确的东西——无论是什么——他总是崇拜，有朝一日他会写出一部伟大的作品。想想吧，有一百四十七部伟大的作品正在一百四十七个伟大的人物胸中酝酿；但可悲的是，这一百四十七部伟大的作品一部也写不出来，而这个世界照旧在前进。”

威克斯义正词严地说着，但在他的长篇大论结束时，灰色的眼睛又闪现出喜悦的光芒。菲利普明白了这个美国人正在嘲笑他，脸唰地红了。

“你真是胡说八道。”他生气地说道。

---

① 佩鲁贾，意大利中部城市，翁布里亚区首府。

② 阿西西，意大利中部翁布里亚的一个市镇。

③ 西斯廷教堂是罗马教皇宫殿中的教皇礼拜堂。

第二十七章

威克斯在厄林太太家的后屋租了两个小房间，其中一个房间布置成客厅，对于他邀请客人来小坐倒也舒服惬意。他天性中就有一股顽皮劲儿，这股劲儿总让他马萨诸塞州坎布里奇的朋友们觉得很无奈。晚饭后，也许在他那股顽皮劲儿的驱使下，他会经常邀请菲利普和海沃德去他的客厅里聊会儿天。他殷勤有礼地接待他们，并坚持让他们坐房间中仅有的两把椅子。虽然他自己并不喝酒，却礼数周全地在海沃德的手肘边放了几瓶啤酒，而菲利普从这种周全的态度里看出了嘲讽的意味。在激烈的辩论中，每次海沃德的烟斗熄掉，他就坚持要划火柴给海沃德把火点上。在他们初识的时候，海沃德作为一所著名大学中曾经的一员，对毕业于哈佛大学的威克斯有一种居高临下的感觉。当他们碰巧谈到希腊的悲剧作家，海沃德觉得他对这个话题可以作权威性的发言，他做出了一副大家该听他指点迷津而不需要彼此交流想法的样子讲了起来。威克斯很有礼貌地倾听着，嘴角挂着谦逊的微笑，直到听完海沃德的高谈阔论。随后，威克斯就问一两个表面上让人感觉幼稚，却“打着埋伏”的问题，海沃德不明就里，根本没看出问题会把他引入怎样的窘境，大大咧咧地回答了。而威克斯彬彬有礼地表示反对，接着他引用了某个鲜为人知的拉丁文注释者的话，又引述了某位德国权威的观点，之后，他纠正了海沃德的谬误；威克斯用事实证明他才是位真正的学者。威克斯面带着微笑，从容地把海沃德的观点批得体无完肤。他用一种足够有礼的方式揭露了海沃德学识上的浅薄。他用略带讽刺的口吻嘲弄海沃德。菲利普也看出来海沃德就像个十足的傻瓜，而海沃德并不想住嘴，在恼羞成怒中，还在理屈词穷地诡辩；他信口开河、大放厥词，而威克斯友好地纠正他；他的立论根本站不住脚，威克斯也引经据典地证明了他这么做的荒谬。后来，威克斯承认他曾在哈佛大学教过希腊文学。海沃德发出一阵轻蔑的笑声。

"我早就该想到这一点。当然，你是像一位老师那样阅读希腊文学的，"他说道，"而我是像一位诗人那样去阅读希腊文学的。"

"当你根本不懂它在说什么的时候，读起来才更有诗意，对吗？我想只有在启示宗教[①]里，误译才更有意味。"

最后，在把所有啤酒都喝掉之后，海沃德浑身燥热，头发蓬乱地离开了威克斯的客厅。他气冲冲地对菲利普说道：

"这家伙是个不折不扣的学究，他体会不到真正的美。准确是小职员的美德。我们的目的在于希腊文学的精神。威克斯就像某个去听鲁宾斯坦[②]的演奏的家伙，总是抱怨他弹错了几个音符。弹错的音符！如果他整场演奏都出神入化，弹错几个音符又有什么关系？"

菲利普对这番话印象颇深，这世上不知有多少无能之辈从这番弹错几个音符的论调中寻求到了安慰呢！

---

① 启示宗教是指以上帝的启示为信仰基础的宗教，如犹太教、基督教等。

② 鲁宾斯坦（Nikolai Rubinstein，1835—1881），俄国著名钢琴家和指挥家。

海沃德从不放弃威克斯提供给他的扳回一局的机会，威克斯也轻而易举地就能把他引到讨论中来。虽然海沃德也明白，自己肚子里那点墨水比起那位美国人来实在微不足道，但是他身上那种英国人的执拗、受伤的虚荣心（也许两者本身就是一回事），不允许他放弃回击。海沃德似乎热衷于展示他的无知、自满和刚愎自用，每当海沃德说的话不合逻辑时，威克斯寥寥数语就能指出他逻辑推理中的错误，在享受完片刻的胜利欢愉之后，又马上匆匆转到另外一个话题上，好像是出于基督徒的仁慈，他宽宥已被他击败的敌人。有时，菲利普想插几句话帮一下他的朋友，威克斯会很温和地回击，但是很友好，与他反击海沃德的方式不同，甚至菲利普这样极其敏感的人，也不会感到受伤害。时不时地，海沃德觉得自己越来越愚蠢，快要忍不住发作了，只是美国人那彬彬有礼的微笑才阻止了争论变成争吵的危险。每逢在这些情况下，海沃德离开威克斯的房间时，总要气哼哼地嘟囔：

"该死的美国佬！"

这下就妥当了。对于一个他似乎无可辩驳的观点，这句咒骂是一个绝好的回应。

虽然在威克斯的小房间里开始讨论的话题各种各样，可最后总是会聊到宗教上来：学神学的学生对这个话题总有种专业上的兴趣，而海沃德无疑也喜欢这个话题，因为在宗教上很难找出实实在在的事实让他感到窘迫。既然感觉是衡量的标准，那么就不必对逻辑不强而耿耿于怀了，即使你的逻辑不强，也无伤大雅。海沃德发现不费些口舌很难跟菲利普解释清楚他的信仰。其实有一点很明白（因为这和菲利普关于万物的自然顺序的看法不谋而合），海沃德是在英国国教家庭中长大。虽然他现在已经完全放弃了皈依罗马天主教的想法，但他对这个宗教很认同，对于赞颂它这方面，他有很多话要说。他还喜欢把它隆重的宗教仪式和英国国教的简单仪式相比较。他给了菲利普一本纽曼的《自辩书》让他读，而菲利普觉得这本书枯燥无味，但还是硬着头皮读完了。

“读它重点是看它的风格，而不是它的内容。”海沃德说。

他兴致勃勃地谈论起奥拉托利会[1]的音乐，说起在焚香和虔诚之间的联系，他发表了一番相当动听的言论。威克斯嘴角挂着一丝冷笑，静静地听着。

“您认为光凭约翰·亨利·纽曼写下的漂亮英语和曼宁红衣主教出众的风采就能证明罗马天主教教义才是真理吗？”

海沃德暗示说他的心灵已经经历了太多的磨难，整整一年，他好像在黑暗的大海上漂泊。他用手指穿过他波浪般的金发，告诉他们即使给他五百英镑，他也不愿再经受那种心灵的煎熬了。幸运的是，他终于到达了风平浪静的港湾。

“但是你的信仰到底是什么？”菲利普问道，他对模棱两可的言辞向来不买账。

“我信仰健全、善良和美好。”

海沃德说这话的时候，四肢舒展，头部的姿态优美，动作潇洒，而且还挺有派头。

“在人口普查表里，你的宗教信仰就这么填呀？”威克斯语气平和地问道。

“我讨厌死板的定义，它那么丑陋，那么无新意。如果你愿意的话，我会说我信仰威灵顿公爵[2]和格莱斯顿先生所

---

① 奥拉托利会，罗马天主教在俗司铎修会，1564年在罗马创立，提供简朴的祈祷和大众礼拜。

② 威灵顿公爵（Arthur Wellesley，1st Duke of Wellington，1769—1852），英国陆军元帅，以在滑铁卢战役中指挥英、普联军击败拿破仑而闻名，有“铁公爵”之称。

信仰的宗教。”

“那就是英国的国教喽。”菲利普说道。

“哦，多么聪明的年轻人呀！”海沃德回嘴道，还微微一笑，弄得菲利普的脸涨得通红，因为他觉得别人拐弯抹角解释的话，让他很直白地挑明了，显得自己未免有点粗陋。“我信奉英国的国教，但我喜欢罗马教士身上穿的有金线的绸缎衣服、他们奉行的独身主义、天主教堂的告解室和涤荡罪孽的炼狱：在意大利幽暗的教堂里，在充满了焚香之气和神秘的气氛中，我真心地相信弥撒的奇迹。在威尼斯，我曾看见一个渔妇光脚走进教堂，把她的鱼篓扔在一旁，双膝跪下向圣母玛利亚祈祷。我觉得这才是真正的信仰，我笃信地和她一起祈祷。但是我也相信阿佛洛狄忒[①]、阿波罗[②]和伟大的潘神[③]。”

他的声音很迷人，当他说话的时候，很注意自己的措辞，他几乎是在用一种带有节奏的声调在说话。可就在他还想继续说下去的时候，威克斯又打开了第二瓶啤酒。

“让我再给你来点儿喝的吧。”

海沃德转过身对着菲利普，摆出一副有点屈尊俯就的姿态，这种姿态让这个年轻人印象极为深刻。

“现在你满意了？”他问道。

菲利普略带尴尬地承认他满意了。

“我有点失望，您没加点佛教的东西。”威克斯说道，“说老实话，我对穆罕默德也有点抱不平。我很遗憾您竟然那样冷落他。”

---

① 阿佛洛狄忒，希腊神话中爱与美的女神。

② 阿波罗，希腊神话中的太阳神，司音乐、诗歌、医药等。

③ 潘神，希腊神话中的牧羊神，司自然与田园。

海沃德哈哈大笑了起来，那天傍晚他的心情不错，他觉得自己说的话很是悦耳，那些语句仍在他的耳边回响。他一口喝完了杯中的啤酒。

“我没指望你能理解我，”他回答说，“凭着你那冷漠的美国人的思维，你只会采取批评的态度，就像爱默生[①]之流。但是批评是什么？批评纯粹是种破坏性的东西；任何一个人都会破坏，可不是每个人都会建设。我亲爱的朋友，你是个老学究。重要的事情是建设：我就是富有建设性的人，我是个诗人。”

威克斯看着他，眼神中似乎既有十分严肃的色彩，又好像同时含着轻快的笑意。

“我觉得，如果你不介意我这么说的话，你有点醉了。”

“根本没有的事，”海沃德快乐地回答道，“这点酒算什么，在辩论中我照样能击败你。来说说吧，我已经袒露心扉了；现在告诉我们你的宗教是什么。”

威克斯侧着头，看上去就像一只在枝头栖息的麻雀。

“我多年来一直在寻找我的信仰，我想我是个唯一神教派[②]教徒。”

“那你是个非国教教徒[③]啦。”菲利普说道。

他不明白，自己的话刚出口，他们两人同时都放声大笑，海沃德笑声震天，而威克斯也很滑稽地咯咯笑出了声。

“在英国，非国教教徒不算绅士，对吗？”威克斯问道。

---

① 爱默生（Ralph Waldo Emerson，1803—1882），美国散文家、诗人，超验主义的代表人物之一。

② 唯一神教派，基督教的一个分支教派，认为上帝只有一位，反对三位一体（即圣父、圣子、圣灵）的学说。

③ 非国教教徒，一译不从国教者。英国基督教新教中拒不参加国教会的教会及其信徒的总称。

“好吧，如果你让我直言相告的话，他们不算绅士。”菲利普很生气地答道。

他讨厌被人嘲笑，可他们又笑了。

“那你告诉我绅士应该什么样？”威克斯问道。

“哦，我说不上来，但每个人都知道这一点。”

“你是位绅士吗？”

在这件事上，菲利普没有丝毫的怀疑，但是他也明白，自己是不是绅士并不是自己说了算的。

“如果有人告诉你他自己是位绅士的话，我绝对敢保证他不是个绅士。”他回敬道。

“那我是绅士吗？”

菲利普很本分老实，这问题让他有点难回答，但他生来就很有礼貌。

“哦，好吧，你跟我们不一样，”他说道，“你是美国人，不是吗？”

“那我是不是可以这样假定：只有英国人才是绅士。”威克斯一脸严肃地说道。

菲利普没有反驳他。

“那你能不能给我举些更具体的例子呢？”威克斯问道。

菲利普的脸红了，但是，他一生气就顾不得自己是否会显得荒唐可笑了。

“我可以给你举出很多例子。”他想起了他伯父曾经讲过要用三代人的时间才能培养出一位绅士；而且伴着这句话还有一个谚语：粗瓷碗雕不出细花来。“首先他得是个绅士的儿子，他上的是公学，然后又上的是牛津或者剑桥大学。”

“我想，念的是爱丁堡大学还不行吧？”威克斯问道。

“他还得像绅士那样说英语，他穿着得体，如果他是位绅士的话，他总是能辨别出其他人是不是位绅士。”

菲利普越往下说，越觉得自己的论点站不住脚，但是就是这么回事。所谓的“绅士”就是他说的这个意思，他认识的每个人也都知道是这个意思。

“很显然，我算不上个绅士了。”威克斯说道，“但是我不明白，我是个非国教教徒会让你这么吃惊。”

“其实我并不很清楚唯一神教派教徒是怎么回事。”菲利普说道。

威克斯又怪里怪气地把头歪到了一边，让人几乎以为他要像鸟儿那样喳喳叫了。

“对于别人相信的东西，唯一神教派教徒几乎统统不信，而对于自己不太清楚的东西却都笃信不疑。”

“我不明白你为什么要取笑我，”菲利普说道，“我真的很想知道。”

“我亲爱的朋友，我并没有取笑你。我是经过了多年的费力劳神、绞尽脑汁的钻研之后，才终于得出这个定义。”

当菲利普和海沃德站起身准备告辞的时候，威克斯递给菲利普一本小简装书。

“我想你现在法语已经相当不错了，这本书或许会让你感兴趣的。”

菲利普谢了他，接过书，低头看了一眼书名，是勒南[1]写的《耶稣传》。

---

① 勒南（Ernest Renan，1823—1892），法国哲学家、宗教历史学家，以历史观点研究宗教。

第二十八章

无论是海沃德还是威克斯，都没想到帮他们打发傍晚闲散时光的闲谈，过后竟然会让菲利普活跃的头脑思绪万千。以前他从未思考过宗教问题可以被摆在桌面上讨论。对他来说，宗教就是英国国教，不相信它的教义就是一种恣意妄为的表现，迟早都会遭到报应。但对非国教教徒的惩罚到底有没有，有时他心底还是存有些许疑问的。说不定会有位仁慈的最高审判者把地狱之火专门留给那些伊斯兰教的信徒、佛教徒和其他的异教徒，而对那些非国教教徒和罗马天主教徒还会网开一面（虽然他们在被迫认识到自己错误时，会付出代价——受到很多羞辱！）。也说不定上帝自己对那些没有机会认识到真理的人也心生怜悯——这倒是也合乎情理，虽然有传教会到处传教，但活动毕竟有限——但如果有这种机会，而他们却置若罔闻（很显然罗马天主教徒和非国教教徒就属此类），那么惩罚就肯定会落到他们头上。显而易见，信奉异端邪说的人的境况岌岌可危。或许菲利普并未一直被灌输这样的话，但是在他脑海中留下的理所当然的印象是：只有信奉英国国教的人才有希望得到永恒的幸福。

菲利普听到过的一种言之凿凿的说法是：不信奉国教者都是些邪恶、凶残之徒。可威克斯，虽然他对菲利普笃信的事情几乎都持怀疑态度，却过着基督教徒纯洁的生活。菲利普在生活中所得到过的不多善意就是来自他，菲利普被这位美国人的热心帮助感动了：有一次他得了重感冒，在床上躺了三天，威克斯就像慈母一样照顾他。在威克斯身上既看不到邪恶，也看不到凶残，只有真诚和仁爱。显然，一个人既拥有美德，而又不信奉国教，这也是有可能的。

菲利普还从别人那里了解到，那些坚信别的宗教信仰的人，只有两种原因——要么是出于顽冥不化，要么是由于自己有所企图：在他们心里明知那些信仰是假的，还企图去欺骗他人。为了学习德语，他已经习惯在每个周日的上午去路德会[①]参加礼拜活动，但是海沃德到来之后，他又开始和海沃德一起去做弥撒了。他注意到新教的教堂空荡荡的，而来教堂的会众也是一副无精打采的模样；而另一方面，耶稣会[②]教堂内却人头攒动，信徒们似乎非常虔诚地在祷告，他们看上去并不像伪君子。他对于这种鲜明的对比很是吃惊。因为他知道路德教宗的信条和英国国教更为接近，照理它比罗马天主教更接近真理。大部分的信徒——做礼拜的大多数是男人——来自德国南部。菲利普禁不住暗自思忖，如果自己出生在德国南部，十有八九会成为一名罗马天主教徒。他出生在英国，但也有可能出生在某个信奉罗马天主教的国家；即使出生在英国，他也可能出生在一个信奉卫斯理公会教、浸礼会教或者卫理公会教的家庭，所幸他出生在一个信奉法

---

① 路德会，又称信义宗，为基督教新教主要教派之一。它是德国宗教改革运动的产物，由马丁·路德于1529年创立，以马丁·路德的宗教学说为依据，故名路德教。

② 耶稣会是天主教的一个教派，1534年由西班牙人圣伊纳爵·罗耀拉创立，主张坚忍、刻苦，在精神上对抗新教，故新教徒指责该教伪善。

定国教的家庭。谢天谢地，想到曾面临投错胎的风险，菲利普有点喘不过气来。菲利普和那位姓宋的小个子中国男人相处融洽，每天两人要在饭桌上一同用餐两次，那位中国人总是笑容可掬、和蔼可亲、彬彬有礼。要是仅仅因为他是中国人就要在地狱里接受烈火焚身岂不是咄咄怪事。但是，如果不论一个人的信仰是什么，他的灵魂都能得到拯救的话，那么信奉英国国教的信徒似乎也没有什么特别的好处。

菲利普这辈子还从未这么困惑和迷惘过，他去试探威克斯对这个问题的看法。他不得不小心谨慎，因为他天生敏感，受不了别人的嘲笑，而那位美国人对英国国教的尖酸挖苦让他困窘不安。威克斯的话只是让菲利普更加困惑。他让菲利普不得不承认：在耶稣会教堂里的那些德国南部的信徒对于罗马天主教的笃信程度，丝毫不比自己对英国国教的笃信程度少。进而威克斯又一步一步地让他承认：伊斯兰教的信徒和佛教徒也对他们各自的宗教深信不疑。由此看来，就算认为自己是对的似乎也没什么意义，因为他们都认为自己是对的。威克斯并不打算破坏这孩子的信仰，但是他对宗教非常感兴趣，觉得宗教是个极佳的聊天话题。他曾很准确地描述过自己的观点——对别人相信的几乎一切事情，他说自己都会真切地表示怀疑。有一次菲利普问了他一个问题，这个问题是他听他那位做牧师的伯父提出来的，当时报纸上正在激烈讨论某部温和的理性主义的作品，而在牧师公馆里，大家也谈到了这部作品。

“但是为什么就应该你是对的，而所有的人，像圣安塞尔姆[①]和圣奥古斯丁那样的人都是错的呢？”

---

① 圣安塞尔姆（St. Anselm，1033—1109），出生于意大利的哲学家和神学家，1093 年成为英国坎特伯雷大主教。

“你的意思是说，他们都是非常睿智而且博学的人，而你特别怀疑我是否是那样的人，是吗？”威克斯问道。

“是的。”菲利普有点支支吾吾地回答道，觉得自己刚才那样提问题似乎有些失礼。

“圣奥古斯丁认为地球是平的，而且太阳绕着地球转。”

“我不明白这又能证明什么。”

“嗨，它证明了每代人有每代人的信仰。你的圣人们生活在一个信仰的时代，那些我们现在认为几乎难以置信的东西，他们那时认为是不可置疑的。”

“那么你怎么知道我们现在就一定掌握了真理呢？”

“我不知道。”

菲利普想了一会儿，又说道：

“我不明白，为什么我们现在坚信不疑的东西，就不会像他们过去所坚信的东西那样，同样也是错误的呢？”

“我也不明白。”

“那你怎么可能还有相信的事呢？”

“我不知道。”

菲利普又问威克斯对海沃德的宗教信仰怎么看。

“人们总是按照自身的形象在塑造神祇，”威克斯说道，“他信奉生动别致的东西。”

菲利普沉思了半晌，然后说道：

“我不明白为什么人要信仰上帝。”

这话刚一说出口，他马上认识到自己已经不再相信上帝了。他倒吸了一口气，好像一头扎进寒冷刺骨的水中。他用惊恐的眼神看着威克斯，突然感到害怕。他赶快离开了威克斯，想一个人静静地待会儿。这是他所经历过的最让人心惊肉跳的一刻。他要把这件事好好地思考一番。这件事使他激动不已，因为他的整个人生似乎都与此相关（他认为自己在这件事上做的决定一定会深深地影响今后的生活道路）。如果在这件事上犯了错误，那将会陷入万劫不复的深渊。他反思得越多，他的信念就越坚定。虽然在接下去的几周时间里，他热切地读了好几本书，帮助自己解疑，但到头来反而对自己本能感受到的东西更坚定。事实上，他已经不再相信上帝，倒不是因为这样或者那样的理由，只是因为他就没有笃信宗教的气质。宗教是外界强加给他的，这完全是环境和榜样在起作用。现在他有了新的环境和新的榜样，有机会发现真正的自己。他简简单单就抛弃他儿童时代就形成的信仰，就像脱掉一件他不再需要的斗篷。没有了信仰，起初生活似乎变得陌生又孤寂，因为信仰一直是他生活中可靠的支撑，虽然他一直没有认识到这一点。他觉得自己就好像一个需要拐棍走路的人，可突然被迫要在没有任何帮助下独自行走。白天变得更加寒冷，长夜变得更加孤寂。但是他被兴奋的心情支撑着，生活好像成了一场更加激动人心的历险，没过多久，那被他扔到一旁的拐棍，已经从他肩头滑落的斗篷，就像令人难以忍受的重担，已经被他卸下。那套宗教仪式多年来就像一个沉重的包袱被强加到他身上，对他而言，它们已经是宗教的重要部分。他想到他死记硬背的那些祈祷文和使徒书，想到在大教堂里举行的冗长的礼拜仪式，在整个仪式期间他坐在教堂里，四肢又酸又痛，犹如针扎，渴望活动活动。他记起夜晚走在通往布莱克斯达布尔教区教堂泥泞的小路上，那座教堂荒凉阴冷，他双脚冰凉地坐在那里，手指麻木，难以伸展，四周都是令人恶心的润发油的气味。哦，他感到腻烦透了！当他明白自己从这一切中摆脱出来时，真是禁不住心情雀跃。

他对自己感到吃惊，因为他如此轻而易举地就丢掉了信仰，殊不知他之所以能这样做，是由于他内在天性的微妙作用，可他把这种确定无疑归于自己的聪明，颇为沾沾自喜。由于年轻气盛，菲利普对于不同于自己的处世态度很难包容，因此他相当瞧不起威克斯和海沃德，因为他俩还满足于对上帝模糊的情感，无法再向前迈出自己认为那么明显的一步。有一天，菲利普独自爬上了某座小山，为了能够看一看周围的景色。他自己也不知道为什么，看到自然风景后自己的心中会充满狂喜。现在正是秋天，秋高气爽，万里无云，然后天空似乎变得灿烂起来，闪着更多耀眼的光芒。仿佛大自然也有意识地把更加饱满的激情倾注到了余下的好天气里。他俯瞰着山下在太阳下有些颤抖的平原，在他面前向四周伸展出去：在远处是曼海姆城，城里的楼房屋顶时隐时现；在更远的地方是沃尔姆斯城，而贯穿平原的一条闪亮的缎带则是莱茵河。宽阔的河面闪着金光。菲利普伫立在那里，心在欢快地跳动，他想象着魔鬼和上帝站在一座高山上，把人间的王国指给他看。对于菲利普来说，眼前的美景让他如痴如醉，似乎整个世界都在他面前展开，他急切地想走下山，投入这世界尽享欢乐。他已经从对沉沦堕落的恐惧中摆脱了出来，从世俗偏见中挣脱了出来。他能走自己的路而不必担心无法忍受的地狱之火。突然，他意识到自己已经卸下了责任的重担，这种重担曾经让他在生活中每做一件事都要权衡后果。现在他能在轻松的气氛里自由地呼吸了，他只需对自己做的事情负责。自由！他现在终于成了自己的主人。出于习惯，他不自觉地又感谢了上帝，可他已经不再信仰上帝了。

菲利普一边陶醉于自己的智慧和无所畏惧，一边步入了自由自在的新生活。但是他不再相信上帝了，这并没有像他想象的那样让他在行为上有什么巨大的变化。虽然他把基督教教义扔到了一边，但他从没想过要批评基督教的道德准则。他接受基督教所宣扬的美德，并且认为，为了这些美德本身的价值去践行它们，而不用去考虑受到奖赏或惩罚，也的确不错。在教授太太家里，很少能有机会展现这些英雄品质，但是他倒是确实比以往表现得更真诚些了，强迫自己对那几位枯燥乏味的老太太更体贴周到些，几个老太太有时会找他聊天。在英语语言中那些文雅的咒骂、激烈的形容词，那些他以前认为能体现典型的男子汉气概的措辞，现在都注意避而不用。

已经圆满解决了信仰问题，他就打算把它抛到脑后了。但是说起来容易做起来难，有时他无法阻止后悔的情绪袭来，也不能抑制那些折磨他的疑虑。他还是太年轻了，朋友也不多，所以“永生”对他来说并没有什么特别的吸引力，他能毫不费力地放弃对英国国教的那种信仰。但是有件事让他很难受，他告诉自己可能是自己太不理智了，他试图借助笑声从那种哀伤中解脱出来。可每当他想到再也见不到自己美丽的母亲了，泪水就会涌上眼眶。自从母亲去世后，随着时间的流逝，他越来越觉得她给他的爱弥足珍贵。有时，好像无数虔诚而敬畏上帝的先人在暗中对他施加着影响，这让他不寒而栗，也许这一切都是真的，在蓝天的后面有一位爱生气的上帝，他会用永不熄灭的烈火去灼烧那些无神论者以作为惩罚。每逢这些时刻，他的理智也起不了什么作用，他想象着无休无止的肉体折磨带来的痛苦，由于恐惧而吓得要命，然后又猛冒冷汗。最后，他绝望地自言自语：

“毕竟，这不是我的错。我不能强迫我自己去相信。如果真有一位上帝，就因为我诚实地表示我不再信奉他，他要惩罚我，那我也没有办法。”

第二十九章

冬天来了。威克斯到柏林去听保尔森的讲座，海沃德开始考虑去南方。当地的剧院开门营业了，菲利普和海沃德每周要去两三次，目的是为了提高德语水平，这倒是值得称赞。而且菲利普发现看剧提高语言水平的方式确实比听布道更加有趣。他们发现自己置身戏剧复兴的热潮中，冬季的节目单上有好几部易卜生的戏剧，苏德尔曼[①]的《荣誉》那时还是部新剧，它的上演在这个安静的大学城里掀起了轩然大波。有的人对它推崇备至，有的人对它进行猛烈抨击；另外一些剧作家也亦步亦趋，在现代思潮的影响下写出了一系列的作品，于是菲利普看了不少揭露人性卑劣的戏剧。在此之前，他从未看过戏剧（以前，一些落魄的巡回演出剧团有时也会到布莱克斯达布尔的公共会堂演出，但那位教区牧师，一则是因为自己的职业，二则是因为他觉得这些剧目伤风败俗，所以从不去看戏），舞台上的激情深深地吸引着菲利普，让他欲罢不能。每当他走进狭小、寒酸、灯光暗淡的剧院时，内心总感到一阵兴奋。很快他对这个小剧团的演员特色就了如指掌，只要看到角色分配，他马上就能说出这些角色在剧

① 赫尔曼·苏德尔曼（Hermann Sudermann，1857—1928），德国剧作家、小说家。他的成名剧作《荣誉》（1890）反映了资本主义社会的贫富冲突。

中的性格特征。不过这倒是没影响他看戏的兴致，在他看来，舞台上演的就是真实的生活，不过那是一种奇怪的生活，黑暗而扭曲。剧中的男男女女把他们内心的邪恶暴露在观众无情的目光之下：姣好的面孔下掩盖着堕落的灵魂；道貌岸然者用道德做面具隐藏他们隐秘的邪恶；貌似强悍之人实则软弱；满嘴仁义道德者实则腐败堕落；表面清纯者实则下流放荡。你仿佛置身这样一个房间里：前一晚这里有过彻夜狂欢，在清晨窗户未曾打开，房内污浊的空气中充满啤酒残液味、烟臭味，以及摇曳的煤油灯的气味。台下没有笑声，最多也就是对着伪君子和傻瓜蛋窃笑几声罢了：剧中的人物在表达他们的思想时恶言恶语地说着的台词，仿佛是在羞愧和痛苦中硬从心里挤出来的。

菲利普完全被剧中的肮脏和丑恶迷住了，他似乎在用另外一种方式重新看待世界，他渴望了解这个世界。看完剧后，他会和海沃德一起去一家小酒馆，坐在明亮而温暖的环境中吃上一个三明治，喝上一杯啤酒。四周都是三五成群的学生，他们有说有笑。有时还会碰上一家子——父母带着一群儿女，有时女儿说了一句尖刻的俏皮话，当父亲的往椅子背上一靠，哈哈大笑起来，那笑声极为开怀，亲切且毫无冒犯之意。气氛友好而纯真，这是一幅温馨的天伦之乐场景，但菲利普却视而不见，他的思想还沉浸在刚才看的剧中。

“你确实觉得这就是生活，对吗？”他激动地说，“你知道，我觉得我不会在这儿待很久了。我想去伦敦，这样我才能开始真正的生活。我想有一些阅历，我现在厌倦了总是在为生活做准备，我要尝尝生活的滋味。”

有时候，海沃德让菲利普自己独自回家。他对菲利普急切的提问从不给出确切的回答，而是用一阵欢快的傻笑声，隐讳地说起一段风流韵事。他还引用了罗塞蒂[1]的几句诗。有一次他还给菲利普看了一首他写的十四行诗，诗歌感情澎湃、辞藻华丽、悲怆凄婉，描写的是一位叫特鲁德的年轻女士。海沃德把自己肮脏、艳俗的奇遇罩上一层诗意的光环，还认为自己触摸了伯里克利[2]和菲狄亚斯[3]的手，所以自己也有了生花的妙笔，他在描述自己的意中人时，用了“hetaira”[4]这个词，而没有用英语词汇中那些贴切但呆板的字眼。菲利普在白天的时候出于好奇还特意经过那条挨着古桥的小街，街道两旁是几幢装着绿色百叶窗的白色楼房，按照海沃德的说法，特鲁德小姐就住在里面。但是，从门里出来冲着他打招呼的都是些长着凶巴巴的面孔、浓妆艳抹的女人，菲利普心中充满恐惧；那些女子还伸出粗糙的手想把他拦住，他心惊肉跳地拔腿就跑。他渴望经历人生中的一切，暗自也嘲笑自己都到了这个岁数，还未曾体验过他从小说中知道的人生中的那种最重要的东西。但何其不幸，他具有看透事物本质的天赋，而展现在他面前的现实与他梦想中的美好真是有着天壤之别。

他不知道，在人生旅途中一个人要走过多么宽广、贫瘠和险峻的旷野，才能真正接受现实。所谓“青春是美好的”只不过是幻觉，是青春已逝的人的幻觉；但是年轻人知道自己是不幸的，因为人们灌输给他们的虚幻的理想，每一次他们接触到现实时，都会碰得鼻青脸肿、满身伤痕。看上去他

---

① 罗塞蒂（Dante Gabriel Rossetti，1828—1882），英国诗人、画家。

② 伯里克利（Pericles，约前 495—前 429），古希腊政治家，后成为雅典城邦的实际统治者，其统治时期是雅典文化和军事上的全盛时期。

③ 菲狄亚斯（Pheidias，前 490—前 430），古希腊雕塑家。

④ 希腊语，意为“情人”。

们好像是一场阴谋的牺牲品，他们所读的书籍由于都是精挑细选后留下的，所以都是完美的；还有长辈的教诲，那些长辈总是透过一层渐忘的玫瑰色薄雾回忆往事，所以给他们指点的都是不真实的人生。他们必须自己发现他们所读过的、所被告知的一切统统都是谎言、谎言、谎言。而且每次的发现都是在往钉在生命十字架上的身体里再打入一枚钉子。令人觉得不可思议的是，每个经历过痛苦的幻灭的人事后都会不自觉地添枝加叶，把自己说得比实际上要强大得多。对于菲利普来说，有海沃德做伴可能是最糟糕的了，因为他没有主见，只是透过文学的氛围去看问题；他也很危险，因为他欺骗自己，而且他自己还真信了。他真诚地把自己的肉欲当成了浪漫的爱情，错把自己的优柔寡断当成艺术家的气质，把自己的懒散看作哲学家的冷静。他的思想平庸，却追求高雅的情趣，他把生活中的一切事物都放大，轮廓模模糊糊，笼罩在伤感的金色迷雾中。他在撒谎，却从不知道自己在撒谎；当有人指出这点时，他却说谎言是美丽的。他是个理想主义者。

第三十章

菲利普躁动不安，对一切都极为不满。海沃德富有诗意的旁征博引搅动着他的想象，他的灵魂渴望着爱情。至少，他对自己是这么说的。

碰巧在厄林太太家发生的一件事使菲利普对两性关系更加关注了。有两三次他沿着小山丘散步都碰到了凯茜莉小姐一个人在散步，他经过她身边时鞠了个躬，没走几码远又看见了那个中国男人，当时他也没多想。可有一天傍晚，夜幕已经降临，他在回家的路上发现前面有两个人紧紧挨在一起在散步，听到他的脚步声，那两个人就快速分开了，虽然在黑暗里看不太真切，但他几乎可以肯定那两个人是凯茜莉和宋先生。他们飞快分开的动作说明他们俩刚才一直是挽着胳膊走在一起的。菲利普感到既困惑又吃惊。他过去从未注意过凯茜莉小姐。凯茜莉小姐是个相貌平平的女孩，四方脸，五官也不怎么清秀。因为她仍然把长长的金发编成辫子，那她就不可能超过十六岁。那天晚上在用餐时，菲利普好奇地看着她。最近，她在用餐时很少说话，但这会儿却和他说起话来。

“凯里先生，今天您去哪儿散步了？”她问道。

“哦，我去爬了会儿山。”

“我今天没出门，”她有点欲盖弥彰，“我有点头痛。”

那个中国人坐在她旁边，此时扭过头来。

“我很遗憾，”他说道，“我希望您现在好多了。”

凯茜莉小姐显然还是不踏实，因为她又向菲利普发问。

“您在路上遇见了很多人吧？”

菲利普当面撒了个弥天大谎后，脸禁不住红了。

“没有，我没看见任何人。”

他觉得凯茜莉小姐的眼中一下闪过一抹如释重负的神色。

然而，没过多久，这一对之间的秘密被捅破，教授太太家里的其他人也看见他俩鬼鬼祟祟地躲在暗处。坐在餐桌上首的那几位老太太开始议论这件已经成为丑闻的事情了。教授太太既怒不可遏，又不胜其扰。她尽力装作什么也没看见。冬天即将来临，这个时候想让宅子里像夏天那样住满房客可不太容易。宋先生是一位不错的租客：他在一楼租了两个房间，每餐要喝一瓶摩泽尔白葡萄酒，教授太太每瓶酒收他三马克，赚头还不少哩。其他房客都不喝葡萄酒，有些人甚至都不喝啤酒。她也不想失去凯茜莉小姐这位房客，凯茜莉小姐的父母在南美做生意，他们为了感谢教授太太对女儿像母亲般的照顾，在费用方面毫不吝啬。教授太太知道如果自己给这个女孩在柏林的叔叔写信的话，他马上会把她带走。教授太太对自己在餐桌上狠狠地瞪了他们几眼的举动还是挺满意的。虽然她不太敢冒犯那位中国人，但是她对凯茜莉摆出冷脸，自己从中也得到了某种满足。但是那三位老太太却不满意。其中两个是寡妇，还有一个荷兰女人，是个男人模样的老处女，她们付的膳宿费很少，可添的麻烦一点不少，只不过她们是长期租客，所以教授太太不得不容忍她们。她们找到教授太太说，必须采取点措施了，否则的话，这事太丢人，这屋檐下所有人都会跟着丢人现眼。教授太太使出浑身解数来应对，时而坚持己见，时而怒气冲天，时而泪光盈盈，但还是赶不跑三位烦人的老太太。于是她突然摆出一副正义凛然的模样，说她一定会把这件事做个了断。

午餐过后，教授太太把凯茜莉叫到她的卧室，开始异常严肃地跟她谈话。但让教授太太感到诧异的是，这女孩竟用一种无所谓的态度，说她要依自己的意愿四处走动。如果她选择和中国人一起散步，她看不出跟别人有什么关系，这纯粹是她个人的私事。教授太太威胁说要给她叔叔写信。

“那海因里希叔叔就会把我送到柏林的一户人家去过冬，那样对我来说更好。宋先生也会去柏林的。”

教授太太开始哭了起来，泪水从她那粗糙、红润、肥胖的脸颊上滑落，凯茜莉却在嘲笑她。

“那就意味着整个冬天您有三间客房要空着喽。”她说道。

然后，教授太太又换了一套策略，她想激发凯茜莉小姐天性中更好的一面：说她是那么善良、聪明、宽容。教授太太不再像对待一个孩子那样对待她了，而是把她看成一名成年女子。她说要不是那个黄皮肤、塌鼻梁、小眼睛的中国人，这事本来不会这样糟糕！但是他那副长相实在难看，一想到他那副尊容就让人心生厌恶。

“别说了，”[①]凯茜莉气哼哼地说道，“我不想听到有人说他坏话。”

“可这事难道不严重？”厄林太太喘着气说。

“我爱他，我爱他，我爱他。”

“我的上帝呀！”[②]

---

① 原文为德语。

② 原文为德语。

教授太太一脸惊恐地看着凯茜莉，她原以为凯茜莉不过是孩子气的一时兴起，这只是一场幼稚的胡闹，但是她声音中流露的感情说明了一切。凯茜莉用冒着火的眼睛盯着她看了一会儿，然后耸耸肩，走出了房间。

厄林太太对这次谈话守口如瓶，只是过了一两天以后把吃饭时座位的安排做了调整。她问宋先生是否愿意过来坐在她这一头，他用一贯的彬彬有礼的态度欣然接受，而凯茜莉对这种变化好像也无所谓。然而，既然两人之间的关系已经被大家发现，他们也就越发地不顾廉耻了，他们俩现在毫不掩饰地一起散步，每个下午都明目张胆地去山上转悠。很显然，他们不再在乎对他们的风言风语了。最后，甚至连厄林教授也沉不住气了，他坚持要自己的太太跟那位中国人好好谈谈。这回轮到厄林太太找宋先生谈话了。她把他叫到一边，对他规劝起来：他正在败坏女孩的名声，正在危害整个房子的声誉，他必须看到自己行为的错误和危害。但是她得到了宋先生笑眯眯的否认；他说自己不知道她在说什么，他对凯茜莉小姐根本没那份心思，他从来没和她一起散过步；所有这一切都是子虚乌有的传言，没有一个字是真的。

"啊，宋先生，您怎么能说出这样的话来？你们已经被人家瞧见多次啦。"

"不会吧，您一定是搞错了，那都是捕风捉影。"

他带着一如既往的微笑看着她，露出一口整齐的小白牙。他很镇静，否认一切。他和颜悦色地厚着脸皮把一切都否认了。最后教授太太终于忍不住动怒了，说女孩已经承认爱上他了。他还是不为所动，继续微笑着。

"胡说八道！纯粹是胡说八道！完全不是这么回事。"

她从他的嘴里套不出一句实话。天气变得十分糟糕，又是大雪，又是霜冻，雪融化后又是一段阴沉的日子，出去散步也变得索然无味。一天傍晚，菲利普刚从教授先生那儿上完德语课，正站在客厅跟厄林太太说着话，安娜急匆匆进来了。

“妈妈，凯茜莉去哪儿了？”她问道。

“我想她在自己房间里吧。”

“可她房间黑着灯呢。”

教授太太发出一声惊叫，脸色阴沉地看着女儿。安娜脑中的想法也同样掠过了教授太太的脑际。

“打铃叫埃米尔来。”她声音嘶哑地说道。

埃米尔是个吃饭时端饭上菜，平时在家里干大多数杂活的傻小子。他走了进来。

“埃米尔，下楼去宋先生的房间看看，进去的时候不用敲门。如果里面有人，就说你看看炉子是否还燃着。”

在埃米尔冷漠的脸上没有任何吃惊的表情。

埃米尔慢腾腾地走下了楼，教授太太和安娜开着门，侧耳听着。没过一会儿，她们听见埃米尔又上了楼，她们叫住了他。

“那儿有人吗？”教授太太问道。

“是的，宋先生在呢。”

“就他一个人吗？”

埃米尔抿起嘴，嘴角开始露出狡黠的微笑。

“不，凯茜莉小姐也在那儿。”

“哦，真是丢人现眼。”教授太太喊道。

现在埃米尔咧嘴笑了。

“凯茜莉小姐每天晚上都在那儿，而且每次在那儿都要待上好几个小时。”

教授太太开始搓起了双手。

“哦，真够可恶！那你为什么不早告诉我？”

“这可不关我的事。”埃米尔回答道，还慢慢地耸了耸肩。

“我想他们一定给了你不少钱吧。走开！走！”

他笨拙地摇摇晃晃地走向门口。

“他们必须得走，妈妈。”安娜说道。

“那谁来付房租？各种税单眼看就要支付了。他们必须得走，你说得倒是轻巧。如果他们走了，我可付不起这些账单。”她转向菲利普，泪水顺着她的脸颊淌下来。“啊，凯里先生，您不会把这件事说出去吧。如果弗尔斯特小姐”——就是那位荷兰老处女——“如果弗尔斯特小姐知道了，她可能马上就要搬出去。如果他们都搬走了，我这个寄宿之家就得关门。我支付不起维护的费用。”

“当然，我什么都不会说的。”

“如果她还住在这儿，我是不想跟她说话了。”安娜说道。

那天晚上吃晚餐时，凯茜莉小姐的脸比往常还要红，但带着一股执拗劲儿准时坐到了自己的位置上，但是宋先生没有露面。有一会儿，菲利普以为他会逃避这种难堪。可最后，他来了，仍然笑眯眯的，在为自己的迟到向大家道歉时，他的小眼睛闪动着。像往常一样，他坚持要给教授太太斟满一杯他的摩泽尔白葡萄酒，他还给弗尔斯特小姐也倒了一杯。房间很热，因为炉子烧了一整天，而窗户很少打开。埃米尔尽管手忙脚乱地跑来跑去，但还算顺利地把每个人点的饭菜很快地上了桌。三个老太太坐在那儿谁也不吭声，满脸的不屑。教授太太还没从刚才的大哭中缓过劲来；她丈夫也很沉默，闷闷不乐。谈话冷下来。在菲利普看来，在这些天天与他坐在一起用餐的人身上似乎有某种可怕的东西；在两盏吊灯的灯光下，他们看起来似乎都与以往截然不同。他隐隐感到不安。偶然他和凯茜莉的目光相遇，他觉得她看他的目光中带着仇恨和蔑视。房间里的气氛令人窒息，好像大家都被这一对年轻人的私情搞得心神不宁；房间里还有一种东方的堕落气息，隐约有香烛的气味，掩盖着神秘的罪恶，仿佛逼得人直喘粗气。菲利普觉得前额的动脉在突突跳着。他不明白现在是什么奇怪的情感让他心猿意马，他似乎感觉到某种东西对他有着无限的吸引力，然而同时，他又感到排斥和害怕。

这种情况持续了好几天，空气中还充斥着每个人都感觉得到的那种怪异的情欲，让人觉得恶心，小公寓里所有人的神经都绷得紧紧的，好像一下子就要发作。唯有宋先生不受干扰，他的笑容丝毫没有少，和蔼可亲、礼貌有加甚于以往，人们搞不清他的举止象征着文明的胜利，还是东方人对征服西方后表示的蔑视。凯茜莉还是一副扬扬得意、破罐子破摔的样子。最后，甚至连教授太太对这种情况也无法忍受下去了。她的心里还突然充满了恐慌，因为厄林教授冷酷地直接告诉她，这一人所共知的私通事件会带来怎样严重的后果，她明白自己在海德堡的好名声，还有寄宿之家的好声誉将会被无法遮掩的丑闻毁于一旦。不知怎么，或许是被蝇头小利蒙蔽了双眼，她竟从未想过这个可怕的后果。而现在，她又被想到的不堪后果吓坏了，自己乱了阵脚，她几乎忍不住要马上把这女孩赶出门外。幸亏安娜还算冷静，她建议给凯茜莉在柏林的叔叔写封措辞谨慎的信，让他把凯茜莉赶紧接走。

在教授太太下定决心失去两个房客之后，她再也憋不住忍了很久的怒气，非痛快发泄一下不可。她现在可以随心所欲地好好教训凯茜莉一通了。

“我已经给你叔叔写信了，凯茜莉，让他把你接走。我再也不能让你在我家里待下去了。”

当教授太太看到女孩的脸突然变得煞白时，她那双圆圆的小眼睛亮了起来。

“你不要脸，真不要脸。”她继续骂道。

她劈头盖脸地把女孩臭骂了一通。

“您跟我海因里希叔叔说了什么，教授太太？”女孩问道，她原来的那种桀骜不驯的劲儿，一下子就消失了。

“哦，他会亲口告诉你的。我希望明天就能收到他的回信。”

第二天，在晚饭时为了让凯茜莉当众出丑，教授太太对那个坐在饭桌下首的女孩大声说道：

“我已经收到你叔叔的回信了，凯茜莉。你今天晚上就收拾行李吧，明天上午我们会把你送上火车，你叔叔会在柏林的中央火车站接你。”

“太好了，教授太太。”

在教授太太看来，宋先生依然保持着微笑，尽管她一再拒绝，但宋先生还是给她倒满了一杯葡萄酒。这顿饭，教授太太的胃口很好。但是她还是得意得太早了。就在睡觉之前，她把男仆叫了过来。

“埃米尔，如果凯茜莉小姐的行李收拾好了，你最好今晚就把它搬到楼下。明天早饭前，搬运工就会来取走它。”

埃米尔出去了，过了一会儿他又回来了。

“凯茜莉小姐不在她房间里，她的手提包也不见了。”

教授太太大叫了一声，急忙向凯茜莉小姐的房间跑去：凯茜莉小姐的行李箱还在地板上，而且已经捆绑好，上了锁，但是手提包不见了，帽子和斗篷也不见了，梳妆台上空空如也。教授太太喘着粗气，又跑到楼下那个中国人的房间里，二十多年了，她从未像这次这么腿脚利落过，埃米尔在她后面喊着要她当心别摔倒。她顾不上敲门，推门而入。房间也是空的，行李不见了，房间与花园相通的门大开着，说明行李是从那里搬出去的。桌子上放着一个信封，里面有几张钞票，算是支付这个月的食宿费用以及大致与其他额外花销相当的费用。教授太太刚才走得太快，这会儿她呻吟着，胖胖的身躯一下子倒在了沙发上。毫无疑问，那对情人私奔了。埃米尔依旧面无表情，无动于衷。

第三十一章

明天自己就要去南方度假了，这样的话海沃德说了一个月，可又一周接一周地拖延着，因为他嫌收拾行李费事，更受不了旅途的沉闷和艰辛，一直下不了决心。最终他才不得不在圣诞节前成行是因为大家都在为过节做准备。他对条顿民族狂欢的想法很不喜欢，一想到圣诞节那种声势浩大的狂欢场面就让他浑身起一层鸡皮疙瘩。为了避开眼前的这种场面，他决定在圣诞前夕出发去旅行。

菲利普看见他离开一点也没有不舍的感觉，因为他自己是个率直的人，一想到有人凡事都拿不定主意就让他恼火。虽然海沃德对他的影响很大，但他并不觉得优柔寡断就说明敏感细腻、讨人喜欢。而且海沃德因为他直率的性格经常对他冷嘲热讽，这让他有点愤愤不平。他们互通书信。海沃德确实是个令人佩服的写信高手，他也知道自己有这方面的天赋，所以写起信来更是用心。就他的气质而言，他对于所接触到胜地美景，很有感悟力。他能够让人从他在罗马写来的信中，感受到意大利淡淡的香气。他觉得古代罗马人的城镇有些粗鄙，只是在罗马帝国衰落时才凸显出了不凡。但是有着教皇们的罗马[1]引起了他的共鸣，他字斟句酌，十分优雅地在信中展现了洛可可风格[2]的美丽。他描述了古老教堂中的音乐和阿尔班丘陵[3]，香火的缓缓缭绕和雨夜街道的魅力：人行道在街灯的照耀下泛着雨水的光亮，透着神秘气息。也许他把这些文采飞扬的信件也寄给了不同的朋友，但他不知道这些信带给菲利普多么大的困扰，信的内容似乎凸显了菲利普生活的乏味。随着春天的来临，海沃德变得更加充满激情。他建议菲利普也应该到意大利去，说菲利普在海德堡简直是在浪费时间。德国人举止粗野，那里的生活又单调：怎么能把心灵囿于刻板的土地上？在托斯卡纳[4]，春天遍地开满鲜花；而菲利普已经十九岁了。他召唤菲利普快来，和他一起去翁布里亚[5]山区小镇漫游一番。那些地方的名字已深印在菲利普的心里。凯茜莉和她的情人也去了意大利。当想到这一对时，菲利普心里有着不可名状的躁动。他诅咒自己的命运，因为他实在没钱去旅游，他知道大伯会按照之前商量好的，一个月寄给他十五英镑，但除此外不会再多寄一分钱。他自己平时又对花销不太在意，他付完食宿费和上课的费用后所剩无几。他还发现，跟海沃德一起出去时花费太大。海沃德过去常常提议出去远足、看戏或者喝上一杯，而这种时候，菲利普当月的零花钱已经见底儿了。他这个年龄的愚

---

① 教皇们的罗马，指梵蒂冈。

② 洛可可风格（Rococo），十八世纪流行于欧洲的装饰风格，常包括精致烦琐的曲线形装饰。

③ 阿尔班丘陵，位于意大利中部，为火山地貌。

④ 托斯卡纳，意大利中部的一个大区，首府是佛罗伦萨。托斯卡纳被称为华丽之都，因其丰富的艺术遗产和极高的文化影响力。托斯卡纳被视为意大利文艺复兴的发源地。

⑤ 翁布里亚，意大利中部的一个大区，翁布里亚画派的发源地。

蠢又使得他不愿意承认自己对于这种奢侈的享受无力承担。

幸运的是，后来海沃德很少来信了，菲利普又静下心继续勤奋的学习生活。他被大学录取，上了一两门课。库诺·菲希尔[1]当时声名正盛，那年冬季，他相当出色地做了一系列有关叔本华[2]哲学思想的讲座，这门课也是菲利普刚接触哲学的入门课程。他本来注重实际，接触抽象的事物会感到不安，但是他发现自己在听形而上学的专题讲座时却出人意料地着了迷，会屏住呼吸，有点像在看一位在万丈深渊上走钢丝的舞者，表演着惊险万分的绝技，让人兴奋不已。悲观主义的专题也吸引了他年轻的心灵，他认为自己即将踏入的这个世界是一个充满悲伤和黑暗的无情的地方，但还是吸引他义无反顾地想进入。没过多久，凯里太太给他寄来一封信，转达了他的监护人的意见，说现在是他应该回英国的时候了，他满口答应下来。他现在必须要为自己未来做打算了。如果他在七月底离开海德堡，那么他们就可以在八月份仔细商量一下，这倒是做安排的好时机。

他离开的日子已经定了，凯里太太又给他来了一封信，提醒他别忘了威尔金森小姐，正是因为威尔金森小姐的好心他才能安顿在海德堡的厄林太太家里，并告诉他威尔金森小姐打算来他们布莱克斯达布尔的家里度几周的假。她计划某天某时从弗拉新港口乘船，如果菲利普那时也正好在路上，不妨和她做伴，可以一路照顾她，一起回布莱克斯达布尔。菲利普的羞涩促使他马上写了回信，说他还得待上一两天才能离开。他想象自己如何在人群中去寻找威尔金森小姐，他

① 库诺·菲希尔（Kuno Fischer，1824—1907），德国哲学家、教育家。

② 叔本华（Arthur Schopenhauer，1788—1860），德国哲学家，唯意志论者。

会很尴尬地走到她面前问她是否是威尔金森小姐（他也许会找错人，被人奚落），随后他又想到，在火车上他是应该跟她聊天呢，还是不用理她，只埋头读自己的书。

最后，他终于离开了海德堡。三个月来他脑子里没想别的，考虑的全是自己的未来。他离开的时候没有感到什么遗憾，因为他知道自己在那儿并不快乐。安娜小姐给了他一本《萨金根的号手》[①]，作为回赠，他送了她一本威廉·莫里斯[②]的书。他们俩都很聪明，谁也没去阅读对方送的书。

① 《萨金根的号手》，德国诗人、小说家约瑟夫·维克托·冯·舍费尔（1826—1886）写的一首富有浪漫色彩、风趣幽默的叙事长诗。

② 威廉·莫里斯（William Morris，1834—1896），英国诗人、设计师。

第三十二章

当菲利普看到他的伯父和伯母时，感到很吃惊。他以前从未注意到他们已经那么苍老了。牧师跟往常一样不冷不热地迎接了他。牧师好像变胖了一点，头发又少了一些，而且白发增多了。菲利普看出他的人生是如此的毫无意义，他的脸上流露出了软弱和放纵的神色。路易莎伯母把他搂在怀里亲吻着他，幸福的泪水从她的脸颊滑下。菲利普既感动又有些不好意思，他没想到她对自己竟然这么疼爱。

“哦，自从你离家后，时间似乎过去太久了，菲利普。”她喊道。

她抚摸着他的双手，用欣喜的目光注视着他的脸庞。

“你长大了，现在成了小伙子了。”

在菲利普的上唇边已经长出了短髭，他买了一个剃须刀，不时小心地把光滑的下巴刮得干干净净。

“你不在的时候，我们多孤单呀。”随后她用略带点颤抖的声音，有点不好意思地问道：“你很高兴回家，对吧？”

“没错，我太高兴了。”

她太单薄了，看起来就像透明的一样。那两条搂在他脖子上的胳膊非常脆弱，让人联想到小鸡的骨头。她那憔悴的脸，哦！布满了皱纹。她的卷发依然梳着她年轻时流行的式样，看上去又奇怪又可怜。她干瘪、瘦小的身躯就像一片秋天的落叶，让人觉得一股寒风就能把它吹走。菲利普意识到他们的人生快走到尽头了，这两位安静的小人物：他们属于过去的一代，他们正在耐心又麻木地等待死神的降临。而他正风华正茂，渴望着激动人心的事情和冒险，看到生命被如此浪费，内心惊骇不已。他们一生碌碌无为，即使他们离开人世，也好像他们从未来过世上一样。他对路易莎伯母有种深深的怜惜，他突然觉得自己很爱她，因为她也爱着他。

这时威尔金森小姐走进了屋子，刚才她识趣地回避了，好让凯里夫妇有机会迎接他们的侄子。

“这是威尔金森小姐，菲利普。”凯里太太介绍道。

“浪子回家了，”她一边说，一边伸出了手，“我给浪子带来了一朵玫瑰，可以别在他的扣眼里。”

她带着欢快的笑容把一朵玫瑰别在了菲利普外衣的扣眼里，这朵花是她刚从花园中采来的。他的脸红了，觉得自己有点傻乎乎的。他知道威尔金森小姐是威廉伯父以前教区教长的女儿，他认识不少牧师的女儿，她们穿着裁剪得很差的衣服，脚上穿着肥大的靴子。一般情况下，她们都身着黑衣，因为早些年菲利普在布莱克斯达布尔的时候，手工纺织的衣料还没在东英格兰流行，牧师的女眷们也不喜欢鲜艳的颜色。她们头发蓬乱，上了浆的内衣让她们闻上去有股刺鼻的味儿。她们认为女性打扮是不得体的，所以她们无论是年老的还是年轻的，看上去都一样。她们还有一种因自己信仰了宗教而产生的优越感，觉得自己跟教堂的关系更近，使得她们用一种盛气凌人的态度对待其他人。

威尔金森小姐却与她们完全不同。她穿着一条平纹细布的长袍，上面印着鲜艳的小束花朵，还穿着尖头的高跟鞋，配一双网眼的长筒袜。在毫无经验的菲利普眼中，她穿着打扮似乎很时髦；可他没看出来她的女装是一件式样俗艳的廉价货。她的头发梳理得也很精致，前额中间留着一绺小鬈发：乌黑、闪亮、硬整，看上去绝不会有一丝的凌乱。她黑色的眼睛很大，鼻子稍微呈钩状，她的侧面看上去有种猛禽的感觉，但她的整个脸庞还是挺有魅力的。她经常微笑，可她的嘴很大，当她开口笑时总要设法掩盖住她那又大又黄的牙齿。但是最让菲利普尴尬的是，她扑着厚厚的脂粉。他对女性的行为有着自己严格的标准，认为有教养的女士就不该涂脂抹粉。但是，威尔金森小姐当然是有教养的女士，因为她是牧师的女儿，而牧师可都是绅士。

菲利普打定主意不对她产生半点好感。她说话带一点法国腔，他不知道她为何会这样，因为她出生和成长都在英格兰。他觉得她的微笑很做作，她故作忸怩的轻浮神态又让他恼火。头两三天，他保持着沉默，甚至有些敌意，但是威尔金森小姐好像根本没注意到。她非常和蔼可亲，而且几乎只跟菲利普聊天，有什么事情还总是让菲利普帮她拿主意，这种做法确实让人感到荣幸。她还经常逗得他哈哈大笑，菲利普向来无法抗拒让他忍俊不禁的人：他时常也能说几句妙语，有一个带着欣赏目光的听众也是件乐事。无论是牧师还是牧师太太都没有幽默感，对菲利普说的任何事，他们都不觉得好笑。当菲利普和威尔金森小姐熟稔起来后，他身上的羞怯不见了，他开始更加喜欢她了，觉得她的法国口音是那么动听。在医生家举办的游园会上她打扮得比其他人都漂亮。她穿着一条蓝底带着大白点的薄绸长裙，它引起了一阵轰动，这让菲利普感到十分愉悦。

“我敢肯定他们认为你的行为欠妥。”他大笑着告诉她。

“我这一辈子就梦想着有人把我当作寡廉鲜耻的荡妇呢。”她回答道。

一天，当威尔金森小姐在她自己房间的时候，菲利普问路易莎伯母威尔金森小姐多大了。

“呃，我亲爱的，你不应该问一位女士的年龄，但我可以告诉你，你要是想娶她，她的年龄肯定是太大了。”

而牧师胖胖的脸上缓缓地露出了一丝笑意。

“她已经不是个小姑娘了，路易莎。”他说道，“当我们还在林肯郡的时候，她就差不多是个大姑娘了，那都是二十年前的事了。那时她背后梳个大辫子。”

“那时她可能还不到十岁吧。”菲利普说道。

“可比这个岁数大多了。”路易莎伯母说道。

“我觉得那时她快二十了吧。”牧师说道。

“哦，不对，威廉，最多十六七岁。”

“那就是说她现在三十出头了。”菲利普说道。

恰巧在这时威尔金森小姐哼着邦雅曼·戈达尔[①]的曲子从楼上走了下来。她已经戴上了帽子，因为她和菲利普打算出去散步，她伸出手，示意菲利普给她扣上手套扣子。他笨手笨脚地给她扣上了，虽然觉得有些尴尬，却也觉得自己很有骑士风度。现在他们两人聊天很随意，一边闲逛，一边无所不谈。她向菲利普讲述柏林的风土人情，他也向她聊起在海德堡这一年的生活情形。当他谈论这些事时，以往的繁杂琐事好像有了新的趣味：他描述厄林太太寄宿之家的那群房客，谈到了海沃德和威克斯之间的对话，当时似乎那么意义重大，但这会儿他故意略加歪曲，让两个对话人显得那么荒

---

① 邦雅曼·戈达尔（Benjamin Goddard，1849—1895），法国作曲家、小提琴家。

唐可笑。威尔金森小姐的笑声让他很是得意。

"你可真让我害怕，"她说道，"你太能挖苦人了。"

接着她又戏谑地问他在海德堡有没有什么风流韵事，菲利普不假思索地坦承说没有，但是她不相信。

"你的嘴可真严实！"她说道，"你这个年纪，怎么可能没有？"

他脸红了，哈哈一笑。

"你想打听的事未免太多了吧。"他说道。

"哈，我想我猜对了。"她胜利般地大笑着，"瞧，脸都红了。"

他很开心她把他当成了情场高手。他故意引开话题，好让她觉得他想故意隐瞒他所有的风流韵事。他又暗恨自己没有这方面的经验，因为他没有机会去谈场恋爱。

威尔金森小姐对自己的命运有些愤愤不平，她怨恨要靠自己来养活自己。她跟菲利普唠叨了一个很长的故事，说她本来指望她母亲的一个叔父会给她留下一大笔遗产，结果他娶了他的厨娘，更改了他的遗嘱。她暗示她出身富贵之家，还说她过去在林肯郡的生活，有马可以骑，有四轮马车可以坐，不像她现在这样落魄潦倒。后来菲利普向路易莎伯母提到这件事时，她告诉菲利普，当年她认识威尔金森一家时，他们除了一匹矮种马和一辆双轮轻便马车还真没什么值钱的家当。路易莎伯母也听说过那个有钱的叔父的事，但是在埃米莉[1]出生之前他就已经结婚并且有了自己的孩子，她是断无可能继承他的遗产的。路易莎伯母的话让菲利普有些不解。威尔金森小姐对柏林没说什么好话，她目前在那儿有份工作。

---

① 威尔金森小姐的昵称。

她抱怨德国的生活粗俗，不无心酸地把那里的生活与巴黎多姿多彩的生活做对比。她在巴黎生活了好多年，但没说她究竟待了多少年。她曾在一位很时尚的肖像画家的家里做家庭教师，那位画家娶了一位财产丰厚的犹太女人做妻子。在他们家，威尔金森小姐见过很多的社会名流。她随口说了几个人的名字，就让菲利普听得目瞪口呆。法兰西喜剧院的好几位演员都是那家的常客。在晚餐时，她旁边坐的客人就是科克兰[①]，科克兰还对她说他从来没有见过一个外国人能把法语说得那么好。阿方斯·都德[②]也来过，他还送给她一本《萨福》：他曾答应把她的名字写在书上的，但是后来她忘记提醒他了。她把这本书当作宝贝似的珍藏，尽管如此，她也愿意把书借给菲利普。随后，她还提到了莫泊桑。伴随着银铃般的笑声，威尔金森小姐心照不宣地看了一眼菲利普。莫泊桑是个多么了不起的男人，是个多么伟大的作家！海沃德多次用崇拜的口吻谈起过莫泊桑，他的名声菲利普已如雷贯耳。

“他向你求爱了吗？”他问道。

这句话似乎卡在他嗓子眼里了，但他还是忍不住问了出来。他现在非常喜欢威尔金森小姐，跟她一起聊天总让他兴奋异常，但他无法想象会有人向她求爱。

“真是个傻问题！”她喊道，“可怜的居伊[③]，他向每个他遇到的女人求爱。这个毛病是改不了了。”

她轻轻地叹了口气，似乎满怀柔情地回忆着过去。

---

① 科克兰（Coquelin aîné，1841—1909），法国著名演员。

② 阿方斯·都德（Alphonse Daudet，1840—1897），法国著名现实主义小说家，《萨福》（1884）是他写的一本小说。

③ 居伊是法国小说家居伊·德·莫泊桑（Guy de Maupassant，1850—1893）的名字。

“他是个迷人的男人。”她喃喃道。

若是一个比菲利普阅历更多的人，就可能从她的话中猜想到那场邂逅可能发生的场面：那位著名作家受邀来家里共进午餐，家庭女教师神情庄重地陪着她的两个高挑女学生在场；主人向客人介绍道：

“我们的英国小姐。”[①]

“小姐。”[②]

席间，知名作家在跟男女主人谈话时，那位英国小姐则安静地坐在一旁听他们聊天。

可她那一席话却在菲利普的脑海中唤起了更为浪漫的想象。

“跟我好好讲讲他的事吧。”他激动地说道。

“没什么好讲的。”她坦诚地说，但是那种欲语还休的态度好像传达出这样一种意思：就是写上三卷书也写不完那些香艳的故事，“你干吗一定要追根问底呀。”

她开始谈论起巴黎来，她喜欢那里的林荫大道和树林。每条街道都是那么雅致，香榭丽舍大街[③]上的树木更是别具一格，与众不同。他们这会儿坐在大路旁的台阶上，威尔金森小姐有些轻蔑地看着他们前面那几棵高大挺拔的榆树。还有巴黎的剧院：戏剧非常精彩，演技无与伦比。她经常陪她学生的母亲福约夫人去成衣店试衣服。

“哦，穷人多不幸呀！”她叫道，“那些漂亮的衣服，只有在巴黎人们才懂得如何穿衣，但我又买不起！可怜的福约夫人，她的身材可不怎么样。有时裁缝会低声地在我耳边说：

---

① 原文为法语。

② 原文为法语。

③ 巴黎中心的林荫大道，又称“香榭丽舍”。

‘唉，小姐，要是她有您这样的身材就好了。’”

菲利普此时才注意到威尔金森小姐身材健壮，而且她对此还颇为自豪。

“英国的男人们太愚蠢了，他们只会看脸。而在法国，这个情人们的国度，男人们更在乎的是身材。”

菲利普以前可从未想过这种事情，但是他现在注意到威尔金森小姐的脚踝又粗又难看，他很快把目光又收了回来。

“你应该去法国。你干吗不去巴黎待上一年呢？你要是学了法语的话，会使你变得——老练些[①]。”

“那是什么意思？”菲利普问道。

她狡黠地一笑。

“你自己去查字典吧。英国的男人不知道如何对待女人。他们太害羞了，对男人来说害羞会显得荒唐可笑。他们不知道如何向女人求爱，甚至在恭维女人迷人时，都免不了一脸傻相。”

菲利普觉得自己特别可笑。威尔金森小姐显然希望他表现得与其他英国男人不同。他这时要是能说些机智幽默的俏皮话，那他一定会很开心。但是他搜肠刮肚就是想不出来，当终于想出来的时候，他又担心自己看上去很傻而说不出口。

“啊，我爱巴黎，”威尔金森小姐叹了口气，“但是我不得不回柏林。我在福约家一直待到女孩们结了婚，于是我就没什么事可做了，后来我得到了现在这个在柏林做家庭女教师的机会，这家人与福约夫人是亲戚，所以我就接受了。我在布雷达街有个小公寓，在六楼，根本谈不上体面。你是知

① 原文为法语。

道布雷达街的——那些女人[1]，对吧。”

菲利普点了点头，但根本不知道她说的是什么意思，只是隐隐约约猜到了一点，不过是不想让她觉得自己什么都不知道。

“但是我不在乎。我是自由的，不是吗？[2]”她很喜欢说法语，也的确说得很好，“我一度在那儿还有一段奇遇呢。”

她又停住了话头，菲利普催促她说下去。

“你还没告诉我你在海德堡的奇遇呢。”她说道。

“它们太稀松平常了，根本不值一提。”他答道。

“如果凯里太太知道我们在一起净谈这种事，我真不知道她会怎么说。”

“你根本不用担心，我不会告诉她的。”

“你保证？”

当他一再保证不说出去之后，她告诉他，曾经有一个学艺术的学生住在她的楼上——这时她突然不说了。

“你为什么不去学艺术呀？你画得那么好。”

“画得差远了。”

“那得由别人来判断。这方面我很在行[3]，我认为你以后会成为一个伟大的艺术家的。”

“如果我突然告诉威廉伯父我想去巴黎学习艺术，你难道想象不出他的脸色会变得多难看吗？”

“你可以自己拿主意了，不是吗？”

“你存心打岔。请继续讲你的故事吧。”

威尔金森小姐笑了一下，继续讲了下去。那位学艺术的

---

① 原文为法语。

② 原文为法语。

③ 原文为法语。

学生每天在楼梯上都会和她打几次照面，她没有特别在意。她只看到他一双眼睛长得很漂亮，会很有礼貌地摘下帽子致意。可是有一天，她发现有人从自己门底下塞进来一封信，这封信就是他写的。在信中他说自己已经爱慕她好几个月了，他特意在楼梯上等她经过。哦,这封信写得多么情真意切呀！她当然没有回信，但是哪个女人不喜欢被奉承呢？第二天又来了一封信！信写得精彩极了，充满激情，令人感动。当她又一次在楼梯上碰到他时，她都不知道眼睛向哪儿看了。每天都有一封信来，在信中他恳求她与他约会。他说他会在晚上来看她，九点钟左右[①]，而她有点不知所措。当然，那是不可能的，他可能会一遍又一遍地按铃，但她是不会打开房门的。就在她正等着铃声叮当作响，神经紧绷时，突然发现他就站在她的面前。原来当她进屋的时候，忘了关门了。

“这是命中注定的。”[②]

“接下来又发生了什么事呢？”菲利普问道。

“故事就结束了呀。”她回答道，发出一阵银铃般的笑声。

菲利普沉默了一会儿。他的心跳得很快，心中百感交集。他仿佛看见了黑漆漆的楼梯和一次次的遇见，他羡慕那些信件的大胆表白——哦，他是绝没有胆量那么做的——更佩服他悄无声息地，几乎是神秘莫测地进了门。在他看来，这似乎才是风流韵事的核心。

“他长得怎么样？”

“哦，很英俊。迷人的小伙子[③]。”

“你现在还和他来往吗？”

---

① 原文为法语。

② 原文为法语。

③ 原文为法语。

菲利普问这个问题时，心中有点恼火。

“他对我糟透了，男人都一个样儿。你们全都薄情寡义，全部如此。”

“你说的这点我可有点摸不着头脑。”菲利普尴尬地说道。

“我们回家吧。”威尔金森小姐说道。

第三十三章

菲利普无法把威尔金森小姐的故事从脑海中抹掉。即使她的故事有所删减，但她的意思已经再明显不过了，他还是有些震惊。这种偷情的事对于已婚的女人来说不算什么，他过去读过很多法国小说，知道在法国这种事情相当普遍。但是威尔金森小姐是个英国人，而且未婚，她的父亲还是个牧师。接着他又想到，那位学艺术的学生可能既不是她的第一个情人，也不是她最后一个情人，他倒吸了一口气：他以前从未像这样看待过威尔金森小姐，竟然有人向她求爱，真让人难以置信。他生性率直，对于书上的故事和她讲述的故事都深信不疑，而且对于这样的好事从未发生在自己身上有点愤愤不平。如果威尔金森小姐坚持让他讲讲在海德堡的艳遇，自己竟然什么也讲不出来，岂不是太丢人。他确实可以添油加醋地胡编乱造一通，他也确实有那个本事，但他不敢肯定能否使她相信自己那时过着放浪形骸的生活。他曾从书上看到过，女人的直觉是很敏锐的，她可能轻易就会识破他在说谎。当他想到她会偷偷笑话自己时，禁不住脸红到了耳根。

威尔金森小姐一边弹着琴，一边用很慵懒的声音唱着歌，但是这些歌，无论是马斯内[1]、邦雅曼·戈达尔还是奥古斯塔·奥尔姆[2]的歌，菲利普都是初次听。在钢琴边，他们一起度过很多时光。有一天，她想听听他的嗓音如何，便坚持让他试着亮了亮嗓子。她说他有一副悦耳动听的男中音的嗓子，主动要给他上声乐课。刚开始，由于一贯的腼腆，他拒绝了，可她一再坚持。此后，每天早饭后，在方便的时间，她就给他上一个小时的课。她有做老师的天分，很明显她是个出色的家庭教师，既有方法又严厉。虽然仍带有浓重的法国腔，但当她上课时，她甜美的语调就完全消失了。她说话简明扼要，没有半句废话。她的口气变得有点不容辩驳，如果菲利普开小差，她出于本能，马上就会提醒，菲利普稍有马虎，她就会立即纠正。她知道自己的职责，让菲利普练起音阶和曲子来。

当课程结束后，她又毫不费力地恢复了诱惑人的微笑，她的声音又变得柔和迷人起来，一下子丢掉老师的派头，但是菲利普还没法放下做学生的身份，菲利普上课得到的这种印象和听她讲完风流韵事的感觉形成了鲜明对比。他更加仔细地观察起她来。相比威尔金森小姐早上的样子，他更喜欢她晚上的样子。早晨的时候，她脸上的皱纹更多，脖子上的皮肤也有些粗糙。要是她能遮住脖子就好了，但是那时天气已经很暖和了，她穿的衬衫领口很低。她又很喜欢白色，在早上那种颜色实在不太适合她。而在晚上，她看上去就很迷人了，她经常穿着一件几乎可以做晚礼服的长裙，脖子上戴着一串石榴石饰物，长裙的胸襟和肘部镶着蕾丝边，让她有一种讨人喜欢的柔和，她身上还喷了香水（在布莱克斯达布

---

① 马斯内（Jules Emile Frederic Massenet，1842—1912），法国作曲家。

② 奥古斯塔·奥尔姆（Augusta Holmes，1847—1903），法国作曲家。

尔，人们只用科隆香水，而且只在礼拜天或者头痛的时候才喷点），有种撩人的奇香，那时她看上去真的很年轻。

菲利普为了弄清她的年龄可是费了不少心思。他把二十和十七相加，总算不出一个令他满意的结果。他不止一次问路易莎伯母为什么她认为威尔金森小姐已经三十七岁了：她看上去不到三十岁呀，而且大家都知道外国人老得比英国女人快；威尔金森小姐在国外生活了那么久，她几乎都可以算作外国人了。他个人觉得她不会超过二十六岁。

“她肯定比那个岁数要大。”路易莎伯母笃定地说。

菲利普不太相信凯里夫妇说话的准确性。他们能够清楚记得的，是最后一次在林肯郡看到威尔金森小姐时，她的头发还没盘起来的。那么，那时她可能才十二岁。时间很久远了，牧师的记忆通常情况下不怎么靠谱。他们说那是二十年前的事情，但是人们爱用整数，那就是说可能是十八年，或者十七年前。十七加上十二，只有二十九。该死，二十九岁算老吗？根本不老吧。克娄巴特拉[①]都四十八岁了，安东尼[②]还因为爱上她而抛弃一切呢。

那年夏季天气晴好，连日炎热，但晴空万里。但是因为邻近海边，温度倒也不是很高，空气中透着一股令人神清气爽的愉悦之意，所以人们很兴奋，并没有被八月的阳光灼烤得无精打采。在牧师家的花园里有个小池塘，池塘里面有个

① 克娄巴特拉（Cleopatra，前69—前30），埃及托勒密王朝末代女王（前51—前30），即埃及艳后。她才貌出众，先为恺撒情妇，后与安东尼结婚，安东尼兵败后，又欲勾引屋大维，未能成功，后自杀。她的种种传闻逸事，使她成为文学和艺术作品中的著名人物。

② 安东尼（Marcus Antonius，前82—前30），古罗马统帅和政治领袖，恺撒部将。与李必达和屋大维结成“后三头政治（联盟）”。公元前30年，安东尼在与屋大维的权力角逐中兵败自杀。

喷水的喷泉，还生长着睡莲，金鱼们游到水面晒太阳。菲利普和威尔金森小姐在晚饭后常常拿着小地毯和几个软垫到那里，躺在草坪上，就在那高高的玫瑰篱笆下的阴凉处。他们整个下午都在那里聊天和读书。他们有时还吸烟，牧师不允许在屋内吸烟，他认为吸烟是一种恶习。他经常说如果某人成了某种习惯的奴隶，那是很不体面的事。他忘了他自己就是下午茶的奴隶。

一天，威尔金森小姐给了菲利普一本《波希米亚人的生活》[1]。这本书是她在牧师书房的书堆中偶然翻到的。它是和一大堆凯里先生要的其他廉价书一起买回来的，放在那里有十年了没人动了。

菲利普刚开始读米尔热的这本情节有趣、文笔拙劣、内容荒诞的杰作，就立刻着了迷。当看到书中的种种描述：把饥馑描写得那么诙谐，把肮脏之地描写得那么风景如画，把下流的情欲描写得那么浪漫，把矫揉造作的感伤描写得那么令人感动，菲利普的灵魂都因欣喜而雀跃。鲁道夫和米米，米塞特和绍纳尔！他们穿着路易·菲力浦[2]时代的奇装异服在拉丁区灰暗的街道上徘徊，今天在这个阁楼落脚，明天又在另一个阁楼栖身，带着泪水和微笑，逍遥自在，胆大妄为。谁能不被他们吸引？只有当一个人的判断力更健全的时候，再回过头看这本书，才会发现他们的欢乐是多么粗俗，他们的思想是多么浅薄；那伙放荡的人，无论是作为艺术家，还

① 《波希米亚人的生活》是法国诗人、小说家亨利·米尔热（Henry Murger，1822—1861）的长篇小说，书中对一群放荡不羁的巴黎青年艺术家做了浪漫而伤感的描写。该书后由意大利歌剧作曲家普契尼（1858—1924）改编为歌剧。

② 路易·菲力浦（Louis Philippe，1773—1850），法国国王（1830—1848）。

是作为普通人，都是毫无价值的。但菲利普完全被迷住了。

“难道你现在想去巴黎而不是伦敦了吗？”威尔金森小姐问道，对他那份投入书中的热情感到好笑。

“就算我想去，现在也已经太迟了。”他答道。

他从德国回到这里已有两周了，这期间，他和伯父就他的未来进行了多次讨论。他明确地拒绝了去牛津大学读书的想法，而且现在他也没有机会得到奖学金了，甚至凯里先生也得出了他上不起牛津的结论。菲利普的全部财产只有两千英镑，尽管这笔钱被以百分之五的利息投资在抵押债券上，但靠那点利息他维持不了生活。而且现在这笔钱又减少了一些。一年花至少二百英镑来上大学真是荒唐，他得在牛津学习三年，毕业后也不见得就能养活自己。他还是迫切地想直接去伦敦。凯里太太认为对于一位绅士来说，只有四种行业可以选择：陆军、海军、法律，还有教会。她后来又加上医学，因为她的小叔子就是位医生。但是她也没忘记在她年轻的时候，没人会把医生看作绅士。前两种职业显然对菲利普来说不合适，不用考虑，而菲利普又坚决不当牧师，那么只剩下律师这一行当了。本地的医生曾建议，说很多的绅士都从事工程技术，但是凯里太太立刻就否决了这一个主意。

“我不想让菲利普去做买卖。”她说道。

“是的，他必须找份正经的职业。”牧师应道。

“为什么不让他像他父亲那样成为一名医生呢？”

“我讨厌当医生。”菲利普说道。

凯里太太倒也不觉得遗憾。但法律这行当似乎也有问题，因为菲利普不打算去牛津大学读书。凯里夫妇一直认为要想在这一行当干出点名堂来，有个学位是必要条件。最后，两人还是觉得先让他去给一名律师当个助理比较妥当。他们就给自己的家庭律师阿尔伯特·尼克松写了封信，问他是否愿意带一带菲利普，尼克松先生和布莱克斯达布尔的牧师同是已故的亨利·凯里的遗产执行人。一两天之后，回信来了，尼克松说他那里目前没有空位子，而且十分反对他们的整个计划。现在律师这行人满为患，若没有资金或者关系的话，一个人至多做个主管职员就算到头了。不过，他建议菲利普应该朝特许会计师的方向努力。牧师和他太太都不了解特许会计师是干什么的，而菲利普也从来没听说过谁成了特许会计师。这位律师的第二封来信对此进行了解释：随着现代商业的发展和公司的不断涌现，很多会计师事务所纷纷成立，来审核账目，管理他们客户的财务事务，而老的那一套财务管理方法已经落伍了。几年前，该行业获得了皇家特许，这一行逐年变得愈发受人尊敬，薪水丰厚，日趋重要。与阿尔伯特·尼克松合作快三十年的特许会计师事务所恰巧空出了一个实习生的职位，他们愿意招收菲利普，要收取三百英镑费用。在实习的前五年这些费用的一半会以薪水的形式返还。虽然前景并不怎么令人兴奋，但是菲利普觉得他必须做个决断，一想到他要生活在伦敦，权衡再三后，终于打消了退缩之意。布莱克斯达布尔的牧师给阿尔伯特·尼克松先生写信，询问这是否是一个适合绅士的职业。而尼克松先生回信说，因为颁发了正规的特许状，所以很多公学和大学的毕业生对该职业趋之若鹜。况且，如果菲利普不喜欢这份工作，一年之后希望离开的话，赫伯特·卡特——就是那家会计师事务所老板的名字——愿意归还收徒契约费用的一半。这件事定下来了。根据安排，菲利普应在九月十五日开始实习。

“我还有整整一个月的时间。”菲利普说道。

“那么到时你将奔赴自由，而我又要身套枷锁。”威尔金森小姐回应道。

她的假期一共有六周，她会比菲利普早一两天离开布莱克斯达布尔。

“我不知道我们还会不会再见面。”她说道。

“我想不通为什么不会见面。”

“噢，别用这么现实的口吻说话，我还真没见过谁像你这样不解风情呢。”

菲利普的脸红了。他怕威尔金森小姐觉得他是个懦夫。她毕竟还是个年轻的女人，有时看上去还很漂亮，而他也快二十岁了。如果他们之间除了艺术和文学外什么也不谈，好像也有些可笑。他应该向她求爱。他们谈过许多爱情的话题，谈到过那位住在布雷达街学艺术的学生，然后谈到了她住在他家很久的那个巴黎画家：他请她给他当模特，向她狂热地求爱，迫使她不得不找借口不再给他当模特。不用说威尔金森小姐已经习惯了那种别人对她大献殷勤的生活。现在，她头戴一顶非常漂亮的大草帽：那天下午很热，是那年夏天最热的一天，她的上唇处满是密密麻麻的小汗珠子。他的脑海里想起了凯茜莉小姐和宋先生的韵事。他对凯茜莉从来没有过非分之想，她相貌平平，行为举止再普通不过，但是现在回想起来，他们之间的爱情似乎非常浪漫。他现在也有了艳遇的机会，威尔金森小姐身上法国情调很重，这给他可能到来的艳遇更添了趣味。每当晚上他躺在床上，或者独自在花园里读书时，一想到这件事就让他激动不已。然而，当他真的见到威尔金森小姐时，事情似乎就没那么美好动人了。

不管怎么说，在她已经跟他讲述完那么多风流韵事后，如果他向她求爱，她也不会感到惊奇。他还有一种感觉：她也许对他毫无表示觉得有些奇怪呢。也许这只是自己的胡思乱想，但是最近一两天他觉得在她的目光里流露出一丝鄙夷的神色。

“你呆呆地在想什么呢？”威尔金森小姐看着他，微笑着说。

“我不想告诉你。”他应道。

他正在琢磨此时此刻他应该吻她，他想知道她是不是正巴望他这样做。但是他不清楚在没有任何铺垫的情况下他应该怎么做。她或许觉得他疯了，或许会回敬他一个耳光；又或许她会跑去告诉他伯父。如果她告诉他伯父的话，那就糟透了。他很清楚自己伯父的为人，他会去告诉医生和乔赛亚·格雷夫斯的，那么他就会看上去像一个彻头彻尾的大傻瓜。路易莎伯母一口咬定威尔金森小姐至少三十七岁了，一想到他会面对的冷嘲热讽，他就觉得有些不寒而栗。他们会说她的岁数足够给他当妈了。

“你又在发呆了。”威尔金森小姐笑着说。

“我正在想你。”他鼓足勇气答道。

不管怎么说，这话挑不出什么毛病。

“想我什么？”

“哈，现在是你想知道的太多了。”

“淘气包！”威尔金森小姐说。

又来了！每当他终于下定决心要表白的时候，她总是说些让他想起她是家庭女教师的话来。每次要是他的练声没让她满意，她就会戏谑地叫他“淘气包”。可这次他很生气。

“我希望你不要把我当孩子看待。”

“你生气了？”

“没错，很生气。”

“我可不是故意的。”

她伸出手，他握住了。最近有一两次当他们在晚上握手时，他似乎感觉到她轻轻地捏了一下他的手，但是这次是毫无疑问了。

他不知道他下面应该说些什么。这可是他最后的求爱机会了，如果不抓住的话，他就是个傻瓜。但这也太平淡无奇了点吧，他曾期望它更有魅力一些。他在书中读过不少对爱情的描写，觉得自己并没有小说家描写的那种内心突然涌起的情感，也没有被一浪高过一浪的激情搞得神魂颠倒。而且威尔金森小姐也不是他理想中的人选。他过去经常想象他的意中人是个可爱的女孩：长着一双紫罗兰色的大眼睛，光洁雪白的皮肤。他甚至还想象着自己把脸埋到她浓密的红褐色的鬈发中。可是他无法想象自己把脸埋在威尔金森小姐的发中，他总感觉她的头发黏糊糊的。但不管怎么说，能有一场风流韵事总是让人心满意足，他为自己即将征服一个女人而感到激动和自豪。他以为是自己把她勾引到手的。他下定决心要亲吻威尔金森小姐，不是那会儿，而是在今天晚上；因为在黑暗中更容易得手，吻了她之后，余下的事情就跟着发生了。就在今天晚上他就要吻她了，他发誓一定要达到目的。

他已经订好了计划。晚饭后他建议两人去花园中散步，威尔金森小姐接受了邀请，他们肩并肩地在花园中漫步。菲利普很紧张。他也不知道为什么，但是两人的谈话显然没有被引向正确的方向。本来他决定自己第一步要用手揽住她的腰，但她正在谈论下周要举办的赛艇会，他也不能冷不防用手去搂住她的腰啊。接着，他巧妙地把她带到了花园最暗的地方，可到了那儿他又泄了气。他们坐在一条长凳上，他这会儿要鼓足勇气抓住这个机会，然后实施下一步动作，可就在这时威尔金森小姐说这儿有土蜈蚣，坚持要离开。他们又围着花园走了一圈，菲利普告诉自己在他们走到长凳前他要断然采取行动，可当他们经过房前时，看见凯里太太正站在门口。

“你们年轻人最好进屋来吧？我敢说晚上的空气对你们的身体不好。”

“也许我们还是进去好，”菲利普说道，“我不想让你得了感冒。”

他说完这话，顿觉如释重负。那天晚上他就再也不能有所企图了。可是后来，当他一个人待在房间里时，他对自己的懦弱愤怒至极。他是个十足的笨蛋。他敢肯定威尔金森小姐也巴望他能亲吻她呢，否则的话，她也不会跟他走进花园的。她总是说只有法国男人才知道如何对待女人。菲利普过去读过很多法国小说，知道如果自己是个法国男人的话，就会把她紧紧搂入怀中，充满激情地告诉她自己是多么爱她；还会用自己的双唇吻她的脖颈[①]。他不明白为什么法国男人总爱亲吻女人的脖颈，他自己并没看出脖颈有何吸引人之处。对于法国男人来说，做出这些举动要容易得多，因为语言帮了不少忙。菲利普不禁觉得用英语来说这些炽热的情话听上去有点滑稽可笑。现在他真希望自己没有着手去围攻威尔金森小姐的贞操。刚开始的两个星期，他们都很开心，而现在他却痛苦不安。但是他已经下定决心不要退缩，如果这么退缩了，他自己都会瞧不起自己。他下定决心，第二天晚上他一定要亲吻她。

次日，他起床后发现天在下雨，他的第一个念头就是晚

---

① 原文为法语。

上他们去不了小花园了。早餐时他的精神头很足，而威尔金森小姐派玛丽进来说她头痛，想在床上多躺一会儿。直到下午用茶点时她才下楼来，她穿着一件合身的晨衣，脸色苍白。但是到了晚上的时候，她就已经好多了，这顿饭吃得很愉快。在祷告之后，她说自己要直接上床睡觉，她吻了吻凯里太太。然后，她又转向菲利普。

“我的天呀！”她喊道，“我也想亲亲你呢。”

“干吗不呢？”他说道。

她哈哈大笑，伸出了她的手。她特意捏了捏他的手。

第二天，天空中没有一丝云。雨后的花园清新芳香。菲利普去海滨那儿游泳，回到家后又美美地吃了一顿。下午在牧师家的空地上举行了一场网球聚会，威尔金森小姐穿着她最漂亮的衣服。她显然很会穿着打扮，菲利普忍不住把目光落在她身上，在副牧师太太和医生那位已经出嫁的女儿旁边，她显得格外优雅。在她的腰带上，别了两枝玫瑰。她坐在花园的椅子上，旁边是草坪。她打着一把红色的遮阳伞，光线落在她的脸上，显得非常和谐。菲利普很喜欢打网球，他发球很好，但跑动不便，所以专打近网。尽管跛足，但他动作很利索，很难让他失球。他很高兴因为他每一盘都赢了。用茶点的时候，他躺倒在威尔金森小姐的脚边，浑身燥热，气喘吁吁。

“你适合穿法兰绒衣服，”她说道，“你今天下午看上去很帅气。”

他高兴得脸都红了。

“我得诚实地赞美你一句。你看上去让人神魂颠倒。”

她微笑着，用她乌黑的大眼睛久久地注视着他。

晚餐过后，他坚持邀她出来走走。

“你今天不是运动了一整天吗？”

“今晚花园一定很美，星星全都出来了。”

他的兴致很高。

“你知道吗，凯里太太因为你的原因一直在责备我呢？”威尔金森小姐说道，当他们正缓步穿过菜园，“她说我不应该跟你调情。”

“你一直在跟我调情吗？我没觉得呀。”

“她也只是开玩笑罢了。”

“你太坏了，昨天晚上竟不肯吻我。”

“要是你看见我刚说出那句话时，你伯父看我的眼神就好了。”

“那就是你没吻我的原因？”

“我宁愿没人的时候再吻。”

“现在就没人呀。”

菲利普伸出胳膊揽住她的腰，吻了她的嘴唇。她只是笑了一下，并没有退缩之意。一切自然而然地发生了。菲利普很为自己的勇敢自豪。他说要做的已经做到了。这是世界上最轻而易举的事情。要是自己早这样做就好了。他又吻了她一次。

“哦，你不该这样做。”她说道。

“为什么不能？”

“因为我喜欢你的吻。”她大笑着说。

第三十四章

第二天午餐后，他们又拿着小地毯和软垫来到喷泉旁。两人手里虽然拿着书，可谁也没读。威尔金森小姐舒服地安顿好自己，就打开了她那把红色的遮阳伞。菲利普现在一点也不害羞了，但是一开始威尔金森小姐不让他吻自己。

“昨天晚上我做得不对，”她说道，“我后来都无法入睡，我觉得自己做了件错事。”

“胡说！”他喊道，“我敢肯定你昨晚睡得很好。”

“如果你伯父知道了，你觉得他会说些什么呢？”

“他没有道理会知道呀。”

他向她贴了过来，他的心怦怦直跳。

“你为什么想吻我？”

他知道自己应该回答“因为我爱你”，但是他又说不出口。

“那你觉得是为什么呢？”他反问。

她笑眯眯地望着他，用指尖轻轻地触摸着他的脸。

“你的脸多么光滑呀。”她喃喃道。

“我想我的脸得好好刮才行。”他说道。

他发现说出情意绵绵的话还真是困难，这一点让他很吃惊。他发现沉默比话语更能帮他的忙，他能用目光传达很多无法言传的东西。威尔金森小姐叹了口气。

“你真的喜欢我吗？”

“是的，特别喜欢。”

当他试图再次亲吻她时，她没有再躲闪。他表现得热情的样子去亲吻她，其实只是装装样子，在他看来，自己表演得很成功。

“我开始有点怕你了。”威尔金森小姐说道。

“你晚餐后出来，好吗？”他恳求道。

“不，除非你答应别乱来。”

“你说什么我都答应你。”

这激情的火焰是由他半撩半拨而起的，结果他引火上身了。在下午茶的时候，他兴高采烈，说说笑笑。威尔金森小姐紧张地望着他。

“你收敛点儿，你那双眼睛都放出光来了，”她后来跟他说，“那会让你路易莎伯母怎么想？”

“我才不在乎她怎么想呢。”

威尔金森小姐被他逗得笑出了声。他们刚一吃完晚餐，他就对她说道：

“你陪我出去抽根烟吧？”

“为什么不让威尔金森小姐歇一会儿呢？”凯里太太说道，“你得记住她可不像你那么年轻。”

“哦，我也希望出去走走，凯里太太。”威尔金森小姐语气不悦地说道。

“晚饭过后走一会儿，午饭过后歇一会儿。”牧师说道。

“你伯母人不错，但是有时会惹得我心烦。”他们刚到外面把身后的边门关上，威尔金森小姐就马上抱怨道。

菲利普把他刚点着的香烟扔到了一边，张开胳膊把她一把抱住。她想推开他。

“你答应过我不乱来的，菲利普。”

“你不会认为我会真的信守那个诺言的吧？”

“别离房子太近，菲利普。”她急忙说，“要是有人突然从里面出来该怎么办？”

菲利普把她领到了菜园子，那儿是不太可能有人来的，这次威尔金森小姐也不再想什么土蜈蚣了。他热烈地吻着她。有件事一直困扰着他，在早上他一点都不喜欢她，到了中午他开始有点喜欢她，可一到晚上，只是摸一下她的手就让他兴奋不已。他说出一些自己都想不到竟然能说出口的话来。如果在光天化日之下，他是绝不会把那些话说出口的，他听着自己的话都觉得神奇和满意。

“你还真是擅长谈情说爱呀。”她说道。

这句话也正是他对自己的评价。

“哦，要是我能把心中燃烧的激情统统倾诉出来该有多好！”他语气热烈地说道。

太神奇了！这是他玩过的最激动人心的游戏；最妙的是他说的所有话都是他的心里话，只不过他稍微夸张了一点罢了。他看到自己的话在她身上起了作用，感到特别有趣和兴奋。最后，她显然费了很大的劲儿才提出回屋的建议。

“哦，先别走。”他喊道。

“我必须得走了，”她小声嘟囔道，“我害怕。”

他突然有了一种本能的反应，知道此时怎样做才是对的。

“我现在还不能进去。我得待在这儿思考一会儿。我的脸颊还在发烫。我想吹一吹夜风，晚安。”

他严肃地伸出手去，她默默地握了一下。他觉得她在竭力遏制着哽咽。噢，真是太棒了！他一个人在黑漆漆的园子里百无聊赖地待了一会儿，觉得时间差不多了，才走进屋子。这时，他发现威尔金森小姐已经去睡了。

从那之后，他们之间的关系已经发生了微妙的变化。第二天和第三天，菲利普表现得像热切的情人。同时，他不无得意地发现威尔金森小姐也爱上了他：她用英语向他表白，她用法语向他倾诉。她对他的一切都赞美有加。以前从来没人跟他说过他的眼睛很迷人，他的嘴唇很性感。他自己以前也没过多关注自己的外貌，但是现在，只要一有机会，他就会带着满意的目光端详一下镜子中的自己。当他亲吻她时，似乎能够感觉到激情在震颤着她的灵魂，真是太奇妙了。他亲吻了她无数次，因为他发现这个动作比起情话绵绵要容易得多，而他也能出于本能地感觉到她想让他表白些什么。要让他说出倾慕威尔金森小姐的话，仍让他觉得愚蠢。他真希望身边能有一个人可以听他吹嘘一番，也愿意和这个人讨论自己在谈情说爱时的小细节。有时她说的话高深莫测，他有些不明就里。他觉得要是海沃德在这儿就好了，这样就可以问问他威尔金森小姐说的话是什么意思，自己下一步最好采取怎样的行动。他还不能下定决心，究竟他是应该加快事情的进程，还是应该顺其自然。他们在一起的时间只有三周了。

“我一想到假期就要结束了就受不了，”她说道，“我的心都快碎了，也许我们以后再也见不着了。”

“如果你真的爱我，你就不会对我这样狠心。”他小声说道。

“哦，我们就一直保持这样的关系，为什么你还不满意呢？男人都一样，你们永远不会满足。”

当他紧紧拥住她时，她又说道：

“但是你没看出那是不可能的吗，我们在这儿怎么能行呢？”

他提了好几种方案，但是她都说自己不能那么做。

“我不敢冒险，如果你伯母发现了，那后果不堪设想。”

一两天以后，他想到了一个似乎很聪明的办法。

“听我说，如果你在周日晚上说你头痛，想留在家里看家，路易莎伯母就会去做礼拜了。”

一般情况下，凯里太太周日晚上都要待在家里，为了让玛丽·安去做礼拜，但是如果有机会能去做晚祷，她是很乐意的。

在德国时菲利普对基督教的看法已经改变了，但他觉得没有必要把这一点告诉他的亲戚，他们也不会理解。看来自己还是安安静静地去做礼拜，这样可以少些麻烦，但是他只是在早晨去做一次晨祷，他把这种做法看作对社会偏见做出的一种体面的让步；他拒绝晚上再去一次，认为这是对适当维护自由思想的一种宣示。

当他提出这个建议时，威尔金森小姐有一会儿没吭声，然后她摇了摇头。

“不，我不会说的。”她说道。

可是在周日吃茶点的时候，她让菲利普很吃惊。

“我今天晚上不去教堂了，”她突然说，“我真的头疼得厉害。”

凯里太太满怀关心地坚持要给她服用几滴“药水”，她自己习惯一头痛就用上几滴。威尔金森小姐谢过了她的好意，在用过茶点后马上说要回到房间躺下休息了。

“你确定不需要什么了吗？”凯里太太焦虑地问道。

“我很确定，谢谢您。”

“因为，如果你不需要别的什么，我想我可以去做晚祷了。

平常我没有什么机会晚上去教堂。”

“哦，是的。您去吧。”

“我在家呢，”菲利普说道，“如果威尔金森小姐需要什么的话，她可以叫我。”

“你最好让客厅的门开着，菲利普，如果威尔金森小姐打铃的话，你就能听见。”

“好的。”菲利普说道。

于是六点钟以后，菲利普就单独和威尔金森小姐留在家里了。由于紧张害怕，他觉得有点不舒服。他真希望自己没提过这个主意，但是现在说什么也晚了。他必须抓住这个自己创造出来的机会，如果他临阵脱逃，威尔金森小姐会怎么看他呀！他走进门厅，侧耳听了听动静，没有任何声音。他不知道威尔金森小姐是不是真的头痛，或许她已经忘了他的那个提议。他的心痛苦地怦怦直跳，他尽可能放轻动作走上楼梯，脚下楼梯发出一声吱嘎声都会吓他一跳，赶紧停下脚步。他总算站在威尔金森小姐的房门外了，他把手放在门把手上，贴近房门听了听里面的动静。等了一会儿，他似乎在那儿待了至少有五分钟，竭力想下定决心，他的手在颤抖。其实他更想马上逃离此处，但是又怕以后懊悔会一直伴随着他。就像在一个游泳池，人已经走上了跳台的最高处。跳台从下面看不算什么，可你一旦走了上去，低头往下看着水面时，你的心就会禁不住沉下去。迫使你跳下去的原因只有一个，那就是不愿丢脸地从你刚走上来的台阶再懦夫般地走下去。菲利普鼓足了勇气，转动着门把手，走了进去。他觉得自己好像风中的叶子一般在颤抖。

威尔金森小姐正站在梳妆台前，背对着房门。当她听到门开了，迅速转过身来。

“哦，是你。你想干什么？”

她已经脱掉了裙子和衬衫，穿着衬裙站在那里。衬裙很短，刚到长筒靴的上沿位置，衬裙上半部分是用发亮的黑色料子缝制的，还镶着红色的荷叶边。她穿着一件白色棉布的女士胸衣，看上去样子怪怪的。菲利普盯着她时，心都凉了。她似乎从未像现在这般没有风情。但是，现在说什么都晚了。他随手关上了房门，并上了锁。

第三十五章

菲利普第二天醒得很早。他整晚都睡得不怎么踏实，但是他舒展了一下身体，看到穿过活动百叶窗透进来的阳光在地板上形成的图案时，他心满意足地舒了口气。他心情愉悦，脑子又开始想到威尔金森小姐了。她让他叫她埃米莉，但是不知道为什么，他就是叫不出口，在他的脑子里她一直是威尔金森小姐。因为他叫她威尔金森小姐会被责怪，索性两人在一起时他就避免叫她的名字了。在他小的时候，他经常听人讲路易莎伯母有个妹妹，是一个海军军官的遗孀，大家都叫她埃米莉姨妈。要是也叫威尔金森小姐“艾米丽”会让他感到很别扭，但他也想不出任何更适合她的称呼了。她一开始就是威尔金森小姐，似乎这个名字已经在他的脑海中根深蒂固了，他无法把这个名字与对她的印象分开。他皱了皱眉，现在他看她时总是看到她最糟糕的地方。他无法忘记当她转过身来，他看见她身穿胸衣和短衬裙时的沮丧。他记得她那略显粗糙的皮肤，还有脖子下面又深又长的皱褶。他那种胜利的喜悦立即就消失了。他又估算了一次她的年龄，他觉得她怎么也快到四十岁了。这就使得整件风流韵事看起来有些荒诞不经了。她姿色平平，人也不年轻。他很快在脑中勾画出她的形象：尽管妆画得很浓，也遮挡不住脸色憔悴，皱纹满脸；那些衣裙相对于她的职业来说过于艳丽，对于她的年龄来说又过于年轻。他浑身打了个冷战，突然觉得自己再也不想见到她了。一想到自己竟然和她亲嘴，他就受不了。菲利普被自己的行为吓坏了。这就是爱情吗？

他故意磨磨蹭蹭地穿衣服来拖延时间，只为了晚一点和她见面。最后，他心情沉重地走进了餐厅。祷告已经结束了，他们正坐下来吃早餐。

“懒骨头。”威尔金森小姐快乐地叫道。

他看了她一眼，舒了一口气。她正背对着窗户坐着，真的还是相当漂亮的。他奇怪自己为什么会把她想得如此不堪，他又找回了自我满足的感觉。

他对她身上的这种变化吃了一惊。早餐过后，她马上用因充满感情而颤抖的声音对他说她爱他。过了一会儿，他们一起去客厅继续上声乐课，她坐在一张钢琴凳上，在一行音阶弹到一半的时候，她仰起脸来说道：

“抱抱我。”[①]

当菲利普刚弯下身子，她就伸出双臂猛地搂住了他的脖子。这姿势有点不大舒服，她这样钩着他的脖颈，差点让他窒息。

“啊，我爱你，我爱你，我爱你。”[②]她用夸张的法国口音喊道。

菲利普真希望她说英语。

“我说，我不知道你想到过没有，园丁很可能随时从窗户那儿路过。”

---

① 原文为法语。

② 原文为法语。

"哦，我不在乎那个园丁，我不在乎，我才不在乎呢。"[1]

菲利普觉得这就像一本法国小说里的场景，不知道为什么这让他有点恼火。

最后，他说道：

"好了，我想到海滩去走走，然后在海水里泡一泡。"

"哦，今天上午别离开我——你不会整个上午就让我一个人待着吧？"

菲利普不清楚为什么他今天上午就不能离开她，但那也没什么要紧。

"你想让我留下来吗？"他微笑着说。

"哦，亲爱的！但是，算了，去吧，去吧。我会想象你驾驭着带着盐味的海浪，在广阔的海洋里尽情畅游。"

他拿起帽子，不紧不慢地走开了。

"女人的蠢话！"他心想。

但是他还是感到开心、幸福，又得意。她显然被自己完全迷住了。当他沿着布莱克斯达布尔的主干道一瘸一拐走着时，他用略带傲慢的神情看着身边路过的人。他认识不少人，都点头致意。当他向他们微笑着打招呼时，他暗自心想，如果他们知道了自己的风流韵事该多好啊！他非常想让每个人都知道。他觉得应该给海沃德写封信，并且在脑子里构思起来。他会向海沃德讲述花园和玫瑰，还有那个小巧玲珑的法语女家庭教师，在玫瑰花丛里就像一朵异国的花朵，芬芳而任性。他应该把她说成是个法国人，因为——嗯，她生活在法国那么多年，几乎就算是法国人了，而且如果把整件事都实话实说，那也太粗陋了，可不是嘛。他要告诉海沃德他第

① 原文为法语。

一次见到她时的情景：她穿着美丽的薄纱衣裙，还送给他一朵鲜花。他还就这一情景写得具有细腻的田园诗情调：阳光和大海赋予它激情和神奇，满天星光更增添了诗意，古老的牧师花府宅园是个适宜且高雅之所，适合谈情说爱。他的情人有着梅瑞狄斯笔下人物的气质：虽然比不上露西·费弗雷尔[①]，也比不上克拉拉·米德尔顿[②]，但有着难以言状的魅力。菲利普的心跳得很厉害。他为自己的奇思妙想而欣喜万分，当他从海里爬上来，浑身湿漉漉、凉冰冰地钻进更衣车后，马上又陷入了刚才的臆想中。他幻想着自己恋爱的对象，他会这样向海沃德描述她：她长着最可爱的小鼻子，一双褐色的大眼睛，一头柔顺浓密的褐发，那种柔美使得你想把脸埋入她的发中；她的皮肤像象牙般洁白，又像璀璨的阳光般有光泽；她的脸颊就像一朵红红的玫瑰。她的芳龄几何？也许十八岁，他把她唤作米塞特，她的笑声像潺潺的溪水，声音是那么温柔、低沉，那是他所听过的最美的音乐。

“你又在想什么呢？”

菲利普突然停了下来，他正慢慢地向家的方向走着。

“我在四分之一英里外就开始向你挥手了，你却神不守舍的。”

威尔金森小姐站在他面前，看着他吃惊的样子，忍不住哈哈大笑起来。

“我想我应该来接你一下。”

“你真是太好了。”他说道。

---

① 英国小说家、诗人梅瑞狄斯的作品《理查德·费弗雷尔的苦难》（*The Ordeal of Richard Feverel*）中的女主人公。

② 英国小说家、诗人梅瑞狄斯的作品《利己主义者》（*The Egoist*）中的女主人公。

“刚才吓着你了？”

“确实有一点。”他点头承认。

他还是照旧给海沃德写了信，信有八页长。

剩下的两周时间很快就过去了。虽然每天晚饭后，两人一起去小花园时，威尔金森小姐都会说又一天过去了，但是菲利普始终处于兴奋的状态，没有让离别的想法冲淡自己的愉悦。一天晚上，威尔金森小姐说如果她能辞去柏林的工作，在伦敦找份工作就好了，那样他们就能经常见面了。菲利普说那当然好，可这种前景在他心里激不起一点热情。他期待在伦敦过一种自由自在的生活，不希望被羁绊住。对于他日后的打算，他说得有点太随意，都让威尔金森小姐看出他已经有点急不可耐地要离开了。

“如果你爱我，你就不会那样说了。”她喊道。

他吓了一跳，不敢吭声了。

“我真是太傻了。”她喃喃道。

让他吃惊的是，他看到她哭了起来。他的心肠很软，他见不得任何人伤心难过。

“哦，我太抱歉了。我做了什么？别哭呀。”

“噢，菲利普，别离开我。你不知道，你对我意味着什么。我的生活一直很凄苦，是你让我感到了这么幸福。”

他默默地吻着她。在她的语调中确实满是痛楚，他有些害怕，他以前从未想到过她所表白的话确确实实是认真的。

“我真的很抱歉，你知道我是非常喜欢你的。我真的希望你也能去伦敦就好了。”

“你知道我去不了。我几乎不太可能在那儿找到合适的工作，而且我讨厌英国的生活。”

菲利普几乎忘记了自己是在扮演一个角色，他被她的痛苦所打动，紧紧地抱住她，越抱越紧。她的泪水让他隐隐地有些自得，他感情真挚地吻着她。

但是一两天后，她却当众大闹了一场。那天在牧师家的宅子里举行了一次网球聚会，有两个女孩也来了，她们的父亲是一位退休的驻印英军少校，他们最近刚在布莱克斯达布尔定居下来。这两个女孩都非常漂亮，一个与菲利普的年龄相仿，另一个还要更年轻一两岁。她俩显然已经习惯与年轻男人相处（她们满肚子都是印度山区避暑小镇的奇闻逸事，而当时大家几乎人手一本拉迪亚德·吉卜林[①]的小说），她们开始和菲利普快乐地打趣逗笑。而菲利普，也开心地和新来的女孩相处——在布莱克斯达布尔的年轻女子对待牧师的侄子都很一本正经——所以，菲利普快活极了。在内心那个魔鬼的驱使下，菲利普开始无所顾忌地跟两个姑娘打情骂俏起来，鉴于他是唯一一位在场的年轻男士，她俩也相当愿意迎合他。而且恰巧两个女孩网球打得不错，菲利普厌烦了和威尔金森小姐打“和平球”（威尔金森小姐是来到布莱克斯达布尔后才开始打网球的），所以在茶点之后当他安排对阵时，他建议威尔金森小姐和副牧师的太太比赛，而副牧师做她的搭档。菲利普自己接下来和新来的两个姑娘打比赛。他靠着年纪大一点的奥康纳小姐坐下来，用压低的声音对她说道：

“我们先把球打得很臭的人打发掉，然后我们痛快地打上一盘。”

显然，威尔金森小姐听到了他的话，因为她扔下球拍，

① 拉迪亚德·吉卜林（Rudyard Kipling，1865—1936），英国小说家、诗人。他的作品风格清新自然，生动展现了印度的风土人情，曾使当时的英国读者耳目一新。

说她头痛，径直离开了。大家都明白她生气了，菲利普也很恼火她竟然当众让他难堪。少了威尔金森小姐，大家又重新安排了阵容，但过了一会儿凯里太太过来叫他。

“菲利普，你伤了埃米莉的心，她回到自己的房间，正哭呢。”

“为什么哭？”

“唉，是关于‘把球打得很臭的人打发掉’的话。去看看她，告诉她你不是那个意思，好孩子。”

“好吧。”

他敲了敲威尔金森小姐的房门，但是没有回应，他走了进去，发现她正把脸埋到床上抽泣。他碰了碰她的肩膀。

“我说，你究竟怎么了？”

“让我一个人待着，我再也不想跟你说话了。”

“我做了什么？如果我伤害了你的感情，真的万分抱歉，我真不是有意的。我说，起来吧。”

“噢，我太难过了。你怎么能那么残忍地对我？你知道我讨厌那愚蠢的游戏。我玩的原因只是想跟你做搭档。”

她从床上起来，走到了梳妆台前，但是在瞟了一眼镜子里的自己后，就坐到了一把椅子上，她把手绢攥成了球状轻擦自己的眼睛。

“我已经把一个女人最宝贵的东西给了你——哦，我真是太傻了——而你却毫无感激之情。你怎么这么狠心呀。你怎么能那么冷酷地折磨我，当着我的面和那两个粗俗的丫头调情。我们只有一个星期的时间在一起了，你难道这点时间都不能给我吗？”

菲利普相当不快地站在她的身边，觉得她的行为太过幼稚可笑。他对她在陌生人面前耍小孩子脾气也很生气。

“但你是知道的，我对那两位奥康纳小姐根本不在意，为什么你竟然觉得我会喜欢她们？”

威尔金森小姐拿开了手绢，她的泪水在她涂满脂粉的脸上留下几道印迹，她的头发也有点乱。此时，她白色的衣服看上去和她特别不相称。她用一种渴望的火热目光看着菲利普。

“因为你才二十岁，她也一样，”她用嘶哑的声音说，“而我已经老了。”

菲利普涨红了脸，把目光转向别处。她声音中的痛苦让他有种奇怪的不安，他满心希望和威尔金森小姐之间什么事也没发生，这样就好了。

“我不想让你难过。”他尴尬地说道。

“你最好去照看你的朋友们吧，他们会奇怪你怎么了。”

“那好吧。”

他很高兴可以离开她。

争吵过后，两人很快就和好了。但是在剩下的几天里，菲利普有时觉得不胜其烦。他只想谈谈未来，但是一说到未来，每次都让威尔金森小姐泪水涟涟。刚开始她的眼泪还能打动他，让他觉得自己确实有点薄情寡义，他就一再表明自己对她的感情永远不会改变。可现在他觉得有点恼火：如果她是个年轻姑娘，一切都没问题，可一个成年女人整天哭哭啼啼就有些傻气。她总是提醒他，他对自己欠着情债，可能一辈子都还不清。既然她口口声声这么说，他也愿意承认这一点；但是他真的不明白为什么他就一定要对她感恩戴德，而不是她应该感谢自己呢。她指望他要在很多方面表现出责任感，这就让人讨厌了。他一个人已经独处惯了，那种独处有时对他而言是必不可少的。但是如果他不随时听从她的召唤，威尔金森小姐就会认为他太不贴心。两位奥康纳小姐曾邀请他们两位去喝茶，菲利普当然愿意前往，但是威尔金森小姐说她只有五天时间了，想让他完全归她一个人所有。虽然这话让菲利普听着觉得挺舒服，但也有些乏味。威尔金森小姐给他讲很多法国男人的故事：一旦他们和美丽的女士有了菲利普和威尔金森小姐那样的关系，他们就会变得对女士体贴入微。威尔金森小姐称赞法国男人彬彬有礼，为了爱可以自我牺牲，非常老练得体。威尔金森小姐似乎要求很高。

菲利普听着她细数那些完美情人必须具备的品质，他忍不住庆幸她现在是生活在柏林。

“你会给我写信的，对吗？每天给我写信。我想知道你做的每一件事，你可什么都不能瞒我。”

“我会特别忙的，”他答道，“我尽量经常给你写信。”

她伸出双臂热烈地搂住他的脖子。菲利普有时对她这种表达爱意的方式感到尴尬，他宁愿她表现得更被动点儿。有时她给他的暗示是那么露骨，让他觉得有点吃惊。这完全打破了他早前形成的关于女性是端庄含蓄的那种观念。

终于到了威尔金森小姐离开的那一天。她下楼来吃早餐，脸色苍白，神情沮丧，穿着一件黑白相间的格子衫，这种服装很耐穿，而且适于旅行时穿着。她看上去就像一个非常称职的家庭女教师。菲利普又一次沉默了，因为他不知道这种场合下说什么话合适，他也非常担心如果他说了什么唐突的话，威尔金森小姐会在他伯父面前控制不住感情大哭大闹起来。昨天晚上他们俩在花园里已经相互做过最后的道别了，现在他们没有机会再单独待在一起了，对此菲利普松了口气。早餐过后，他仍留在餐厅里，以免威尔金森小姐在楼梯上还要坚持吻他。他可不想让玛丽·安——她现在已届中年，说话尖刻得很——看到他们在一起那种不体面的情景。玛丽·安不喜欢威尔金森小姐，私下把她称为老猫。路易莎伯母身体不太好，不能去火车站送行，就由牧师和菲利普去送了她。就在火车即将开动的那一刻，她倾过身子吻了凯里先生一下。

“我也必须吻一下你，菲利普。”她说道。

“好的。”他说道，脸唰地红了。

他站到台阶上，她很快地吻了他一下。火车开动了，威尔金森小姐坐到车厢的角落里，悲伤地哭了起来。在走回牧师公馆的路上，菲利普明显觉得如释重负。

“呃，你们把她平安送走了？”当他们进屋的时候，路易莎伯母问道。

“是的，她似乎很难过，坚持要跟我和菲利普吻别。”

“哦，好吧，在她这个岁数吻一下也没什么危险。”凯里太太指着餐具柜说，“那儿有你的一封信，菲利普。是随第二批投递的邮件来的。”

信是海沃德寄来的，内容如下：

我亲爱的小伙子：

我立即就给你回了信。恕我冒昧，我把你的来信读给我的一位好友，一位迷人的女子，她一直给予我宝贵的帮助和同情。加之，这位女子对艺术和文学有着真正的品味。我们一致认为你的信写得太迷人了，你的信写得那么真诚，你不知道你字里行间充满令人愉悦的天真气息。因为你在恋爱之中，所以你的文笔像位诗人。啊，亲爱的小伙子，这是真正的爱情：我能感觉到你青春的激情澎湃，你富有音乐气息的描述来自你情感的真挚。你现在一定很幸福！我多么希望我能在场，躲在那座被施了魔法的花园里。你们手牵着手，就像达佛涅斯[1]和克洛伊[2]，徜徉在花海中。我能看见你，我的达佛涅斯，在你的双眸中闪烁着初恋的光芒，温柔、喜悦和热烈。而克洛伊在你的怀中，那么年轻、温存和清新，发誓她决不会同意——但最后还是同意了。玫瑰、紫罗兰和忍冬！哦，我的朋友，我嫉妒你。想到你的初恋本就应该富有诗意，真是太美妙了。珍惜这些时刻吧，因为永生的众神已经把最美好的礼物赐给了你，直到你将要离世那天它都将是甜美和悲伤的记忆。你将再也享受不到那种无忧无虑的喜悦之情了。初恋是最美好的爱情。她是美丽的，而你是年轻的，整个世界都是你们的。当你怀着那可敬的质朴情感，告诉我说你把你的脸埋入她的长发之中，那时，我觉得我的脉搏都跳动得加快了。我敢肯定，那一定是一头精致的栗色秀发，好像抹上了一层金色。我想要你们肩靠着肩，坐在一棵枝繁叶茂的树下，一起阅读《罗密欧与朱丽叶》。我还想要你双膝跪地，代表我亲吻那留下了她足迹的土地，然后告诉她，这是一位诗人对她炫目的青春和你对她的爱所表达的敬意。

您永远的挚友
G. 埃瑟里奇 · 海沃德

---

① 达佛涅斯，希腊神话中的牧羊神，被认为是田园诗歌的创始者。

② 克洛伊，田园诗中的牧羊女，达佛涅斯和克洛伊是古希腊田园传奇中被后人视为楷模的一对情侣。

“一派胡言！”菲利普看完信后说。

说来也怪，威尔金森小姐也曾建议他们一起读《罗密欧与朱丽叶》，但是被菲利普一口回绝了。然后，当他把信放到口袋里时，他感觉到一种莫名的痛楚，因为现实和理想之间似乎有着天壤之别。

第三十六章

几天之后，菲利普去了伦敦。副牧师推荐了在巴恩斯[1]的出租房，菲利普写信租了一套房间，租金是每周十四先令。他是傍晚时分到的那里，房东太太是个古怪的小个子老太太，身材干瘪，满脸深深的皱纹。她已经为菲利普准备好了便餐[2]。客厅的大部分地方都被餐具柜和一张四方桌子占据了，靠着一面墙放着一张覆盖着马鬃的沙发，壁炉旁边有一把扶手椅，椅背罩着白色的椅子罩，因为有些弹簧已经坏了，所以椅座上放了一个硬垫子。

吃完便餐后，他把行李打开，整理好书籍，然后坐下来想读一会儿书，但是却打不起精神来。街上的寂静让他觉得不舒服，而且感到非常孤单。

第二天他很早就起了床。他穿上燕尾服，戴上大礼帽，这个帽子他只在上学时戴过。只是帽子已经很旧了，他决定在去事务所的路上到百货商店里买一顶新的。当他买完帽子后，发现时间还早，于是沿着斯特兰德大街[3]慢慢溜达。赫

---

① 巴恩斯，伦敦西南的一个地区。

② 便餐，原文 high tea，指傍晚 5 至 6 点钟吃的茶点，常有肉食、糕饼和茶点。在英国有时用便餐来代替晚上的正餐。

③ 斯特兰德大街是英国伦敦中西部街，以旅馆和剧院著称。

伯特·卡特先生公司的事务所坐落在离大法官法庭巷不远处的一条小街上，菲利普不得不停下来问了两三次路。他觉得街上的人都在盯着他看，有一次他还把帽子摘了下来，看看是否自己不小心把标签还留在了上面。他到了事务所，敲了敲门，但是没人应声。他看了看表，发现刚刚到九点半。他怀疑自己来得太早了。他走开了，等十分钟以后再回来时，这次有个勤杂工来开了门。他脸上长满粉刺，还有一个长鼻子，说话带着苏格兰口音。菲利普说要找赫伯特·卡特先生，得到的回答是他还没来。

“那他什么时候能来？”

“十点到十点半之间吧。”

“那我还是等他一下吧。”菲利普说道。

“您找他有何贵干？”勤杂工问道。

菲利普有点紧张，但是想用一句玩笑话掩饰自己的不安。

“嗯，如果你不反对的话，我打算在这儿工作。”

“哦，您是新来的实习生？那您最好还是进来吧。古德华绥先生一会儿就来。”

菲利普走了进去，他往里走时，看到这位勤杂工（他和菲利普年纪相仿，把自己称为初级办事员）正在看他的脚，菲利普的脸一下子红了，他马上坐下来，把他那只畸形的脚藏到另一只脚的后面。他环顾一下房间，它又黑又脏乱，仅靠房顶天窗透进的光线照明。房间里有三排办公桌，靠着桌子的是高脚凳。在壁炉架上方有一幅脏兮兮的版画，画面是职业拳击赛的场景。不一会儿，进来一个职员，过了一会儿又来了一个。他们瞟了一眼菲利普，低声问着那个勤杂工（菲利普这会儿知道了他叫麦克杜格尔）他是谁。这时响起一声口哨，麦克杜格尔忙站起身。

“古德华绥先生来了，他是主管，要不要我去告诉他一声你在这儿等他吗？”

“好的，太感谢了。”菲利普说道。

勤杂工走了出去，没过一会儿又回来了。

“请跟我来吧。”

菲利普跟着他穿过一个过道，然后进了一个几乎没有什么家具的小房间，一个瘦小的男人正背对着壁炉站在那里。他的个头比中等个头还要低得多，但头很大，似乎被松松垮垮地安在了身体上，让他看起来异常的丑陋。他的脸盘宽而平，一双暗淡无神的眼睛向外突出，浅棕色的头发稀稀疏疏。他脸上的腮须乱蓬蓬的，而本应该须发浓密之处却完全荒芜。他的皮肤苍白中带着暗黄。他向菲利普伸出手，当他微笑时就会露出一口的蛀牙。他说话时有一种居高临下的神态，但同时又透着一种怯懦，好像他明知自己有意表现出自己是个举足轻重的人物，而又并不是这样的人。他说他希望菲利普会喜欢上这份工作，虽然这工作也不乏辛苦枯燥之处，但是如果习惯了，仍会觉得很有意思的。一个人首先得挣钱，这才是最主要的事情，不是吗？他笑了，带着那种又高傲又畏缩的古怪神情。

“卡特先生很快就会到，”他说，“他周一上午有时会稍微晚点到，他来后我会叫你的。现在我得给你派些活儿做。你懂怎么簿记或者记账吗？”

“我恐怕不懂。”菲利普老老实实答道。

“我想你可能不懂。在学校他们不会教给你那些在商业中很有用的学问的。”他考虑了一会儿，“我想我能给你找点事干。”

他去了隔壁房间，过了一会儿手里拿着一个大纸板箱，里面装着很多散乱的信件，他吩咐菲利普把信整理好，按照写信人姓氏的首字母排列。

“我会把你带到实习生平时待的房间，那儿已经有一位很不错的小伙子了。他的名字叫沃森，是沃森-格莱戈-汤普森公司老板的儿子——你知道——一家酿酒公司。他要在我们这儿待上一年学习业务知识。”

古德华绥先生把菲利普领到一间昏暗的办公室（那儿现在有六到八名办事员在工作），穿过那间办公室，走进后面一个狭小的房间，那是一个用玻璃墙隔成的单独套间。他们看到沃森正坐在一张椅子上，靠着椅背读《运动员》杂志。沃森是个高大、健壮的年轻人，穿着讲究，当古德华绥先生进去的时候，他把头抬了起来。为显示自己地位特殊，他直呼主管的大名，而主管先生显然很反感他随便的态度，刻意地称他为沃森先生。可是沃森并不明白这样的称呼是一种责备，心安理得地接受了这一称呼，把它当成对自己绅士气派的一种恭维。

“我读到他们把里戈莱托撤掉了。”当房间里只剩他们两人时，他对菲利普说道。

“是吗？”菲利普说道，他对赛马一无所知。

他满是敬畏地看着沃森华丽的衣服，他的燕尾服很合身，有一枚价值不菲的别针巧妙地别在大领结的中间。壁炉架上放着他的礼帽，形似大钟，漂亮而闪亮。菲利普立马觉得自己的穿着太寒酸了。沃森开始谈起狩猎来——在这么个可恨的办公室里浪费时间真是让人厌烦透顶，他只能在周六去打猎——他还谈到了射击，全国各地的请柬像雪片般飞来，当然他不得不一一回绝它们。真是倒霉透了，但是他不打算长久地忍受了，他只打算在这个鬼地方混上一年，然后他就自己做买卖。这样他一周就会有四天时间打猎，还可以接受所有射击比赛的邀请。

“你得待上五年，对吗？”他一边说，一边朝这个狭小的房间挥舞了一圈手臂。

“我想是的。”菲利普说道。

“我敢说我以后还会时不时见到你的。你知道，卡特在给我们公司做账。”

菲利普被这个年轻人自以为高人一等的劲儿给镇住了。在布莱克斯达布尔，在人们世俗的眼光里，还很有几分瞧不上酿酒业，牧师还时不时拿酿酒业开上几句玩笑，但是菲利普发现沃森竟是这么个举足轻重、地位显赫的家伙，这让他十分意外。沃森在温切斯特公学和牛津大学读过书，言谈中经常会提到这一点，不免给人留下深刻印象。当他了解了菲利普受教育的具体情况后，他的态度就更加盛气凌人了。

“当然，如果一个人不上公学的话，那么那类学校算是接下来最好的学校了，是吧？”

菲利普向他询问了办公室里其他人的一些情况。

“呃，我不怎么在意他们，你知道。”沃森说道，“卡特还是挺不错的，我们时常请他一起吃饭。其他的人嘛，都是些粗俗的家伙。”

不久，沃森开始忙手头上的活儿，菲利普也着手整理信件。这时古德华绥先生进来说卡特先生到了。他把菲利普领到他办公室隔壁的一个大房间里。房间里面有一张很大的办公桌，两把大扶手椅，地板上铺着一块土耳其地毯，四周的墙上挂着一些运动图片。卡特先生正坐在桌子后面，看到他们进来，便站起身来和菲利普握手。他穿着一件长礼服大衣，看上去像个军人。他的胡须上了蜡，灰白的头发短而整齐，腰杆笔直，谈笑风生。他住在恩菲尔德[1]，热衷于运动和乡村生活。他是哈福德郡的义勇骑兵连的军官，也是保守党人协会的主席。当地的一位贵族评论说，没人会把他当成一个伦敦城里做买卖的人看，他听说之后，觉得自己这辈子没有白活。他态度和蔼可亲，和菲利普很随意地聊天；古德华绥先生会关照他的，沃森是个不错的小伙子，一个完美的绅士，还是个优秀的猎手——菲利普打猎吗？真可惜，这项运动可是绅士们的消遣。他现在没有多少机会打猎了，只得把这样的机会留给儿子。他的儿子在剑桥，在之前他把儿子送到拉格比学习，拉格比公学可是个不错的学校，体面的孩子都在那儿上学。过几年他儿子也会来这儿做实习生，那对菲利普有好处，菲利普会喜欢他儿子的，他儿子天生是个好猎手。他希望菲利普在这儿一切顺利，并且喜欢这份工作。他要给实习生讲课，菲利普可千万别错过他的授课。他们正要提高这个行当的声誉，也希望绅士们加入进来。好了，好了，古德华绥先生正好也在这儿，如果菲利普还想知道什么，古德华绥先生会告诉他的。他的书法如何？呃，好的，古德华绥先生会有所安排的。

菲利普被这种绅士风度弄得有些不知所措：在东英格兰，他们知道谁是绅士，谁不是。但是绅士们对这个问题是闭口不谈的。

① 恩菲尔德，位于伦敦北面的一个城镇。

第三十七章

刚开始，对工作有新鲜感菲利普还是兴趣盎然的。卡特先生向他口述信件内容，还有就是他要把账目报表誊写清楚。

卡特先生愿意按绅士的方式经营事务所，他不愿使用打字机，也不大赞成使用速记。那位勤杂工会一些速记，但只有古德华绥先生会充分利用他这项专长。菲利普还会时常和一位比较有经验的办事员一起去为某个公司审计账目，他慢慢知道了对哪些客户必须毕恭毕敬地对待，哪些客户经济拮据。人们不时会给他一长串数字让他加到一起计算。他还要听几门课，以应付他的第一场考试。古德华绥先生一再跟他讲这份工作刚开始会令人觉得乏味，但是他会慢慢适应的。菲利普每天六点钟离开办公室，步行过桥到河对面的滑铁卢区去。等他回到住所的时候，晚饭已经为他准备好了。他用晚上的时间读书。在周六下午，他会去国家美术馆。海沃德给他推荐了一本指南，该指南是根据罗斯金的作品编写而成的。菲利普手里拿着这本指南，不辞辛劳地穿行于美术馆每个展室：他先仔细地阅读评论家们的评论，然后对每幅画作看了又看，非要找出画上与评论相对应的精妙所在。他的星期天比较难挨。他在伦敦一个熟人也没有，都是自己一个人过星期天。尼克松先生，就是那位律师，曾邀请菲利普去汉普斯特德[1]过一个星期天，菲利普和一群生气勃勃的陌生人度过了快乐的一天，他饱餐了一顿，还在荒原上散了一圈步。在临走的时候，主人也客气地说欢迎他有空再来，但是他生怕贸然造访会给主人添麻烦，所以一直在等正式的邀请。当然，他没等到正式的邀请。因为尼克松一家朋友众多，他们哪还会想到那个孤僻、安静的大男孩呢，更何况他们也没有什么义务非得款待他。所以每到星期天他起得都很晚，然后沿着河岸的纤道[2]散一圈步。在巴恩斯，河水浑浊、肮脏，随着潮汐涨落。既看不到船闸上游泰晤士河的优雅迷人的景象，也看不到伦敦桥下游河水湍急的浪漫奇观。在星期天的下午，他会到公共草地去转转，草地也灰突突、脏兮兮的。这儿既不算乡下也不算是城里。金雀花长得又矮又小，到处都是文明世界乱扔的垃圾。他每周六晚上都去看戏，心情舒畅地在顶层楼座[3]的厅门边站上一个多小时。在博物馆关门的这段时间里，到小饭馆吃饭时间尚早，回一趟巴恩斯又不值得，他不知道这段时间该如何打发。他就沿着邦德街[4]漫步或者穿过伯灵顿拱廊街[5]逛逛。如果累了，他就去公园里坐一会儿歇歇；要是遇到下雨天，他就去圣马丁街的公共图书馆看看书。他看着身边走过的人群，对他们羡慕不已，因为他们都有朋友相随。有时他的羡慕会变成憎恨，因为他们是那么幸福而他是如此凄惨。他从未想到过身处熙熙攘攘的

---

① 汉普斯特德，伦敦西北郊的住宅区。

② 纤道，旧时河流沿岸马拉驳船所走的路。

③ 顶层楼座，剧场中票价最低的座位所在区域。

④ 邦德街，坐落在伦敦的富人区 Mayfair，靠近英国的特色购物街牛津街和摄政街，是伦敦最有名、最奢华、最有格调的购物大街。

⑤ 伯灵顿拱廊街，始建于 1819 年，是英国最古老且最长的拱顶奢侈品购物街。

大城市，而自己可能会如此孤独。有时他站在顶层楼座厅门边看戏，他身边的人想跟他搭话，但是菲利普有着乡下孩子对陌生人天生的戒心，所以他回答的方式让对方没法继续聊下去。等戏散场后，他对戏的感想只能憋在心里，然后匆匆穿过大桥回到滑铁卢区。可当回到自己的住所时（为了节省，房间里都没生火），他的心情一下子变得很沮丧。他开始痛恨起他的住所和他在这儿度过的每个孤独的漫漫长夜。有时寂寞感袭来让他根本读不下去书，然后在极度的痛苦中，他就坐在那儿呆呆地盯着炉火好几个小时。

他现在已经在伦敦待了三个月，除了有一个星期天在汉普斯特德跟人有过交流外，他还没跟除同事之外的任何人聊过天。有一天傍晚，沃森邀请他去一家餐馆用餐，饭后他们又一起去了一家歌舞杂耍剧院。但是菲利普感到有些害羞，很不自在。沃森一直在滔滔不绝谈论的事情他根本不感兴趣，虽然他把沃森看作一个市侩之人，但又禁不住羡慕沃森。因为沃森显然没有把他的文化修养看在眼里，他很不高兴。但他用别人的评价来重新评估自己，他开始轻视起他一直认为对他非常重要的知识来。他第一次感到贫穷的屈辱。他伯父每个月给他寄十四英镑，他不得不添置些衣服，他的晚礼服花了他五个几尼呢。他不敢告诉沃森那套礼服是他在斯特朗特街上买的。沃森说过在伦敦只有一家裁缝店的衣服才能称得上是衣服。

“我想你不跳舞吧。”一天沃森说道，同时瞥了一眼菲利普的跛脚。

“不跳。”菲利普答道。

“真可惜，一直有人让我带几个会跳舞的小伙子去参加舞会，本来我可以给你介绍几个讨人喜欢的姑娘呢。”

有一两次，不愿意回巴恩斯了，菲利普就留在了城里。后来晚上很晚的时候，他在西区溜达，他发现有一幢房子里正在举办舞会。他站在一小群衣衫褴褛的人中间，在穿制服的男仆身后，看着宾客们纷纷到来，他倾听着从窗户处传出来的音乐。有时，尽管天很冷，有那么一对仍会来到阳台，在那儿站一会儿，呼吸一下新鲜空气。菲利普想象着他们彼此相爱，他转过身，怀着沉重的心情，沿着街道一瘸一拐地走开了。他永远也无法处于那个男人的境遇，他觉得没有一个女人会真正看上他，她们都会厌恶他的残疾。

他又想到了威尔金森小姐，但想到她并不能使他感到满足。在他们分别之前，他们曾有过一个约定：在他能告诉她确切的地址之前，她把写给他的信寄到查令十字街的邮局去。当他去邮局时，一下子找到了她寄来的三封信。信是她用蓝色的信笺，紫罗兰色的墨水，而且是用法语写就的。菲利普纳闷为什么她不能像一个明智的女人那用英语来写信。她那些感情炽热的措辞，因为让他想起了法国小说，所以无法打动他。她责怪他没有给她写信，当他回信时，给自己找的借口是他太忙了。他不知道在信的开头如何称呼她。他没法让自己用“最亲爱的”或者“心肝宝贝”等字眼，他也不愿意称她为埃米莉，所以最后他索性用“亲爱的”这样的称呼作为开头。这个词孤零零地放在信首，显得怪怪的，而且还很傻气，但是他还是这么用了。这是他有史以来写的第一封情书，自己也感觉信写得平淡乏味。他觉得自己本该说各种各样的感情热烈的话语，比如，他无时无刻不在思念她，他多么渴望亲吻她美丽的双手，一想到她的红唇，他的心就忍不住颤动，但是某种说不清的矜持又让他欲诉还休，而是简单地告诉她自己新租的住所和事务所的一些情况。很快他就收到了回信，信上满是愤怒、伤心、责怪的言辞：他怎么能那么冷酷无情？难道他不知道她一在盼他的来信？她给了他一个女人所能给的一切，而这就是她得到的回报。他是不是已经厌倦了她？随后，因为他有几天没有回信，威尔金森小姐的信又接二连三地寄来。她无法忍受他的冷酷无情，她满怀期待地等他的信，可是就是盼不来。她夜夜都是哭着入睡的，人们都说她日渐憔悴。如果他不爱她了，为什么不明说？她又补充道，如果没有他，她也不想活了，她只有自杀算了。她指责他冷漠、自私和忘恩负义。她所有的信都是用法语写的，菲利普知道她用这种语言写信是为了炫耀，但是他还是有些担心。他不想让她难过。过了不久，她写信说她无法再忍受分离的苦处，她准备圣诞节来伦敦。菲利普回信写道，这本来再好不过了，只是他已经跟朋友们约好去乡下过圣诞节，他不知道怎样不遵守约定。她回信说，她并不希望勉强他，显而易见他是不想见她。她深受伤害，她从未想到他用冷酷和残忍来回报她的一片痴心。她的信很感人，菲利普觉得他都能看到她在信上留下的泪痕。冲动之下，他回信说他感到万分抱歉，恳求她来伦敦吧。但是，他又收到了她的一封来信说她发现自己无法抽身来伦敦，于是菲利普松了一口气。很快，每当收到威尔金森小姐的来信，菲利普的心情都会变得很沉重。他都不愿马上打开这些信，因为他知道信里面写的无非都是些愤怒的指责和可怜的哀求。这些信让他觉得自己真是禽兽不如，可他又看不出究竟自己哪里该受到责备。他日复一日地延搁他的回信，后来她又来了一封信，说她病倒了，孤独而凄苦。

“上帝呀，要是我没跟她扯上任何关系就好了。”他说道。

他很羡慕沃森，因为他处理这种事情游刃有余。这个年轻人曾经和在巡回剧团做演员的一个姑娘好过，沃森对两人浪漫情事的描述，让菲利普心里充满艳羡。但是过了一段时间，沃森又移情别恋了。一天他向菲利普讲了两人分手的经过。

“我觉得在这种事上毫不犹豫最好，所以我就直截了当地告诉她我对她已经感到厌烦了。”他说道。

“那她没跟你大闹一场吗？”菲利普问道。

“这我见得太多了，你知道，我只是告诉她跟我来这一套根本没用。”

“她哭了吗？”

“她开始时哭了，但是女人哭时我最受不了，所以我说她最好离我远点。”

随着年龄的增长，菲利普的幽默感也见长。

“那她就离你远点了？”他笑着问道。

“那当然，否则她还能有什么招儿，对吧？”

圣诞假期临近了，凯里太太整个十一月份一直病着，医生建议她和牧师在圣诞节期间应该去康沃尔度几周的假，以便她能恢复体力。结果菲利普就没处可去了，他在自己的住所里度过了圣诞节。在海沃德的影响下，菲利普也相信圣诞节的欢庆活动既庸俗又粗野，他决定不去理会这个日子。但是当圣诞节真的来临时，周围的热闹气氛也不可思议地影响到他。他的房东太太和丈夫要和他们一个已经出嫁的女儿一起过圣诞节，为了省事，菲利普说他的吃饭问题自己出去解决。他快到中午时去了伦敦，自己在加蒂小酒馆吃了一块火鸡和一些圣诞节布丁；由于之后也无事可做，他便去威斯敏斯特大教堂做下午祈祷。街上几乎空荡荡的，偶尔有走过的行人也是一副专注的表情。他们不是漫步闲逛，看上去都有确定的目标，而且几乎没有一个人身边没有伴儿。在菲利普看来，他们似乎都很幸福。他觉得此时是自己人生中最孤独的时刻。他打算不管怎样要在街上消磨掉这一整天，然后再去一家餐馆吃顿饭，但是他无法再次面对兴高采烈的人们，不想看他们欢声笑语、尽情欢乐的景象，所以他决定回滑铁卢区。在回去经过威斯敏斯特桥路时，买了些火腿和几块百果馅饼，然后回到了巴恩斯。他一个人在小房间里吃了简单的食物，拿一本书作消遣度过了这个夜晚。沮丧的心情让他几乎无法忍受。

当他回到事务所上班时，痛苦地听沃森讲述他短暂的假期，他们和几位活泼可爱的姑娘待在一起，晚饭后他们把起居室腾了出来，举办了舞会。

“我直到凌晨三点才上床，我都不知道当时怎么爬上的床。天哪，我喝醉了。”

最后，菲利普绝望地问道：

“在伦敦怎么才能多认识些人？”

沃森吃惊地望着他，觉得好笑，神色之中又带了几分鄙夷。

“哦，我不知道，就这么认识了呗。如果你去舞会的话，你很快就能结识很多人，只要你应付得了。”

菲利普讨厌沃森，然而如果可能，他愿意放弃一切和沃森交换位置。他在中学时有过的那种想法又回来了，他想让自己进入别人的皮囊，想象自己如果是沃森的话，他会过怎样的生活。

第三十八章

到了年底的时候，大家有很多事要做。菲利普跟一位名叫汤普森的办事员跑了很多地方，他整天重复做的就是把账本上的一项项开支项目报给那个办事员，由他核对。有时，菲利普需要把好几页一长串数字加起来。他本来就没有算数方面的天分，所以只能慢慢地加。汤普森对他计算中犯的错误非常恼火。菲利普的这位同事是个四十岁的瘦高挑男人，脸色蜡黄，一头黑发，胡子蓬乱，脸颊凹陷，在鼻翼两侧有着很深的纹路。他不喜欢菲利普，因为菲利普是一名实习生，而且能付三百几尼的实习定金，在这儿待上五年就有机会在事业上大展宏图。而他自己呢，既有经验又有能力，却只是一个一周只赚三十五先令的小办事员。他是个脾气暴戾的人，可能是因为他要养活一大家子，生活压得他喘不过气来。他总觉得菲利普傲慢，这让他怨恨不已。他讥讽菲利普是因为后者受的教育比他自己要好得多；他取笑菲利普的发音，因为菲利普说话没有伦敦东区的口音，所以他觉得这不可原谅。当他和菲利普说话时，故意夸张地发H的音[1]，以此来讽刺菲利普。刚开始时，他的态度还仅仅是生硬和令人厌恶，可

[1] 伦敦东区的口音总漏发词首的H音，在此汤普森故意挖苦菲利普的外乡口音。

当他发现菲利普对于记账毫无天分时，就以羞辱他为乐了。虽然他的非难之词既粗野又愚蠢，但这些话确实伤害到了菲利普。出于自卫，菲利普故意装出一副盛气凌人的样子来，其实他以前从来没有那样过。

“今天早上洗澡了吧？”如果菲利普来办公室晚了，汤普森就会这样说。而菲利普之前守时的习惯确实也没持续多久。

“是的，你没洗吧？”

“当然没洗，我又不是什么绅士，我只是个小办事员。我只在周六晚上洗澡。”

“我想那就是你周一比其他时候更加令人讨厌的原因了。”

“今天能否劳您大驾把几笔款项简单地加一下呢？恐怕这对一位既懂拉丁文又懂希腊文的绅士来说有点苛求了。”

“你就想说点挖苦人的话呗，可惜说得不怎么巧妙。”

但是菲利普自己也无法自欺欺人，其他的那些办事员尽管薪水很低而且举止粗俗，却比他有用得多。有那么一两次，古德华绥先生对他也耐不住性子了。

“到了现在这个时候，你应该有点长进了呀，”古德华绥先生说道，“可你还没那个勤杂工机灵呢。”

菲利普很郁闷地听着，他不愿意受到指责。有时候，古德华绥先生给了菲利普一些账目让他誊写清楚，可古德华绥先生对结果很不满意，又让其他职员把活儿重新做一遍，这让他羞愧万分。最初由于新鲜感，菲利普还可以忍受这份工作，但是现在它变得愈发让人生厌了。他发现自己没有干这行的天资，开始讨厌它了。他经常在本该干一些派给他的活儿时，在事务所的信纸上随手涂画，浪费时间。他为沃森画了能想象得到的各种姿势的素描画，沃森对他的绘画天分极为钦佩，还把那些画拿回了家里，等第二天沃森来上班时，说他的家人对这些画也赞赏有加。

“我很纳闷你干吗不当个画家呢？”他说道，“不过当画家当然赚不了什么钱。”

碰巧卡特先生两三天后和沃森一家吃饭，他也看到了那些素描。第二天上午他派人把菲利普叫过去。菲利普很少见到他，所以对他感到有些敬畏。

“你瞧，年轻人，你下班之后干些什么我管不着，但是我已经看到了你的那些素描，它们可都是画在事务所的信纸上。古德华绥先生告诉我你很懒散。如果你不勤快些，作为一名特许会计师，你是干不好的。这可是个不错的行当，我们正在吸收一批非常出色的青年加入到这一行中，但要干这一行，你可得……”他在找某个字眼好结束这场谈话，但是找不到合适的词儿，所以只能草草收场，“你可得勤快些。”

也许没有那份协议的话，菲利普也就死心塌地地干下去了，但是有约在先，如果他不喜欢这份工作，一年之后可以选择离开，还可以要回实习合同费用的一半。他觉得自己适合干点比算账好一些的工作。说来也丢脸，就是这份他瞧不上眼的工作，他还做得如此糟糕。与汤普森的龃龉让他也不胜其烦。在三月份，沃森就要结束他一年的实习期了，菲利普虽然不太喜欢他，但见他就要走还是觉得挺遗憾。事实上其他的办事员对他俩都不喜欢，觉得他俩所属的阶层比他们略高一点，这一点也是他俩结盟的纽带。菲利普想到他还要在这儿待上四年，整天面对这些令人厌烦的家伙，心情变得沉重起来。他本来希望在伦敦见识大都市的繁华，寻找人生机会，可到头来一无所获。他现在开始憎恨这座城市，在这儿他一个人也不认识，也不知道如何去与人结交。他厌倦了自己无论去哪儿都形单影只，开始觉得自己对这种生活再也无法忍受下去。晚上他躺在床上，想着若是不用再看到那个陈旧昏暗的事务所，不用再见到事务所里的任何一个办事员，能逃离这死气沉沉的租来的住所，那得有多快乐。

在春天，有件事让他大失所望。海沃德本来说他打算在这个季节来伦敦，菲利普非常期待能再次见到他，因为自己最近读了不少书，脑子里有了很多的想法，盼着有个人可以一起讨论，菲利普知道身边的人没有一个对抽象的事物感兴趣。一想到终于有个人能跟他谈天说地了，他心里就说不出的激动。所以当海沃德写信来说意大利的春天比以往哪一年都可爱得多，他实在舍不得离开时，菲利普非常不开心。海沃德还问菲利普为什么不去意大利。世界是如此美丽，可他把大好青春消耗在事务所里究竟有何意义？信里还写道：

> 我很奇怪你竟然能忍受得了，我现在一想起舰队街[①]和林肯法学会[②]就觉得一阵阵厌恶袭来。世界上只有两样东西值得生活继续下去，那就是爱情和艺术。我无法想象你坐在办公室中埋头于各种账本中。你现在是戴着一顶礼帽，携着一把雨伞，拎着一个小黑包吗？我的感觉是一个人应该把生活看成一场历险，心中燃烧着宝石般的熊熊火焰；一个人应该去冒险，让自己置身险境。你为什么不去巴黎学艺术呢？我一直认为你在这方面有天赋。

---

① 舰队街为伦敦新闻业、印刷业所在地。

② 林肯法学会，伦敦四个法学会之一，在旧城圈之内。

这个建议正和菲利普这段时间脑子里隐隐盘桓的想法不谋而合。刚开始，这个念头吓了他自己一跳，但是他忍不住往这方面想，在反复思考后，他发现这可能是逃脱目前不幸处境的唯一出路了。他们都认为他有天分：在海德堡时，大家对他的水彩画就曾大加赞扬；威尔金森小姐也不知对他说过多少遍，说他的画非常吸引人；甚至像沃森一家那样与他素不相识的人，对他的素描画也评价颇高。《波希米亚人的生活》一书给他留下了很深的印象，他来伦敦也随身带着它，当情绪最低落的时候，就会读上几页，让自己的心思转到那些迷人的小阁楼里，在那里鲁道夫和其他人一起跳舞、相爱和歌唱。他开始憧憬巴黎，如同他以前曾憧憬伦敦，但他不害怕第二次的幻想破灭。他渴望浪漫、美和爱情，而巴黎似乎能提供一切。他对绘画非常喜爱，那为什么他不能画得像别人那样出色呢？他写信给威尔金森小姐，向她询问若他要在巴黎生活，她认为需要多少生活费用。她回复他，一年八十英镑就能轻松地维持生活了，而且她非常支持他的想法。她还告诉他富有才华就不应该在办公室里浪费掉。她还颇为戏剧性地抛出一个问题：如果他能成为一名伟大的艺术家，干吗还要做个小办事员？她恳求菲利普要相信自己的能力，那才是最重要的。但是菲利普生性谨慎，海沃德可以堂而皇之地谈论冒险，光他那些金边证券，一年就有三百英镑的利息，而菲利普的所有财产也不超过一千八百英镑，他有些犹豫。

碰巧，一天古德华绥先生突然问他是否愿意去巴黎。他们事务所替一家位于圣奥诺雷大街旅馆管理账目，这家旅馆归一家英国公司所有，古德华绥先生和一位办事员每年要去那里两趟。常去的那位办事员不巧病倒了，而事务所里工作繁忙，其他人也无法走开。古德华绥先生想到了菲利普，他是最有空的人，而且实习契约中也规定他有权要求一份体现该行业乐趣的工作。菲利普非常高兴。

“白天要忙上一整天，”古德华绥先生说道，“但是到了晚上，时间就都是我们自己的了。巴黎就是巴黎呀。”他露出心照不宣的微笑，“在旅馆里他们会把我们招待得很好，他们提供一日三餐，我们不必自己花一个子儿。费用都由别人来出，这也就是我喜欢去巴黎的原因。”

当他们到达加来港时，菲利普看到一群比比画画做手势的脚夫，他的心都要跳出胸膛了。

“这可是美梦成真。”他自言自语道。

当火车在法国的土地上穿行时，他注视着车窗外。他喜欢那些沙丘，它们的色彩可爱极了，似乎超过了他以前见过的所有景物；那一道道运河和一排排绵延的杨树也让他心醉不已。他们从巴黎北火车站下了车，乘着一辆破旧不堪、吱嘎作响的出租马车在鹅卵石铺成的街道上缓缓前行。菲利普呼吸着令人陶醉的新鲜空气，几乎要控制不住大声呼喊。在旅馆门口，经理迎接了他们。这位经理是一位身材壮实、态度和善的人，说的英语还过得去。古德华绥先生是他的老朋友了，他热情洋溢地对他们表示了欢迎。他们在他的私人房间里用餐，还有他的太太作陪。对菲利普来说，似乎从来没吃过像摆在他们面前的土豆牛排[①]这样美味的菜肴，也从未喝过像家常酒[②]这样的甘醇美酒。

对于古德华绥先生这样一位有原则、正派的一家之主来说，法国的首都可是一个荒淫嬉乐的天堂。第二天早晨他就

① 原文为法语。

② 原文为法语。

向经理打听，有什么“重口味”的东西可看的。他对在巴黎观赏这些东西可是完全乐在其中。他声称这样可以免得让人脑子“生锈”。每个晚上，只要他们的工作一结束，吃完晚餐，他就会带着菲利普去红磨坊[①]和女神游乐场[②]。当他找到那些色情场所时，他的小眼睛闪闪发亮，脸上会浮起一丝狡猾的淫笑。那些专门为外国人开设的寻欢作乐的地方他都跑遍了。事后又说，如果一个国家允许这种玩意儿泛滥，那可真是没好了。在看某场轻歌舞剧时，当舞台上出现一个几乎一丝不挂的女演员时，他会用胳膊肘轻轻地碰一下菲利普；还会把那些在剧场里到处走动的交际花中体态最丰满健美的那个指给他看。他让菲利普看到的是一个粗俗的巴黎，但是菲利普却用被幻觉蒙住的眼睛来看巴黎这个城市。在清晨，他会匆匆忙忙地从旅馆出来，来到香榭丽舍大街，站在协和广场边上。时至六月，巴黎像笼罩在明亮的银白色光泽之中，空气清新柔和。菲利普觉得他的心都飞到了人群中间。最后，他心想只有在这儿，他才能找到浪漫。

他们在那儿待了将近一周，在周日离开。当菲利普在半夜回到他在巴恩斯的昏暗肮脏的住所时，已经拿定了主意，他要解除契约去巴黎学习艺术。但是为了不让人觉得他不讲道理，他决定继续在事务所待到一年实习期满。八月份的最后两周是他的假期。到了那时，在离开之前他会告诉赫伯特·卡特，说自己不打算再回来了。虽然菲利普强迫自己每天照常去事务所上班，对工作却无法装出任何的兴趣。他的

① 红磨坊，法国巴黎蒙马特区的一家歌舞餐厅，十九世纪和二十世纪之交为诗人和艺术家聚集之处。

② 女神游乐场，巴黎的一个歌舞杂耍剧场，1869 年开业，以全裸和半裸舞女表演著称。

心思被未来所占据。在七月中旬过后，也没多少工作可做了，他借口为了准备第一场考试得去听讲座，所以经常不上班。这段时间他一直待在国家美术馆里，阅读有关巴黎和绘画的书籍，沉浸于罗斯金的著作中。另外，他还看了瓦萨里[①]写的关于很多画家的传记。他喜欢柯勒乔[②]的故事，幻想自己站在某幅伟大的杰作前面，大声呼喊：我是个画家[③]。他现在一点也不犹豫了，深信自己具备成为伟大画家的潜质。

"毕竟事到如今，我只能试一试了，"他自言自语道，"人生贵在冒险呀。"

终于到了八月中旬，卡特先生将在苏格兰度过这个月的假期，由主管办事员负责事务所的所有工作。古德华绥先生自从和菲利普到巴黎走了一遭后，对他的态度似乎好了许多，而菲利普现在知道自己很快就自由了，所以能够以宽容的态度来看待这位可笑、矮小的男人了。

"明天你就要去度假了吧，凯里？"在傍晚时，他对菲利普说道。

一整天，菲利普不断地告诉自己这是他最后一天坐在这间可恶的办公室里了。

"是的，我的一年实习期满了。"

"恐怕这一年你干得不那么好呀。卡特先生对你很不满意呢。"

"我对卡特先生更不满意呢。"菲利普快乐地回敬道。

"我认为你不应该这样说话，凯里。"

---

① 瓦萨里（Vasari，1511—1574），意大利画家、建筑师和美术史家。

② 柯勒乔（Correggio，1494—1534），意大利画家，创作了大量油画和天顶画，多以宗教和神话为题材。

③ 原文为意大利语。

“我不打算回来了。按照协议安排，如果我不喜欢会计师的工作，卡特先生将退回我一半的实习合同费用，我待够一年，就可以提出不干了。”

“你不应该那么草率地做这样的决定。”

“十个月来，我讨厌这儿的一切，我讨厌这份工作，我讨厌这间办公室，我讨厌伦敦。我宁愿去扫大街，也不愿意在这儿混日子。”

“好吧，我得实话实说，我也认为你不太适合会计师的工作。”

“再见，”菲利普边说边伸出手，“我想谢谢你对我的照顾。如果给你添了麻烦，请你多包涵吧。我差不多从一开始就知道自己干不好这份工作。”

“好吧，如果你真的打定了主意，我们就说再见吧。我不知道你以后打算做什么，但是如果你有机会到附近来的话，记得进来看看我们。”

菲利普呵呵一笑。

“我要说的话可能很无礼，但是我打从心眼里希望再也不要见到你们当中的任何一位了。”

第三十九章

菲利普向布莱克斯达布尔的教区牧师和盘托出了他的计划，他的伯父却不愿牵扯进去。但是，牧师抱定了一种伟大的观点：一个人做事要坚持有始有终。他也像所有软弱的人一样，过分地强调不要改变想法。

“选择做会计师是出于你自己的意愿呀。”他说道。

“接受那份工作，是因为我当初把它看作去伦敦的唯一机会。但是我现在讨厌伦敦，我讨厌那份工作，没有什么能诱使我再回去了。”

凯里夫妇对菲利普想成为艺术家的想法大为震惊。他们告诉菲利普，他绝不要忘了他的父亲和母亲都是上等人。画画可不是一个体面的职业，那是放荡不羁的人干的事，有损名声，很不道德，更何况还要去巴黎！

“只要我在这件事情上还有点发言权，我就绝不会允许你去巴黎生活。”牧师斩钉截铁地说。

那是个罪恶的深渊。花枝招展的荡妇，巴比伦的娼妓在炫耀她们的无耻行径，世上没有哪个城市比巴黎更邪恶的了。

“我们按照绅士和基督徒的标准把你养大成人，如果我放任你受到这样的诱惑，我就辜负了你死去的父母的信任。”

“好吧，我知道自己不是个基督徒，现在我开始怀疑我是不是个绅士了。”菲利普说。

争执越来越激烈。菲利普还得等一年才能完全支配自己的那一小笔遗产。凯里先生提出，在这一年里，菲利普要想拿到生活费，就只有继续留在会计师事务所里。菲利普明白，如果他不想继续从事会计这一行当，此时离开是最佳选择，因为这样他还可以要回一半的实习合同费。牧师根本不想听菲利普的解释，而菲利普也失去了理智，说了些令人恼火和伤人的话。

“你没有权利浪费我的钱，”他最终说道，“说到底这些都是我的钱，不是吗？我已经不是个小孩子了。如果我下定决心去巴黎，你是阻止不了的。你无法强迫我回到伦敦去。”

“除非你做我认为合适的事，否则，起码我能做到一点——拒绝给你钱。”

“好吧，我不在乎，我已经拿定主意去巴黎了。我会卖掉我的衣服、我的书和我父亲留给我的一些珠宝。”

路易莎伯母一声不吭地坐在那里，焦急又难过。她看出来菲利普已经气得失去理智了，这时她无论说什么都只会火上浇油。最后，牧师宣称他不想再听到这件事了，然后就神情庄严地走出房间。接下来的三天里，他和菲利普都不跟对方说话。菲利普给海沃德写信了解有关巴黎的情况，暗下决心只要一得到回信，便启程去巴黎。凯里太太脑中不断地思考这件事。她觉得菲利普对丈夫心怀怨恨，结果她自己也记恨进去了。这个念头折磨着她。她是真心疼爱他。最后她还是找菲利普谈了一次，专心倾听他诉说对伦敦所抱憧憬的幻灭，以及他对未来的打算和抱负。

“我可能一无所成，但至少让我试一试。总不可能比我在那个可恶的事务所里再差了。我觉得我自己能在画画上有点出息，我知道自己还有几分天赋。”

她不像丈夫那样坚信阻挠菲利普的强烈意愿是正确的。她读过很多画家的故事，他们的父母一开始都是反对他们学画的意愿的，可事实证明那种做法是多么愚蠢。毕竟，这种情况也是可能的：画家也可以和特许会计师一样，过着有道德的生活，为上帝增添荣耀。

“我很担心你去巴黎，”她令人哀怜地说道，“如果你在伦敦学画，倒也不是坏事。”

“如果我要学画，就必须彻底地学，只有在巴黎才能学到真本事。”

在菲利普的建议下，凯里太太给律师写了封信，说菲利普不满意在伦敦的工作，要是现在想改主意，不知他有何高见。尼克松先生做了如下回复：

亲爱的凯里太太：

我已经见过赫伯特·卡特先生了，我恐怕得告诉您，菲利普在实习期间表现得不尽如人意。如果他非常抵触这项工作，也许趁现在抓住这个机会解除契约更好些。我自然很是失望，但是正如您所知“牛不喝水，不能强按头”。

您忠诚的

阿尔伯特·尼克松

凯里太太把这封信拿给牧师看了，但反而让他更加固执己见。他更愿意菲利普从事别的职业，他建议菲利普子承父业，成为一名医生。但是如果菲利普坚持要去巴黎的话，无论怎样他也不会给菲利普一分零花钱的。

“那只是自我放纵和耽于肉欲的借口。”牧师说。

“听见你指责别人自我放纵倒是太有意思了。”菲利普尖酸地反驳道。

然而恰在此时，菲利普收到了海沃德的来信，信中提了一家旅馆的名字，菲利普可以一个月花三十法郎在那儿租一个房间。另外信里还附了一封给一所美术学校女司库的介绍信。菲利普把这封信读给凯里太太听，告诉她他打算在九月一日动身。

“但是你身上没有钱呀？”她说道。

“我今天下午去特坎伯雷把首饰卖掉。”

他从他父亲那儿继承了一块带表链的金表、两三个戒指、一些链扣和两枚饰针，其中一枚镶有珍珠，可以卖个好价钱。

“一件东西值多少钱，和它能卖多少钱，完全是两回事。”路易莎伯母说道。

菲利普笑了，这是他伯父常说的一句口头禅。

“我知道，不过这些东西最差也能卖到一百英镑，那就够我用到满二十一岁了。”

凯里太太没吭声，但是她转身回到了楼上，戴上她那顶黑色的小帽，然后去了银行。一个小时后，她回来了。当时菲利普正在客厅里看书，她走到菲利普面前，递给他一个信封。

“这是什么？”菲利普问道。

“给你的一份小礼物。”她答道，有点不好意思地微笑着。

他拆开信封，发现里面有十一张五英镑的钞票，还有一个塞满金镑[1]的小纸袋。

---

① 金镑，英国金币，面值一英镑，1914年后停用。

“让我看着你把你父亲的首饰给卖掉，我实在受不了。这是我存在银行里的钱，差不多有一百英镑。”

菲利普的脸涨得通红，不知道为什么，泪水突然涌上了眼眶。

“噢，我亲爱的伯母，我不能要，”他说，“您对我真是太好了，但是我怎么忍心拿您的钱。”

当凯里太太结婚时，她有三百英镑的嫁妆，这笔钱她一直看得很紧，是应付某些意外开支用的，比如紧急的慈善捐款，或者给她的丈夫和菲利普买圣诞节礼物或生日礼物。令人难过的是，这些年来，这笔钱也在一点一点地减少，但它仍然是牧师开玩笑的话题。他说妻子是个富婆，而且不断提起这笔“私房钱”。

“哦，请收下吧，菲利普。我很抱歉自己大手大脚的，就剩下这么点钱了。但是如果你收下，我会很高兴的。”

“但是您也会需要呀。”菲利普说道。

“不，我觉得我不需要了。我存着这笔钱，是怕万一你大伯在我之前去世。我想如果我需要用钱的时候，可以用它来临时救救急，但是现在我觉得我活不了那么久了。”

“哦,我亲爱的伯母,别这么说。呃,您当然会长生不老的。我可少不了您哪。”

“啊，我没有什么遗憾了。”她声音哽咽，用手捂住了眼睛。但是过了一小会儿,她擦干泪水,勇敢地微笑着。“起初，我常常祈求上帝，求他不要把我先带走，因为我不想你大伯孤零零地活在世上，我不想让他自己受那么多苦。但是现在我明白了，你大伯并没有像我想的那样多，他比我更想活久些。我从来不是他想要的妻子，而且我敢说如果我出了什么事，他会再婚的。所以，我希望先走。菲利普，你不会认为我很自私吧？但是如果他先走了，我会受不了的。”

菲利普亲吻着伯母布满皱纹、瘦削的脸颊。他不知道为什么看到她对伯父这种强烈的爱会让他觉得莫名的羞愧。菲利普无法理解她对一个男人倾注了那么多爱，而那个男人是那么冷漠、自私和极度的自我放纵。菲利普隐隐地感觉到，伯母心里是知道伯父的冷漠和自私的，虽然她心里清楚，但还是那么谦卑地爱着丈夫。

“菲利普，你会接受这笔钱的，是吧？”她一边说，一边温和地抚摸着他的手，“我知道没有这笔钱，你也能解决问题的，但是你接受它会让我特别开心的。我一直想为你做点什么。你知道，我自己没有孩子，我是把你当自己的亲生儿子来爱的。在你小时候，虽然我知道这很邪恶，但我那时常常希望你能生病，因为那样我就可以日夜照顾你。可那时你只生过一次病，然后就上学去了。我真的愿意帮助你，这是我唯一的机会了。也许有一天，你成了伟大的画家，你不会忘了我，你会记得是我帮你迈出的第一步。”

“您太好了，”菲利普说，“我真是感激不尽。”

在她疲惫的眼睛里闪过一丝笑意，那是一种充满纯粹的幸福的笑意。

“噢，我太高兴了。”

第四十章

几天之后，凯里太太去火车站送菲利普。她站在车厢门口，强忍着要涌出的泪水。菲利普不安又急切，他想早点儿离开。

“再吻我一下吧。”她说道。

菲利普从车窗探出身子吻了一下她的脸颊。火车开动了，她站在小站的木制站台上，一直挥舞着手帕，直到火车消失在视线之外。她的心情非常沉重，回牧师住宅几百码远的路似乎很漫长。她想，他渴望离开，那对于一个男孩子来说再自然不过了，未来在召唤他。但是她——她咬紧牙关，免得自己哭出声来。她在心里默默祈求上帝保佑他，保佑他远离诱惑，赐予他幸福和好运。

然而，菲利普在车厢里安顿下来没多久，便把伯母忘到脑后了。他脑子里充满了对未来的憧憬。他给奥特太太写了信，奥特太太就是那位美术学校的女司库，海沃德已经向她介绍过菲利普的情况了。此时在菲利普的口袋里还装着一张奥特太太邀请他第二天去喝茶的请柬。到达巴黎后，菲利普让人把行李放到雇来的出租马车上。马车在气氛欢快的大街上缓缓而行，越过桥梁，驶进拉丁区的狭窄小巷。他在德埃科勒旅馆租了一个房间，这家旅馆位于离蒙帕尔纳斯大街不远的一条破败的小街上，但是对于从这儿去他就学的阿米塔诺美术学校来说，倒也方便。一名侍者提着菲利普的箱子上了五段楼梯，把他领进一个非常小的房间，因为窗户紧闭，房间里有一股霉味。房间的大部分地方被一张木制的大床占据了，红色的棱纹平布帷幔罩在床顶。在窗户上还有厚厚的窗帘，也是用同样布料做成的，但脏兮兮的。五斗橱兼作脸盆架，还有一个很大的衣柜，其样式让人联想起那贤明的路易·菲力浦国王。墙纸已经因岁月已褪去了原来的颜色，成了深灰色，但依稀能够看出上面有棕色树叶的花环。在菲利普眼中，这个房间看起来古朴典雅、有趣迷人。

虽然已是深夜，但菲利普太兴奋了，实在无法入眠。于是他又出了旅馆，走上大街，向着灯光明亮的地方信步走去。这条路通向火车站。在车站前面有个广场，弧灯照得广场通明，咣当咣当的黄色有轨电车似乎从四面八方穿过广场，热闹的景象让他欢快地笑出声来。广场周围都是小咖啡馆，碰巧他觉得有点口渴，也渴望离得更近一些观察街上的人群，于是在凡尔赛咖啡馆外面的一张小桌子边坐了下来。周围其他的桌子都被人坐满了，因为这天晚上天气不错。菲利普好奇地打量着周围的人们：这边是小家庭的聚会，那边是一群戴着奇形怪状的帽子、蓄着络腮胡子的男人，他们比比画画，大声闲聊。邻桌坐着两个看上去像画家的男人，身边都带着女人，菲利普相信她们不是画家的合法妻子。在菲利普身后，几个美国人在大声地争论着有关艺术的问题。菲利普的内心深处感到十分兴奋。他一直坐到很晚才起身，有些筋疲力尽，但是太高兴了而不想动。等他终于爬上床，却仍然清醒得很。他侧耳倾听着巴黎城的各种喧嚣。

第二天大约在用茶点的时间，他出发去贝尔福狮子街，在一条由拉斯帕伊大街向外延伸的新街上找到了奥特太太的住处。奥特太太是个三十岁左右、很不起眼的女人，有种乡下人的感觉，却摆出一副贵妇人的派头。她把他介绍给她的母亲。不一会儿菲利普就了解到，她已经在巴黎学了三年画，后来又知道她跟她丈夫已经分居。在小客厅里挂着一两幅她以前画的肖像画，在绘画方面菲利普毕竟还没有太多经验，所以在他看来，这些画的技艺似乎已经炉火纯青了。

“我真希望我以后也能画得跟您一样好。”他对她钦佩地说道。

“哦，我觉得你能行。”她不无自得地答道，“当然，你不能指望一次就把什么事都做好。”

她很热心，还给了他一家店的地址，在那儿他可以买到画夹、画纸和炭笔。

“我明天九点钟左右到阿米塔诺学校去，如果那时你也到了，我想办法给你找一个好位置，安排一下其他的事。”

她还问他具体有什么打算，菲利普不想让她看出他现在对整件事情还理不清头绪。

“呃，首先我想学学素描。”他说道。

“我很高兴听你这么说。人们总是操之过急。我也是在这儿学了两年之后才敢尝试油画的，那就是成果。”

她瞥了一眼她母亲的肖像画，那是一幅黏糊糊的油画，就挂在钢琴上方。

“另外，如果我是你的话，以后要结识别人时我会小心一些。我也不会跟外国人混在一起，我自己一直很慎重。”

菲利普谢过了她的建议，但是这些叮嘱的话让他觉得很奇怪。他不明白为什么要那么谨慎小心。

“我们现在过日子，就跟我们还在英国时一样。”奥特太太的母亲说道，她刚才一直没怎么说话，“我们来这儿时带上了我们所有的家具。”

菲利普环顾了一下房间。房间里挤满了一套笨重的家具，窗户上挂着镶有白色蕾丝边的窗帘，跟路易莎伯母夏天在牧师住宅中挂的窗帘一模一样。钢琴和壁炉架上都罩着利伯提牌丝绸罩布。奥特太太的眼睛也一直跟着菲利普四处环视的目光转动。

“在晚上，当我们把百叶窗关上以后，我们觉得好像身在英国一样。”

“而且，我们一日三餐的习惯也跟在英国时一样，”她母亲又补充道，“早餐要吃肉，正餐放在中午。”

当菲利普离开奥特太太家之后，他去买了绘画的材料。第二天上午，在九点整时，他竭力摆出一副自信满满的样子，来到了学校。奥特太太已经到了，她脸上挂着友善的微笑迎了上来。因为自己是新生[①]，菲利普一直有些担心他会受到怎样的接待。他曾在不少书中读到，在某些画室，新来的人会遭遇恶意的捉弄。但奥特太太让他悬着的心放了下来。

“呃，这儿不会那样的，”她说道，“你瞧，大约一半的学生是女士，她们给这个地方定了基调。”

画室大而空旷，四面是灰色的墙，墙上钉着学生们获奖的习作。一位模特正坐在一把椅子上，身上松松垮垮地披着一件外套。有十来个男女学生站在她四周，有的在聊天，有的仍然在作画。这是模特的第一次休息时间。

“你最好不要一开始就尝试太难的东西，”奥特太太说道，“把你的画架放到这儿来，你会发现这里看到的姿势最容

① 原文为法语。

易画。”

菲利普把画架放到了她指示的位置，澳特尔太太把他介绍给一位坐在他旁边的年轻女子。

“这位是凯里先生。这位是普莱斯小姐。凯里先生以前从未学习过绘画，刚开始你不介意帮帮他吧？”然后，她又转身向着那位模特喊道，“摆好姿势。”[①]

那位模特把正在读的《小共和国报》扔到一边，沉着脸把外套抖落了下来，走到台子上，双脚笔直地站立，双手交叉放到脑后。

“这姿势真傻，”普莱斯小姐说道，“我无法想象为什么他们选了这么个姿势。”

当菲利普进来的时候，画室中的人好奇地望着他，模特也漠然地瞟了他一眼，但是现在已经没人注意他了。菲利普把漂亮的画纸摆在自己面前，尴尬地盯着模特。他不知道如何着手，他以前从来没见过裸体的女人。这个模特已经不年轻了，她的乳房已经萎缩，失去光泽的金发凌乱地垂在前额，而且她的脸上长满了雀斑。菲利普偷偷地瞟了一眼普莱斯小姐的画作。这幅画她刚画了两天，但看上去她好像遇到问题了。由于不断地涂抹，画纸已经给弄得脏兮兮的。在菲利普看来，她画的人体都变形了，看起来有点奇怪。

“我早应该想到我也能画得差不离。”他心想。

他开始从头部画起，考虑再慢慢往下画。但是，不知道为什么，他发现照着模特的头画比起依着自己想象的画要困难得多。在画的过程中，他遇到了很多困难。他又看了一眼普莱斯小姐的画作。她正神情严肃地画着，她的眉头由于心

① 原文为法语。

情急切紧蹙着，在她的眼中能看出有一抹焦虑的神色。画室里很热，她的额头冒着汗珠。普莱斯小姐今年二十六岁，一头暗金色的头发很是漂亮，但是梳理得漫不经心，很随便地把头发从前额拢在脑后，草草地扎了个发髻。她的脸盘既大又宽，五官扁平，眼睛很小；她的皮肤苍白，透着奇怪的不健康的颜色，两颊也没有任何血色。她好像从不梳洗似的，你忍不住好奇她是不是和衣而睡。她既严肃又寡言少语。当模特第二次休息时，她往后退了几步，端详着她的画作。

“不知道为什么，我总是画得不顺，”她说道，“但我打算弄好。”她扭头转向菲利普问:“你的进展如何？”

“不怎么样。”他苦笑了一下说道。

她看着他的画架。

“你不能指望用这种方法作画。你得先大致估量一下，然后在你的画纸上画好方格。”

她很快地给他示范了一下如何开始着手作画。她的热心给菲利普留下了好印象，但是她缺乏魅力，又让他敬而远之。他感谢了她对他的指点，又开始作画了。这个时候，又有一些人陆陆续续进来了，这伙人绝大部分是男生，因为女生们总是到得很早。每年的这个季节（虽说今年还早了点儿）画室都人满为患。一会儿，又进来了一个年轻人，稀疏的黑发，大鼻子，脸很长，让人联想到马脸。他挨着菲利普坐下来，隔着他向普莱斯小姐点了点头。

“你太晚了点吧，”她说道，“你才起床吗？”

“今天的天气太好了，我想我应该躺在床上思考外面究竟有多美丽。”

菲利普笑了，但是普莱斯小姐却把这番话当了真。

“那样做也太可笑了吧，我想你更应该起床去享受这样的天气才对吧。”

“做个幽默之人还真不容易哩。”那个年轻人一本正经地说道。

他似乎还不打算马上开始作画，只是看着自己的画布。他正准备上色，因为他昨天已经勾勒好了那位模特的轮廓。他转向菲利普。

“你是从英国来的吗？”

“是的。”

“你怎么想到来阿米塔诺学画的？”

“我只知道这所美术学校。”

“我希望你不是带着那种从这儿能学到什么的想法来的，哪怕是一丁点儿对你有用的东西也别指望学到。”

“这可是巴黎最好的美术学校，”普莱斯小姐说道，“它是唯一认真对待艺术的学校。”

“艺术需要被认真对待吗？”年轻人问。因为普莱斯小姐的回应只是不屑地耸了耸肩，他又补充道：“但问题是，所有的学校都不怎么样，显而易见，学究气都太浓。在这儿上学受到的伤害要比别的大多数学校少一些，是因为这儿的教学比别的地方更差，因为你压根什么都学不到……”

“那你干吗来这儿学习？”菲利普打断他的话。

“我看到了一条捷径坦途，就是没有涉足。普莱斯小姐，你最有文化了，一定记得这话用拉丁文是怎么说的吧？”

“我希望你谈话时别把我扯进去，克拉顿先生。”普莱斯小姐毫不客气地说道。

“学画的唯一途径，”克拉顿若无其事地继续说，“就是自己租一间画室，雇一个模特，自己闯出一条路来。”

“那听上去很简单呀。”菲利普说道。

“只是需要钱。”克拉顿回答道。

克拉顿开始画画了，菲利普用余光偷偷打量他。他个子很高，特别瘦，巨大的骨架似乎要撑破身体突出来；他的胳膊肘很瘦削，似乎也要穿透他那件破外套了。裤子的臀部那里磨损得很厉害，每只靴子上都打着一块难看的补丁。普莱斯小姐站起身，走到菲利普的画架前。

“如果克拉顿先生能管住他的舌头一会儿，我还能给你点儿帮助。”她说道。

“普莱斯小姐不喜欢我是因为我有幽默感，”克拉顿说道，若有所思地看着自己的画布，“但是她讨厌我是因为我有天赋。”

他说得像煞有介事，他那形状奇怪的大鼻子使他的话听上去更加滑稽可笑。菲利普忍不住笑出了声，而普莱斯小姐因为生气，脸憋得通红。

“在这儿除了你自己之外，可没人说你有天赋。”

“在这儿我的意见往往与大伙儿的想法正相反。”

普莱斯小姐开始评论起菲利普的画作来了，她滔滔不绝地讲起了解剖和结构，平面和线条，还有其他很多菲利普不太懂的东西。她在这间画室已经待了很长时间了，对老师们强调的绘画要点烂熟于心。虽然她能指出菲利普的画哪里画得不好，却无法告诉他该如何改进和提高。

“您真是太好了，不厌其烦地帮我。”菲利普说。

“哦，没什么，”她回答道，脸羞怯地红了，“我刚来的时候，别人也是这么帮我的，换了任何人我都会帮的。”

“普莱斯小姐想表明她是出于责任感才向你传授知识的，而不是因为你个人多有魅力。”克拉顿说道。

普莱斯小姐生气地瞪了他一眼，然后又回到自己的座位上继续作画了。时钟敲响了十二点，模特如释重负地欢呼了一声，从台子上走下来。

普莱斯小姐收拾好了她的画具。

“我们中有些人去格雷威尔餐馆吃午餐，”她对菲利普说道，又看了一眼克拉顿，“我一向是自己回家吃饭。”

“如果你愿意，我带你去格雷威尔餐馆。”克拉顿说道。

菲利普向他道了谢，也准备走了。在他出门的时候，奥特太太过来问他上午学画的情况怎么样。

“范妮·普莱斯帮你了吗？”她问道，“我把你安排到那儿是因为我知道，如果她愿意的话，她能帮到你。她是个不怎么好相处、脾气很坏的女孩，她自己也不会画画，但是她懂得画画的诀窍，只要她不嫌麻烦，对新来的人还是很有帮助的。”

他们走在街上时，克拉顿对菲利普说道：

“你给范妮·普莱斯留下的印象不错，不过，你还是小心为妙。”

菲利普哈哈大笑，对每个人他都希望自己能留下好印象。他们来到一家廉价的小餐馆，几个学生已经在那儿吃上饭了。克拉顿在一张已经坐了三四个人的桌子旁坐下。在这儿，花一法郎就能吃到一个鸡蛋、一盘肉，还有奶酪和一小瓶葡萄酒，喝咖啡得额外加钱。他们坐在人行道边，看着黄色的有轨电车在大街上来回穿梭，叮叮当当的车铃声响个不停。

“顺便问一句，你叫什么名字？”他们一落座，克拉顿便问道。

“凯里。”

“诸位，允许我介绍一位值得信赖的老朋友，他名叫凯里，”克拉顿一本正经地说道，“这位是弗拉纳根先生，那位是劳森先生。”

他们笑了笑，继续聊着天。他们谈论的话题无所不有，而且大家各说各的，丝毫不顾别人是否在听。他们谈论夏天的度假地，谈论画室，谈论不同流派。他们还提到了很多菲利普不太熟悉的名字：莫奈[①]、马奈[②]、雷诺阿[③]、毕沙罗[④]、德加[⑤]。菲利普聚精会神地听着，虽然多少还有点摸不着头脑，但他的心因为狂喜而怦怦乱跳。时间过得飞快，克拉顿站起身来说道：

“如果你今晚愿意来，你大概会在这儿找到我。你会发现在拉丁区这是最实惠的餐馆，花不了几个钱，就能让你吃到消化不良。”

---

① 莫奈（Claude Monet，1840—1926），法国画家，印象派创始人之一，探索光色与空气的表现效果。

② 马奈（Édouard Manet，1832—1883），法国画家，对传统绘画的技法加以革新，画作色彩鲜明，明暗对比强烈。

③ 雷诺阿（Pierre-Auguste Renoir，1841—1919），法国印象派画家，创作题材广泛，尤以人物见长。

④ 毕沙罗（Camille Pissarro，1830—1903），法国印象派画家，作品多描绘农村及城市景色。

⑤ 德加（Edgar Degas，1834—1917），法国印象派画家，擅长描绘人物瞬间的动态。

第四十一章

菲利普沿着蒙帕纳斯大街走着。现在的巴黎和他春天来的时候迥然不同了，那时他和古德华绥先生来巴黎处理圣乔治旅馆的账目——一想到在会计师事务所的那段日子他就觉得不寒而栗——但是现在周围的景象让他想起田园风光。四周是悠闲自在的气氛，充足的阳光，开阔的视野，引人陷入无尽的遐想之中。修剪得整齐的树木，灵动洁白的房屋，宽阔的街道，一切都是那么令人心旷神怡，他觉得自己完全适应了这里的生活。他悠然地沿着大街漫步，观察着周围的人群。就连最普通的人看上去似乎也有一种优雅：那些系着宽宽的红腰带、穿着肥大的裤子的工人，那些穿着虽然有些褪色但仍然漂亮的制服的小个子士兵。不一会儿，他就来到了观象台大街，对于眼前气势恢宏却不失典雅优美的街景赞叹不已。随后，他又来到了卢森堡公园：孩子们正在公园里玩耍，头发上系着长丝带的保姆们成双结对地缓步而行；忙碌的男人夹着公文包匆匆而过；年轻人穿着奇装异服。景色匀称而雅致。自然景观经过了独具匠心的安排和雕琢，显得那么精巧；因为自然景观如果未经安排和雕琢似乎会显得野蛮粗俗，菲利普被眼前的景致迷住了。站在了书中读过多次的地点让他激动不已。对他而言，这是一个文艺胜地，他感到既敬畏又愉悦，那感觉就像某位老学究第一次看见明媚的斯巴达平原[①]时一般。

菲利普正在继续漫步时，突然看见普莱斯小姐正独自一人坐在一条长凳上。他犹豫着要不要打招呼，因为他此刻不想见到任何人，而且她那粗野的样子似乎也与周围那种雅致和快乐的气氛格格不入。不过，他想到她的敏感，也不好冒犯，因为她已经看见他了，他想还是跟她打个招呼才显得礼貌。

"你在这儿干吗呢？"当他走到跟前，她问道。

"自己散散心。你呢？"

"哦，我每天四点到五点之间都要来这儿。人要是一天到晚只知道工作，我觉得那可没有什么好处。"

"我可以坐下待一会儿吗？"他问道。

"如果你想坐就坐吧。"

"这话听起来不怎么友好嘛。"他笑着说。

"我生来就不会说甜言蜜语。"

菲利普有点尴尬，点了一根香烟没说话。

"克拉顿对我的画说了什么吗？"她突然问道。

"没有呀，他没说什么。"菲利普答道。

"他这个人不怎么样，你知道。他觉得自己是个天才，但他不是。别的不说，他太懒了。天才绝对要吃得起苦；最要紧的，就是必须持之以恒地努力。如果一个人下定决心要做一件事，就要不达目的不罢休。"

她说这番话时，慷慨激昂溢于言表。她戴着一顶黑色的水手草帽，上身穿着一件不怎么干净的白色衬衫，下身穿着棕色的裙子。她没戴手套，双手也不怎么干净。她那么没有

① 斯巴达是古希腊重镇，位于希腊半岛南部的拉哥尼亚平原。拉哥尼亚三面环山，中间有一块小平原，称为斯巴达平原。

吸引力，菲利普真希望刚才没跟她打招呼就好了。他也不能确定她是想让他留下，还是想让他走开。

“我会尽力帮你的，”她突然前言不搭后语地说，“我知道这有多不容易。”

“太感谢了。”菲利普说道。过了一会儿他又开口：“你愿意和我找个地方一起喝下午茶吗？”

她飞快地看了他一眼，脸唰地红了。她脸一红，那苍白的皮肤立时色彩斑斓，样子很怪，看上去就像草莓和变质的奶油搅在了一起。

“不了，谢谢！你干吗要请我喝下午茶呢？我刚才吃过午饭了。”

“我想那可以打发时间。”菲利普说道。

“如果你觉得无聊，不必考虑我，你知道。我不介意一个人待会儿。”

这时，有两个男人路过。他们穿着棕色棉绒上衣，肥大的裤子，戴着巴斯克帽[1]。他们很年轻，但都蓄着胡子。

“我说，他们是学美术的学生吗？”菲利普问道，“他们好像是从《波希米亚人的生活》那本书中走出来的人物。”

“他们是美国人，”普莱斯小姐轻蔑地说道，“法国人三十年前才这副打扮，可是现在那些从美国西部来的人一到了巴黎，就买来那种衣服，然后穿着它们照相。那大概就是他们理解的艺术。但是他们无所谓，他们有的是钱。”

菲利普倒是挺喜欢那两个美国人大胆奇特的服装。他觉得那展现了浪漫的精神。这时，普莱斯小姐问他几点了。

“我得去画室了，”她说道，“你打算去上素描课吗？”

---

① 巴斯克帽，棕色羊毛纺织出的圆形无檐软帽，也称贝雷帽。

菲利普不知道还有素描课的事。普莱斯小姐告诉菲利普，每晚五点到六点都有一个模特在画室供人画像，任何人想去，只需花五十生丁[1]即可。每天都有不同的模特，这是非常好的练习机会。

“我想你现在刚入门，最好等一段时间再去。”

“我想我应该去试试，反正我也没别的事情可做。”

他们站起身一起向画室走去。菲利普从普莱斯小姐的态度上看不出来她是希望他与她一道走，还是更愿意一个人走。他纯粹出于困窘，不知道如何从她身边离开。但是她不愿说话，回答他的问题时很不礼貌。

一个男人正站在画室的门口，手里拿着一个大盘子，每个进去的人都往盘子里扔半个法郎。画室里的人比早上多了不少，其中英国人和美国人不再占大多数，女生占的比例也不那么大了。菲利普觉得这么一大群人在一起作画，和他原来想象的大不相同。天气很温暖，室内的空气很快就变得混浊不堪。这次的模特是个老头，蓄着灰白的胡子。菲利普想练习一下早上刚学到的那点技巧，但还是画得相当糟。他意识到他无法画得像自己想的那么好。他瞥了一眼坐在他旁边的一两个人的素描，很是羡慕。他想，不知以后自己能不能那样娴熟地运用炭笔。一个小时很快过去了。菲利普不想再给普莱斯小姐添麻烦，就坐得离她远一些。素描课结束了，当菲利普经过她身边向外走时，普莱斯小姐却唐突地问他画得如何。

“不太好。”他笑着说。

“如果你屈尊俯就过来坐在我旁边的话，我还能给你指

① 生丁，法国货币单位。五十生丁相当于半法郎。

点一二呢。我看你这个人还真有点自以为是。”

“不，不是那样的，我是怕你嫌我麻烦。”

“我要是嫌你麻烦的话，我会直言不讳的。”

菲利普这才明白她虽然态度不怎么样，但还是愿意帮他的。

“那好，那明天我就靠你了啊。”

“我不介意。”她答道。

菲利普走了出去，琢磨晚饭前这段时间应该怎么打发。他渴望做点独特的事。苦艾酒[①]！喝点苦艾酒当然带劲儿啦。于是，他悠闲地走向车站，坐在了一家咖啡馆的露天餐桌旁，点了苦艾酒。他喝了一口，觉得很恶心，但心里很满足。他发现这酒的味道令人作呕，但精神效果极好：现在他觉得自己是个货真价实的艺术生了。因为他是空腹喝的酒，很快他的情绪就高涨了起来。他看着周围的人群，觉得所有的人都是他的兄弟。他太幸福了。当他到了格雷威尔餐馆时，发现克拉顿坐的那张桌子都坐满了人，但克拉顿一见菲利普一瘸一拐地走过来，就马上招呼他。他们给他腾了个位子。晚餐很简单：一盆汤、一碟肉、水果、奶酪和半瓶葡萄酒。但菲利普对吃什么并不在意。他观察着坐在同一张桌子旁的这些人。弗拉纳根也在，他是美国人，很年轻，个子不高，欢快的脸上长着一个又短又平的鼻子，还有一张总带着笑意的嘴巴。他穿着一件图案鲜明的诺福克夹克衫，脖子上系着一条蓝色的宽领带，戴着一顶形状奇特的粗花呢帽子。在那个时代，印象派在拉丁区占主导地位，但是其势头盖过老的流派

① 苦艾酒出现于十九世纪，具有毒性，可致人产生幻觉。许多艺术家爱喝苦艾酒来找灵感，如凡·高，有人说他患精神病的主因就是喝苦艾酒过多。

还是最近的事情。卡罗吕斯-迪朗[1]、布格罗[2]等人仍被人捧出来与马奈、莫奈和德加[3]等人相抗衡。欣赏老派画家的作品仍然是情趣高雅的象征。惠斯勒[4]，以及他整理的那套眼光独到的日本版画集，对英国人和他的美国同胞影响较大。过去的大师们正受到新标准的检验。几个世纪以来，人们对拉斐尔[5]都推崇备至，而如今这种推崇却被自命不凡的年轻人当成了笑柄。他们觉得拉斐尔的所有作品，还不如陈列在国家美术馆中委拉斯开兹[6]所画的腓力四世的头像。菲利普发现对艺术的讨论是非常激烈的。午餐时遇见的那个名叫劳森的人也在场，就坐在他的对面。劳森是个瘦削的年轻人，满脸雀斑，一头红发，长着一双明亮的绿眼睛。当菲利普坐下后，劳森目不转睛地盯着他，这时突然又高谈阔论起来：

"拉斐尔只有临摹别人的画作时，他的画还算可以。当他模仿佩鲁吉诺[7]和平图里乔[8]时，他是很有魅力的；当他想画出自己的风格时，他就是个——"他轻蔑地耸了耸肩，"拉

---

① 卡罗吕斯-迪朗（Carolus-Duran，1837—1917），法国肖像画家。

② 布格罗（William-Adolphe Bouguereau，1825—1905），法国学院派画家。

③ 马奈、莫奈和德加，此三人是法国印象派画家中的代表人物。

④ 惠斯勒（James McNeill Whistler，1834—1903），美国画家，长期旅居法国，后来又移居英国，卒于伦敦。作品有铜版画《法国组画》、肖像画《母亲》及组画《泰晤士河》等，画风受日本绘画影响。

⑤ 拉斐尔（Raphael，1483—1520），意大利画家、建筑师，被视为文艺复兴时期最伟大的艺术家之一，尤以画圣母像著称。

⑥ 委拉斯开兹（Velasquez，1599—1660），西班牙画家，西班牙国王腓力四世的宫廷画师，画风写实。

⑦ 彼得·佩鲁吉诺的学生众多，其中最著名的是拉斐尔。

⑧ 平图里乔（Pinturichio，1454—1513），意大利文艺复兴早期画家，曾协助佩鲁吉诺完成西斯廷教堂的壁画。

斐尔。”

劳森说话咄咄逼人的劲儿让菲利普有些吃惊，但是他也无须回应，因为弗拉纳根不耐烦地打断了劳森的话。

“噢，让艺术去见鬼吧！”他喊道，“让我们痛快地喝一场。”

“昨天晚上你喝得不少啦，弗拉纳根。”劳森说道。

“昨晚是昨晚，我说的是今晚。”他回答道，“想想我们身处巴黎,可是我们整天想的除了艺术还是艺术。”他说话时，操着一口浓重的美国西部口音。“嗨，活着是件好事。”他抖擞精神，然后用拳头猛砸桌子。“我说，让艺术见鬼去吧。”

“你说一遍得啦，干吗老是啰唆地说个没完。”克拉顿态度恶劣地说道。

同桌还有一个美国人，他的穿着打扮和菲利普下午在卢森堡公园见到的那些漂亮小伙子如出一辙。他长相英俊，脸庞瘦削而严肃，有一双黑色的眼睛。他穿着奇装异服，有股横冲直撞的海盗的劲头。一绺浓密的黑发不时地耷拉到眼睛上，因此他最常做的动作就是把头猛地往后一仰，将那绺长发甩开。他开始谈论马奈的《奥林匹亚》，这幅画那时正陈列在卢森堡美术馆中。

“我今天在这幅画前站了一个小时，但我不得不说这幅画不怎么高明。”

劳森放下了刀叉，他绿色的眼睛里冒着火，由于愤怒呼吸都急促了起来，可以看出他正在强压怒火。

“听见一个无知小子的评论倒也十分有趣。”他说，“你能告诉我们为何这幅画不高明了？”

那个美国人还没来得及搭腔，另一个人就气冲冲地接过了话茬。

“你的意思是说，你看着那幅绝妙的人体画，竟然说它不怎么样？”

“我可没那么说。我认为右边的乳房画得很不错。”

“去你的右边的乳房。”劳森喊道，“整件作品就是画作中的奇迹。”

他开始详细描述这幅画的美妙之处，但是在格雷威尔餐馆的这张餐桌上，无论是谁滔滔不绝地谈论自己的见解，都根本没人会去听。那个美国人气哼哼地打断他的话。

“你该不会说你觉得头部也画得不错吧？”

劳森现在因为激动，脸色发白，开始竭力为那幅画的头部辩解。但是克拉顿，原本一直坐在那里默不作声，脸上带着显示心情愉悦的嘲弄表情，这时也插了话。

“把头给他吧。我们不想要那颗头。即使那样也不会影响这幅画。”

“好吧，我把头送给你。”劳森喊道，“把头拿走，见你的鬼去吧。”

“那么,那条黑线你又怎么解释？”美国人一边大声喊着，一边把一绺快要耷拉到汤里的头发胜利般地往后一抹，“在大自然中，你不会在物体的周遭看到黑线吧。”

“噢，上帝呀，快从天堂降下大火，把这个亵渎神灵的人烧死吧！”劳森嚷嚷道，“这和大自然何干？没人知道大自然中有什么，没有什么！这个世界是通过艺术家的眼睛来看大自然的。可不是，几个世纪以来，人们看到马在跳过篱笆时，总是把腿伸得笔直。老天呀，先生，马腿确实是伸得直直的。在莫奈发现影子是有色彩的之前，人们一直看到影子是黑的。老天呀，先生，影子确实是黑的。如果我们选择用黑线勾勒出物体的边缘的话，这个世界就能看见那条黑线，那么就会有黑线的存在。如果我们把青草画成红色，奶牛画成蓝色的，那人们看见它们就是红色和蓝色的了，老天呀，它们就是红色和蓝色。”

“让艺术见鬼去吧，”弗拉纳根嘟囔道，“我就想开怀畅饮。”

劳森根本没理睬弗拉纳根的插话。

“现在听我说，当《奥林匹亚》在巴黎美术展览会上展出的时候，左拉[1]——在那些凡夫俗子的讥笑中，在那些墨守成规的画家、学院派院士和公众的鼓噪中——宣称：‘我期待有那么一天，马奈的画悬挂在罗浮宫里，与安格尔[2]的《女奴》遥遥相对时，比较之下，落在下风的一定是《女奴》。’《奥林匹亚》一定会挂在罗浮宫里的，每一天，我都看见这个时刻更近了。用不了十年，《奥林匹亚》一定会在罗浮宫占有一席之地。”

“绝对不会的。”那个美国人喊道，突然用双手把头发狠狠地往后一撩，像是要一劳永逸地解除这种烦扰。“十年之后，那幅画就会销声匿迹。它只不过是应景之作。如果一幅画没有了灵魂，就不会流传下去，马奈的那幅画就没有灵魂，与经典相差十万八千里。”

“你口中的灵魂究竟是什么？”

“如果没有道德的因素，伟大的艺术根本不存在。”

“噢，上帝！”劳森咆哮道，“我就知道是这么回事。他稀罕的是道德说教。”他双手合拢，做出向天堂祈祷的样子，“哦，克里斯托弗·哥伦布，克里斯托弗·哥伦布，当你发

---

① 左拉（Émile Zola，1840—1902），法国作家。

② 安格尔（Jean-Auguste-Dominique Ingres，1780—1867），法国画家，古典主义画派的最后代表人物。

现美洲新大陆时，你究竟干了些什么？”

“罗斯金说——”

但是他还没来得继续啰唆，克拉顿突然用刀柄专横地敲打着桌子。

“先生们，”他声调严厉地说道，他的大鼻子因为激动都起了皱褶，“刚才有人提到了一个名字，这名字在体面人的圈子里我从没想到竟会再次听到。言论自由固然是件好事，但是我们必须遵守共同的礼节的尺度。如果你愿意，你尽可以谈论布格罗：这名字听上去让人觉得好笑，其中有种令人感到欢快的讨厌之处，但是不要让 J. 罗斯金、G. F. 沃茨[①]或者 E. B. 琼斯[②]的名字玷污我们纯洁的双唇。”

“这个罗斯金是什么人？”弗拉纳根问道。

“他是维多利亚时期的一位伟人，是英语文体写作大师。”

“罗斯金文体——是一种华丽辞藻拼凑出的玩意儿，”劳森说道，“而且，那些该死的维多利亚时期的大人物，每当我打开报纸，看见某位维多利亚时期的大人物的死讯，我就谢天谢地，那些人中终于又走了一位。他们所拥有的唯一天分就是长寿。艺术家都不应该活过四十岁，因为这个岁数是艺术家从创作顶峰开始走下坡路的时候，打那儿以后他的画风就开始重复之前。你难道不认为济慈[③]、雪莱、博宁顿[④]、拜伦这些人英年早逝正是交了这个世上少有的好运吗？倘若斯温伯恩[⑤]在出版《诗歌和民谣集》第一卷那天就溘然长逝，

---

① 参见 151 页注释。

② 参见 151 页注释。

③ 济慈（John Keats，1795—1821）、雪莱、拜伦三人均是英国十九世纪浪漫主义诗人。

④ 博宁顿（Richard Parkes Bonington，1802—1828），英国画家。

⑤ 斯温伯恩（Swinburne，1837—1909），英国诗人、文学评论家。

我们会认为他是多么了不起的天才呀。”

这话正合在座所有人的心意，因为桌上坐的人没有一个超过二十四岁，他们立刻兴致勃勃地讨论开了，而且他们的意见难得一致，都纷纷做了详细的论述。有人建议用法兰西学院四十个院士的作品燃起一堆篝火，而那些维多利亚时期的伟大人物一到四十岁，也要把他们投入火中。这个想法得到一阵欢呼。卡莱尔和罗斯金，丁尼生、勃朗宁、G. F. 沃茨、E. B. 琼斯、狄更斯、萨克雷，都要被匆匆投进烈火之中。格莱斯顿先生、约翰·布赖特[1]和科布登[2]，也要如法炮制。至于乔治·梅瑞狄斯，大家倒有过片刻的争议；但是对马修·阿诺德和爱默生，大家都愉快地决定将他们的作品付之一炬。最后，轮到沃尔特·佩特了。

“沃尔特·佩特就算了吧。”菲利普咕哝道。

劳森用他的绿眼珠盯着菲利普打量了一会儿，然后点了点头。

“你说得太对了，沃尔特·佩特是唯一证明《蒙娜丽莎》价值的人。你知道克朗肖吗？他以前和佩特很熟。”

“克朗肖是谁？”

“克朗肖是个诗人，他就居住在此地。现在咱们去丁香园吧。”

丁香园是他们在晚饭后经常去的一家咖啡馆，晚上九点到深夜两点之间，在那儿总能找到克朗肖的身影。但是对弗拉纳根来说，一晚上智者式的谈话已经让他受够了，当他听

---

① 约翰·布赖特（John Bright，1811—1889），英国议会议员，反谷物法联盟创始人之一。

② 科布登（Richard Cobden，1804—1865），英国政治家，下院议员，极力主张废除谷物法。

到劳森的提议，就转身对菲利普说：

“哦，伙计，我们去个有姑娘的地方吧。”他说道，“去蒙帕纳斯游乐场消遣一下吧，我们喝个痛快。”

“我还是去见见克朗肖吧，我可不想把自己搞得晕晕乎乎的。”菲利普笑着回绝了。

第四十二章

接着是一阵乱哄哄的喧闹。弗拉纳根和另外两三个人去了歌舞杂耍剧院，而菲利普和克拉顿、劳森一起慢慢地向丁香园咖啡馆走去。

“你一定要到蒙帕纳斯游乐场逛逛，”劳森对他说道，“在巴黎它可是最美妙的地方了。总有一天我要把它画下来。”

菲利普受海沃德的影响，一直对歌舞杂耍剧院心存不屑，但是在他到达巴黎的这一时期，人们刚刚发现了歌舞杂耍表演的潜在艺术价值。灯光照明的独特，暗红与失去光泽的金黄色浑然一体，浓重的阴影和装饰性的线条，都为艺术创作提供了新的主题。在拉丁区有一半的画室都陈列着当地不同歌舞杂耍剧院的一两幅速写。文人墨客紧步画家们的后尘，突然都轮番上阵，探讨起剧院的艺术价值。那些红鼻子的小丑被捧上了天，说他们演绎角色活灵活现；那些肥胖的女歌手，在舞台上默默无闻地大声演唱了二十多年，人们这时才发现她们的演唱拥有无人能及的喜感；甚至还有些人在要狗的表演中发现了美的感受。而另外一些人则穷尽自己的词汇，去赞颂魔术师和飞车演员的精湛技艺。受到了另一种影响，看歌舞杂耍表演的观众也成为被同情和关注的对象。和海沃德观点一样，菲利普也看不上粗鄙的平民大众。他也像那些隐居的人一样，用一种厌恶的目光来看百姓大众的滑稽行为。但是克拉顿和劳森却热情洋溢地谈论着那些百姓大众。他们绘声绘色地描述着巴黎各类集市上摩肩接踵的人群，真是人山人海，人们的脸在电石汽灯的强光照射下若隐若现；嘟嘟的喇叭声、喝倒彩的口哨声、各种嗡嗡的声音此起彼伏。他们所说的在菲利普听来既新颖又奇怪。他们又跟他讲了克朗肖的一些情况。

“你读过他的作品吗？”

“没有。”菲利普说道。

“他的作品发表在《黄皮书》杂志上。”

他们看待克朗肖时通常是那种画家看待作家的眼光，既有几分轻视，因为他在绘画方面是个门外汉；又有几分宽容，因为他做的毕竟也是艺术方面的活儿；还有点敬畏，因为他使用的表现方式让他们感到不安。

“他是个与众不同的家伙。刚开始跟他接触，你可能还会觉得有些失望，只有在他喝醉时，他才能显出他最佳的一面。”

“但麻烦的是，”克拉顿补充道，“让他喝醉，可得花上老大的工夫。”

到了咖啡馆门口，劳森告诉菲利普他们得进里面去。秋风中几乎还让人感觉不到刺骨的寒冷，但克朗肖对过堂风有一种病态的畏惧心理，甚至在最温暖的天气里也要坐在店里面。

“他认识每个值得结交的人。”劳森解释道，“他认识佩特和奥斯卡·王尔德[1]，他还认识马拉梅[2]这类人物。”

他们要找的对象正坐在咖啡馆靠里面最避风的角落里，他穿着外套，把领子竖了起来，帽子把整个前额都盖住以遮挡冷风。他的身材高大魁梧，但给人的感觉并不臃肿；他长着一张圆脸，蓄着短髭，一双相当呆滞的小眼睛。他的脑袋不大，和他硕大的身躯不大相称，看上去就像一颗豌豆很不稳当地立在一个鸡蛋上。他正和一个法国人玩多米诺骨牌，只是冲着刚来的人微微一笑以示招呼。他没有说话，只是把桌子上的一小摞茶碟往旁边一推，好像要给他们腾出点地方似的。这摞茶碟数量有多少，就表明他已经喝多少酒了。当有人把菲利普介绍给他时，他向菲利普点了点头，又继续玩他的游戏。菲利普的法语虽然也不太好，但是他还是能听得出克朗肖的法语实在很糟，虽然他在巴黎已经住了多年。

最后，克朗肖往椅子上一靠，脸上挂着胜利的微笑。

“我赢了。”[3]他说道，他的口音非常难听，“伙计！”[4]

他叫着侍者，然后转向菲利普。

“刚从英国过来？看过板球赛没有？”

菲利普对这个突如其来的问题一时有点摸不着头脑。

“克朗肖对近二十年来每支一流板球队的水平都了如指掌。”劳森笑着说道。

那个玩牌的法国人离开了他们，到另一桌找他的朋友去了。克朗肖用慢条斯理的腔调——这也是他的一个独特之

---

① 奥斯卡·王尔德（Oscar Wilde，1854—1900），英国诗人、剧作家、小说家，为十九世纪末唯美主义的主要代表。

② 马拉梅（Stéphane Mallarmé，1842—1898），法国象征主义诗人。

③ 原文为法语。

④ 原文为法语。

处——开始谈论起肯特队和兰开夏队各自的优势。他给他们讲了自己上次看的一场板球赛，描述了比赛过程中各个击球员出局的经过。

“那是我在巴黎唯一还惦记的事情。”当他喝完侍者端来的啤酒[1]后，接着说道，“在这儿，一场板球赛也看不到。”

菲利普有点失望，而劳森也变得有点沉不住气，因为他急于向菲利普炫耀这位拉丁区的名流。那天晚上克朗肖不急不忙地喝着酒，但仍然很清醒，虽然他手边的那些茶碟表明至少他是诚心地尝试把自己灌醉。克拉顿在一旁饶有兴趣地看着这一幕。他觉得克朗肖故意显示对板球赛那些微不足道的知识有点做作。他喜欢谈论一些显然让人感到乏味的话题来捉弄人。这时，克拉顿抛出一个问题。

“你最近见到马拉梅了吗？”

克朗肖不紧不慢地打量了他一番，好像在反复思考这个问题。在回答之前，他用一个茶碟轻轻地敲叩着大理石桌子。

“把我那瓶威士忌拿来。”他喊道，然后又转过脸对着菲利普说，“我在这儿存了一瓶威士忌，在这里那么一点威士忌要五十生丁，我可负担不起。”

侍者拿来了一瓶威士忌，克朗肖把它举起来对着灯光照了半天。

“酒被人喝了。伙计，是谁偷喝了我的威士忌？”

“没人喝过，克朗肖先生。”[2]

“昨天晚上我在这儿做了标记，你自己看看。”

“先生您是做了标记，但是过后又不断喝下去。像先生您这样做标记是白白浪费时间。”

---

① 原文为法语。

② 原文为法语。

这位侍者是个性格活泼的小伙子，而且和克朗肖很熟稔。克朗肖直勾勾地盯着他。

“如果你像贵族和绅士那样以你的名誉做保证，除了我以外没人喝过我的威士忌，我就相信你的话。”

他把这句话照字面意思译成生硬的法语，听上去十分滑稽，让在柜台那边的女店主忍俊不禁。

“这人太有意思了。”[①]她咕哝道。

克朗肖听见了她的话，尴尬地看了她一眼。女店主很壮实，是个发了福的中年女人，克朗肖庄重地给了她一个飞吻。她耸了耸肩。

“别害怕，夫人，”他费力地说，“我已经过了那个会受到半老徐娘的诱惑还感恩戴德的年纪。”

他给自己倒了一些威士忌，又掺了些水，慢慢地喝起酒来，喝完后用手背抹了抹嘴。

“他讲得非常出色。”

劳森和克拉顿明白，克朗肖这句话是对刚才有关马拉梅的问题做的回答。每周二晚上，那位大诗人都要接待文人和画家，对于人们所提出的任何话题他都能妙语如珠、头头是道地加以分析。克朗肖经常去参加这种聚会，显然他最近也去过那儿。

“他讲得非常出色，但都是胡说八道。他谈起艺术来就好像艺术是世界上的头等大事。”

“如果不是的话，我们来这儿干吗呀？”菲利普问道。

“你为什么来这儿我不知道，这不关我的事。但是艺术是件奢侈品。人们重视的只是自我生存和物种的延续，只有

① 原文为法语。

这些本能得到满足之后，他们才愿意在作家、画家和诗人所提供的消遣上花点心思。”

克朗肖停顿了一会儿又开始喝酒。二十年来，他一直在思考这样的问题：究竟是因为酒让他健谈，他才爱上这杯中之物呢；还是因为他喜欢高谈阔论，才不得不用酒来解渴呢？

过了一会儿，他说道：“我昨天写了一首诗。”

没等人邀请，他便开始朗诵起来，朗诵得很慢，还伸出食指打着节拍。很可能那是一首很棒的诗歌，但这时，一个年轻的女人走了进来。她的双唇涂得鲜红，鲜艳的双颊显然也并非出自粗俗的天性。她把睫毛和眉毛画得很黑，把眼皮涂上亮蓝色，一直涂到眼角处，形成一个三角形，看上去荒诞又好笑。她的黑发梳得很整齐，在耳朵上方向后绾起，这一发式因克莱奥·德梅罗德[①]小姐而流行起来。菲利普的目光移到了她的身上，而克朗肖此时已经朗诵完他的诗作，对着菲利普宽容地笑着。

“你没在听呀。”他说道。

“哦，不，我在听。”

“我一点也没怪你，因为你为我刚才所说的话提供了一个贴切的实例。和爱情比起来艺术又算得了什么呢？虽然刚才你为这个妖艳迷人的年轻女人失神，对我的美妙诗歌置若罔闻，但我反而为此表示尊重和喝彩。”

在女子走过他们的桌子旁边时，克朗肖伸手抓住了她的胳膊。

“过来坐到我身边吧，亲爱的宝贝，让我们合演一出神圣的爱情喜剧吧。”

---

① 克莱奥·德梅罗德（Mlle Cléo de Merode，1875—1966），法国舞蹈家。

“让我安静一会儿。”[①]女子说道，把克朗肖推开，又继续向前走去。

“艺术，”他挥舞了一下手继续说道，“只是天才们得到了食物和女人之后，为了排遣生活的沉闷无聊而发明出来的慰藉。”

克朗肖又往杯子里斟满了酒，开始滔滔不绝地说了起来。他声音洪亮，字斟句酌。他用最令人瞠目结舌的方式把精辟的见解和荒谬的胡扯结合在一起。他一会儿绷着脸取笑他的听众，一会儿又戏谑地给他的听众提供很好的建议。他谈论艺术、文学和人生。他一会儿态度虔诚，一会儿言语下流，一会儿欢欣愉悦，一会儿泪眼婆娑。他显然喝醉了，随后他又开始朗诵起诗来——一会儿朗诵他自己的诗歌和弥尔顿[②]的诗歌，一会儿又朗诵他自己和雪莱的诗歌，再过一会儿朗诵他自己和基特·马洛[③]的诗歌。

最后，劳森筋疲力尽了，起身要回家。

“我也要走了。”菲利普说道。

克拉顿是所有人中最沉默寡言的，他嘴角挂着一丝讥讽的微笑，留下来听着克朗肖的唠叨。劳森陪着菲利普回到了旅店，随后又向他道了晚安。然而，当菲利普上了床以后，却无法入睡。所有那些别人抛在他面前的新的想法，此时在他的脑海中肆意地翻腾。他兴奋极了，觉得自己充满了力量，他以前从未如此自信过。

“我知道自己会成为一个伟大的艺术家，”他自言自语地

---

① 原文为法语。

② 弥尔顿（John Milton，1608—1674），英国诗人。代表作品有长诗《失乐园》《复乐园》和《力士参孙》等。

③ 基特·马洛（Kit Marlowe，1564—1593），英国诗人、剧作家和翻译家。

说，“我在自己身上感觉到了这种潜质。”

当另一个念头出现在他脑海中时，他感到一阵激动。这个念头让他无以言表。

“天呀，我相信自己是有天分的。”

事实上，他已经醉得非常厉害了，但是，因为他至多喝了一杯啤酒，所以让他醉意熏熏的，可能是某种比酒精更危险的麻醉剂。

第四十三章

在每周二和周五，教师们整个上午都会在阿米塔诺画室，评讲学生们的画作。在法国，画家的收入都不高，除非他画肖像画，或者得到某位富有的美国恩主的资助。所以，有点名气的画家每周都要在某个画室里教上两三个小时的绘画，增加些收入。周二是米歇尔·罗兰来阿米塔诺画室授课的日子。他已经上了些岁数，胡子雪白，面色红润。他曾为州政府画过不少装饰画，而如今这却在他的学生中成了笑柄。他是安格尔的弟子，对艺术的进步无动于衷，一听到马奈、德加、莫奈和西斯莱[①]这一伙轻浮的家伙[②]的名字气就不打一处来。但是他堪称优秀教师：热心助人，彬彬有礼，而且善于鼓励学生。富瓦内则正相反。他每周五来画室指导，是个难相处的人。他身材矮小、干瘪，一口坏牙，脾气极差，灰白的胡子乱蓬蓬的，眼神也凶巴巴的，他的嗓门很高，语气中总带着嘲讽。他的画作曾有几幅被卢森堡美术馆买了去，在他二十五岁时，本指望自己有一份大好的事业。但是他的艺术天赋只是由于他青春年少，而非出于他的个性。二十年过去了，他除了不断地重复画早年带给他成功的那些风景画，

---

① 西斯莱（Alfred Sisley，1839—1899），法国印象派画家。

② 原文为法语。

碌碌无为。每逢有人指责他的作品一成不变，他就会回敬说：

“柯罗[1]一辈子只画一样东西，我为什么不行？”

他妒忌别人的成功，对印象派画家格外厌恶。因为他把自己的失败归咎于印象派疯狂的时尚对公众——卑鄙的家伙[2]——的吸引。米歇尔·罗兰对印象派画家还多少留了点情面，轻蔑地称他们为江湖骗子，而富瓦内对他们却是破口大骂，用“恶棍[3]”和“流氓[4]”这样的字眼都算是口下留德了。他以诋毁印象派画家的私生活为乐；以挖苦的口吻，骂他们是私生子；绘声绘色地描述他们亵渎神明和污秽下流的细节，攻击他们男女关系混乱不堪。他使用东方的意象和强调方式来突出那些不堪入耳的奚落之词。在他检查学生的习作时，他毫不掩饰对学生的轻视。对学生们来说，他既可恨又可怕；女学生经常因为受不了他的挖苦讽刺而哭鼻子，而这又会招来他的一顿奚落。虽然那些受了他的打击痛苦不已的学生屡屡提出抗议，但他还是留在画室做导师，因为毫无疑问，他是巴黎最好的美术教师之一。有时，那位老模特——也是该画室的开办者——壮起胆子劝他几句，但是他的规劝在这位暴躁又傲慢的画家面前很快变成了低声下气的道歉。

富瓦内是菲利普接触的第一位教师。当菲利普到画室的时候，富瓦内已经在里面了。他在一个画架一个画架地巡视。奥特太太在他的旁边陪同，如果遇到那些不太懂法语的学生，奥特太太就为他们翻译他的评论。范妮·普莱斯就坐在菲利普的旁边，正慌乱地画着。她心情紧张，脸色蜡黄，时不时

---

① 柯罗（Camille Corot，1796—1875），法国风景画家。

② 原文为法语。

③ 原文为法语。

④ 原文为法语。

地停下画笔，在衣服上擦着双手，她焦虑得手掌发烫。突然，她满脸焦虑地转向了菲利普，眉头紧锁，想以此来掩盖内心的不安。

“你觉得我画得好吗？”她一边问，一边朝她的画扬了下头。

菲利普站起身，看了看她的画，结果吃了一惊。他觉得她一定是瞎了，否则怎么看不出自己实际上画得一塌糊涂。

“我要是能画得有你一半好就知足了。”他答道。

“那你可别指望了，你刚到这儿，就希望和我画得一样好岂不是痴人说梦。我来这儿已经两年了。”

范妮·普莱斯让菲利普很困惑，她的自以为是实在是令人惊叹。菲利普发现画室中的每一个人都非常不喜欢她。这也不奇怪，因为她似乎总是喜欢出口伤人。

“我跟奥特太太抱怨过富瓦内，”她说，“在过去的两周里，富瓦内一眼也没看过我的画，而他每次都要花大约半个小时去指导奥特太太，就因为她是画室的司库。不管怎么说，我付的学费和别人一样多，我想我的钱也和别人的一样货真价实。我不明白为什么我就不能跟别人一样受到关注。”

她又拿起炭笔，但是很快又放下了，还发出一声叹息。

“我现在画不下去，心里紧张得要死。”

她看着富瓦内，他在奥特太太的陪同下向他们这边走来，奥特太太恭顺、普通、自得的表情透出一种自命不凡的神气。富瓦内此时在一个名叫露丝·查利斯的英国姑娘的画架旁坐了下来。露丝个子矮小，她的衣裳虽然不怎么整洁，但她乌黑的眼睛很漂亮，目光倦怠，但有时又充满激情；那张瘦削的脸庞，显得冷峻但又不失性感，皮肤像古老的象牙——这种风韵是那个时期切尔西[①]的年轻女士们在伯恩-琼斯的影响下刻意培养的。富瓦内的心情似乎不错，没对她多说什么，但是用她的炭笔快速、果断地在她的画上勾勒了几笔，指出她画中的错误。他站起身的时候，查利斯小姐脸上兴奋得放光。他又走到克拉顿跟前，这时菲利普也紧张起来，但是奥特太太答应过会关照他一些的，所以多少还放点心。富瓦内在克拉顿的画作前站了一会儿，咬着大拇指没吭声，然后心不在焉地把刚才咬下的一小块老皮吐在画布上。

"这个线条画得还不错，"他终于开口道，用他的拇指比画着他觉得不错的地方，"你开始对画画入点门了。"

克拉顿没搭腔，只是用他一贯不把世俗意见放在心上的那种神情看着这位老师。

"我开始觉得你至少还有那么点天分了。"

奥特太太一向不怎么喜欢克拉顿，听到这话噘起了嘴。她看不出他的画有什么与众不同之处。富瓦内坐下来，仔细地讲解起绘画技法来。奥特太太站在一旁，变得相当不耐烦。克拉顿还是一言不发，但是不时点点头。富瓦内很满意他能明白自己的话，也能明白自己话中的道理。虽然画室里的大多数人都在听富瓦内的讲解，但是很显然他们都没听明白。随后，富瓦内站起身，走到菲利普面前。

"他刚来这儿两天，"奥特太太急忙解释道，"他是个初学者，以前从来没学过画。"

"看得出来，"[②]这位老师说道，"看得出来。"

他继续向前走去，奥特太太对他嘀咕道：

---

① 切尔西，位于英国伦敦西南部，是十九世纪很多著名画家、作家的聚居地。

② 原文为法语。

"这位就是我跟您提到过的那位年轻女士。"

富瓦内看着范妮·普莱斯，好像她是某种令人厌恶的动物，他的声音也变得更加刺耳。

"看来你觉得我对你关注不够，你一直向司库抱怨我。好吧，给我看看你希望我给予关注的画作吧。"

范妮·普莱斯脸红了。在她不健康的肤色下，血液似乎显出一种奇怪的紫色。她没有说话，只是指了指画架上的画，这幅画她从这周一就开始画了。富瓦内坐了下来。

"好吧，你希望我对你说些什么呢？你希望我告诉你这是一幅好画吗？不是。你希望我告诉你画得很好？不好。你希望我告诉你它还是有些可取之处的？没有。你希望我能指出你的画哪儿有毛病？全都是毛病。你希望我告诉你如何处理它？把它撕了。现在你满意了吗？"

这时普莱斯小姐的脸色变得煞白。因为富瓦内竟在奥特太太面前数落她，让她怒火中烧。虽然她在法国待了很久，完全能听得懂法语，但她却说不出几个词来。

"他没权利这样对待我。我付的钱一点也不比别人少，我付钱是让他来教我的，这并不是在教我。"

"她说什么？她说什么呢？"[①]富瓦内问道。

奥特太太在犹豫要不要给他翻译，而这时，普莱斯小姐用糟糕的法语又重复了一遍：

"我付钱是要你来教我的。"[②]

富瓦内的眼里闪着怒火，提高了声音，挥舞着拳头。

"他妈的，[③]我教不了你。我教一峰骆驼也比教你容易得

① 原文为法语。
② 原文为法语。
③ 原文为法语。

多。”他扭过脸冲着奥特太太说，“问问她，她画画是为了消遣，还是指望以此为生？”

“我要做一名画家，并以绘画为生。”普莱斯小姐回答道。

“那么我有责任告诉你，你在浪费你的时间。你没有天分这没什么，在今天有天分的人也不是满大街都是，问题是你根本没有这方面的潜质。你在这儿多长时间了？一个五岁的孩子上两堂课后，画得都要比你好。我只能对你说一句话：放弃这种毫无希望的尝试吧。你想要谋生，做个干家务活的女仆[①]，倒比做个画家更合适。瞧！”

他抓起一支炭笔，往纸上画时炭笔折断了。他咒骂了一句，用笔头画了几笔，线条粗而有力。他画得很快，同时嘴里还在讲着，吐出的字眼都带着恶毒的意味。

“瞧，两条胳膊都不一样长，那个膝盖，画得奇形怪状。我刚才说了，五岁的孩子画得也比你强。你看，这两条腿画成这样，她还怎么站立。还有那只脚！”

他每说一个字，画笔在纸上就留下一个愤怒的记号，没过一会儿，范妮·普莱斯费那么多时间，千辛万苦画成的画已经面目全非了，画上面全是涂抹的线条和污迹。最后，他把炭笔一扔，站起身来。

“接受我的建议吧，小姐，去学点做裁缝的手艺吧。”他低头看了一下表，“十二点了。先生们，下周见。”[②]

普莱斯小姐慢慢地收拾着东西。菲利普在别人走后，留在后面想对她说些宽慰的话。他也没想出什么别的话，只是说道：

“我说，我觉得很难过，这个人真粗鲁！”

---

① 原文为法语。

② 原文为法语。

她恶狠狠地把怒火发泄到他身上。

“这就是你等在这里的原因吗？要是我需要你的同情，我会跟你说的。现在请别挡我的路。”

她从菲利普身边走过，径直走出画室。菲利普耸了耸肩，一瘸一拐地去格雷威尔餐馆吃午饭了。

“她活该，”当菲利普把刚才的事一五一十地告诉劳森时，劳森这么说，“坏脾气的臭娘们。”

劳森对批评十分敏感，为了避免受到批评，每次富瓦内来上课时，他从不到画室去。

“我可不想让别人对我的画评头论足，”他说道，“我知道我自己的画是好是坏。”

“你的意思是你不想让别人对你的画说什么不中听的话。”克拉顿冷冷地回道。

下午，菲利普想去卢森堡美术馆看看那些名画，当他穿过卢森堡公园里，看见范妮·普莱斯正坐在她常坐的座位上。刚才他本是好心安慰她，却换来她粗鲁无礼的对待，菲利普感到十分恼火，所以想装作没看见她，直接从她身边走过去。但是她马上站起身，向他走过来。

“你想不理我了，是吗？”她说。

“不，当然不是。我以为你也许想一个人静静。”

“你要去哪儿？”

“我想去看看马奈的画，对他的画我如雷贯耳。”

“你想让我陪你一块儿去吗？我对卢森堡美术馆很熟悉，我可以带你去看一两件精品。”

菲利普立刻明白了，她不愿直接向他道歉，所以想以此作为赔罪。

“你真是太好了，我求之不得呢。”

“如果你想一个人去，也不必勉强。”她半信半疑地说道。

“我不想一个人去。”

他们向美术馆走去。卡耶博特[1]的收藏品正在那里展出，学画的学生们第一次有机会尽兴而从容地欣赏印象派画家的作品。而之前，只有在拉菲特街上的杜朗-吕埃尔的店里（这个商人和他那些自以为比画家优越的英国同行不同，无论那些穷学生想看什么，他都愿意拿出来让他们看）才有可能看到它们，或者在他的私人寓所内才能欣赏到。每逢周二他的住所对外开放，入场券倒是也不难弄到，在那儿可以看到许多世界名画。普莱斯小姐领着菲利普径直走到马奈的《奥林匹亚》前面。菲利普目不转睛地盯着它，惊得说不出话来。

“你喜欢它吗？”普莱斯小姐问道。

“我说不上来。”他茫然无措地答道。

“你大可相信我说的，也许除了惠斯勒给他母亲画的肖像外，这幅画是美术馆里最好的画作了。”

她给了他一点时间去揣摩这幅杰作，然后又领着他去看一幅描绘火车站的画作。

“看，这是莫奈的一幅作品，”她说道，“画的是圣拉扎尔火车站。”

“但是，火车站的铁轨不是平行的呀。”菲利普嘟囔道。

“那又有什么关系？”她有点傲慢地问道。

菲利普有点自惭形秽，范妮·普莱斯谈起目前各个画室争论不休的话题，凭借自己这方面的丰富知识，轻松地就给菲利普留下深刻的印象。她开始给他讲解起美术馆中的画作，虽然口气有些狂妄，倒也不无见地。她给他解释画家们试图

---

① 卡耶博特（Gustave Caillebotte，1848—1894），法国画家、收藏家。

要表达什么，指点他需要在画作中寻找什么。她说话时总是用拇指比画着，菲利普对她所讲的一切都觉得新鲜，认真地听着，饶有兴趣又困惑不解。以前，他一直崇拜沃茨和伯恩-琼斯。前者的画色彩亮丽，后者的画富有感染力，完全符合他的审美观。他们画作中隐约透出的理想主义，他们给画作所起的名字中隐含着哲学思想，也完全符合他在研读罗斯金的著作时所领悟到的艺术的功能。但是，这里的画作却完全不同：作品里没有道德的感染力，观赏这些作品后，也无助于人们过上一种更纯洁、更高尚的生活。他感到不解。

最后，他说道："你知道，我实在累坏了，我觉得脑子没法再装进任何有用的东西了。让我们找张长凳,坐下歇歇吧。"

"最好别一次吸收那么多艺术知识。"普莱斯小姐答道。

当他们走到美术馆外面，他再次诚挚地感谢她不怕麻烦地陪自己来这里。

"哦，没关系的，"她有点不客气地说，"我这么做是因为自己也喜欢。如果你愿意，我们明天去参观罗浮宫吧，然后我还可以带你去杜朗-吕埃尔的店里。"

"你对我真的太好了。"

"你和他们大多数人不一样，他们都认为我是个讨厌鬼。"

"我不会跟他们一样的。"他微笑着说。

"他们想把我从画室中赶走，他们休想。只要我愿意，我就会一直待下去。今天上午的事，全是露西·奥特搞的鬼，我心里清楚得很。她对我一直怀恨在心，她认为这么一闹腾我就会乖乖离开，我敢说她巴不得我赶紧走。她害怕我太了解她的底细。"

普莱斯小姐拐弯抹角讲了一大堆话，归根结底是想说明，奥特太太这个小个子女人表面上资质平平，品行端正，实际上卑鄙下流，与人私通。然后，她又说起了露丝·查利斯——富瓦内今天上午夸奖的那个女孩。

“她和画室里所有的男人都有一腿，比街头拉客的妓女好不到哪里去。而且，她也不讲卫生，一个月也洗不了一次澡。这一点我再清楚不过，都是事实。”

菲利普听着，心里很不舒服。他之前就听说过关于查利斯小姐的种种传言；但是说和母亲住在一起的奥特太太不贞洁就显得荒谬可笑了。走在他身边的这个女人恶意中伤别人，实在让他惊骇不已。

“我不在乎他们说什么。我继续走自己的路。我知道自己有天赋，感觉到自己生来就是艺术家。让我放弃，我宁可自杀。哦，在画室，我不会是他们嘲笑的第一个对象，可到头来，受嘲弄的人往往被证明是唯一的天才。艺术是我唯一关心的事情，我愿意一生献身于艺术。关键是要持之以恒，毫不松懈。”

如果别人不认同她对自己的评价，她就认为他们有着不可告人的动机。她讨厌克拉顿。她告诉菲利普，克拉顿并没有什么真正的天赋。他的画作华而不实，浅薄粗俗。他无法创作出一个像样的人物来。至于劳森：

“一个红头发，满脸雀斑的小子。他对富瓦内怕得要命，都不敢让他看自己的作品。毕竟，我不会逃避的，是吧？我不在乎富瓦内对我说些什么，我知道自己是个真正的艺术家。”

他们到了她住的那条街上，菲利普和她分开后终于松了一口气。

第四十四章

尽管菲利普心中并不怎么待见普莱斯小姐，但是在接下来的周日，当普莱斯小姐提出带他去罗浮宫参观的时候，菲利普还是接受了她的提议。她带他看了《蒙娜丽莎》。菲利普看着那幅画，感到有些失望。菲利普以前读过对它的评论，现在还能默诵出沃尔特·佩特字字珠玑的评论，佩特的评论为这幅世界上最著名的画作增添了美感。现在他把这些评语几乎一字不落地复述给了普莱斯小姐。

“那些属于文学评论，”她带着一股不屑的神气说道，“你千万不能听他们胡诌。”

普莱斯小姐带菲利普看了伦勃朗[1]的画作，说了很多客观的评论。然后，她站到了《门徒们在以马忤斯》[2]这幅画的跟前。

“等你能感受到这幅画的美妙时，”她说道，“你对绘画就算入门了。”

接着，她又带菲利普看了安格尔的《女奴》和《泉》。范妮·普莱斯是个霸道的向导，她不让菲利普看他自己想看

---

① 伦勃朗（Rembrandt Harmenszoon van Rijn, 1606—1669），荷兰画家。

② 《门徒们在以马忤斯》（*The Disciples at Emmaus*）是荷兰画家米格伦最著名的伪作之一，模仿十七世纪荷兰画家约翰内斯·弗美尔的风格。

的画作，而试图迫使他崇拜她所崇拜的画家。她对艺术的研究如痴如醉，欲罢不能。菲利普从长廊的窗口路过，向外眺望着杜伊勒里宫[①]，杜伊勒里宫色彩鲜艳，充满阳光，庄严雅致，就像拉斐尔的画作一样。他忍不住喊道：

“我说，你看这儿多美呀！我们在这儿待会儿吧。”

她冷淡地说道：“是的，还不错。但我们来这儿是看画的。”

秋天的气息，给人一种无忧无虑、活泼轻快的感觉，让菲利普也兴奋起来。时近中午，他们站在罗浮宫宽敞的院子里，他觉得有种冲动，想像弗拉纳根一样大喊：让艺术见鬼去吧。

“我说，我们去米歇尔大街找个餐馆一起吃顿便饭吧，可以吗？”他建议道。

普莱斯小姐满脸狐疑地看了他一眼。

“我在家已经备好了午饭。”她答道。

“那没关系。你可以明天再吃呀。就让我请你吃一顿午餐吧。”

“我不知道为什么你要请我。”

“那会让我开心。”他笑着回答。

他们到了河对面，在圣米歇尔大街的街角有家餐馆。

“我们进去吧。”

“不，我不想进去，这家餐馆看上去太高档。”

普莱斯小姐头也不回地继续向前走去，菲利普只得在后面跟着。没走几步，他们又看见一家小得多的餐馆，在人行道的遮阳篷下已经有十几个人在吃午餐了，窗户上用白色的大字写着：午餐，一点二五法郎，包括酒资[②]。

---

① 杜伊勒里宫为巴黎旧王宫，1871年被焚毁，现为公园。

② 原文为法语。

“我们再找不着比这儿更便宜的地方了，而且这里看上去还不错。”

他们在一张空桌旁坐下来，等着上菜单上的第一道菜——煎蛋卷。菲利普快乐地看着过往的行人，他的心也跟随着他们飞出来，他虽然劳累但很高兴。

“我说，你看那个穿罩衫的男人，长得真精神！”

菲利普瞟了一眼普莱斯小姐，让他大吃一惊的是，她正低头看着盘子，全然不顾眼前的情景，两颗豆大的泪珠正沿着她的脸颊滚落下来。

“你这是怎么啦？”他惊呼道。

“如果你要说我，我马上起身离开。”她回答道。

菲利普完全不知所措了，但幸运的是，就在这个时候煎蛋卷上来了。他把它分成两份，他们吃了起来。菲利普尽量去聊些无关痛痒的话题，而普莱斯小姐也竭力控制自己，没耍小性子。但是这顿午饭两人吃得还是不太痛快。菲利普本来胃口就不好，而普莱斯小姐的吃相让他胃口尽失。她吃饭时狼吐虎咽，动静很大，有点像动物园里的野生动物；吃完每道菜后，还要用面包片把盘子擦得又白又亮，似乎她不希望浪费一点油星儿。他们在吃卡蒙贝尔奶酪[①]时，更是让菲利普倒尽了胃口，他看见普莱斯小姐不但把她那份全吃光了，而且把干酪皮也一点不剩地一扫而光。哪怕是正饿着，也不至于是这般贪食的样子。

普莱斯小姐不可理喻，别看她某天告别时还客客气气的，但他不知道是否第二天她就会翻脸不认人，对人不理不睬了。但不管怎么说，他还是从她那儿学了不少东西。虽然她自己

---

① 卡蒙贝尔奶酪，以地名命名的奶酪，这款奶酪仅以牛奶制成，已经成了法国美食的象征性符号。

画得不怎么样，但她记住了所学的绘画知识，在她不断的指点下，他进步不少。奥特太太对他也帮助不少，有时查利斯小姐还会对他的作品点评一番。另外，他从劳森的高谈阔论、克拉顿所提供的范本中学到很多东西。然而，范妮·普莱斯不喜欢菲利普听取别人的建议，只希望他听她一个人的，如果有人跟菲利普讨论半天，然后他再向她求助，她就会气势汹汹地一口拒绝。劳森、克拉顿、弗拉纳根这些家伙常常拿她来取笑菲利普。

“你得多加小心了，小伙子，”他们说，“她爱上你了。”

“哦，胡说八道。”菲利普哈哈大笑起来。

普莱斯小姐会和某个男人谈恋爱的想法真是荒谬透顶。但菲利普一想到她那难看的面容、乱蓬蓬的头发和脏兮兮的双手，成年累月穿着的棕色长裙，褶边污得发亮，而且都磨破了，就觉得不寒而栗。他想也许她手头拮据，可这帮学生都很穷呀，她至少应该让自己整洁利索点吧，用针线把自己的裙子拾掇得规整点也不是做不到呀。

菲利普脑子里开始梳理跟自己打过交道的人的印象。现如今，他不再是很久以前那个待在海德堡的懵懂少年了，他开始对人性有了更细微和深刻的认识。他有意去思考、探索和批判人性。菲利普发现克拉顿就有点深不可测，虽然三个月来每天都能见到他，但对他的了解比第一天见他时也多不到哪里去。画室里的人对克拉顿的普遍印象是，此人挺能干，想必以后能成大器。克拉顿自己也是这么想的。但是具体他能干出什么名堂来，别人和他自己都不是十分清楚。在来阿米塔诺画室之前，克拉顿还在好几家画室里学习过，比如在朱利安画室、美艺画室和马克福尔松画室，不过他在阿米塔诺画室待的时间比别的地方都长，因为他发现自己更愿意独来独往。克拉顿不喜欢展示他的作品，也不像其他艺术生那样，动辄寻求建议或者给别人建议。据说，在坎帕尼普罗米尔路上克拉顿有一个当工作室兼卧室的房间，他有一些很棒的画作，如果他能听人劝把它们拿出来展出，肯定会让他声名鹊起的。克拉顿负担不起独自雇佣模特的费用，只能画些静物，劳森就总说克拉顿画的一盘苹果的静物写生画绝对是一幅杰作。克拉顿很挑剔，他追求的目标是某种他也抓不着、看不见的东西，总体上他对自己的作品老是不满意：也许他觉得画里的某一部分还不错，要么是某幅人物画中的前臂或者大腿和脚，要么是静物写生中的一个玻璃杯或者茶杯，他可能会把中意的部分剪下来保留起来，把画布的其他部分撕毁。所以当人们要求去看看他的画作时，克拉顿只能老老实实地表示他一幅完整的画也拿不出来。在布列塔尼，克拉顿曾遇见过一位别人从未听说过的画家，一位曾经是证券经纪人的奇人,那人中年才开始学画[①]。克拉顿深受其作品的影响，正打算放弃印象派的画风。自己另辟蹊径，不仅要历尽艰辛探索出一条个性化的绘画之路，而且在观察的视角上也要标新立异。菲利普觉得在他身上还是有某种与众不同的奇思妙想的。

在他们吃饭的格雷威尔餐馆，在凡尔赛或丁香园的夜晚，克拉顿往往都保持缄默。他安静地坐着，瘦削的脸上挂着讥讽的表情，只在恰当的机会开口抛出几句睿智的金句。克拉顿也喜欢抬杠，如果在某人身上试一下讽刺挖苦的本事，他会感到其乐无穷。除了绘画，他很少聊别的，但也只在一两个他瞧得上的人面前才发表高见。菲利普好奇这家伙身上是

① 此处所指的画家是法国后印象派画家高更。可参见毛姆的另一部长篇小说《月亮与六便士》。

否真的有什么特别之处：他的沉默寡言，他憔悴的模样，尖酸刻薄的幽默，都彰显了他的个性，不过也可能是一张有效的面具来掩盖他的空洞和无知。

另一方面，菲利普和劳森很快热络了起来。劳森兴趣广泛，这使他相处起来很令人愉快。虽然他的收入微薄，但他比起别的学生来涉猎更广，喜欢买书，而且也愿意把书借给别人。菲利普于是熟悉了福楼拜[1]和巴尔扎克[2]的小说，还有魏尔伦、埃雷迪亚和维利耶·德利尔-亚当[3]等人的诗歌。他们还一起去看话剧，有时还会去剧院的顶层楼座欣赏歌喜剧。在他们住处附近，就是欧迪恩剧场，菲利普很快就跟他的朋友一样迷上了路易十四时期悲剧作家的作品，以及铿锵悦耳的亚历山大体诗歌[4]。在泰布街上还经常举办别具一格的街头音乐会，花上七十五生丁他们就能听上一场相当棒的音乐会，此外还很可能搞点免费的饮料。只是座位不太舒服，人也很多，空气中呛人的烟味让人作呕，但是带着年轻人的热情，他们对此毫不在意。有时他们还去布里埃舞厅跳舞。这些时候弗拉纳根一定会跟着他们一起去。弗拉纳根的兴奋劲儿，乐此不疲的喧闹取笑会逗得他们哈哈大笑。弗拉纳根舞也跳得相当好，刚进舞厅不到十分钟，他就和才结识的某个销售姑娘翩翩起舞起来。

他们这一伙所有人都想有个情妇。拥有情妇是在巴黎的

---

① 居斯塔夫·福楼拜（Gustave Flaubert，1821—1880），法国著名作家。代表作有《包法利夫人》等。

② 奥诺雷·德·巴尔扎克（Honoré de Balzac，1799—1850），法国著名现实主义作家。代表作有《人间喜剧》等。

③ 魏尔伦、埃雷迪亚（José Maria de Heredia，1842—1905）和维利耶·德利尔-亚当（Villiers de L' Isle-Adam，1840—1889）均为法国诗人。

④ 亚历山大体诗歌是法国诗歌的一种常用题材。

艺术生们梦寐以求的标准配置，会引来其他人艳羡的目光，也是可以自吹自擂的资本。但是，这事难办的是这些学生大都囊中羞涩，自己养活自己都不容易，虽然他们都认为法国女人很聪明，即使养上一个也不见得比一个人过会破费多少。不过，他们发现，能遇见和他们持有这种相同看法的年轻女人的希望是渺茫的。所以他们大部分人只能满怀嫉妒地大骂那些女人浅薄和有眼无珠，去委身那些功成名就的画家，而不是他们这些青年才俊来聊以自慰。在巴黎找个情妇竟然这么困难，真是让人匪夷所思。劳森曾结识过某位年轻姑娘，也安排了约会。一整天他都坐卧不宁，跟碰到的每个人没完没了地描述那姑娘如何迷人。可到头来，在约定的时间里，她压根就没露面。劳森那天很晚才回到格雷威尔餐馆，气急败坏地嚷嚷道：

"该死，又失约！我搞不明白为什么她们不喜欢我。该不会是因为我法语讲得烂，或者是因为我的红头发吧。来巴黎已经一年多，竟然没勾搭上一位姑娘，真是让人火大。"

"你用的招儿根本不对路。"弗拉纳根说道。

在情场上，弗拉纳根有一长串令人羡慕的战果，并对此津津乐道。虽然大家对他的话并不是全信，但是证据迫使他们承认他说的也不完全是谎言。弗拉纳根不求与异性保持长久的关系，他只在巴黎待两年：他成功地说服家人让他来学习艺术，而不是去上大学。但是他打算学习期一结束就回到西雅图，帮助他父亲打理生意。他打定主意要尽可能利用这段时间及时行乐，所以他每段恋爱都很短暂，都是见异思迁，到处拈花惹草。

"我的确不知道你是怎么把她们勾搭到手的。"劳森生气地说道。

“这一点也不难，傻小子，”弗拉纳根答道，“只要瞅准目标，直接往上冲就行。难的是怎么甩掉她们，这才是关键之所在。”

菲利普现在专注于习画、看书、观剧、听人闲聊，没有找女伴的闲情逸致。他觉得等他的法语说得更流利一些，不愁没有时间去谈情说爱。

菲利普和威尔金森小姐分手已经一年多了，在他离开布莱克斯达布尔之前，曾收到过她的一封来信。可他刚到巴黎的几周里，实在太忙了，没有时间给她复信。当第二封信接踵而至的时候，他清楚信里面一定满是责怪和怨恨的话，而当时他情绪也不高，就把信直接放到一边，打算过段时间再看。不过，他后来一忙就给忘了，直到一个月后，当他翻箱倒柜想找一双没有破洞的袜子时，才碰巧又看到那封信。他心情沮丧地看着那封尚未拆封的信，他害怕自己把威尔金森小姐伤得太重，也觉得自己有点冷酷无情。但是威尔金森小姐现在可能已经从情伤中走了出来，至少已经熬过了最难受的时刻。在他看来，这就意味着女人通常在表达她们的感情时，总是小题大做、虚张声势。要是男人们做同样的表达，分量就会轻得多。他已经痛下决心，无论如何也不会和威尔金森小姐再见面了。既然已经那么长时间没给她写信，似乎现在也没必要写了。于是，菲利普打定主意不去读那封信了。

“我敢说她不会再写信来了，”他自言自语地说，“她应该明白这段情到此为止，毕竟她的岁数都可以做我母亲了。她应该有点自知之明嘛。”

有一两个小时的光景，菲利普心里还是觉得不太舒服。他的态度显然没错，但是他又不禁对整件事情感到不满意。威尔金森小姐确实没有再来信，也没有出现他莫名其妙担心害怕的情况:她会突然现身巴黎，让他在朋友们面前出尽洋相。没过多久，菲利普就把威尔金森小姐忘得一干二净。

同时，菲利普现在完全抛弃了原来敬若神明的偶像。起初他看待印象派画家的作品有一种惊讶的心情，现在变成了崇拜。现在他发现自己也和其他人一样能够口若悬河地谈论马奈、莫奈和德加等画家的过人之处。他买了安格尔名画《女奴》和《奥林匹亚》的复制品，把它们并排钉在脸盆架的上方，以便他在刮脸时细细揣摩这两幅名画的美妙之处。他现在已经十分肯定在莫奈之前根本谈不上有什么风景画。当他站在伦勃朗的《门徒们在以马忤斯》[①]或者委拉斯开兹的《被跳蚤咬破鼻子的女士》跟前时，他真的感到似乎有电流通过全身。当然“被跳蚤咬破鼻子”当然不是那位女士的真名实姓，但正是因为这个绰号才让这位女士在格雷威尔餐馆的谈资中脱颖而出，同时这幅画的美妙之处也更为突出，尽管那位坐着的女士的外貌，乍一看确实让人觉得怪模怪样。如同他已经把他初到巴黎时戴的硬边圆顶礼帽和笔挺的蓝底白点领带都压了箱底一样，他已经把罗斯金、伯恩-琼斯和沃茨都抛到脑后。现在他戴着宽边软帽，系的是一条随风飘动的黑色宽领带，还有一件裁剪样式带几分浪漫气息的斗篷。他沿着蒙帕纳斯林荫大道走着，好像他就生在这里，长在这里。靠着一股韧劲，他已经学会喝苦艾酒，丝毫不再觉得它难以下咽了。他也不再剪发，任由头发疯长。他还想把胡须留起来，但是自然之神不大厚道，没有考虑年轻人想流芳百世的愿望，他的愿望始终没有实现。

---

① 此画为赝品，也并非伦勃朗所画。

第四十五章

菲利普很快就意识到，克朗肖可以说是他这群朋友的精神导师。劳森正是从他那儿学会了悖论；甚至就连克拉顿，虽竭力标榜特立独行，也不知不觉地用起从这位长者那儿学来的措辞。他们在餐桌上议论得最多的也恰恰是克朗肖的思想，基于克朗肖的权威见解，他们形成了判断是非的标准。他们无意间会表达对他的敬意，但是又会嘲笑他的种种缺点和惋惜他的放浪形骸。

“当然,可怜的老克朗肖再也无法东山再起,”他们说,“这老头已经无可救药了。”

只有他们才能赏识克朗肖的才华，对于这一点他们沾沾自喜。虽然作为年轻人，他们有些瞧不起他中年人的荒唐，甚至有些居高临下地看他，但他们还是觉得结识这样一位天才给他们增光不少。只是克朗肖生不逢时，无法鹤立鸡群。克朗肖从不去格雷威尔餐馆。在过去的四年里克朗肖一直和一个女人生活在肮脏的环境中，只有劳森见过那个女人一次。他们住在大奥古斯丁街区一幢最破旧的大楼的一间很小的公寓套房里，在七楼。劳森饶有兴味地描述房间里的污浊、凌乱和垃圾遍地。

“那股臭味呀，能把你熏得站不住。”

“别在用餐时说这些，劳森。”有人出言制止。

但是劳森正在兴头上，仍旧绘声绘色地详细描述着那种刺鼻的气味。而且他用抑制不住的兴奋十分生动地形容起为他开门的那个女人。她皮肤黝黑，身材矮小但丰满，倒是很年轻，满头黑发好像一不留神就会散开。她穿了一件松松垮垮的短衬衫，里面竟没穿束身胸衣。她的双颊红扑扑的，一张性感的大嘴，一双闪闪发亮但非常勾人的眼睛。她使人联想起陈列在罗浮宫里的弗朗兹·哈尔斯[①]的画作《波希米亚女人》，她那种粗俗还故意招摇的样子，让人觉得既可笑又惊骇。一个脏兮兮、傻乎乎的婴儿正在地板上玩耍。大家都知道，这个浪荡的女人背着克朗肖和街区里那些不三不四的小混混勾勾搭搭，而思维敏捷、对美有着无尽热爱的克朗肖竟然和这样一个女人混在一起。这真让那群曾在咖啡馆桌边全神贯注聆听克朗肖的隽语箴言的单纯年轻人觉得不可思议。不过，克朗肖似乎还挺欣赏她的粗俗言辞，经常把她的污言秽语学给他们听，还不无讽刺地把她称为“我的女管家”[②]。克朗肖家徒四壁，穷得叮当响，只是通过给一两家英语报纸写评论画展的文章，另外偶尔做点翻译，勉强维持生计。他曾是巴黎一家英语报纸的员工，因为酗酒被解雇，不过他现在仍然为这家报纸打点零工，报道德鲁奥宾馆的拍卖会或者音乐厅里的时事讽刺剧之类不痛不痒的消息。在巴黎的生活习惯已经深入他的骨髓，尽管他过得贫困、沉闷和艰辛，但是他宁愿舍弃一切，也不愿去改变。克朗肖一年到头都待在巴黎，甚至夏天他认识的人都离开巴黎去度假时，他也心甘情愿、自得其乐地待在距圣米歇尔大街不到一英里

① 弗朗兹·哈尔斯（Franz Hals，约 1580—1666），荷兰肖像画家。

② 原文为法语。

的范围之内。但是让人纳闷的是他从不练着说法语，哪怕一句像样的法语他也不会说。他一天到晚穿着那件在“美丽的女园丁”商场买来的破旧衣服，仍是一副根深蒂固的英国人的做派。

若他生活在一百五十年前，一定会很成功，因为那个时代崇尚谈锋甚健的人，仅靠高谈阔论就可以结交社会名流，开怀畅饮，一醉方休。

“我应该生活在十九世纪，”克朗肖自言自语道，“我所需要的就是找个恩主，靠他的捐助出版我的诗集，把这些诗歌献给一位贵族。我渴望为一位伯爵夫人的狮子狗创作有韵律的偶句诗。我的灵魂渴望与贵妇的侍女的爱情，以及同主教们侃侃而谈。”

克朗肖引用缪塞[1]诗歌中浪漫青年罗拉的咏叹：

我出生得太晚了，因为这个世界太陈旧了。[2]

克朗肖喜欢新面孔，所以对菲利普也很喜爱，而菲利普似乎具备这样一种难得的技能：说话恰到好处，既能引出话题，又不会影响对方的谈兴。菲利普也被克朗肖迷住了，他没有认识到克朗肖说的不过是老生常谈。克朗肖的个性体现在谈话中有一种激起人们好奇心的力量，他的声音洪亮又悦耳，他表述事情的方式对年轻人来说有着不可抗拒的吸引

---

① 缪塞（Alfred de Musset，1810—1857），十九世纪法国浪漫主义诗人、小说家、剧作家。他的长诗《罗拉》标志着他在思想和风格上的转变，反映了复辟时期年轻一代的痛苦和绝望情绪。下文的法语诗行正是来自该诗。

② 原文为法语。

力。克朗肖说的一切似乎都能给人以启迪，以至于劳森和菲利普在回家的路上，在彼此的旅馆之间流连忘返，兴奋地讨论克朗肖提出的某一观点。菲利普年轻，凡事都急切地想要个结果，而克朗肖的诗歌却有负众望，让菲利普觉得困惑不解，他的诗歌从未结集出版，大部分发表在各个期刊上。在众人软磨硬泡的劝说下，克朗肖带来了一摞从《黄皮书》《星期六评论》以及其他期刊上撕下的纸页，每一页上都有他的一首诗歌。菲利普吃惊地发现这其中的许多诗歌要么让他想起亨利[1]的作品，要么就让他想起斯温伯爵的作品。要想使这些诗歌变成克朗肖自己的风格，还需要他妙笔生花、添枝加叶呢。菲利普对劳森表达了他的失望之情，而劳森却不小心把他的话漏了出去。等下一次菲利普再去丁香园咖啡馆时，那位诗人冲着他皮笑肉不笑地说：

“我听说你对我的诗作评价不高嘛。”

菲利普有些尴尬。

“我不知道您在说什么，”他答道，“我非常喜欢您的大作。”

“你不用顾及我的情面，”克朗肖挥了一下他的胖手，说道，“我自己也没把我的诗作看得多么了不起。生命在于生活本身，而不是一定要被写下来。我的目的是寻求生活所提供的多种多样的体验，从生活的每一刻提炼它所呈现的情感。我把我的作品看作一种优雅的技艺，它增添而不是减少生活的乐趣。至于后世的评价——见鬼去吧。”

菲利普微笑着，他已经看清在生活中这位艺术家所写的东西不过是一些可怜巴巴的胡话。克朗肖若有所思地看着菲

---

① 亨利（William Ernest Henley，1849—1903），英国诗人、评论家。

利普，往玻璃杯中斟满了酒。随后，克朗肖让侍者去给他买一包香烟。

“我这样说，你一定觉得很好笑，你知道我穷困潦倒，和一个粗俗的妓女住在一间阁楼里。那个浪荡的女人还背着我与理发师和咖啡馆的侍者[1]打得火热。我为英国公众翻译难登大雅之堂的书籍，为不入流的画作写评论文章，可这些狗屁画作连谩骂它们都嫌多余。不过，请你告诉我人生的意义是什么？”

“我说，这个问题可不好回答。你干吗不自己试着回答呢？”

“不行，因为除非你自己找出答案，否则毫无价值。请问，你觉得你活在这个世界上的目的是什么？”

菲利普以前从未想过这个问题，在回答之前，他沉吟了一小会儿。

“哦，我不知道。我想要担负起一个人的责任吧，尽可能充分利用一个人的能力，避免伤害其他人。”

“简单说，就是你希望别人怎样对待你，你便怎样去对待别人，对吗？”

“我想是吧。”

“基督教的原则。”

“不，不是的，”菲利普愤怒地说道，“这与基督教的原则没有关系。它只是抽象的道德准则。”

“但是这世界上根本没有抽象的道德准则这样的东西。”

“要是这样的话，假设你喝醉了酒，离开这儿时把钱包落下了，而我捡到了它，你觉得我为什么把它还给你呢？我

① 原文为法语。

不至于是因为害怕警察吧。”

“那是因为你怕造了孽下地狱，希望积点德好上天堂。”

“但是我既不相信有地狱，也不相信有天堂。”

“这也有可能。康德在构建‘绝对命令’理论时，也是什么都不信。你抛弃了信条，但仍保留了构成信条基础的伦理标准。你骨子里还是个基督徒，如果天堂里果真有上帝的话，你毫无疑问会得到奖赏。上帝不可能像教会编造的那样，他还是睿智的。如果你遵守上帝的法规，我认为他才不会在乎你信不信他哩。”

“不过要是我把钱包落在你这儿，你肯定会还给我的。”菲利普说道。

“那可不是因为抽象道德准则方面的动机，仅仅是由于害怕警察。”

“警察发现的可能性微乎其微。”

“我的祖先在一个文明国度里生活太久了，对警察的畏惧已经渗透到我的骨髓中。而‘我的女管家’则会毫不犹豫地拿走你的钱包。你一定会说，她是属于罪犯阶层的。绝对不是。她只是摆脱了世俗的偏见而已。”

“但是这样的话，也摆脱了荣誉、德行、良知、体面以及一切好的东西。”菲利普说道。

“你曾经犯下过宗教中所说的罪孽吗？”

“我不知道，可能犯过吧。”菲利普回答道。

“你说话的口气就像个非国教派的牧师，我就从未犯过上帝不容的罪孽。”

克朗肖穿着他破旧的大衣，领子向上翻着，帽檐压得很低，红扑扑的大胖脸和一双闪亮的小眼睛，看上去格外滑稽。只是菲利普太认真了，竟没有觉得他好笑。

“你没做过什么让自己觉得后悔的事情吗？”

“当我所做的事不可避免，我又有什么可后悔的？”克朗肖反问道。

“你说的是宿命论的论调。”

“人们总有一种错觉，认为他们的意志是自由的，这种错觉如此根深蒂固，以至于我自己都准备接受它了。我像个自由的主体一样行动。但是当实施一个行动时，显而易见的是永恒宇宙中的各种力量在起作用，我根本无法阻止它的发生。它是无法避免的。所以这个行动的结果好，我可以说并不是我的功劳；如果结果不好，我也欣然接受，不去内疚自责。”

“你把我都绕晕了。”菲利普说道。

“喝点威士忌吧，”克朗肖一边说，一边把酒瓶递了过来，“没有什么比它能更让头脑清醒了。如果你只是一味喝啤酒，就等着脑子变傻吧。”

菲利普摇了摇头。克朗肖又接着说：

“你这小伙子人不错，就是不喝酒这一点不好。太清醒了反而不利于交谈。不过我刚才说到了好与坏……”菲利普明白他又接上了刚才的话茬儿，“我用的是传统意义上的标准，并没有赋予这些字眼什么特殊的含义。我拒绝把人们的行为划分等级，说某些行为是可敬的，某些行为是不名誉的。像邪恶和美德这样的词汇在我眼中毫无意义。我既不称颂道好，也不随意指责：我只是接受。我是一切事物的衡量标准，我是世界的中心。”

“但是这世界上总还有别的人存在吧。”菲利普反驳道。

“我只是说我自己的情况。只有当他人限制到我的活动时，我才感知到他们的存在。世界围绕每一个人转动，每个个体都是宇宙的中心。我能力的大小限定了我对他们的权力范围，我只是在我的限度之内做我可以做的。因为我们是群居动物，所以结伴生活在一起形成社会，社会需要靠力，也就是靠武力（比如说警察）和公共舆论力（比如说葛兰地夫人[①]）聚合在一起。你一方面是社会的一分子，另一方面又是独立的个体：每一方都是要自我保存的有机体，双方在进行力的较量。我势单力薄，只能接受社会的约束，也不能说不愿意，因为我纳了税，作为回报，社会就应该保护我这样一个弱者，免受其他比我强大的人的欺凌。不过我是迫于无奈才屈从于法律保护的。我不承认法律的正义性：我不知道什么是正义，我只知道权力。只有我给警察付了钱以后，警察才保护我；另外，如果我生活在一个强征兵役的国家，我就得去当兵，这样才能保卫我的房屋和土地不受侵略；也正因为如此，我与社会就两清了。接下来，我就要用计谋和社会的力量周旋了。社会为了自身存在而制定法律，如果我犯了法，我就会被投入监狱或者处以极刑。它有力量这么做，因此也拥有了这种权利。同样，如果我犯了法，我也甘愿接受国家的惩罚，但是我并不把这看作惩罚或者我自己觉得犯了什么过错。社会通过荣誉、财富和同胞对我的好评引诱我为它服务。但是，我对同胞的好评无所谓，也蔑视荣誉，没有财富我也过得也挺好。”

“不过如果人人都像您这样想，这世界立刻就会分崩离析。”

“别人跟我没有关系，我只关心我自己，人类中的大多数都是受名利的驱使去做事的，而这些事直接或间接可以为

① 葛兰地夫人是十八世纪英国剧作家莫尔顿剧中人物，现在已被收入辞典，意为“拘泥礼节的人；心胸狭窄的人；极爱挑剔的人”。

我提供方便，我可以充分利用这一点。”

“在我看来，您的看法似乎特别自私呀。”菲利普说道。

“难道你认为人们做事会有不利己的原因吗？”

“是的。”

“那是不可能的。如果你岁数再大点，你就会发现，要让这个世界变成一个可容忍的生活之地，首要之事就是认识到人类的自私不可避免。你要求别人无私，这无异于一种荒谬的索求：他们应该牺牲自身利益来满足你的愿望。你凭什么这样要求他们？当你接受了这样的事实——世界上的每一个人都是为了自己，你就不会向别人要求那么多了。他们就不会令你失望，你也能更加宽容地看待他们了。人们在生活中只寻求一件事——自身的快乐。”

“不，不，不是这样的！”菲利普喊道。

克朗肖轻声笑了。

“你像一匹受了惊吓的小马驹，只是因为我用了一个你们基督教认为大逆不道的词儿。你们的价值有着层级，快乐处于最底层，当你谈到自我牺牲、责任、慈善还有真诚时，有一点激动吧。你认为快乐只是一种感官享受，那些可悲的奴隶制造出了你所遵循的道德观，这种道德观鄙视任何自享乐中获得的满足。如果我用的词是‘幸福’，而不是‘快乐’，听上去没那么令人震惊，你的思绪就会从伊壁鸠鲁[1]的猪圈漫游到他的花园，你就不会被吓得大惊失色。不，我还是会用‘快乐’这个字眼的，因为我明白人们的目标就是这个，我知道他们的目标根本不是幸福。正是快乐潜藏在你每一个

[1] 伊壁鸠鲁（Epicurus，前341—前270），古希腊杰出唯物主义和无神论者。亚里士多德以后的希腊化时期的哲学家伊壁鸠鲁是快乐主义幸福观的集大成者，他对快乐主义的系统论述对以后的西方产生的影响最大。

善行中。人采取行动是因为它们对他有好处，这些行动对别人也同样有好处时，它们就被认为是符合美德标准的。如果一个人在捐助中能得到快乐，他就是乐善好施的；如果他在帮助他人中能得到快乐，他就是仁爱的；如果他在为社会工作中能得到快乐，他就是有公益心的。不过，你把两便士施舍给一个乞丐，你个人得到的快乐和我再喝一杯威士忌加苏打水所得到的快乐一样多。我至少比你更坦诚一些，我既不会为我的快乐而吹嘘，也不会要求你的崇拜。

“但是，难道你不知道人们有时会做一些身不由己的事情吗？”

“不，我不知道。我只知道你的问题太愚蠢。你的意思是人们宁愿接受眼前的痛苦，也不愿意接受眼前的快乐。对你这个问题表示异议，那就和你提的问题一样愚蠢。显然，人们接受眼前的痛苦，而不是眼前的快乐，只不过是因为他们希望在未来得到更大的快乐。通常情况下快乐只是假象，但是他们在计算中的错误并不是对这一规则的驳斥证据。因为你不能接受快乐只是感官享受，所以你会觉得困惑。但是，孩子，一个人为他的国家牺牲不过是因为他喜欢这样，跟一个人吃腌卷心菜就是因为他喜欢吃一样。这是宇宙的一条法则。如果人们喜欢痛苦甚于快乐，那么人类很早以前就灭亡了。”

“但是如果你说的是真的，”菲利普喊道，“那一切还有什么意义呢？如果你抛弃责任、善良、美好，那我们活在这个世界还有什么意义呢？”

“现在伟大的东方来客来给出一个答案了。”克朗肖微笑着说。

克朗肖指着两个正推开咖啡馆门的人。两人带着一股寒冷的空气走进咖啡馆。他们是黎凡特人，兜售廉价毛毯的游商小贩，每个人胳膊上挽着一捆毛毯。这个时候正是星期天的傍晚，咖啡馆里坐满了人。他们在一张张桌子间穿梭，屋里空气污浊，到处都充满了烟草的气味，还有人身上的汗臭味。他们似乎也有一种神秘的气息，穿着欧洲式样的破旧衣服，肥大的薄外套磨得露出了里面的线，每人戴着一顶土耳其帽。他们的脸被冻得发白，其中一个是中年人，留着黑色的大胡子；另一个是十八岁左右的年轻人，满脸天花留下的深疤，而且只有一只眼睛。他们从克朗肖和菲利普身边走了过去。

"真主伟大，穆罕默德是真主的先知。"克朗肖故意大声说道。

年纪大一点的小贩凑过来，满脸堆笑，就像一只过去常挨人揍的杂种狗一样献媚。他偷偷瞄了一眼门口，然后飞快地拿出一幅色情图画。

"你是亚历山大港的商人马萨艾德·迪恩？或者是从遥远的巴格达捎来这些货色的？哦，我的大叔，那边那个独眼的小伙子，在他身上我还真看出点谢赫拉莎德[1]给她主人所讲的三国王中的一个的影子哩。"

虽然克朗肖说的话小贩一句也没听懂，但他竭力讨好的笑变得更加谄媚，然后又像变魔术似的掏出一个檀香木盒。

"不，还是给我们看看东方织机的无价纺织品吧，"克朗肖说道，"因为我想借此指出一条寓意，修饰一下我的故事。"

这个黎凡特人展开一条桌布，红黄相间，图案粗鄙丑陋，形状奇怪。

---

① 谢赫拉莎德，阿拉伯故事集《天方夜谭》(也译为《一千零一夜》)故事的叙述者苏丹新娘的名字。

“三十五法郎。”小贩说道。

“哦，我的大叔，这桌布既不是出自撒马尔罕[①]的织工之手，上面的色彩也不是出自布哈拉[②]的染坊。”

“二十五法郎。”小贩谄媚地笑着。

“也许天涯海角是它的产地，甚至可能是在我的出生地伯明翰生产的呢。”

“十五法郎。”小贩还是一脸谄媚地笑着。

“快滚吧，你这家伙，”克朗肖说道，“但愿野驴到你姥姥坟上去撒欢。”

黎凡特人收起笑容，不动声色地拿起货物准备到另一张桌子前继续兜售。克朗肖把脸转向菲利普。

“你去过克吕尼博物馆[③]吗？在那儿你可以看到最精美的波斯地毯，色彩艳丽，图案复杂，让人赏心悦目，叹为观止。从中你可以领略到东方的神秘和感官之美，欣赏到哈菲兹[④]的玫瑰和莪默的葡萄酒杯。其实，到时候你看到的还要多得多。刚才你不是在问生命的意义是什么吗，那么就去看看那些波斯地毯吧，说不定哪天你就会突然找到答案的。”

“你在故弄玄虚吧？”菲利普说道。

“我说的是醉话。”克朗肖回答道。

---

① 撒马尔罕，乌兹别克斯坦东部城市。

② 布哈拉，乌兹别克斯坦城市。

③ 克吕尼博物馆是位于巴黎的一座博物馆，以珍藏各种地毯、挂毯而闻名。

④ 哈菲兹（Hafiz，1320—1389），波斯诗人。他的诗很多有宗教的成分，有赞美上帝的成分，但你也可以理解为，那是在赞美生命、呼唤爱。

第四十六章

菲利普发现在巴黎的生活成本并非像别人所说的那样低，才到二月份他已经花光了带来的大部分钱。他的自尊心又太强，不愿意向他的监护人开口要钱，也不希望路易莎伯母知道他生活窘迫。因为他敢肯定，如果她知道他目前的状况，一定会想方设法从她自己的口袋中省出一些钱来接济他，而他也清楚路易莎伯母能提供的帮助也不多。好在三个月之后，他就到了法定年龄，就可以继承他父亲留给他的那一小笔遗产。眼下他得变卖父亲留给他的那几样首饰来度过这段困难的日子。

大约就在这个时候，劳森建议他们从拉斯帕伊大街外的一条街上租一间空着的小画室。那间画室租金低廉，还有一个房间相连，他们可以把这个房间当作卧室。因为菲利普每天上午都去学校，所以劳森可以不受打扰地独自使用画室。劳森上过很多学校，最后得出结论：他最好一个人独自研习；他还建议一周内有三或四天自己雇一个模特。刚开始菲利普考虑到花销大，有些犹豫，但是他们仔细估算了一下（他们渴望有自己的画室，所以就实打实地计算起来），似乎租一间画室的花费并不比目前住在旅馆里多出多少。虽说房租和看房人的打扫费用会多一些，但他们可以省下外出吃早餐[1]的费用，他们可以自己做早餐。在一两年前，菲利普不愿意和别人共用房间，因为他对自己的跛足很敏感。但是现在他这种病态的心理变得正常了许多，在巴黎他的残疾似乎不算什么。虽然他不会忘记自己身患残疾这一点，但是他不再总是觉得别人注意他的跛足了。

于是，他们搬了进去，买了两张床、一个洗脸架、几把椅子，生平第一次有了一种置办家业的喜悦。他们太兴奋了，在搬进去的第一天晚上，当他们躺在自己的床铺上却毫无睡意，一直聊到了凌晨三点。第二天他们自己生火煮咖啡，穿着睡衣吃早餐，乐此不疲，直到快到十一点了，菲利普才磨磨蹭蹭地去阿米塔诺美术学校。他的精神头十足，向范妮·普莱斯点头打招呼。

“你这阵子怎么样呀？”他快乐地问道。

“跟你有什么关系？”她不客气地回答道。

菲利普忍不住笑出了声，“别对我这么凶巴巴的，我只不过想让自己显得彬彬有礼些罢了。”

“我不想要你的彬彬有礼。”

“要是和我也吵架，你觉得值得吗？”菲利普温和地问道，“说实在的，现在能和你说话的人不多了。”

“那也是我自己的事，不是吗？”

“那是当然。”

菲利普开始画画，心里有点奇怪为什么范妮·普莱斯总让她自己那么难相处。他得出结论：自己跟其他人一样，也非常讨厌她。如果说大家对她多少还有点迁就的话，只是因

---

① 原文为法语。

为害怕她的毒舌，怕她当面或者背后说出不堪入耳的话来。然而，菲利普那天的心情出奇地好，甚至普莱斯小姐对他恶语相向他也毫不介意。他过去通常只要用一些小花招就能成功地消除她的怒气，这会儿他想故技重施。

“我说，我希望你能过来看看我的画，我画得乱七八糟的。”

“十分感谢，但是我还是把时间花在更有用的事情上吧。”

菲利普吃惊地瞪着她，因为对她屡试不爽的一招就是求教，她通常会欣然同意。她继续用低沉的声音，气急败坏地说道：

“现在劳森走了，你认为你又需要向我请教了。多谢，去找别人帮助你吧，我可不想要别人剩下的破烂。”

劳森确实有当老师的天分，无论何时他有什么心得，他都要急切地分享给大家。因为他乐于教人，讲得头头是道。菲利普根本没想什么别的，就已经养成坐在劳森旁边的习惯。他怎么也没想到范妮·普莱斯竟然妒忌得不得了，看到他接受别人的指点会越来越生气。

“你在这儿谁都不认识的时候，你就很乐意向我请教，”她愤愤不平地说道，“你刚交到新朋友，就把我扔到一边去了，就像扔一只破旧的手套一样——”她很得意地又重复了一遍这个老掉牙的比喻，“就像扔一只破旧的手套。好吧，我不在乎，但是你休想再让我当一次傻瓜。”

她的话倒有一部分说得不错，这让菲利普十分恼火，他脑袋想到什么就脱口而出。

“真见鬼，我征求你的建议不过是因为我知道这能让你高兴点罢了。”

范妮·普莱斯倒吸了一口气，突然向菲利普投来幽怨的一瞥。然后，两滴泪水就从她的两颊上滑落。她看上去又邋遢又古怪。菲利普对她这种从没有过的态度不明就里，回去继续画他的画去了。他很不安，良心也受到了谴责，但是他又不能走回她跟前，对她说如果他伤害了她，他感到很抱歉，因为他担心她会抓住这个机会责骂自己。有两三周的时间普莱斯小姐没有跟菲利普说过一句话，而菲利普克服了被她视为无物的不适之后，为从这段艰难的友谊中脱身多少松了一口气。以前，她对菲利普的态度好像他只属于她一个人，这让菲利普还有点心烦意乱。普莱斯小姐是个非同寻常的女人，每天八点钟准时来到画室，模特一摆好姿势，她就已经准备好开始动笔了。她作画时很沉稳，从不跟人闲聊，一连好几个小时跟她无法克服的困难较劲，一直到时钟敲响十二点。她的画作不可救药，大多数年轻人来这儿学上几个月，总能入点门，可她的画作丝毫看不出有什么进步。她每天都穿着那件难看的褐色衣裙，裙摆上还沾着上次下雨时留下的泥巴，菲利普第一次见到她时看到的破处依然如故，没有缝补。

但是有一天范妮·普莱斯走到他身旁，红着脸问菲利普过一会儿她能不能跟他说几句话。

“当然可以,你愿意说多少都可以。”菲利普笑着说,“十二点我留下来等你。”

当天的课结束后，菲利普向普莱斯小姐走去。

“你愿意和我走一小会儿吗？”普莱斯小姐尴尬地问道，没有正视他。

“当然。”

他们默默地走了两三分钟。

“你还记得那天你跟我说的话吗？”她突然开口问道。

“哦，我说，我们别争吵了，”菲利普说，“真的不值得。”

她急促而又痛苦地吸了一口气。

“我不想和你吵架。你是我在巴黎唯一的朋友，我想你是喜欢我的，我觉得我们俩之间有缘分，我被你吸引——你知道我的意思，被你的跛足吸引。”

菲利普的脸涨得通红，本能地试图走得平稳些。他不喜欢别人提到他的残疾。他知道范妮·普莱斯的意思，她又丑又邋遢，而他有残疾，他们应该同病相怜。他对她很恼火，但是强忍着没有吱声。

“你说你向我请教只是为了让我高兴，你认为我的画一无是处，是吗？”

“我只看过你在阿米塔诺美术学校的画作，从那些画上很难做出判断。”

“我想知道你是否愿意去我家看看我其他的画作，我从未让别人看过，但我想让你看看。”

“你真的太好了，我非常愿意去看看。”

“我住处离这儿很近，”她有些抱歉地说道，“只会占用你十分钟的时间。”

“哦，没关系的。”他说。

他们沿着林荫大道一直向前走着，接着她拐进一条小街，然后又领着他走进另一条小街，这条街看上去更破旧，在一座座建筑的底层都是些廉价商店，最后他们终于不再继续走了。他们爬了一段又一段楼梯，普莱斯小姐打开一扇门，走进一间有着倾斜的房顶和一扇小窗子的小阁楼。那扇窗子紧闭着，房间里有一股发霉的味道。虽然很冷，但房间里没有生火，也没有生过火的痕迹，床上的被子也没有叠。一把椅子，一个五斗柜兼作了脸盆架，还有一个廉价的画架——这些是屋里的全部家具。这地方本来就够脏了，再加上满屋的垃圾，杂乱无章，让人不免作呕。在壁炉架上散乱地放着颜料和画笔，还有一个杯子、一个脏盘子和一把茶壶。

"如果你站在那边的话，我把它们放在椅子上，这样你能更好地欣赏它们。"

她给菲利普看了二十幅长约十八厘米、宽约十二厘米的小油画。她把它们放到椅子上，一张接一张地，观察着菲利普的表情。当他看着每一幅画作时，不时地点点头。

"你是喜欢它们的，对吧？"过了一会儿，她有些焦急地问道。

"我想先把所有的画看完，"他回答道，"然后再发表评论。"

菲利普努力保持镇静，其实心中有些无措。他不知道说什么好。这些画不仅画得很差，色彩上得也十分不专业，就像是毫无艺术鉴赏力的人涂上去的，而且不讲究明暗层次对比，透视效果也很怪异。这些画看上去就像一个五岁的孩子画的，就是一个孩子作画可能还会有一些童趣，至少会试着把看到的东西展现出来。但是这些画显然出自一个脑袋里塞满俗气画面的庸人之手。菲利普记得她曾热情地谈论过莫奈和印象派画家，而他眼前这些作品却承袭了皇家艺术学院的传统，还是最糟的那部分传统。

"好了，"普莱斯小姐最后说道，"就是这些。"

菲利普虽然不见得比别人更诚实，但让他有意说出一个弥天大谎也实在困难，所以他回答时脸憋得通红。

"我觉得它们大部分都相当不错。"

淡淡的红晕出现在普莱斯小姐不怎么健康的脸颊上，她的嘴角露出一丝微笑。

"你知道，如果你不是这么想的，倒也不必这么说，我只想听真话。”

“我真就是这么想的。”

“你难道不能提提意见吗？一定会有你和别人一样不喜欢的地方。”

菲利普无措地环视了一下，他看到一幅风景画，属于业余爱好者画的那种典型的风景：一座古老的桥，一间爬满藤蔓的农舍，一条树荫覆盖的河岸。

“当然，我不能自称多么精通绘画技巧，”他说道，“但是我不太清楚那幅画的明暗层次。”

普莱斯小姐的脸涨得发紫。她飞快地拿起那幅画，让它背对着菲利普。

“我不知道你为什么要选这幅画来嘲讽，这是我创作的最好的一幅画。我很确定它的明暗层次没问题。无论你懂不懂明暗层次，这一点你还没资格教别人。”

“我觉得它们都挺好的。”菲利普只得重复道。

普莱斯小姐带着一种自得的神情看着那些画。

“我觉得它们都拿得出手。”

菲利普看了看手表。

“我说，时间不早了，我请你吃顿便饭吧？”

“我这儿已经准备好了午餐。”

菲利普没看到午餐的踪影，不过也许等他走后看门人会送过来。于是，他急忙告辞。屋里的霉味让他头疼。

第四十七章

在三月份，大家都急切地想把自己的画作送到一年一度的巴黎美术展览会去。克拉顿仍然特立独行，丝毫未做准备，而且他对劳森所送的两幅头像画极为不屑。那两幅画显然出自新手的笔下，是对模特直接的描画，但是还算是有一定视觉冲击力的。而克拉顿处处追求完美，根本无法容忍这种笔法青涩的画作，他耸了耸肩膀，直截了当地告诉劳森，把不该拿出的画室的画稿送去参展，实在是冒失无礼。即使在劳森的两幅肖像画被画展接受后，克拉顿的蔑视之意仍未减半分。弗拉纳根也想碰碰运气，但他送的画被退回来了。奥特太太送了一幅无可指摘的《我母亲的肖像》,这幅画技法不错，不过还是二流水准，被挂在一个比较显眼的位置。

菲利普自从离开海德堡之后就没再见过海沃德，海沃德此时来巴黎度几天假，恰逢劳森和菲利普在自己的画室里组织一次聚会，庆祝劳森的画作入选画展。菲利普一直盼望再见到海沃德，但两人最终见面时，菲利普不免有些失望。海沃德在外貌上有了些改变：他那一头细发变得愈发稀疏了；随着俊美容颜的迅速衰败，皮肤也变得干枯，脸色变得苍白；蓝色的眼睛比以前更加黯淡，整个人有些萎靡不振。另一方面，海沃德的想法似乎一点也没变，那种给十八岁时的菲利普留下深刻印象的文化修养现在却只让二十一岁的菲利普轻视。菲利普自己也改变了许多：他对自己过去关于艺术、生活和文学的见解都嗤之以鼻，对仍然抱有这样看法的人也无法容忍。菲利普几乎没有意识到这样一个事实：他想在海沃德面前显示一下自己的见识。当他带海沃德参观美术馆时，他把自己最近才接受的别出心裁的观点向海沃德倾吐出来。菲利普把海沃德带到马奈的画作《奥林匹亚》前，夸张地说道：

"除了委拉斯开兹、伦勃朗和弗美尔[①]的作品外，我愿意拿所有古典大师的作品来换这一幅画作。"

"弗美尔是谁？"海沃德问道。

"哦，我亲爱的伙计，你连弗美尔都不知道？就像还没开化。要是连弗美尔都不知道，那活着还有什么意思。他是唯一一位有现代派风格画风的古典大师。"

他把海沃德拽出了卢森堡美术馆，催着他赶往罗浮宫。

"可是这儿还有别的画作没看呢！"海沃德说道，就跟要把所有景点都看个遍的游客一样。

"剩下的都不值得看了。你以后可以自己带着旅行指南来看。"

当他们到达罗浮宫的时候，菲利普领着他的朋友径直步入长廊。

"我想看看《蒙娜丽莎》。"海沃德说。

"哦，我亲爱的伙计，那只不过是一幅被人吹得神乎其神的画作。"菲利普回答道。

最后，在一个小房间里，菲利普在弗美尔·范·戴尔夫

---

① 弗美尔（Johannes Vermeer，1632—1675），荷兰风俗画家，也作肖像及风景画，以善用色彩表现空间感及光的效果著称。代表作品有《戴珍珠耳环的少女》等。

特的画作《织女》前停了下来。

“瞧，这是罗浮宫里最棒的画，像极了马奈的手笔。”

菲利普用他的大拇指富有表现力地比画着，详细地描述着这幅作品的迷人之处。他说的都是画室里的行话，这让海沃德佩服不已。

“我不知道我是否看出了其中的奥妙之处。”海沃德说道。

“当然，它是画家的作品，”菲利普说，“我敢肯定外行人是看不出太多名堂的。”

“你说什么人？”海沃德问道。

“外行人。”

和大多数对绘画感兴趣的人一样，海沃德非常渴望证明自己的看法是对的。他对那些不敢坚持自己主张的人，会相当自以为是。如果他面对的是那些非常自信的人，就会变得极谦逊。菲利普的从容自信让海沃德不敢大放厥词，所以他温顺地接受了菲利普的言外之意，即只有画家才有资格评判绘画的优劣，这种主张倒也不是狂妄得毫无可取之处。

一两天之后，菲利普和劳森举办聚会，克朗肖破例给了面子，同意来尝尝他们准备的食物。查利斯小姐主动提出过来为他们下厨，她对同性没有兴趣，所以婉拒了找几个女伴陪她的建议。克拉顿、弗拉纳根、波特和另外两个客人也来参加了聚会。屋里的家具不够，所以模特台被用来充当餐桌，如果客人们愿意，可以坐在旅行皮箱上，如果他们不愿意那样，可以坐在地板上。菜肴有查利斯小姐做的蔬菜牛肉浓汤[①]，还有从附近买的烤羊腿，买回来时还是热的，散发着香味（这时，查利斯小姐也炖好了土豆，小画室里还弥漫着煎胡萝卜

① 原文为法语。

的香气，煎胡萝卜是她的拿手菜）；下一道菜是火烧梨，是用燃烧的白兰地酒烧烤香梨，这道菜是克朗肖自告奋勇做的。最后一道菜是一大块布里干酪[1]，放在窗户近旁，给充满各种气味的画室增添了一股甜美的香味。克朗肖坐在首席，不过是坐在旅行皮箱上，双腿盘起，就像一位土耳其的大人物，对围着他的年轻人和气地笑着。虽然小画室的炉子里生着火，室内的温度很高，但习惯使然，他仍旧穿着大外套，领子高高地立着，头上戴着那顶硬边礼帽。克朗肖心满意足地看着面前排成一排的四大瓶基安蒂酒[2]，中间是一瓶威士忌酒。克朗肖说，这些酒瓶的样子使他联想到一个苗条美丽的彻尔克斯女子[3]被四个富态的太监守护着的画面。海沃德为了不让其他人感到拘束，穿了一身花呢套装，戴着一条“三一堂”领带，他那身英国式的打扮看上去很奇怪。其他人对他十分客气，在喝汤的时候，他们谈论天气和政治形势。在他们等着羊腿上桌的空当，谈话出现了一会儿停顿，查利斯小姐点燃一支香烟。

“长发姑娘，长发姑娘，放下你的头发来。”[4]她突然说道。

她动作优雅地解开了头发上束着的丝带，让一头长发飘落到肩上，随即又摇了一下头。

“我总觉得把头发放下来更舒服一些。”

她棕色的眼睛大大的，苦行僧似的瘦削面孔，苍白的皮肤，宽阔的前额，好像是从伯恩-琼斯的画上走下来的人物。

---

① 原文为法语。

② 基安蒂酒，产于意大利的托斯卡纳基安蒂地区的一种无气泡的红葡萄酒。

③ 彻尔克斯人祖居高加索西北部库班河下游一带，其女子以美貌著称。

④ 这句话出自《格林童话》中的《长发姑娘》，讲述一个被巫婆关在高塔上的长发女孩的故事。

她有一双修长纤细的手，可是手指却被尼古丁熏黄了。她穿了件拖地的长裙，淡紫与嫩绿相间，她周身散发着一种肯辛顿区时尚街道的浪漫气息。她风流妖娆，但是性情随和，为人热心，是个不可多得的尤物，只是情感比较浅薄。这时传来一阵敲门声，大家都忍不住欢呼起来。查利斯小姐起身开门。她接过羊腿，把它高高举过头顶，好像大平盘里盛着的是施洗者约翰的头颅。她嘴里还叼着烟卷，但迈着庄严、神圣的步子走过来。

“万岁，希罗底的女儿。”[①]克朗肖叫道。

大家津津有味地吃着羊肉，看到那位脸色苍白的女士有那么好的胃口，还真是让人高兴。克拉顿和波特分别坐在她的两旁，大家都知道，对于这两位她是不会忸怩作态的。对大多数的男人，六周过后她就会厌倦，但是她很清楚之后如何对待那些曾拜倒在她脚下的年轻绅士。她爱过他们，但现在不爱了，她不会对他们心生怨恨，而是友好相待，只不过保持一定距离罢了。她不时会用幽怨的眼神看着劳森。火烧梨做得相当成功，部分是因为白兰地的效果，部分是因为查利斯小姐坚持让大家配着奶酪吃。

“我不知道这东西真的是美味绝顶呢，还是让人恶心。”在她充分品尝了这道大拌菜后说道。

咖啡和科尼亚克白兰地很快被端上来，以防出现什么不良的后果，他们坐下来悠闲地抽着烟。露丝·查利斯无论做什么事都要有意展现她艺术家的气质，她姿势优雅地坐在克朗肖身边，把她那精致的脑袋靠在他的肩头上，她那双若有

① 希罗底的女儿即莎乐美，根据《圣经》故事，她曾在其继父希律·安提帕面前跳舞，使继父答应她的要求，将施洗者约翰杀死，并把他的首级赏赐给她。

所思的双眸好像在凝望时间的黑暗深渊，时不时向劳森投去长长的、若有所思的一瞥，同时深深地叹一口气。

转眼又到了夏天，这些年轻人也坐不住了。蓝色的天空诱惑着他们奔向海边。林荫道两旁的梧桐树叶在微风中快乐地喁喁私语，吸引着他们去往乡间。每个人都在计划离开巴黎，他们讨论带多大尺寸的画布出行最合适，还备足了写生用的画板，争论布列塔尼[1]不同地方的优点。弗拉纳根和波特要去孔卡诺[2]；奥特太太和她母亲喜欢景色一览无余的地方，所以去了蓬特阿旺[3]；菲利普和劳森决定去枫丹白露[4]森林。查利斯小姐知道在莫雷有家很不错的旅馆，那里也有很多值得画的东西。况且，那里离巴黎不远，菲利普和劳森还是挺在意火车票价的。露丝·查利斯跟他们一起去，劳森想给她画一张在野外的肖像画。那会儿，巴黎美术展览会上充斥着这类人们站在充满阳光的花园里的肖像画。画里的人眨巴着眼睛，光线透过绿叶形成的影子斑驳地映在他们的脸上。他们邀请克拉顿一起去，但是他更希望独自度过这个夏天。他刚刚对塞尚的画作产生兴趣，渴望去普罗旺斯。他想要去观赏阴沉的天空，热辣辣的蓝色像是要如汗珠般点点落下；他更喜欢尘土飞扬的宽阔白马路，还有在烈日炙晒下显得苍白的屋顶，以及在热浪中变成灰色的橄榄树。

---

① 布列塔尼，法国的一个大区，位于法国西北部的布列塔尼半岛，英吉利海峡和比斯开湾之间。

② 孔卡诺，法国西北部菲尼斯泰尔省的一个市镇，为海滨避暑胜地。

③ 蓬特阿旺，法国布列塔尼半岛南岸小城，现已成为艺术家开设工作室和画廊的艺术胜地。城中立有高更的头像。

④ 枫丹白露，法国巴黎大都会地区内的一个市镇，位于巴黎的东南，是著名的观光地，此地有著名的枫丹白露宫。

在他们准备出发的前一天，在上午课结束后，菲利普一边整理着东西，一边找范妮·普莱斯搭话。

“我明天要去度假了。”他欢快地说道。

“去哪儿？”她很快问道，“你不会是要离开这儿吧？”她的脸沉了下来。

“我要找个地方过暑假，你呢？”

“我哪儿也不去，我就待在巴黎。我原以为你也会留下来。我本来挺期待……”

她闭了口，耸了耸肩。

“但是这儿也太热了吧？对你的身体特别不好。”

“承蒙你多虑，还关心对我的身体好不好。你打算去哪儿？”

“莫雷。”

“查利斯也要去那儿，你不是和她一起去吧？”

“我和劳森一起去，她也要去那儿，至于她是不是和我们一起走我就不知道了。”

她喉咙里发出了一声低低的咕噜，脸色沉了下来，涨得通红。

“真无耻！我原来还以为你是个正派人，以为你是这里唯一的正派人。她和克拉顿、波特不清不楚，甚至和老富瓦内也玩暧昧——所以他才对她特别关照——现在又是你们俩了，你和劳森，真让我恶心。”

“哦，真是胡扯！她可是正派人，大家都把她当成男人看待。”

“哦，我不想听，我不想听。”

“但是话又说回来，这又碍着你什么事了？”菲利普问道，“我去哪儿过暑假跟你没有任何关系呀。”

“我一直特别期待暑假，”她喘着粗气，似乎在自言自语，“我以为你没有钱去度假，到那时这里都没什么人了，我们就可以一起作画，我们还可以一起去四处看看。”说到这儿，她又猛地想起露丝·查利斯。“这个下流的婊子，”范妮·普莱斯喊道，“她都不配跟我说话。”

菲利普心情沮丧地看着她。他不认为自己是一个女孩子都会爱上的人，因为他对自己的残疾太敏感。在女人面前，他会局促不安，样子笨拙。但是，他不知道她的这通发作还意味着什么别的。范妮·普莱斯，穿着脏兮兮的棕色衣裙，头发散乱地搭在脸上，衣服肥大难看，而且邋遢不整地站在他的面前，愤怒的泪水从她脸颊滑落，这真让人受不了。菲利普瞟了一眼房门，本能地希望这时有人推门进来，好结束这尴尬的场面。

“我真是太抱歉了。”菲利普说道。

“你们都是一丘之貉。能得到的好处你全得到了，你甚至都没说声谢谢。你现在了解的东西都是我教给你的，除了我以外，没有谁会费心去帮你。富瓦内理过你吗？而且我还要告诉你这一点——你就是在这儿再学上一千年，你也学不好。你没有天分，没有任何创造力。这还不是我这么说——大家都这么说。你这辈子绝对成不了一名画家。”

“那也不关你的事，不是吗？”菲利普红着脸说道。

“哦，你觉得只是因为我脾气不好才这样说的吧，那你去问问克拉顿，去问问劳森，去问问查利斯吧。你永远、永远、永远也成不了。你根本不是这块材料。”

菲利普耸了耸肩，头也不回地走了。她冲着他的背影，大声喊道：

“永远、永远、永远也成不了。”

那时，莫雷是个老派的小镇，坐落在枫丹白露森林的边缘，只有一条街道。“金币[1]”旅馆仍然保留着王政时代的遗风。它面向着一条蜿蜒的河流——卢万河。查利斯小姐住的房间有一个小阳台正好可以俯视这条河，从那里还可以看见一幅迷人的景色：一座古桥和加固过的河口通道。在傍晚他们吃过晚餐后，就会坐在小阳台上，一边喝着咖啡，抽着香烟，一边谈论着艺术。离此地不远处，有一条汇入卢万河的窄窄的运河，河岸边有一排排白杨树。他们在忙完一天的工作后，经常会沿着河岸散步。整个白天他们都在作画。就像他们这一代的大多数人一样，他们对如画的风景敬谢不敏，于是他们对摆在眼前的小镇之美视而不见，反而去追求朴实无华的东西。他们对一切美丽迷人的东西嗤之以鼻。西斯莱和莫奈都曾画过这条岸边长着白杨的运河。这种典型的法国风景，他们也想一试身手，可又害怕它那种井然之美，于是有意地回避了。尽管劳森有时对女性的艺术作品有些瞧不上，却对查利斯小姐的聪明机敏暗自佩服。查利斯小姐开始创作一幅画，为了避免落入俗套，她巧妙地把树的顶部略掉不画。而劳森也有一个绝妙的想法，在他画作的前景添上一个巨大的、蓝色的梅尼耶巧克力广告牌，这是为了突出他对这种巧克力盒的厌恶之情。

菲利普现在开始尝试画油画了，当他第一次运用这种令人愉悦的艺术媒介时，心中充满了阵阵喜悦。早晨，他带着小画具箱和劳森一起出门，坐在劳森旁边，在画板上作画。这让他非常满足，只是他竟没有意识到自己不过是在模仿劳

① 原文为法语。

森的作品。菲利普受这位朋友的影响很深，以至于他只是通过劳森的眼睛看世界。劳森爱用暗色调作画，所以他们两人笔下翠绿的青草就像深色的天鹅绒，而灿烂的天空在他们手中则变成了压抑的深蓝色。整个七月，一个大晴天接着一个大晴天，天气很热，暑热把菲利普的热情烤干了，让他整天无精打采的。他也无法静心作画，脑子里激荡着千百种念头。他经常会去运河边，在白杨树的树荫下度过一个又一个上午，读上几行诗歌，然后做上半个小时的白日梦。有时，他会租上一辆快散架的自行车，沿着通向森林的那条尘土飞扬的小路骑行，然后在一块林中空地上躺下来。菲利普的脑海中充满各种浪漫的幻想。他仿佛看到了华托[1]笔下的那些窈窕淑女，她们快乐活泼又无忧无虑。她们在骑士们的陪伴下，在参天巨树间漫步，彼此窃窃私语，诉说着轻松、迷人的事情，然而，不知为何，似乎又受到一种无名的恐惧的困扰。

旅馆里，除了他们以外，还有一个肥胖的法国中年女人，她如同拉伯雷[2]笔下的人物，经常发出淫荡的大笑声。她会花上一整天时间耐心地待在河边钓鱼，可从未钓到一条鱼。菲利普有时会走过去和她搭讪几句。他发现她以前干过那种行当，那一行里最臭名昭著的人物当属华伦夫人[3]了。这个女人赚足了钱后，现在过着中产阶级的安闲生活。她还给菲利普讲一些粗俗下流的故事。

---

① 让-安东尼·华托（Jean-Antoine Watteau，1684—1721），法国杰出的洛可可艺术风格画家。作品多描绘贵族的闲逸生活，往往与戏剧题材有关。

② 拉伯雷（Francois Rabelais，1494—1553），文艺复兴时期法国人文主义作家之一，主要著作有长篇小说《巨人传》等。

③ 华伦夫人，英国剧作家萧伯纳的四幕剧《华伦夫人的职业》中的人物，以开妓院为生。

"你一定要去塞维利亚[①]," 她说道——她能说点不流利的英语,"那里有世界上最漂亮的女人。"

她不怀好意地看了眼菲利普,又点了点头。她那三层的下巴和鼓起的大肚子,随着她咯咯的笑声抖动着。

天气变得酷热,在晚上几乎不能睡好觉。热气好像一种有形的物质,在树下流连不散。但他们又不希望错过满天星光的夜景,于是他们三个人会静静地坐在露丝·查利斯房间的阳台上,一个小时又一个小时,太过困乏谁也不愿再说话,只是尽情地享受夜晚的静谧。他们倾听河水的潺潺声。远处教堂的钟声敲了一下,两下,有时甚至三下,他们才拖着困倦的身子上床睡觉。突然,菲利普意识到查利斯和劳森是一对情人。他是从那姑娘看那年轻画家的眼神,以及劳森那种着了迷的样子中推断出来的。当菲利普和他们俩坐在一起的时候,总感觉他们周围涌动着一种激流,好似其中带有某种奇怪的东西,让空气也变得沉重起来。这一发现让菲利普很吃惊。他过去一直把查利斯小姐当成一个很好的伙伴,喜欢和她聊天,似乎从没想过和她能进一步发展关系。一个星期天,他们带着装茶点的篮子一起去了森林。他们来到一片绿林环抱的林中空地,因为这地方具有田园气息,查利斯小姐执意脱下鞋袜。要不是因为她的脚大了些,而且在每只脚的第三个脚趾上各长了一个大鸡眼,这双脚倒也不失迷人之处。菲利普觉得正是因为鸡眼的缘故,查利斯小姐走路的样子才有点滑稽可笑。但是现在他看她则完全不同了:她的那双大眼睛和橄榄色的皮肤都显出一种温柔的女人味。菲利普感觉自己真是傻,以前竟没有看出她这样迷人。菲利普还察觉到

---

① 塞维利亚,西班牙城市。

她有点瞧不起自己，因为自己过去竟然视她为无物，没有发现她的与众不同。另外，在他看来，在劳森身上似乎也有一种居高临下的神气。菲利普妒忌劳森，倒不是妒忌劳森本人，而是妒忌他的爱情。菲利普真希望自己能与劳森换个位置，去体会劳森的感受。菲利普心烦意乱，害怕爱情会从他身边溜走。他希望能有一股激情向他袭来，他希望能被那股激情卷走，听凭那股强有力的激流的摆布，情愿被它送到任何地方。在菲利普眼中，查利斯小姐和劳森现在似乎有些不同了。老和他们在一起，让菲利普感觉坐立不安。菲利普对自己很不满意，因为生活没有给他想要的东西。他心里感到焦虑，他觉得自己在虚掷光阴。

那个肥胖的法国女人很快就猜到了那两个年轻人之间的关系，并且直言不讳地跟菲利普谈论起这件事。

“你怎么样，”她问道，脸上挂着那种靠着同胞的淫欲而发财的人总有的宽容的微笑，“你有女朋友[①]了吗？”

“没有。”菲利普红着脸说道。

“为什么没有？你已经到年龄了。”[②]

菲利普耸了耸肩，手里拿了一本魏尔伦的诗集，自顾自地走开了。他想读读书，可是心中激情澎湃，根本读不下去。他想到了弗拉纳根给他讲过的那些零星的风流韵事，去街巷深处的妓院狎妓，妓院客厅中装饰着乌得勒支[③]的天鹅绒制品，还有涂脂抹粉的卖笑女子唯利是图的姿态。他打了个激灵，躺倒在草地上，伸展着四肢，如同一头幼兽从睡梦中刚刚醒来。河水泛起涟漪，白杨树在微风中轻轻颤动，天空湛

① 原文为法语。

② 原文为法语。

③ 乌得勒支，荷兰城市，以天鹅绒织品闻名。

蓝，所有这一切让他几乎无法自持。他陷入了对爱情的遐想中。在他的幻想中，他感觉有两片温暖的唇吻在他的唇上，有一双柔软的手臂环抱着他的脖颈。他想象自己躺在露丝·查利斯的怀抱中，他还想到了她乌黑的双眸和细腻光洁的皮肤。自己真是太愚蠢了，竟然错失如此美妙的爱情奇遇。如果劳森能做到，为什么他就不能？但是，这一切只是发生在他看不见她的时候，发生在晚上睡不着或者白天在运河边无所事事地做白日梦的时候。只要他亲眼看见她，他的感觉就有了天壤之别。他不再有任何揽她入怀的欲望，更无法想象自己会去亲吻她。这真是奇怪。不见她，他会想起她的美，只记得她光彩照人的眸子和奶油色的苍白脸庞。但是，当和她在一起的时候，他看到的就只是她平平的胸部和稍微坏了的牙齿，他也忘不了她脚上的鸡眼。他自己都觉得无法理解自己。难道他只会爱上不在眼前的人，一旦有机会与对方见面就无法欣赏本人？该不会是自己畸形的视觉夸大了对方令人厌恶的地方吧？

天气的变化，宣告着漫长的夏天已到了尽头，他们都得返回巴黎了，菲利普心里此时一点也不觉得遗憾。

第四十八章

当菲利普回到阿米塔诺画室后，他发现范妮·普莱斯不在那儿学习了。她已经交回了柜子的钥匙。他问奥特太太是否知道范妮·普莱斯怎么了。奥特太太耸了耸肩，回答说她可能已经回了英格兰。菲利普感到如释重负，他对她的坏脾气实在难以忍受，而且她还老是对他的画作指指点点，如果他不听从她的建议，她就认为他是在怠慢她。她就是不明白其实菲利普觉得自己早已不是刚来时的门外汉了。很快菲利普就把她丢到脑后，他现在开始专攻油画，正在兴头上呢。他希望能创作出几幅重要的作品，可以送到明年的巴黎美术展览会上去参展。劳森也正在画一幅查利斯小姐的肖像画。她很上相，拜倒在她石榴裙下的所有年轻人都为她画过肖像。她天生有一种慵懒的韵味，加之擅于搔首弄姿，足以让她成为一名优秀的模特。她还有足够的绘画技法知识，可以提供有用的建议。因为她对艺术的热情主要来自要过艺术家的那种生活，所以对自己学业进步与否倒是满不在乎。她喜欢画室里热闹的气氛，还有机会抽许多香烟。她用低沉、欢快的声音来谈论对艺术的爱和爱的艺术，其实对两者的区别，她自己也分不大清楚。

劳森最近在埋头作画，差不多到了废寝忘食的地步，可随后又把画好的部分都刮掉了。除了露丝·查利斯，任谁也不会耗尽耐心做他的模特。最后，他陷入无望的混乱之中。

“唯一可以做的就是拿一张新的画布，重新开始。”他说道，“现在我确实知道我想要什么，这回我不会花太长时间的。”

当时菲利普也在场，查利斯小姐对他说：

“你干吗不也画一下我？看劳森先生作画，你能学到不少东西呢。”

查利斯小姐对她的情人总是以姓氏相称，这正是她体贴周到之处。

“如果劳森不介意的话，我正求之不得呢。”

“我当然不介意。”劳森说道。

这是菲利普头一次画肖像，刚开始有点忐忑，也有点得意。他坐在劳森的身旁，看到劳森怎么画，他就怎么画。由于有劳森打样，而且劳森和查利斯小姐不时给他些建议，所以菲利普受益很多。最后劳森画完了，邀请克拉顿来评论一番。克拉顿刚刚回到巴黎。他从普罗旺斯又去了西班牙，渴望去见识一下委拉斯开兹在马德里的作品，从那儿他又顺路去了托莱多[1]，在这个古城待了三个月。回来后，他嘴里常念叨一个对这群年轻人来说陌生的名字——埃尔·格列柯[2]，他对那位画家推崇备至，并说若要学他的画风，只能去托莱多。

“哦，是的，我知道他，”劳森说道，“他是个古典大师，他的特点就是他画得和现代派画家一样糟糕。”

---

① 托莱多，西班牙中部城市，位于马德里以南 70 公里处。

② 埃尔·格列柯（El Greco，1541—1614），西班牙著名画家，原籍希腊，在托莱多终其一生。

克拉顿比以往更加沉默寡言，这时并未回应，但他嘲弄地看了一眼劳森。

“你打算给我们看看你从西班牙带回来的大作吗？”菲利普问道。

“我在西班牙没画画，我太忙了。”

“那你假期都做什么了？”

“我在想一些事情，我相信我和印象派画家分道扬镳了。我有种感觉：用不了几年他们的画作就会看上去非常浅薄和空洞。我想把我所学的东西统统忘掉，重新开始。当我回来的时候，我把以前所画的东西都撕毁了。现在我的画室里除了一张画架、我的颜料，还有一些干净的画布，什么也没剩下。”

“那你打算干什么？”

“我现在还不知道。对我要的东西我只有种模糊的想法。”

劳森神态古怪，语气缓慢，好像竭力在听某种刚好能听见的声音，在他身上似乎有一种他自己都无法理解的神秘力量，但这种力量在暗自挣扎去寻找一个出口发泄，他的这种劲头让人印象深刻。劳森急切地想听克拉顿对他画作的意见，但对克拉顿的批评和意见他会故意装作不放在心上，甚至有些蔑视的样子。但是菲利普知道，如果克拉顿能够表扬上几句，会让劳森心里乐开了花。克拉顿静静地看了那幅肖像画好一阵，然后又瞟了一眼菲利普立在画架上的画。

“那是什么？”他问道。

“哦，我也试着画了一幅肖像画。”

“照猫画虎，努力模仿。”他嘀咕道。

他又转过身面向劳森的画作，菲利普涨红了脸，但没有吭声。

“嗯，你觉得怎么样？”劳森沉不住气地问道。

“造型很讨巧，”克拉顿说道，“我觉得画得挺不错。”

“你认为它的明暗层次还行吧？”

“很不错。”

劳森开心地笑了，他像一条落水狗似的，抖了抖身子。

“我说，我真高兴你喜欢它。”

“我不喜欢，我认为它微不足道。”

劳森的脸色沉了下来，他目瞪口呆地盯着克拉顿，一点也不明白克拉顿的意思。克拉顿本来就不善言辞，他说起话来显得很费劲，说的话也没有逻辑、断断续续、啰里啰唆，但是菲利普就是能明白他那漫无边际的话里的含义。克拉顿自己从不阅读，这些话都是从克朗肖那儿听来的，虽然当初印象不深，但仍保留在他的记忆中。最近这些话又都突然冒出来，并给了他新的启示：一个好的画家，应该带着两个主要目的去作画，即人物和人物心灵的意向。印象派画家一直专注于其他的问题，他们画笔下的人物令人赞叹，但是他们如同十八世纪的英国肖像画家一样，对于人物心灵的意向的表现则少之又少。

“但是如果你试图做到这点，你就会变得很有文学色彩，”劳森打断了克拉顿的话说道。“还是让我像马奈那样画人物吧，什么心灵的意向，让它见鬼去吧。”

“如果你真能在画风方面胜过马奈那再好不过，但是你比起他来差远了。印象派的土地已经干涸贫瘠，你无法在往昔干涸的土地上种出粮食。你必须退回到过去。当我见到格列柯的画作时，我就感到我们从肖像画中能得到比我们以前知道的要多得多的东西。”

“那岂不是要回到罗斯金的老路上去！”劳森嚷嚷道。

“不——你得明白，他喜欢伦理道德，我才不在乎什么伦理道德呢。说教呀，伦理道德呀，诸如此类的东西，是不起作用的。但是激情和感情就不一样了。最伟大的肖像画画家会把人物和人物心灵的意向都展示出来。伦勃朗和埃尔·格列柯就是这样的画家。只有二流的画家才只画人物。山谷中的百合花即使不散发芬芳也是可爱的，但是它散发着香味才更加可爱。那幅画——”他指着劳森所画的肖像——“嗯，画的技法不错，造型也没什么问题，但是太中规中矩。它应该从构图和造型上能让你一眼看出这个女孩的风流放荡。外形准确固然很好，但埃尔·格列柯把他的人物画得有八英尺高，因为他想表达的东西，除此之外，别无他法。”

“让埃尔·格列柯见鬼去吧，”劳森嘟囔道，“这个人的作品我们根本没机会见着，你在这儿喋喋不休地谈论他有什么用？”

克拉顿耸了耸肩，沉默地抽着烟，径直离开了。菲利普和劳森面面相觑。

“他说的话还是有些道理的。”菲利普说道。

劳森怒气冲冲地凝视着他的画。

“一个人除了把看到的东西准确地勾勒出来，到底怎么还能把人物心灵的意向也画出来？”

大约就在这段时间，菲利普交了一个新朋友。在周一的上午模特们都会到画室聚齐，如果被选中了，就会留下来工作一周。有一天，一个年轻的男人被选中，但他明显不是职业模特。菲利普的注意力被他的仪态所吸引：当他站到模特台时，双脚稳稳地站在那儿，身体如松，双手紧攥，头部傲然前倾。这更加显得他的身材健美，身上没有一丝赘肉，肌肉凸起，好似钢铁所铸一般。他的头部形状很优美，剪着干净利落的短发，下巴上留着短胡须，浓眉大眼。他能连续保持一个姿势好几个小时而丝毫不显疲态。他的神态中既有羞怯又带着坚定，他充满活力，浑身洋溢着青春的气息，这不免激起了菲利普浪漫的想象。当年轻模特工作完后，菲利普看见他穿好衣服，在菲利普眼中，他仿佛化身成了穿着褴褛衣服的国王。他不善言谈，喜欢独来独往。但过了一两天，奥特太太告诉菲利普，那个模特是个西班牙人，以前从未做过模特。

“我猜他一定在挨饿。”菲利普说道。

“你注意到他的衣服了吗？它们还是挺整齐和体面的，不是吗？”

碰巧波特，就是那位在阿米塔诺画室学习的美国人，要去意大利待上几个月，他把他的画室提供给菲利普用。菲利普正求之不得呢，他对劳森不容置疑的指点变得有些不耐烦了，也想一个人待一段时间。在一周结束的时候，他找到那个模特，借口自己的画还没画完，问他是否能到画室给自己当一天模特。

“我不是专业模特，”那个西班牙人答道，“下周我还有别的事情要做。”

“我们一起吃个午饭吧，在吃饭时再说。”菲利普邀请道，看到对方还有些犹豫，菲利普又微笑着补充道，“跟我吃顿午饭，你又不会有什么损失。”

这位模特耸了耸肩，答应了，他们一起去了一家小饭店[1]。

---

① 原文为法语。

西班牙人一口法语说得很蹩脚，语速倒是很快，很难听懂，而菲利普竭力讨好，跟他相处得还不错。菲利普这时才知道他是个作家，来巴黎是为了写小说。对于一个身无分文的人来说，为了生活什么样的差事都做过：他代过课，做些能揽到手的翻译活儿，主要是些商业文件；最后凭着一副好身材，不得不做起了模特挣钱。模特这行收入还不错，一周挣的钱足够他接下来的两周多时间花了。他告诉菲利普，一天只花两法郎就能轻松度过，这让菲利普十分惊奇。但是，他谈到自己不得不靠展示身体挣钱时，语气中也充满了羞愧，他把当模特看作一种堕落，只是因为糊口才勉强为之。菲利普解释说自己不想画他的全身，只是想画头部，希望给他画一幅肖像画，然后看有没有机会送到巴黎美术展览会上展览。

“不过你为什么想画我呢？”西班牙人问道。

菲利普回答说他的头型让他感兴趣，他想他能画一幅不错的肖像画。

“我可抽不出时间，从写作中抽出一分钟我都不愿意。”

“我们只用下午时间画，我上午在画室学画。毕竟，坐着让我画像总好过翻译那些法律文件吧。”

拉丁区内来自不同国家的学生生活在一起一度都很亲密，这曾经传为美谈，但是好景不长，如今不同国籍的人几乎老死不相往来，如同在东方城市里那样。在朱利安画室和美艺画室里，如果一名法国学生跟外国人交往，就会遭到同胞的指指点点；一个英国人要想和城里的居民交从过密则更为困难。确实，很多学生在巴黎生活了五年之后，所会的法语仅够他们去商店购物用，他们还过着和在英国一样的生活，好像他们还在南肯辛顿区学习和生活一样。

菲利普对浪漫的事情一向热衷，有这样一个和西班牙人接触的机会也求之不得。他费尽口舌，说服这个西班牙人接受了他的建议。

“我告诉你我的决定，”那个西班牙人终于答应了，“我给你当模特，但不是为了钱，而是因为我自己乐意。”

菲利普劝他接受点报酬，但对方的态度很坚决，最后他们商定，他下周一的下午一点钟来。他给了菲利普一张名片，上面印着他的名字：米格尔·阿胡里亚。

米格尔定期来给菲利普当模特，虽然他拒绝接受酬金，但至今为止，他时不时地向菲利普已经借了五十法郎了，这个数目比菲利普按正常价格付模特的钱只多不少。不过这样做能让西班牙人心安理得，因为他不是靠有辱人格的方式挣来的。他的国籍让菲利普把他看作浪漫的象征，菲利普向他询问塞维利亚和格拉纳达[①]的风土人情，委拉斯开兹和卡尔德隆[②]的创作情况。但是米格尔对自己国家的灿烂文化并不放在心上，对他，以及对他的很多同胞而言，法国才是唯一被视为人才聚集的国度，巴黎是世界的中心。

“西班牙已死，”他喊道，“它不再有作家，不再有艺术，什么都没有。”

他以其民族特有的生动丰富的言辞中，他一点一点地透露了自己的抱负。他正在写一部长篇小说，希望能借此一举成名。他受到左拉的影响，把故事的背景设定在巴黎。他详细地向菲利普讲述了故事的情节，在菲利普看来，这故事内容似乎既粗糙又愚蠢，对秽行的描述也幼稚可笑——这就是

---

① 塞维利亚和格拉纳达都是西班牙南部城市。

② 卡尔德隆（Pedro Calderón de la Barca，1600—1681），西班牙剧作家及诗人。

生活，我的朋友，这就是生活[1]，他喊道——这种幼稚的描写反而衬托了故事的俗套。米格尔已经写了两年，历经千辛万苦，清心寡欲，放弃当初吸引他来巴黎的种种乐趣，为了艺术不惜忍饥挨饿，下定决心排除万难，梦想取得非凡成就的那一天。这种精神还真有点英雄主义的味道呢。

“不过你为什么不写西班牙人的生活呢？”菲利普叫道，“那不是有趣得多吗，而且你也了解那儿的生活。”

“但是只有巴黎才是唯一值得描写的地方。巴黎的生活才是真正的生活。”

一天，他带来部分书稿，用他那结结巴巴的法语，一边念着，一边兴奋地翻译着，他读的这些章节，菲利普几乎无法听懂。米格尔读了几段，实在是太差劲了。菲利普困惑地望着他正在画的肖像：宽阔眉宇后面的思想竟如此浅薄，那双闪亮、热情奔放的眸子只看到生活中的表象。菲利普对他的肖像也不满意，在这位模特工作即将结束的时候，菲利普几乎把他所画的全部刮掉了。肖像画要展示人物心灵的意向，这话说得不错，可当你面前的一些人似乎是各种矛盾的综合体时，谁又能说出人物心灵的意向是什么呢？菲利普喜欢米格尔，可认识到米格尔付出巨大代价的努力都是徒劳时，让他心里很不是滋味。米格尔具备成为一名好作家的所有品质，但是唯独没有天分。菲利普看着自己的作品。谁又能分辨出这幅画的作者是有天分，还是在浪费时间呢？显而易见，那种雄心壮志帮不了你什么忙，你的自信也没有丝毫用处。菲利普想到了范妮·普莱斯，她坚信自己有天分，她的意志力也非同寻常。

---

① 原文为法语。

“如果我觉得我在这一行不能出类拔萃，我宁愿放弃画画，”菲利普说道，“做一名二流的画家，我真看不出有任何好处。”

随后，有一天早上，当他打算出门时，看门人叫住了他，说有他的一封信。除了他的路易莎伯母没人会给他写信，偶尔海沃德也会有信来，但这封信上的笔迹他不认识。信的内容如下：

> 见信请速来，我再也受不了了。请您独自前来，我无法忍受让别的人碰我的想法。我要把一切都留给你。
>
> F. 普莱斯
>
> 我已经三天滴水未进了。

菲利普突然感到一阵恐惧。他匆忙赶往她住的那幢房子。他很吃惊她竟然还在巴黎，他已经好几个月没见过她了，以为她已经回英国很久了。当他到了的时候，问看门人她是否在家。

“应该在家，但我已经有两天没见她出门了。”

菲利普跑到楼上，敲好的房门，里面没人应声。他喊着她的名字。门是锁着的，他弯下腰，发现钥匙还插在锁上。

“哦，我的上帝，我希望她没做出什么傻事来。”他大声喊道。

他转身跑下了楼，告诉看门人她肯定在房间里。他刚收到她的一封信，担心出了什么可怕的事情。他建议破门而入。看门人一直阴沉着脸，根本不想听他说什么，这时也觉得事态严重。但他付不起破门而入的责任，坚持要把警察局长叫来，他们一起去了警局，然后又找了一位锁匠。菲利普发现普莱斯小姐还没付上个季度的租金。在新年那一天，她甚至都没给看门人礼物，而看门人按照常规认为那天他有权利得到一份礼物。他们四人上了楼，又一次敲了房门，还是没人回答。锁匠开始开锁，鼓捣了半天他们终于进了房间。菲利普大叫了一声，本能地用手捂住了眼睛。那位可怜的姑娘用一根绳子套住脖子上吊了，绳子的一头系在从天花板的一个钩子上。这钩子是以前的房客钉在天花板上用来固定蚊帐的。她把自己的小床挪到一边，然后站在一张椅子上，然后把椅子踢到一边，椅子现在正翻倒在地板上。他们把绳子割断，把她放下来。她的身体已经变得冰凉了。

第四十九章

菲利普通过多种渠道了解到的情况来看，普莱斯小姐的境况很是悲惨。其中从女学生们那儿了解到的一个情况是范妮·普莱斯从不跟她们去饭馆一起高兴地吃顿饭菜，原因也显而易见，她被可怕的贫困时时侵扰。他对他俩一起吃的那顿午餐记忆犹新，那时他刚来巴黎，她那饿死鬼似的吃相让他大倒胃口。现在他意识到，她那种吃相是因为她饿极了。看门人后来告诉了菲利普她每天都吃些什么，每天给她留一瓶牛奶，她自己买一块面包，中午从学校回来，吃半块面包、喝半瓶奶当午餐，晚上回来再把剩下的吃完。日复一日，天天如此。菲利普心里痛苦地想到了她所承受的一切。她从未让别人知道自己比谁都穷，到后来显然她的钱全花光了，最后连去画室学习的钱也支付不起了。她租住的那个小房间几乎没什么家具，除了那条她总不下身的破破烂烂的棕色裙子，她再也没有其他衣服。菲利普想从她的遗物中找到某个他能联系上的亲朋好友的地址，他发现了一张纸条，纸条上他的名字被写了很多次，这让他尤为震惊，他觉得她一定是爱上了他。他想到了那具在棕色衣裙中骨瘦如柴的尸体，在天花板的铁钩子上吊着，他不禁打了个寒战。但是，如果她喜欢他，为什么不向他求助呢？他会很高兴地尽其所能帮助她，他觉得很后悔，因为他拒绝承认她对他怀有某种特殊的感情，现在想想她遗书中的那些留言是多么凄苦：“我无法忍受让别的人碰我的想法。”她是在饥饿中死去的呀。

菲利普终于找到了一封落款为“你的兄长阿尔伯特”的信件。信是两三个星期前从瑟比顿[①]的某条街上寄来的。信上回绝了他妹妹向他借五英镑的请求。写信的人说他有妻子和孩子要照顾，他觉得没有理由随意借钱给别人，他最后给范妮的建议是回到伦敦谋个差事。菲利普给阿尔伯特·普莱斯拍了一封电报，没过多久他就收到了回电：

深感悲痛。生意繁忙，无法脱身。是否必须前来，请告知。

普莱斯

菲利普又拍了一封简短而肯定的电报，第二天一早一个陌生人来到了菲利普的画室。

“我是普莱斯。”当菲利普打开门，对方自我介绍道。

他是个长相普通的人，穿着一身黑，在圆顶礼帽上还围着一条带子。他身上那种傻愣愣的劲头和范妮倒是很像。他留着短硬的胡须，操着伦敦东区的口音。菲利普请他进来。当菲利普跟他解释事件的详细情况，告诉他自己做了哪些事情时，他斜眼打量着画室。

“我不必去看她的遗体了吧，对吗？”阿尔伯特·普莱斯问道，“我的神经比较脆弱，会受刺激的。”

他渐渐打开了话匣子，介绍自己是个橡胶商人，家里有

① 瑟比顿，英国伦敦西南部的某一地区。

老婆和三个孩子。范妮原先是做家庭教师的，他搞不明白她为什么不继续做下去，反而跑到巴黎来学画。

“我和我太太告诉她巴黎不适合一个女孩子待。做艺术这行又挣不着钱——一向如此呀。”

很容易听出来他和自己妹妹的关系并不怎么好，心里怨恨她的自杀是给他最后的伤害。他不愿意让人提及她自杀是因为贫困所迫，这似乎有损家庭的清誉。他琢磨她的行为一定另有隐情。

“我想她一定是和某个男人闹别扭了吧，是吗？你明白我的意思，巴黎这种地方是个大染缸。她也许是为了保全名誉，才迫不得已走上绝路的。”

菲利普觉得自己脸红了，心中暗自责怪自己的软弱。长着一双精明的小眼睛的普莱斯似乎怀疑菲利普和自己的妹妹有一腿。

“我相信令妹一向品行端正，”菲利普尖刻地回敬道，“她自寻短见是因为她快饿死了。”

“嗯，您要是这么说，可是让她的家庭蒙羞了，凯里先生。她只需给我写信，我绝不会让我自己的妹妹吃不上饭的。”

菲利普正是读了这位兄长拒绝借钱给他妹妹的信件才发现了他的地址，但听到这话，他只是耸了耸肩，再对他指责这个又有什么用呢。他讨厌这个小个子男人，想尽可能早点儿完事把他打发走。阿尔伯特·普莱斯也希望赶紧把必要的后事处理完，好尽早回伦敦。他们来到可怜的范妮生前住的小房间，阿尔伯特·普莱斯看着画作和家具。

“我不能对艺术不懂装懂，”他说道，“我想这些画还能值几个钱吧，是吗？”

“一钱不值。”菲利普干脆地答道。

“这些家具也值不了十个先令。”

阿尔伯特·普莱斯不会法语，菲利普不得不处理一切。似乎得走完没完没了的程序才能让可怜的遗体入土为安：从一个地方领一大堆表格，填完后再交到另外一个地方；去见好几位官老爷。菲利普从早忙到晚，一直忙了三个整天，终于他和阿尔伯特·普莱斯能跟着灵车去往位于蒙帕纳斯的墓地。

“我想把她的后事办得体面些，”阿尔伯特·普莱斯说道，“但是浪费钱又没有什么必要。”

在寒冷的早上，天空灰蒙蒙的，简短的葬礼令人感到压抑、凄凉。来参加葬礼的还有范妮·普莱斯在画室中的五六个同学，奥特太太因为自己是司库，觉得她来是责无旁贷的，露丝·查利斯来是因为心地善良，另外劳森、克拉顿和弗拉纳根也来了。在范妮·普莱斯生前他们都不怎么喜欢她。菲利普环顾墓地四周的墓碑，有的简陋粗糙，有的俗气造作，有的丑陋无比，他忍不住打了个寒战，眼前的景象真是肃杀可怕。当他们从墓地回来的时候，阿尔伯特·普莱斯请菲利普和他一道去吃午饭。现在菲利普烦透了他，而且自己觉得很疲乏。他最近睡得也不好，因为他老是梦见范妮·普莱斯穿着她那棕色的破裙子，吊在天花板大钩子上的样子。但菲利普又想不出一个借口拒绝他。

“你给我找一家高档一点的饭馆，咱们吃点好的，这几天真是糟透了，我的神经都快受不了了。”

“拉夫纽餐厅是附近最好的饭馆了。”菲利普答道。

阿尔伯特·普莱斯自己找了把天鹅绒靠椅坐下来，舒了一口气。他点了一份丰盛的午餐，外加一瓶葡萄酒。

“好了，我很高兴这一切都结束了。”他说道。

他很巧妙地抛出好几个问题，菲利普发现他急切地想打听在巴黎画家们的私生活情况。尽管他号称反对糜烂的私生活，但是他特别想了解他想象中的花天酒地的细节。他一会儿狡诈地眨巴眼，一会儿谨慎地坏笑两声，好像在暗示他知道实际的细节比起菲利普坦白的要多得多。他是个见过世面的人，对这类事情也是相当了解的。他问菲利普是否去过蒙马特尔[①]的那些地方，从坦普尔酒吧到皇家交易所，都是十分有名的地方。他还想说自己曾逛过红磨坊娱乐场呢。午餐很可口，葡萄酒味道也很好。阿尔伯特·普莱斯酒足饭饱之后，心情变得十分好。

"再来点白兰地吧，"当咖啡端上来后，他说道，"索性大手大脚一回。"

他搓了搓双手。

"你知道，我冒出来一个念头：今晚再待上一晚，明天再回去。咱们一块儿找个地方去玩玩怎么样？"

"如果你的意思是说你想让我今晚带你去蒙马特尔逛逛，见你的鬼去吧。"菲利普说道。

"我想你误会我了，不是这么回事。"

他回答得一本正经，倒把菲利普逗笑了。

"另外，那会让你的神经更受不了的。"菲利普严肃地说道。

阿尔伯特·普莱斯最后得出结论，他最好还是乘下午四点钟的火车回伦敦，很快，他就向菲利普告辞了。

"好了，再见，老弟。"他说道，"我要告诉你的是，过些日子我还要到巴黎来的，到时我会找你，咱们一定痛痛快快

---

① 蒙马特尔，巴黎的一个区，艺术家和酒吧的聚集地。

地去狂欢一场。”

菲利普那天下午无心作画，所以他跳上了一辆公共汽车，过河到杜朗-吕埃尔画店去看看有什么好画。从画店出来，他沿着林荫大道慢慢散步。天气开始变冷，风卷着落叶。行人裹紧大衣匆匆而过，缩着身子想挡住寒冷的侵袭，他们脸带愁容，一副心事重重的样子。此时在立满白色墓碑的蒙帕纳斯墓地的地下，一定也是冰冷刺骨。菲利普觉得自己在这个世界上好孤独，很奇怪地思念起家乡来了。他想找人陪伴。可这个时候，克朗肖在工作，克拉顿从来不欢迎有人去拜访，劳森正在画露丝·查利斯的另一幅肖像，不希望被打扰。菲利普决定去找弗拉纳根碰碰运气。他看到弗拉纳根正在画画，但是很高兴放下他的工作跟菲利普聊天。弗拉纳根的画室舒适温暖，这个美国人比他们大多数人都有钱。弗拉纳根开始给菲利普沏茶，菲利普看着他准备送到巴黎艺术展览会参展的两幅头像画。

“我要送画去参展，未免脸皮厚了一点，”弗拉纳根说道，“但是我不在乎，我就要参展，你觉得它们很差劲吧？”

“不像我预想的那么差劲。”菲利普说道。

事实上这两幅画展现出了一种令人吃惊的巧妙手法。画上难处理的地方都被他有技巧地避开了；色彩运用得也很大胆有突破，让人惊叹，甚至会被深深吸引。弗拉纳根虽然不懂得绘画的知识和技巧，信笔挥洒自如，倒像是个终生在从事绘画艺术的画家。

“假如规定每人欣赏画的时间不超过三十秒，你肯定会成为一名伟大的画家的，弗拉纳根。”菲利普笑着说。

这些年轻人之间倒是没有那种相互奉承、相互吹捧的坏毛病。

“在美国，我们可没那么多时间，看任何画都绝对超不过三十秒。”

弗拉纳根哈哈大笑地说道。

虽然弗拉纳根可以算作世界上最自由散漫的人了，但他的内心却出人意料地体贴温柔，很讨人喜欢。无论谁生病，他都会去看护。他快乐的情绪比任何药物都要有效。就像他的很多美国同胞一样，他不像英国人那样害怕感情的流露，要牢牢控制住自己的情感，唯恐让人说成多愁善感。相反，他认为感情的流露是人类的天性，没有什么可丢人的。他的同情心和人情味经常让他身陷苦恼的朋友们感激不尽。他看见菲利普经过这段时间的打击有些沮丧，于是就又说又闹，诚心实意地想让菲利普振作起来。他故意把自己的美国腔加重，他知道这会让英国人捧腹大笑。他的话匣子一打开，就妙语如珠，插科打诨，精神高亢，喜笑颜开。到了吃饭的点儿，他们一起出去吃饭，然后他又提议去蒙帕纳斯游乐场，那是弗拉纳根最喜欢去的娱乐场所。到了入夜的时候，他的兴致达到了最高点。他喝了不少酒，但是他的醉态与其说是酒精所致，还不如说是由于个人活泼好动的天性。他又提议他们应该去比利埃尔舞厅跳会儿舞，菲利普觉得累过了头，反倒不想上床睡觉了，就痛快地同意了。他们在一侧的平台上找了张桌子坐下来，平台比地面高出了一些，所以他们一边看人们跳舞，一边喝着啤酒。没过一会儿，弗拉纳根看到了一位朋友的身影，他大喊了一声，跳过栏杆，跳到了舞池里。菲利普看着舞池中跳舞的人群。比利埃尔舞厅并非上流人士出入的娱乐场所。那是一个周四的晚上，这个地方人满为患。这些人很多是来自不同院校的学生，可大多数的男人都是些职员或者店员。他们穿着日常的便装，并非定制的花呢制服或者式样古怪的燕尾服，他们都戴着帽子，因为他们带到了舞厅里，而跳舞时帽子没地方放，于是就把帽子戴在头上。一些女客看上去像是女仆，有些是浓妆艳抹的轻佻女子，但是大多数是女店员。她们身上穿着的是便宜货，但却刻意模仿河对岸的时髦款式。那些轻佻的女子打扮得花枝招展，就像杂耍剧场的艺人，或者是那些声名狼藉的舞蹈演员。她们画着很黑的眼影，脸颊上涂着夸张的腮红。舞厅里白色大灯低低地挂着，更突显了这些人脸的阴影，在灯光之下，所有的脸部线条似乎都显得格外生硬，周围的色彩也显得粗俗不堪，一派乌烟瘴气的场景。菲利普斜靠在栏杆上，往台下看着，音乐声仿佛充耳不闻了。有的人在舞池中央猛烈地扭动身子，有的人围着舞池转圈缓缓地跳动，很少有人说话，他们的注意力全在舞曲上。舞厅里很热，人们的脸上汗珠闪烁。在菲利普看来，他们似乎都剥下了平时为了提防别人而戴上的面具，放弃了对传统习俗的敬畏，现在才是他们的本来面目。在这纵情欢乐的时刻，他们都奇特地显示出动物的特征：有的像是狐狸，有的像是狼，有的长着愚蠢的、绵羊似的大长脸。由于过着不健康的生活，吃着劣质的食物，他们的皮肤呈现蜡黄色。庸俗的生活趣味让他们一脸迟钝麻木，唯有一双双狡诈的小眼睛在滴溜乱转。他们的举止中无法让人看出什么品格高尚的地方。你可以感觉到，对他们所有人来说，生活不过是琐事和肮脏念头构成的长长的岁月。舞厅里空气污浊，充满了人身上的汗臭味。但是他们跳得很起劲，好像身上某种奇怪的力量在驱使着他们，而在菲利普眼中，驱使他们的还是享乐的冲动。他们绝望地在寻找逃出这可怖世界的出路。克朗肖谈到的享乐的欲望是驱使人们盲目向前的唯一动机，而欲望的强烈似乎又剥夺了人们所有的乐趣。他们无法抗拒地被一阵大风吹着匆匆而行，不知道为什么前行，也不知道会行到何处。命运仿佛高高在上，他们跳着舞，好像脚下是无尽的黑暗深渊。他们的沉默隐隐令人感到惊恐。好像生活把他们吓破了胆，剥夺了他们说话的力量，所以他们内心的呼喊到了喉咙处便悄无声息了。他们的眼神如鹰一般阴冷。尽管兽欲已经使他们面容丑陋，尽管他们面呈卑鄙之色，尽管他们冷酷无情，尽管最糟糕的还在于他们的愚蠢，但是他们呆滞的目光透出的痛苦，使得这群人显得既可怕又可怜。菲利普厌恶他们，但内心深处又隐隐作痛，对他们充满了无限的同情。

他从衣帽间取出外套，走进了寒风凛冽的黑夜。

第五十章

范妮的不幸总在菲利普的脑海中挥之不去，但最困扰他的，还是范妮的努力最后还是劳而无功。可以说，没人比她更勤奋了，也没人比她更有诚意了，她全身心地相信自己的努力会有所回报。但是，显然有自信意义并不大，他的所有朋友都有自信，米格尔·阿胡里亚就是其中之一。这位西班牙人为写作付出了不懈的努力，但他创作出的东西实在琐碎无聊，这两者之间的鲜明对比让人感到惊讶。菲利普曾经在学校时不开心的经历给了他一种自我分析的能力。这种癖好，就像吸毒品成瘾一样，占据了他的心灵，所以他现在对自己感情的剖析特别敏锐。他不禁看到了艺术对他的影响与对别人的影响迥然不同，一幅杰出的画作能够立刻使劳森兴奋不已，他的欣赏是出于本能。甚至弗拉纳根凭直觉能感受的东西，菲利普不得不思索一番才能体会到。他自己的欣赏完全是理性的。他也不得不思考他身上是否有“艺术家的气质”（他讨厌这个用语，但是又找不到其他更好的词）。如果有的话，他也能如他们一样，借助情感就能不加思考地感受到美。他想弄明白他除了有一手依样能把物体描摹得准确的表面技巧外，还有些什么别的才能。那根本算不上什么，他已经学会藐视用技法讨巧了。最重要的是借画来表达感受。劳森用某种方式画画，因为这是他的天性使然；作为一名艺术生，他容易受到各种流派的影响，但在他刻意模仿下，他也能展现出自己的个性。菲利普看着他自己的露丝·查利斯的肖像画，现在距离完成此画已经过去三个月了，他这时才意识到这幅画只不过是对劳森画作的忠实复制。他觉得自己毫无创造力。他是用脑子来作画的，然而他很清楚，真正有价值的画作是用心灵完成的。

菲利普的财产不多，几乎不到一千六百英镑，他得精打细算过日子。靠画画，十年之内都别想挣到一个子儿。纵观整个美术史，穷困潦倒的画家比比皆是。他必须安于贫困，如果能创作出一幅不朽的名画，这一切倒也值得，但是他又特别害怕到头来他只不过是个二流的画家。为了成名值得牺牲青春的韶华，舍弃生活的乐趣，还有人生中的种种机缘吗？菲利普很清楚住在巴黎的外国画家的生存状况，知道他们生活的圈子很窄，活动范围有限；他还知道有些人为了追求成名，苦苦过了二十年，但机会总是与他们擦肩而过，他们最后沉沦、堕落成了酒鬼。范妮的自杀唤起了他对往事的回忆。菲利普听过很多可怕的故事，某个人会通过自杀来逃避绝望。他还记起那位教师对可怜的范妮提的连讽刺带挖苦的建议。如果她听从了那个建议，放弃毫无希望的努力，结局还不至于如此悲惨。

菲利普完成了米格尔·阿胡里亚的肖像画，决定把它送到巴黎美术展览会上。弗拉纳根也送了两幅画，菲利普觉得自己和弗拉纳根的水平不相上下。他对自己的这幅肖像画倾注了大量心血，不禁觉得这幅画还是有一定水准的。当他端详这幅画时，他觉得还是有些问题，可说不出哪里有问题。可当他看不见那幅画时，就变得比较亢奋，觉得它也蛮不错的。菲利普把自己的画送到巴黎美术展览会，可是画被退了回来。起初他并没有太介意，因为事先他已经反复说服自己这幅画被接受的可能性微乎其微。过了几天，弗拉纳根兴冲冲地闯进画室，告诉劳森和菲利普他的一幅画被画展接受了。菲利普面无表情地向他表示了祝贺。弗拉纳根只顾为自己的成功感到高兴，所以没有察觉到菲利普语气中有无法掩盖的讽刺意味。劳森则聪明得多，察觉到了这一切，好奇地看了菲利普一眼。劳森自己的画没有问题，他一两天前就知道结果了，他隐隐地对菲利普的态度感到不满。等美国人一走，菲利普突然向他问了一个问题，倒是让劳森感到十分吃惊。

"如果你是我的话，你会不会撒手不干了？"

"你这话是什么意思？"

"我想知道做一个二流画家值不值得。你知道，换个行当，比如你是个医生或者你是个商人，如果能力平庸也没啥关系，能养家糊口就行了。但是如果证明只能画出二流的作品来，一个画家能有多大出息？"

劳森还是挺喜欢菲利普的，一想到菲利普可能是因为画作落选心里特别不痛快，便马上安慰他。大家都知道，巴黎美术展览会曾经把很多后来证明是杰作的画都退回了。而且这是菲利普头一回送画参展，必须有被拒绝的心理准备。弗拉纳根的画被接受了，这也好理解，他的画卖弄技巧，比较肤浅，而这种画风正是那些死气沉沉的评画人所喜欢的调调。菲利普变得愈发不耐烦了：劳森竟然认为他受到了这种小事的影响，而没有意识到他的沮丧来自对自己能力的怀疑，这真让人难堪。

近来，克拉顿从在格雷威尔饭馆吃饭的那伙人中退出了，过起离群索居的生活来。弗拉纳根说他一定是爱上了一位姑娘，但是克拉顿苦行僧般的面容根本不像在恋爱。菲利普认为更可能的情况是，他和他的朋友们保持一段距离是为了能把他自己萌生的某种新思想梳理得更清晰些。不过有天晚上，其他人离开饭馆去看戏的时候，菲利普一个人坐着，克拉顿走了进来，点了晚餐。他们开始聊天。菲利普发现克拉顿变得爱说话了，也不像以往那样爱讽刺挖苦人了，于是菲利普决定利用一下他心情大好的机会。

“我说，我希望你能来看看我的画作，”他说道，“我想听听你的高见。”

“不，我才不想看呢。”

“为什么？”菲利普红着脸问道。

这种要求他们彼此之间经常会提出，一般情况下没人会拒绝。克拉顿耸了耸肩。

“人们表面上是征求你的意见，可实际上他们只想听表扬。而且，意见又有什么用？无论你的画是好还是坏，意见又有什么关系？”

“对我来说，关系重大。”

“没有的事。一个人画画的唯一原因是他情不自禁要画。这是人体的一种机能，就像我们身体其他众多机能一样，但只有较少数人才有这种机能。一个人是为了他自己而画，否则的话，他毋宁赴死。想想吧，只有上帝才知道你花费了多少时间，想在画布上画出点名堂，你付出了多少心血，但结果怎样呢？送到画展上，十有八九会被退回。如果幸运，画被接受了，当参观者走过时，也就会花十秒钟瞟上一眼；如果更幸运，某个无知的傻瓜买了你的画，把它挂在他们家的墙上，可对它就像对餐厅饭桌一样，难得多瞧上一眼。批评和意见对于画家根本没什么作用。批评是客观的判断，但是客观与画家没有关系。”

克拉顿把双手放在自己的眼睛上，以便他能集中注意力表达出自己的想法。

“画家从他所看见的东西里能够得到一种特殊的感受，他受到某种力量的驱使想要把它表达出来。他自己也不知道为什么会这样，他只能通过线条和色彩来表达他内心的感受。就像一名音乐家，他只要读了一两行文字，他的脑海中就会出现某种音符的组合，他自己也不知道为什么这样或那样的文字会让他想起这样或那样的音符组合。但事实就是这样。我还要告诉你批评和意见没有意义的另一个原因：一个伟大的画家使世人按他的眼光去观察自然；但是到了下一代，另一位画家用另外一种方式观察世界，但是世人不是用画家自己的眼光，而是用画家的前辈的眼光来评判他的作品。所以巴比松[1]画派的画家教我们的父辈们要以某种方式来观察树木，但是后来莫奈出现了，画风完全不同，人们就会说：可是树木不像那样的呀。他们根本没想过——树木的样子取决于一名画家选择如何观察它们。我们画画是由里及表的，如果我们能把我们的视角让世人接受，他们便称我们为伟大的画家；如果我们不能让他们接受，世人便会对我们不加理会。但是伟大也罢，渺小也罢，我们不会看重。我们的作品以后的命运怎样并不重要，当我们在作画时，我们已经获得了能获得的一切。”

当克拉顿狼吞虎咽地大嚼摆在他面前的食物时，两人有一阵子谁也没有说话。菲利普抽着一支廉价的雪茄，仔细地

① 巴比松是距巴黎南郊约50公里处的一个村落，这个地方引以为傲的是曾经诞生了一个巴比松画派。该画派活跃于十九世纪三、四十年代，主张描绘具有民族特色的法国农村风景。

观察着克拉顿。克拉顿有些凹凸不平的脑袋棱角分明，看起来好像雕刻师用凿子在一块坚硬的石头上刻出来的一样，一头又黑又粗的头发，大鼻子，下颌骨也很宽，表明这个人充满力量，很有主见。然而，菲利普好奇，在这副面具之下也许掩盖着一种奇怪的软弱。克拉顿拒绝展示他的画作也许纯粹是出于虚荣心——他无法忍受别人对他画作的批评，也不能将自己置于画作被巴黎美术展览会拒之门外的窘境。他想让大家承认他大师的地位，可又不愿意冒将自己的作品和别人相比较的风险，那样的话他可能会自愧不如。菲利普认识他的十八个月里，菲利普眼见克拉顿变得更加暴躁和尖刻，虽然他不愿意站出来公开和他的同学们比个高低，但他对那些人轻而易举就取得成功感到愤愤不平。他也越来越讨厌劳森，菲利普刚认识他俩时，这一对老朋友曾经有一段时间形影不离。

“劳森画得还不错啦，”克拉顿有些轻蔑地说道，“等他回到英国，会成为一名时尚的肖像画家，一年可以挣个一万英镑。在他四十岁之前，就会成为皇家艺术协会的一员，只要为达官显贵画几幅肖像就能轻易做到！”

菲利普也想象了一下未来，他似乎看到了二十年后的克拉顿，变得更加刻薄、孤独、野蛮和默默无闻，仍然生活在巴黎，因为这儿的生活已经渗透到他的骨子里了，在艺术的小圈子[1]里靠自己狠毒的舌头赢得一小批拥趸。但他不断和自己较劲，不断和整个世界较劲，他越来越追求自己达不到的完美境界，但是自己根本拿不出什么像样的画作来，也许最后沦为酒鬼。最近，菲利普时常会涌起这样一个念头：既

① 原文为法语。

然一个人只能活一次，让生命精彩就显得至关重要，但是这种精彩又不是靠金钱和名声所能衡量的。至于能靠什么来衡量，他又无法说清楚，也许是不同的体验和让自己的各种能力尽情施展吧。但不管怎么说，很显然克拉顿这样的生活注定会走向失败，除非他以后能画出几幅不朽的名作。菲利普又回想起克朗肖关于波斯地毯异想天开的比喻来，他现在经常想到它，但是克朗肖像农牧神一样故弄玄虚拒绝指明含义，他不断重复这样一句话：除非自己发现其中真意，否则毫无意义。在菲利普的心底对于是否要继续他的艺术生涯的问题犹豫不定，只是希望能让人生更加精彩成功。克拉顿又开始说话了：

“你还记得我告诉过你的那个在布列塔尼碰到的家伙吗？我那天在这儿又看见了他。他正打算去塔希提岛，他和整个世界决裂了。他本是个生意人[1]，我想在英语中你们把他称为证券经纪人。他有老婆和孩子，收入也相当可观。但他把这一切都抛弃了，当了一名画家。他离家出走，在布列塔尼安顿下来开始画画。他一文不名，险些饿死。”

“那他的老婆和孩子呢？”菲利普问道。

“哦，他遗弃了他们，任由他们自生自灭。”

“这听上去可够卑鄙的。”

“哦，我亲爱的伙计，如果你想做一名绅士，你必须放弃作为一名艺术家的念头。这两者之间没有什么共同之处。你听说过有的人为了养活年迈的母亲，画粗制滥造的画作骗取钱财——好吧，这说明他们是孝顺的儿子，但是这不能成为烂画的借口，只能说他们是生意人。一名艺术家宁肯把他

① 原文为法语。

的老母亲往济贫院里送，也不肯降低艺术标准。在这儿我还认识一位作家，他告诉我他的妻子死于难产，他深爱她，伤心欲绝。但是当他坐在床边看着她濒临死亡时，他发现自己正在打着腹稿，暗暗记下她弥留时的表情、她的遗言，以及他的一些感受。这恐怕有失绅士风度吧，对吗？”

“你那位朋友现在成了出色的画家了吗？”菲利普问道。

“不，还没有呢，他的画风就像毕沙罗，他还没形成自己的风格，但是他很会运用色彩和装饰。但那都不是问题，关键是感觉，他有了那种感觉。对他的妻子和孩子们来说，他的行为就像一个十足的无赖，他对待曾帮助过他的朋友们——有时全靠朋友们的好心，才把他从快饿死的状况中解救出来——简直禽兽不如[①]。可他恰恰就是一个了不起的艺术家。”

菲利普沉思起来。那个人情愿牺牲一切，舒适的生活、家庭的温暖、金钱的诱惑，还有爱情、荣誉、责任，只为了在画布上用画笔画出这个世界所赋予他的情感。这真是了不起，但是他自己可没有这个人的勇气。

想到克朗肖给他的启示，他才记起他已经有一周时间没见到他了，所以，当他和克拉顿分手后，他向着咖啡馆方向走去，他知道在那儿肯定能找到这位作家。在他待在巴黎的头几个月里，菲利普把克朗肖说的话当成至理名言，但是菲利普现在的观点变得讲究实际，他对于没有实际意义的空泛理论逐渐失去了耐心。克朗肖那薄薄的一小捆诗稿似乎算不上是他暗淡人生的丰硕成果。菲利普还不能把他中产阶级出

① 详情见毛姆的另一部小说《月亮与六便士》。

身的某些特点抹杀干净，克朗肖的贫困潦倒，为了糊口干些雇佣文人的营生，在邋遢的阁楼和咖啡馆的餐桌之间过着单调的生活。克朗肖很精明，他知道这个年轻人对他并不认同，他有时半开玩笑地讽刺挖苦菲利普的庸俗市侩，但通常他的话十分尖锐深刻。

“你是个商人，”他跟菲利普说，“你想把人生投资在统一公债[1]上，稳稳当当地给你带来百分之三的年利润。而我是个败家子，我要把我的老本挥霍殆尽，我要在咽下最后一口气时，花光我身上的最后一个便士。”

这个比喻激怒了菲利普，因为它给克朗肖平添了浪漫的处世态度，而又诋毁了菲利普的人生观，他想为此多辩解几句，但一时又想不起来该怎么说。

但是那天晚上，菲利普对未来很迷惘，所以想跟克朗肖谈谈自己的事。幸运的是，时间已经不早了，克朗肖在桌子上已经摞了一沓茶托，一只茶托代表着一杯酒，这种情形下，通常意味着他已经准备好发表自己独特的见解了。

“我想知道，你是否能给我些建议。”菲利普突然开口道。

“我的建议你根本不会听的，不是吗？”

菲利普不耐烦地一耸肩。

“我觉得自己在绘画方面没有多大发展了。我又不甘于做一名二流画家，所以想放弃了。”

“那为什么又犹豫了？”

菲利普迟疑了一小会儿。

“我想我还是挺喜欢画家的生活的。”

---

① 统一公债，由英国政府1751年开始发行的长期债券。

克朗肖平和的圆脸上神色变了，嘴角也突然垂了下来，眼窝深陷，他似乎变得老态龙钟，让人觉得奇怪。

“就这种生活？”他叫道，眼睛环视他们所在的咖啡馆。他的声音真的有些颤抖了。

“假如你想脱身，现在趁早吧。”

菲利普吃惊地盯着他，但是这种情绪激动的场面总是让他觉得尴尬，他垂下了眼帘。他心里知道他正在看一出关于失败的悲剧。两人都没有说话，菲利普想，克朗肖也许正在思考他自己的人生，想到自己也曾风华正茂，对未来充满希望的青春年代，但是生活中的种种失望和挫折逐渐磨灭了这种光辉，只留下了可悲单调的杯盏之欢和惨淡的未来。菲利普的目光停留在这一小摞茶托上，他知道克朗肖的目光也停留在了上面。

第五十一章

两个月过去了。

对菲利普来说，他似乎老是在想着这些问题。他也终于明白，对于画家、作家、音乐家来说，有某种力量在驱动着他们全身心地投入到他们的创作中去，这样就不可避免地让生活从属于艺术。他们屈从于某种他们根本没意识到的影响，成为他们本能的奴隶，只不过不自知罢了。生活从他们的指缝间溜走，好像他们根本没生活过一样。然而，菲利普觉得生活就要实实在在地去过，而不是仅仅去描绘，他想寻求不同的生活体验，从生活提供的酸甜苦辣中去感受每一个瞬间。他终于下定决心要采取某种行动，并承担起后果。心意已决，他决定立即付诸实施。幸运的是第二天上午又轮到富瓦内上课了，菲利普拿定主意去征求他的意见，请他直言相告自己是否还值得继续学习绘画。他永远忘不了这位老师对范妮·普莱斯冷酷的忠告，这忠告被证明是完全正确的。菲利普从未把范妮彻底从脑海中抹掉，没有了她，画室似乎都变得好古怪，时不时地在那儿习画的某个女生的举手投足、声音语调都让他猛然间想起她。虽然现在她已经离开了人世，但她的形象反而比她生前更加清晰了，他在晚上经常梦见她，有时会大喊一声从梦中惊醒，想想她所受的苦难折磨，真是可怕。

菲利普知道每次富瓦内来画室上课时，总是在敖德萨街上一家小饭馆吃午饭。菲利普匆匆吃完自己的午饭，以便他在饭馆外面等着这位画家出来。他在熙熙攘攘的街上来来回回走了好几趟，终于看到富瓦内先生低着头向他走来。菲利普心里很紧张，但他硬着头皮迎了上去。

“对不起，先生，[1]我想跟您说句话。”

富瓦内飞快地扫了他一眼，认出了他，但是绷着脸没有打招呼。

“说吧。”他说道。

“在您的指点下，我在这儿学了快两年了，我想请您坦率地告诉我，您觉得我是否还值得继续学下去。”

菲利普的话音有些颤抖。富瓦内继续走着，没有抬头看他。菲利普注视着他的脸，发现没有一丝表情。

“我不明白你的意思。”

“我家境贫寒，如果我没有艺术天分，我还不如趁早干点别的。”

“你有没有天分自己不知道？”

“我所有的朋友都觉得自己有天分，但是我知道有些人是错的。”

富瓦内那刻薄的嘴角露出了不易察觉的一丝微笑，他问道：

“你住在附近吗？”

菲利普告诉了他自己画室的位置，富瓦内转过身去。

“我们一起去你那儿如何？你给我看看你的画作。”

“现在吗？”菲利普喊道。

① 原文为法语。

“干吗不呢？”

菲利普没再吱声，他沉默地在这位教师身边走着，觉得自己都快晕了。他万万没想到富瓦内竟会当场提出要看他的画作。他真想问问他，是否他介意以后再去，或者他把画拿到富瓦内的画室里请他看，这样他好提前做好准备。他紧张得浑身有些哆嗦，在内心深处，他希望富瓦内看到他的画时，那种很罕见的微笑会浮现在他脸上，他会握着菲利普的手说：“不错嘛[1]，继续画下去吧，小伙子。你有天分，真的有天分。”想到这儿，菲利普的心开始膨胀起来。那样他会如释重负，多么令人欢欣鼓舞呀！他会充满勇气地一往无前，只要能达到终点，那些艰难呀、贫困呀，还有失望呀，又算得了什么呢？他其实一直都很努力，如果所有的努力最后都付之东流，那会是多么残酷的事情呀。就在这时，他打了个激灵，他记起自己曾经听范妮·普莱斯也说过同样的话。他们到了菲利普的住处，菲利普心头又涌起了恐惧，如果自己胆量足够的话，他宁可叫富瓦内走开。他还不想知道真相。他们进了楼房，路过门房时，看门人递给了他一封信，他瞟了一眼信封，认出了是他伯父的笔迹。富瓦内跟着他上了楼梯，菲利普想不出什么话来，富瓦内也没吭声，而这种沉默更让他心烦意乱。教授坐了下来，菲利普一言不发地把那幅被画展退回的画放到了他面前。富瓦内点了点头，但没说话。然后菲利普又给富瓦内看了两幅他画的露丝·查利斯的肖像画，还有两三幅他在莫雷画的风景画，以及一堆速写。

“就是这些了。”他一边说，一边紧张地干笑了一声。

富瓦内先生自己卷了一根烟，点着了它。

---

① 原文为法语。

“你没什么私人收入，是吗？”终于他开口问道。

“是的，”菲利普回答道，突然心里感到一阵发凉，“还不足以靠它维持生计。”

“没有比不断操心生计问题更让人丧失体面的了，我瞧不起那些视金钱为粪土的人，他们要么是伪君子，要么是傻瓜。金钱就像人的第六感官，没有了它，你就不能充分利用其他的五种感官。没有了足够的收入，人生一半的可能性就没有了。你唯一能做的就是不要为了赚一先令而付出超过一先令的代价。你听见人们说什么贫穷是对艺术家最好的鞭策，这些唱高调的人绝对没尝过贫穷的滋味，他们不知道贫穷使你变得多么卑贱，它会令你处于屈辱的境地，它会折断你的翅膀，它会像癌症一样吞噬你的身心。艺术家要求的不是财富本身，而是财富所能提供的保障，有了财富，你能保持尊严，能顺畅地工作，能慷慨、直率和独立。我对所有靠艺术谋生的艺术家都满心同情，无论是写作的还是画画的。”

菲利普悄悄地把他所有的画作都放到了一边。

“我想您的意思是我根本没有什么机会了。”

富瓦内先生微微地耸了耸肩。

“你手上挺灵巧的，加上勤奋和坚持，没有理由做不成一个认真、能干的画家。你会发现有成百上千的人画得不如你，也有成百上千的人画得跟你一样好。但我在你给我看的画作中没看到什么天分，我只看到了勤奋和理性。你永远不能达到顶尖水平，只能是二流的角色。”

菲利普努力控制住自己的情绪，用相当平稳的口气回答道：

“给您添了这么多麻烦，真过意不去，太感谢您了。”

富瓦内先生站起身来，好像要走，但是又改变了主意，停下动作，把手搭在菲利普的肩头。

“不过你若问我的建议的话，我要说：拿出勇气来，在别的行当试试你的运气吧。这话听起来让人不舒服，但是让我告诉你实话，如果我在你这个年纪时，有人能给我这个建议，而我又接受了它的话，那我愿意付出一切来换。”

菲利普吃惊地看着他，这位教师的嘴角扯出了一丝微笑，但他的眼睛里还是有种严肃和哀伤。

“等发现一个人的平庸时，却又太晚了，那才叫残酷呢。但那无法改变一个人的性情。”

当说出最后几个词时，他呵呵一笑，快步走出了房间。

菲利普机械地拿起他伯父的信件，看到伯父的笔迹让他感到有些焦虑，因为平时给他写信的大多是他的伯母。她病了有三个月了，他已经提出要回英国去看她，但是她担心会影响他的学业，不让他回来。她不想给他造成不便，说她会等到八月份，那时她希望菲利普能回来，在家里待上两三周。万一她的病情恶化，她也会让他知道的，因为不再看他一眼，她还不想死。如果他的伯父给他写信，那一定是因为她病得太重拿不起笔了。菲利普打开了信，信的内容如下：

亲爱的菲利普：

我很遗憾地通知你，你亲爱的伯母今天早上已经与世长辞了。她走得十分突然，但是很平静。她的病情骤然恶化，身体状况直转而下，以致我们没时间写信通知你。她对告别人世已做好充分准备，顺从我主耶稣基督的神圣意志，进入安息状态，全然相信会在天国复活。你的伯母希望你能出席她的葬礼，我相信你能尽早赶回来。现在自然有很多事情需要我处理，我也万分悲痛，我相信你能为我料理好这一切。

爱你的伯父

威廉·凯里

第五十二章

第二天，菲利普就到了布莱克斯达布尔。自从他母亲去世后，他就没有再失去过至亲的人。伯母的逝世给他的打击很大，让他心中充满了莫名的恐惧，第一次感觉到自己的生命是有限的。他无法想象，少了那位爱着和照顾伯父四十年，一直陪伴在他身边的女人，他的生活会成什么样子。他原以为看到伯父时，他会一副悲恸欲绝的样子。菲利普很害怕他们两人第一面会出现什么状况，他知道他说不出什么有用的话来。其实，他心里反复排练了见到伯父后，他应该如何说一堆安慰他的话。

他从侧门进了牧师的宅子，来到了餐厅。威廉伯父正在读报。

“你的火车晚点了。”他抬起头来说道。

菲利普本来准备尽情地痛哭一场，但是伯父见他时一副与平常别无二致的模样，吓了他一跳。他的伯父，虽然有些抑郁，但很平静，递给他那份报纸。

“《布莱克斯达布尔时报》上有一篇写得不错的关于她生平的豆腐块文章。”他说道。

菲利普机械地读着。

“你愿意上来看看她吗？”

菲利普点了点头，他们一起上了楼。路易莎伯母正躺在屋中央的一张大床上，四周都是鲜花。

“你愿意做个简短的祷告吗？”牧师问道。

他的伯父双膝跪地，显然也希望他那样做，所以菲利普也照伯父的样子跪下了。他看到了已故伯母那张皱巴巴的小脸，他只有一种感觉：浪费了生命，虚度了人生！过了一会儿，凯里先生咳嗽了一声，站起身来。他指着床脚边立着的一个花圈。

“那个花圈是本地最有名的乡绅送的。”他说道。他说话的声音很低，好像他在教堂里一样，但是旁人会觉得，作为一名牧师，他的口气又过于随便，“我希望茶点已经备好了。”

他们下楼回到了餐厅，拉下的百叶窗使得房间里的气氛更显哀伤。牧师坐在餐桌的一头，那是他妻子的位置，很客气地斟了两杯茶。菲利普忍不住心想两个人大概都吃不下什么东西，可当他看见伯父的胃口一点没受影响，他也像以往一样大口吃了起来。有好一阵子，两人都没有说话。菲利普在吃一块色香味俱佳的蛋糕时，故意带着一副沉痛的表情，这样他觉得才得体些。

“跟我当副牧师时相比，世道变了很多。”没过一会儿，牧师开口了，“在我年轻的时候，哀悼者常常会得到一副黑手套和一块黑丝绸蒙在帽子上。可怜的路易莎过去常常把这些丝绸攒起来做成衣服。她总说，参加十二场葬礼就能做一件新衣服。”

随后，他告诉菲利普都有谁送了花圈，现在已经有二十四个花圈了。费尔恩村牧师的妻子罗琳逊太太去世时得到了三十二个花圈。但是可能明天会有更多的花圈给路易莎伯母送过来。送葬的队伍在十一点从牧师家出发，花圈数肯定能轻松地超过罗琳逊太太的，平常路易莎对罗琳逊太太很反感。

“我自己来主持葬礼，我答应过路易莎我绝不会让别人来主持这个仪式的。”

菲利普用一种不以为然的目光看着他伯父，因为他又拿起一块蛋糕。在这种情境下竟然这么胃口大开，让菲利普情不自禁地想到这是一种贪口舌之欲的罪孽。

“玛丽·安做的蛋糕真的很好吃，恐怕没人能做得这么好了。”

“她不会走吧？”菲利普吃惊地喊道。

打他记事起，玛丽·安就在牧师家里了，她从没忘记他的生日，虽然送的礼物很轻，有时还很荒唐，但让人感动，他对她是真有感情。

“会走的，”凯里先生回答道，“我认为让一位单身的女人留在家里不合适。”

“可是，看在上帝的分上，她已经年过四十了呀。”

“是的，我觉得她也岁数不小了。但是她最近很讨人嫌，她总喜欢管太多的闲事，我觉得现在正是一个打发她走的好机会。”

“当然这种机会以后不大可能有了。”菲利普说道。

他拿出一根香烟，但是他的伯父没让他点着。

“等葬礼后再抽吧，菲利普。”他心平气和地劝道。

“好的。”菲利普说道。

“只要你可怜的路易莎伯母还躺在楼上，在家里抽烟就显得不够尊重死者。”

教会执事兼银行经理乔赛亚·格雷夫斯在葬礼结束之后

又回到牧师家里吃午饭。百叶窗已经拉了起来，菲利普觉得有种奇怪的如释重负之感，但显然这又违背他的意愿。之前停在房子里的尸体让他觉得不大自在。可怜的伯母活着的时候从来都是那么温柔和善良。可当她直挺挺地躺在楼上她的卧室里时，又是那么冰冷和干瘪，好像带给生者一种有害的影响，这种想法让菲利普不胜惊骇。

一两分钟之后，他发现餐厅里只剩他和教堂执事两个人了。

“我希望你能和你伯父待一段时间，”执事说道，“我觉得还不应该撇下他孤零零一个人。”

“我还没做任何打算，”菲利普回答道，“如果他需要我的话，我很高兴留下来。”

为了让这位刚承受丧妻之痛的丈夫能够振作些，教堂执事在吃饭的时候谈到了最近在布莱克斯达布尔的一场火灾，这场大火几乎烧毁了卫斯理公会派的教堂。

“我听说他们没有上保险。”他微微一笑，说道。

“那也没太大关系，”牧师说道，“只要他们想重建，他们想要多少钱就有多少，教徒们随时都准备好捐钱了。”

“我看见霍尔登也送了个花圈。”

霍尔登是个非国教派牧师，虽然看在为了包括他们俩在内的所有人献身的耶稣的分上，凯里先生在街上看到他时只是点点头，但从不跟他说话。

“我认为这回算是出风头了，”他说道，“有四十一个花圈。你送的是最漂亮的，菲利普和我都非常喜欢。”

“算不上什么。”银行家说。

他自己也很得意地注意到他送的花圈比别人的都大得多，看上去相当不错。他们开始讨论起那些参加葬礼的人来。

商店已经为葬礼闭门歇业了，教堂执事从兜里拿出一张已经印好的公告：“因参加凯里太太的葬礼，本店一点钟才开门营业。”

“那是我的主意。”他说道。

“我认为他们真是太好了，能关门歇业参加葬礼。”牧师说道，“可怜的路易莎的在天之灵也会感激不尽的。”

菲利普吃着饭，玛丽·安今天是按星期天的饭食标准来做的，他们吃了烤鸡和鹅莓馅饼。

“我想你还没考虑好墓碑的事吧？”教堂执事问道。

“不，我已经考虑了。我想弄个朴素大方的石头十字架。路易莎一向反对铺张浪费。”

“我认为十字架墓碑挺不错，如果你还在考虑刻些什么文字，你觉得这段话怎么样：在主身边，更有福分？”

牧师噘起了嘴，这人俾斯麦般的老毛病又犯了，老想按自己的心意来安排一切。他不喜欢这句碑文。这句话好像是对自己的贬低中伤。

“我想我不会用这句话的。我更喜欢这样的话：主赐予的，主已拿走。”

“哦，你喜欢这句？对我来说，这句话少了点感情。”

牧师又尖酸地回敬了一句，让这位鳏夫觉得在这种场合下，格雷夫斯先生回话的口吻太自以为是了。如果他不能为自己的亡妻选择墓碑上的碑文的话，那就太过分了。两个人都不再说话了，然后话题又转移到教区的事务上了。菲利普走进花园抽起了烟斗，他坐在一张长凳上，突然开始歇斯底里地大笑起来。

几天之后，他的伯父表示希望他能在布莱克斯达布尔多待上几周。

“好的，我也正有此意。”菲利普说道。

“我想这样的话，你可以待到九月份再回巴黎去。”

菲利普没有回答。他想到了富瓦内跟他说过的那些话，但他仍然还拿不定主意，他还不希望谈未来的打算。放弃艺术这一行当也好，因为他确信自己没有天分，并不出色。然而，不幸的是似乎只有他自己这么想，别人会以为他知难而退，只是不想承认自己被彻底击垮了。他是个倔强的人，虽然怀疑自己在某个领域没有天分，但还是希望与命运抗争，在这领域里搞出点名堂来，他无法忍受他的朋友嘲笑他，这可能是阻止他决绝地放弃学画的原因。但是不同的环境使得他对事情的看法突然有了改变。就像其他的很多人一样，他发现一旦穿过了英吉利海峡，那些过去看上去至关重要的事，突然变得微不足道了，这还真是令人无法理解。以前不忍割舍的迷人的生活现在看起来是那么索然无味，他突然觉得那些咖啡馆、那些饭馆以及难以下咽的饭菜，他们所有人所生活的寒酸方式，现在看来简直就是一场灾难。他不在乎他的朋友们怎么看待他了。高谈阔论的克朗肖也好，受人尊敬的奥特太太也好，感情泛滥的露丝·查利斯也好，还有见面就拌嘴的劳森和克拉顿也好，他对他们都腻歪透了。他给劳森写信，请他把自己所有的东西都寄来。一周之后，他的东西都到家了。

当他把自己的画作都打开时，他发现自己能理智地审视自己的作品。他注意到了这一事实，觉得十分有趣。他的伯父急于看他的画儿。虽然伯父强烈反对菲利普去巴黎学画的想法，但他现在已经想开了，接受了这个事实。伯父对艺术生们的生活饶有兴致，不断地向菲利普提出很多问题。实际上，因为菲利普是个画家，伯父多少还有点以他为傲哩。当有人来时，伯父总试图引菲利普开口说话。菲利普给伯父看了几幅画模特的习作，他看了又看，兴趣盎然。最后，菲利普把他画的那幅米格尔·阿胡里亚的肖像画放到了伯父面前。

“你为什么要画他？”凯里先生问道。

“哦，我想找一个模特，我对他的头部比较感兴趣。”

“既然你在这儿也没什么事好干，不如给我画一张肖像吧。”

“您坐在那儿让人画，会觉得很没意思的。”

“我想我会喜欢的。”

“我们再等等看吧。”

菲利普对他伯父的虚荣心感到很好笑。很显然，他太想让菲利普给他画一幅肖像画了。不花一分钱就能得到的东西，可不能把机会放跑了。有两三天，他时不时地暗示菲利普该画了。他责怪菲利普太懒了，问他什么时候开始画，最后告诉他遇见的每一个人，说菲利普打算给他画像。终于，在一个雨天，早餐过后，凯里先生忍不住对菲利普说道：

“嗯，今天上午，你就开始给我画像吧，你觉得怎么样？”菲利普放下他正看的书，身子往椅子上一靠。

“我已经放弃画画了。”他说道。

“为什么？”他伯父大惊失色地问道。

“我认为当个二流的画家没多大意思，而我又得出结论，我绝不会甘居二流。”

“你真让我吃惊，在你去巴黎之前，你信誓旦旦地说你是个天才。”

“我弄错了。”菲利普说道。

“我还以为你现在在从事让你感到自豪的行当呢，而且能坚持下去。在我看来，你缺的似乎就是持之以恒。”

菲利普有些恼火，他的伯父竟然没有看出自己下了这样的决心需要多么大的勇气。

“滚石不生苔，转业不聚财。”牧师用教训的口吻说道。菲利普最讨厌这句谚语，因为在他看来，这句谚语毫无意义。在以前他从会计师事务所离职时，他俩一起争执，他的伯父就不断重复这句话。显然，他的监护人又想起了这码事。

“你知道，你现在不是个孩子了，你必须开始想想安身立命的事了。起初，你坚持要成为一名特许会计师，没过多久你就烦了，又想成为一名画家。而现在，你又要改主意，说变就变，只能说明你……”

他迟疑了片刻，考虑这应该是性格中的什么缺陷，而菲利普把话接了下去。

“优柔寡断，愚蠢无能，缺乏远见，意志薄弱。”

牧师抬起头，飞快地瞟了他侄子一眼，看看他是不是在嘲笑自己。菲利普的脸很严肃，但是有种光在他眼睛里闪烁，这激怒了他。菲利普真的应该正经些了，牧师觉得自己又该好好责骂他一顿了。

“你在金钱方面的事现在已经跟我没关系了。你可以自己做主了。但是我觉得你应该记住一点，你的钱不是多得花不完的，而你又不幸身患残疾，你自己以后要糊口谋生更不容易。”

菲利普现在知道了，无论何时有人生他的气，第一件事准是拿他的跛足说事儿。而他对人类的看法是由下面的事实决定的：几乎没人能抵抗住诱惑，不去揭别人的痛处。但是他已经把自己训练得不露丝毫的声色，哪怕有人当面用他的残疾来伤害他。他甚至能控制住不脸红了，而这一点是他少年时期一直困扰他的梦魇之一。

“正如您刚才说的，”他回答道，“我在金钱方面的事已经和您没有关系了，我现在是自己的主人了。”

“无论如何，你得还我个公道，你得承认当初你拿定主意要成为艺术生，我的反对意见是正确的。”

“这一点我可说不清楚，我敢说一个人让自己去试错，比在别人的建议下去做正确的事情要有益得多。反正我已经放纵一阵子了，现在不介意找个正经职业安顿下来。”

“做哪一行呢？”

菲利普对这个问题还没有准备，因为实际上他还没拿定主意，他想到过十多种职业。

“你能做得最合适的事情就是继承你父亲的职业，成为一名医生。”

“真怪了，和我想到一块儿去了。”

在其他的职业中，他考虑过做医生，主要是因为这是一个似乎能有很多个人自由的职业。他以前在事务所办公室里的生活经历让他决定，绝不干和办公室沾边的差事了。他对牧师的回答几乎是没过脑子的，因为它完全是灵机一动、脱口而出的回答。就以这种很偶然的方式下定了决心，让他觉得很有趣，他当场就做出了决定，在秋季进入他父亲以前工作的那家医院学习。

“那么你在巴黎的那宝贵的两年时间，也许可以看作白白浪费了。”

“我不那么看。至少我还快活了两年，学到了一两样有用的东西。”

“你都学到了什么东西？”

菲利普沉思了片刻，他的回答有点故意气人的意思。

“我学会了看手，过去我从来没看过。我还学会了以天空为背景来看房屋和树木，而不是眼里只看见房屋和树木；我也学到了阴影不是黑的，而是有颜色的。”

“我想你自以为很聪明吧，我认为你的轻率实在显得愚蠢。”

第五十三章

凯里先生拿着报纸回书房了。菲利普换了把椅子坐到他伯父一直坐的椅子上（这把椅子是房间里唯一舒服的一把椅子），看着窗外瓢泼的大雨。即使在阴沉的雨天，那伸展到天际的绿油油的田野仍然是那样安静。这景色中还有一种宁静怡人的魅力，菲利普想不起自己以前曾注意过。在法国的两年打开了他的视野，让他感受到了自己家乡的美丽。

想到伯父刚才的话，菲利普的嘴角露出了一丝微笑。幸亏他的天性中有一种轻狂的倾向呢。他早已经认识到父母双亡对他来说是多么大的损失，这也造成了在生活中他的看法总是与别人格格不入。父母对孩子的爱才是唯一不求回报的感情。在陌生人中，他终于长大成人了，但是别人对待他，很少有耐心或者容忍。他为自己练就的自我克制颇为骄傲。他的这种能力是在伙伴们的冷嘲热讽中形成的。然而他们却说他愤世嫉俗、冷酷无情。他已经有了沉着冷静的风范，在大多数的情况下给人的感觉都是宠辱不惊，所以现在他更不会把感情流露在外了。人们说他是个冷血动物，但是他知道自己其实完全受感情的支配，一个小小的善举都会深深打动他，有时他还不敢言谢，生怕声音中的颤抖会暴露他内心的感激。他还记得学生时代生活的辛酸和苦难，他所遭受的屈辱，别人无心的说笑也会让他病态地担心自己是不是又出丑了。他还清楚地记得那时他感到的那种孤独。走上社会后，自己活跃的想象把一切想得那么美好，而实际上得到是幻灭和失望，两者反差之大让他痛苦不堪。然而，尽管如此，他还能正确地剖析自己，而且对此置之一笑。

“天啊！如果我不看淡的话，我早就上吊了。”他心里高兴地想到。

他的思绪又回到了刚才他回答伯父的那番话上，当时伯父问他在巴黎学到了什么。实际上他学到的东西比他告诉伯父的要多得多。和克朗肖的那次聊天又从记忆中冒了出来，克朗肖说过的一句话，虽然再普通不过，但好像让他开窍了。

“我亲爱的伙计，”克朗肖说道，“世界上没有‘抽象的道德准则’这种东西。”

当菲利普不再信仰基督教了，他觉得千斤重担从肩上卸了下来，不用承担每次行为都需负责的责任感，而此前，他的每个行为对他不朽灵魂的安宁都至关重要，他体会到了切切实实的自由感。但是，他现在知道这不过是一种幻觉。当他放弃从小就耳濡目染的宗教时，却把宗教不可或缺的道德观念完整地保留下来了。因此，他下定决心今后考虑事情完全靠自己独立思考，绝不受各种偏见的干扰。他把美德和罪恶的说教、善良与邪恶的固定准则从脑子里连根拔除，决计要靠自己去发现生活的准则。他并不知道这些原则是否真的有必要，这也是他想弄明白的一个问题。很显然，许多原则显得正确，只不过是因为在他很小的时候，他就接受了这样的教育。他读过很多书，但是收获甚微，因为这些书是基于基督教的道德观写成的。甚至那些强调这种观念的作者，他们号称不相信基督教，但是他们一定要按照登山宝训[①]中的话形成一套伦理体系，他们才心满意足。如果去读一本皇皇巨著，只是为了学习你应该跟别人一样亦步亦趋、循规蹈矩，那读书似乎也没有什么价值。菲利普想要弄清楚，他应该如何为人处世，他想他能够免受周围人意见的影响。但是同时他还得继续生活下去，在形成自己的处世哲学之前，他给自己定了一条临时的规矩。

“大可随心所欲地去闯天下，只是要适当考虑街角的警察。”

他想他从巴黎获得的最好的东西，就是在精神上得到完全的自由，他觉得自己终于完全自由了。他并不曾系统地读了大量的哲学书籍，他满怀期待地盼望在接下来的几个月中能够享受休闲时光。他开始博览群书，怀着激动的心情涉猎各种学说体系，希望从中能够发现某种指南来指导他的行动。他觉得自己就像个在陌生国度的旅行者，他一面奋力向前，一面为这种进取心陶醉。他情绪激动地阅读着哲学著作，就像别人读纯粹的文学作品一样。当他在高尚的词句中读到自己曾隐隐约约感觉到的东西，他的心就禁不住怦怦直跳。他的思想本来是偏向思考具体问题的，在抽象领域他的脑子就不太灵光了。即便他不能跟上这些哲学家的理性推理，但跟着这些思想者曲折的思路，在莫测高深的知识之海的边缘巧妙穿行，让他得到一种奇特的乐趣。有时，伟大的哲学家们仿佛对他没什么话可说，但有时候他能辨识出自己熟悉的一种思想。他就像在中部非洲的探险者，突然来到了一片空旷的高地，上面长着参天的大树，周边是一片片草地，让他仿

① 登山宝训，指圣经马太福音中耶稣在山上对其门徒的训示。

佛置身英国的公园。菲利普喜欢托马斯·霍布斯[1]生动的常识学说，对斯宾诺莎[2]则充满敬畏。他以前从未接触过任何一位像斯宾诺莎那样的高贵、不易接近和严厉的哲人。斯宾诺莎让他想起了他推崇备至的罗丹[3]的雕塑《青铜时代》。接下来还有休谟[4]，这位令人着迷的哲学家的怀疑主义学说打动了菲利普的心弦。其著作有一种简洁明快的风格，能把复杂的思想用简单的语言娓娓道来，而且还富有音乐感和节奏性，菲利普读他的著作就好像在读一本小说，嘴角常常洋溢着喜悦的微笑。但是在所有这些书中，菲利普都找不到他真正想要的东西。他似乎在某本书中读过这样的话语：一个人究竟生来是柏拉图式的人物还是亚里士多德式的人物，是禁欲主义者还是享乐主义者，都是生来注定的。乔治·亨利·刘易斯[5]一生的经历（除了告诉你哲学不过是荒唐的空谈，别无他用）表明，每个哲学家的思想与他的为人紧密相连，无法分割。只要了解了他的为人，就能在很大程度上猜出他所

---

① 托马斯·霍布斯（Thomas Hobbes，1588—1679），英国政治家、哲学家。他创立了机械唯物主义的完整体系，指出宇宙是所有机械地运动着的广延物体的总和。他提出“自然状态”和国家起源说，指出国家是人们为了遵守“自然法”而订立契约所形成的，是一部人造的机器，反对君权神授，主张君主专制。

② 斯宾诺莎（Benedictus Spinoza，1632—1677），西方近代哲学史重要的理性主义者，与笛卡儿和莱布尼茨齐名。出生于荷兰，是一名一元论者或泛神论者。

③ 罗丹（Auguste Rodin，1840—1917），法国雕塑家。

④ 戴维·休谟（David Hume，1711—1776），苏格兰不可知论哲学家、经济学家、历史学家，被视为苏格兰启蒙运动以及西方哲学历史中最重要的人物之一。

⑤ 乔治·亨利·刘易斯（George Henry Lewes，1817—1878），英国维多利亚时期的哲学家和批评家。

阐述的哲学思想。看起来好像并不是因为你用某种方式思考，就用某种方式行事。事实上，你用某种方式思考，倒不如说是因为你是用某种方式行事造成的。真理与此毫不相干，根本就没有真理这种的东西。每个人都有自己的一套哲学，过去的伟大人物所创造出来的言之凿凿的体系学说，只不过对作者本人有效而已。

那么，问题就是一个人只要搞清楚自己是什么样的人，他的哲学体系也就建立起来了。对于菲利普来说，需要搞清楚三件事情：人与他所处世界的关系，人与周围人的关系，最后是人与自身的关系。菲利普精心地制订了一份学习计划。

生活在国外的好处就是：你可以接触到你所生活的地方的人们的行为方式和风俗习惯，又能作为局外人来观察他们，从而明白那些被当地人视为不可缺少的风俗习惯，其实并无遵守的必要。你还可以发现：你认为天经地义的信念，对于外国人来说却显得觉得荒诞可笑。菲利普在德国待了一年，后来又在巴黎待了很长一段时间，这已经让他为接受怀疑主义学说做好了准备，现在这种学说一出现在他眼前，顿时让他感觉宽慰许多。他看到事情既不是全然的好，也不是纯粹的坏，无非是为了适应某种目的而存在。他读了《物种起源》之后，似乎困扰他的很多问题都得到了解释。他现在就像一个探险者，他推断：大自然必定会展现某些特点，沿着一条宽阔的河流逆流而上，一定会发现他料想中的支流，那儿有人口稠密的肥沃平原，再往深里走，还会发现绵绵群山。当某个重大发现出现时，整个世界后来都会觉得奇怪：为什么这个发现当初没被立刻接受，甚至对那些承认这个发现是真实可信的人也没有产生什么影响。《物种起源》的第一批读者在理性上接受了这部著作里的观点，但是他们以行为为基础的情感，却丝毫未受触动。菲利普属于这部伟大的著作问世后的下一代人，书中使上一代人惊骇不已的许多内容，现在已经被这一代人所接受，所以菲利普能够怀着轻松愉悦的心情来读这本书。菲利普为生存斗争的壮观场面深深打动了，这种生存斗争所提出的道德准则似乎和他的秉性不谋而合。他对自己说强权即公理。在生存斗争中，社会是一方，它是一个有着自身成长和自我保存规则的有机体，而个人是另一方。对社会有利的行为则被冠以美德的称号，对其不利的行为则被称为罪恶，所谓的善良和邪恶也同样如此。而所谓“罪孽”则是自由的人应该摆脱的一种偏见。社会在与个人的斗争中有三件武器——法律、公众舆论和良知。前两件武器可以用谋略来对付，谋略是弱者对付强者的唯一武器。当舆论宣称“罪孽”已经被发现，公众舆论的任务就完成了。但是良知是人们心门中的叛徒，在每个人的心里，良知要为社会作战，它使个人向社会缴械投降，为了社会繁荣而牺牲自我。很明显，因为两者是势同水火的，国家和个人都意识到了这一点。国家利用个人达到自己的目的，如果个人妨碍了它，它就会践踏个人的权利；反之，如果个人忠实地为社会服务，它则用奖牌、养老金、荣誉来奖赏他。个人，其力量只用于自身独立，为了便利起见而妥善地应付着国家，用金钱或者提供服务来偿付某些福利，但是并没有责任感。个人如果对这些奖赏无动于衷，就只要求不被打扰。他是个独立的旅行者，使用库克[①]的旅游支票只是因为省事，但是他对那些陪同的随行人员却心情愉悦地露出轻视之色。自由的人错事说

---

① 托马斯·库克（Thomas Cook，1808—1892）是现代旅游业的创始人，“近代旅游业之父”。他是第一个组织团队旅游的人，也组织了世界上第一支环球旅游团。他创造性推出了最早具有旅行支票雏形的一种代金券。

不上对错，他要随心所欲地做事——如果可以的话。他的权力就是他的道德观的唯一标准。他承认政府的法律，但他能毫无任何犯罪感地违反这些法律。但是如果他受到了惩罚，他会不带任何怨恨地接受惩罚。因为他承认，社会也有它的权力。

但是如果对于个人来说没有是非对错之分，那么在菲利普看来，良知似乎也就失去了力量。他发出一声胜利的欢呼，抓住良知这个无赖，把它从自己的胸膛中抓出来扔出去。然而，他并没有比以前更了解人生的意义。为什么这个世界会存在？人类的出现又是为了什么？这些问题还是像以往一样无法解释。当然，肯定有某种原因。他想起了克朗肖所说的那个“波斯地毯”的比喻，他给出这个比喻算是作为生活之谜的解答。他还神秘兮兮地声明，除非你自己把它找出来，否则就不称其为答案。

“我想知道他究竟是什么意思。”菲利普微微一笑。

就这样，在九月份的最后一天，菲利普急切地想把这些人生的新理论付诸实践，他怀揣着一千六百英镑，拖着他那条瘸腿第二次前往伦敦，开始人生的第三次闯荡。

第五十四章

菲利普在他当会计师学徒之前曾经通过了一次考试，这次考试使他有资格进入任何一家医学院校学习。他选择了圣路加医院的附属医学院，因为他的父亲就是在那儿读的书。菲利普在夏季学期结束之前去了伦敦，花了一整天的时间找学校的秘书办理入学事宜。从秘书那儿菲利普拿到一份寄宿房间的一览表，之后他租了一间光线有些暗的小房间，但住在这儿的好处是只需两分钟的时间就能走到医院。

“你得先准备一份解剖材料，”教学秘书告诉他，“最好先从解剖人腿开始，他们通常都是这么做的，似乎觉得这更容易些。”

菲利普发现他的第一门课就是解剖学，解剖课在十一点钟开始上。在十点半左右，他一瘸一拐地穿过马路，在去医学院的路上他多少还是有些紧张的。在校门内的布告牌上张贴着很多通知，有课程表、足球比赛安排，等等。他漫不经心地看着，试图装作很轻松的样子。年轻人三三两两地走进校门，在架子上翻找着信件，彼此聊着天，然后又都下楼梯朝地下室走去，那儿是学生的阅览室。菲利普看到几个年轻人带着怯生生的表情四处闲逛，他得出结论，这几位就像他一样，是第一次来这儿。他看完了通知，注意到一扇似乎是通往一座博物馆的玻璃门，这时离上课的时间还有二十分钟，他走了进去。房间里面都是各种病理学标本，不一会儿一个十八岁左右的小伙子凑到他跟前。

“我说，你是一年级的新生吗？”他问道。

“是的。”菲利普答道。

“你知道教室在哪儿吗？十一点要上课了。”

“我们最好一块去找找。”

他们从博物馆中走出来，走进一条又长又暗的走廊，两旁的墙漆成两种不同色度的红色，其他的年轻人都沿着走廊往里面走，他们想应该是这样走。他俩来到一间门上标着“解剖学教室”的房门前，菲利普发现里面已经坐了不少人了，座位是阶梯式的。菲利普刚进去不一会儿，一名工友进来把一杯水放在了教室前边的讲台上，然后又拿来一个骨盆和左右两块股骨。更多的人进来了，在他们的座位上坐定。到十一点时教室里几乎都坐满了。大约有六十名学生，大多数人都比菲利普年轻得多，面带稚嫩的十八岁左右的大男孩，但是也有几个学生看上去比他还大。他注意到有一个高个男人，嘴边长着红色的硬胡茬，大概有三十岁了；另一位是个一头黑发的小个男人，二十八九岁的样子；还有一位戴着眼镜，胡子已经有些灰白。

讲师卡梅伦先生进来了，他是个一头白发，五官清晰的帅气男人。他按照名单上的一长串名字开始点名，然后又来了一小段开场白。他说话的声音悦耳动听，遣词造句很讲究，他似乎颇为自己精心安排的讲话暗自得意。他提到学生们应该买一两本专业书，还建议每人买一具骨架。他谈起解剖学来热情高涨，说这门课对于外科学十分重要，而且对艺术鉴赏力也大有裨益。菲利普仔细听着。后来他听说卡梅伦先生也给皇家艺术学院的学生上课，他在日本生活了很多年，曾在东京大学教过学，他自诩对一切美的东西都独具慧眼。

“你们将学习很多枯燥乏味的东西，”他结束了开场白，脸上带着宽容的微笑，“我知道，只要你们一通过期末考试，马上就会把它们忘得一干二净。但是，就解剖学而言，即使学了再丢了，也比从来没学过要好。”

卡梅伦先生拿起了放在讲台上的骨盆，开始讲课，他的课讲得清楚明白。

在讲课快要结束的时候，在病理标本博物馆跟菲利普说话的那个小伙子，在阶梯教室里就坐在菲利普的旁边，建议他们两人一起去解剖室看看。菲利普和他又一起沿着走廊走去，一位工友告诉了他俩解剖室的位置。他们一走进解剖室，菲利普立刻就明白了他在走廊中就闻到的刺鼻的气味是怎么回事了。他点着了烟斗，那位工友呵呵一笑。

“你很快就会习惯这股气味的。我就已经闻不到了。”

他问了菲利普的名字，又看了一眼墙上的名单。

“你分到了一条大腿——在四号台。”

菲利普看见另一个人的名字和他的名字一起在括号里。

“那是什么意思？”他问道。

“我们现在的人体数量不够，不得不两个人合用一个部分。”

解剖室是一个大房间，粉刷的风格跟走廊一样，上半部分是橙红色，下半部分的护墙板是深暗的赤陶色。沿着房间的纵向，每隔一段距离很有规律地安放着一个个铁台子，和墙壁成直角。铁台子像盛肉的盘子那样有槽口，每个台子上都放着一具尸体。大部分尸体是男尸，由于一直浸泡在防腐剂中保存已经发黑，皮肤看上去几乎和皮革差不多了，而且都干瘪得不成样子了。工友把菲利普带到其中一个铁台子前，一个年轻人正站在台子旁边。

“凯里是你的名字吧？”他问道。

“是的。”

“哦，那么咱俩共用这条腿，很幸运是个男人的，不是吗？”

“为什么？”菲利普问道。

“他们通常都喜欢解剖男性的尸体，”工友说道，“女性的尸体往往有厚厚一层脂肪。”

菲利普看着那具尸体，四肢是那么瘦，几乎都脱了形了，肋骨突出，包裹它们的皮肤都紧绷绷的。这是一具四十五岁上下的男人的尸体，长着稀疏的灰白胡须，在他的脑袋上还有几根稀稀拉拉、失去光泽的头发。眼睛紧闭，下巴凹陷。菲利普无法想象他曾经是一个活生生的人。而且一排排尸体，有一种可怖和诡异的气氛。

“我想我会在下午两点开始解剖。”那个准备和菲利普一起解剖尸体的年轻人说道。

“好的，我到时也会来的。”

前一天，他已经买了解剖所需要的全套工具，现在他又分到了一个小衣物柜。他看了一眼那个跟他一起来解剖室的小伙子，发现他脸色煞白。

“你觉得不舒服？”菲利普问他。

“我以前从没见过尸体。”

他们一起沿着走廊一直走到学校的大门口。菲利普还记得范妮·普莱斯。那是他第一次见到的死人，他现在还忘不了当时的情形给他带来的奇怪感受。在生者和死者之间存在着一段无法计量的距离，他们好像不属于同一物种。想来也奇怪，就在不久之前，这些人还在聊天、走动、吃饭和嬉笑呢。死者身上有种令人恐惧的东西，可以想象，死者会给活人带来一种不祥的影响。

“我们一起去吃点东西如何？”菲利普的新朋友对他说道。

他们一起来到了地下室，那儿有个光线很暗的屋子布置成了一家餐厅，学生们在这家餐厅里能够买到和外面面包店一样的食物。当他们一起吃饭时（菲利普要了一客黄油烤饼和一杯巧克力），他了解到他这位伙伴名叫邓斯福德。他是一个气色很好的小伙子，长着一双讨人喜欢的蓝眼睛，还有一头乌黑的鬈发，手大脚大，说话和动作都慢条斯理的，他刚从克利夫顿来伦敦。

“你是读的联合课程[①]吗？”他问菲利普。

“是的，我想尽早取得行医资格。”

“我也是上的这个课程，但是以后我想获得 F. R. C. S. 学位[②]，我想从事外科工作。”

大多数的学生学习的都是外科学院委员会和内科学院委员会所开设的联合课程。但是那些更加有抱负或者更加勤奋的学生还要进行更长时间的学习，以获得伦敦大学颁发的学位。菲利普入学时刚巧赶上学制发生了变化——一八九二年秋季入学前还只需学习四年的课程，现在变成了五年。邓斯福德已经做了很好的安排，他告诉菲利普学校课程的一般安排：“第一轮联合课程”考试由生物学、解剖学和化学三门课程组成，不过可以分不同阶段来学习和考试，大多数的学生

① 联合课程，指英国内外科医生协会联合委员会所规定的医学院课程。

② 英国爱登堡皇家外科学院院士学位，这是英国外科三个学位中等级最高的学位。

都是在入学三个月后参加生物学的考试。这门课程是最近才被列为学生的必修课的，但是要求掌握的知识量很少。

当菲利普回到解剖室时，迟了几分钟，因为他忘了买避免弄脏衬衣的套袖了。他发现很多人已经开始动手解剖了，他的伙伴已经准时开始了，现在正忙着解剖皮肤神经。其他两个人正在解剖另一条腿，还有些人在解剖上肢。

“你不介意我已经开始了吧？”

“没关系的，快干吧。”菲利普说道。

菲利普拿起了那本解剖学的书，打开的页面正是腿部解剖图的部分，看着他们要找的相关内容。

“你解剖得很在行呀。”菲利普说道。

“哦，我以前做过很多动物解剖实验，你知道，我以前读过预科。”

在解剖台上，大家都在聊着天，有关于解剖的，有关于足球赛季预测的，还有谈论解剖示范讲师和各种讲座的。菲利普觉得自己比其他人大了很多，他们都是些未经世事的学生。但是年纪大小倒是说明不了什么问题，重要的是你肚子里有没有学问。纽逊，那位和他一起解剖尸体的活泼的年轻人，对这门课程十分熟悉。也许他也并不觉得卖弄一下有什么不好意思的，他向菲利普详详细细地解释了他手头正干的活儿。菲利普尽管也满腹经纶，也只好乖乖地听着。然后，菲利普拿起解剖刀和镊子，开始动手解剖，而他的伙伴在一旁看着。

“解剖这么瘦的人太省事了，”纽逊一边擦着手，一边说道，“这家伙可能有一个月没吃到什么东西了。”

“我很好奇他的死因是什么。”菲利普嘟囔道。

“哦，我不知道，这些个老家伙，多半是饿死的，我想……

我说，当心，别把那根动脉割断了。”

“‘别把那根动脉割断了’，说得倒轻巧。”正在解剖另一条腿的一个学生说道，“这个老蠢货的动脉长得不是地方。”

“动脉总是长错地方，”纽逊说道，“所谓‘正常’是你永远也找不到的东西，那就是为什么它要被称为‘正常标准’。”

“别说这些话了，”菲利普说道，“否则我都要割到自己了。”

“如果你不小心割到了自己，”似乎无所不知的纽逊答道，“立刻用消毒水清洗。这种事你千万得小心，去年这儿就有个家伙只是自己扎了一下，他也没当回事，结果得了败血症。”

“后来他好了吗？”

“哦，不，他一周之后就死了。我还去太平间看了他一下。”

这时，菲利普有些腰酸背痛，正好到了喝下午茶的时候了，他中午饭吃得清淡，早就盼着茶点了。他的手闻着有股怪怪的气味，跟早上他在走廊里第一次注意到的气味一模一样。他觉得手里的松饼也有同样的味儿。

“噢，你很快就会适应的，”纽逊说道，“以后若你闻不到熟悉的解剖室的臭味，你还会觉得挺寂寞呢。”

“我不打算让这股气味倒了我的胃口。”菲利普说道，他吃完一块松饼，马上又拿了一块蛋糕。

第五十五章

菲利普对医科学生生活的看法，就像大多数的公众一样，是以查尔斯·狄更斯在十九世纪中叶所刻画的生活画面作为依据的。他很快就发现即使鲍勃·索耶[1]这个人真的存在的话，他的生活也和现在的医科学生大相径庭。

从医的人也是鱼龙混杂，其中自然也有些又懒散又冒失的。他们还以为医科学生的生活很轻松，可以在学校闲散地混几年；可等到他们的钱都耗尽了，或者因为他们愤怒的父母拒绝再给他们费用，他们只好灰溜溜地离开医院。有些人发现考试对他们来说太难了，一场接一场的考试失利让他们崩溃。他们一迈进联合课程委员会那些令人生畏的大楼，就吓得发抖，顷刻间把以前背得滚瓜烂熟的知识全都忘光了。他们在学校里待了一年又一年地，成为比他们岁数小得多的学生嘲弄的对象。最后，他们中的一些人勉强通过了药剂师学堂的考试；还有的人成为没有医生资格的医生助手，这是份不稳定的工作，得要看他们雇主的眼色讨生活。他们的命运就是贫困、酗酒，只有老天知道他们的结局。但是，对于大多数的医科学生来说，他们都是出身于中产阶级的勤奋的

① 鲍勃·索耶，狄更斯的小说《匹克威克外传》中的人物，是个医科学生。

年轻人，有着足够的生活费过那种他们已经习惯的体面生活。还有很多人就出身于医生世家，他们受到了此种职业的熏陶，他们的职业生涯也已经规划好了：只要他们一取得医师资格，就马上着手申请医院的职位（也许作为随船医生到远东游上一圈），当了医生以后，他们就会加入他们父亲的诊所，在乡下挂牌行医，度过他们的余生。至于那一两个出类拔萃的学生，他们会把理应获得的不同的奖项和各种奖学金收入囊中，得到医院里的一个又一个职位，成为医院的正式员工，最后在哈里街开设个私人诊室，以某一专科或另一专科见长，成为业务兴旺、名利双收、头衔众多的著名医生。

各行各业中，唯有医生这份职业不受年龄的限制，而且谁都有机会试试身手，混口饭吃。在菲利普所在的年级中，有三四个学生青春已逝。一位曾当过海军，据说他因为酗酒而被开除了军籍，他三十岁左右，红脸膛，举止唐突，说话大嗓门。另外一个学生已婚，有两个孩子，一个不靠谱律师的失误让他赔光了家产，他弯腰驼背，好像世界给了他太重的担子，把他压垮了。他每天默默地埋头学习，显然知道在他这个岁数死记硬背着实困难。他的脑筋转得也慢，他这么用功，还没什么成绩，让人看着都替他难受。

菲利普住在他的小房间里感到相当不自在，他把书整理得整整齐齐，在墙上挂着自己画的速写和画作。在他的楼上，有客厅的那一层，住着一个五年级的学生名叫格里菲斯。但是菲利普很少见到他，部分原因是格里菲斯大部分时间都待在病房中，还有部分原因是他曾经上过牛津大学。这类上过大学的学生经常爱扎堆，很自然地，他们采用年轻人都爱用的各种方法，使那些时运不佳的人有一种低人一等的感觉；而其余的学生则觉得这帮目空一切的人让人难以忍受。格里菲斯个头很高，一头浓密的红色小鬈发，蓝色的眼睛，皮肤很白，嘴唇很红。他属于天之骄子，他的精神头很足，总是乐呵呵的，大家都喜欢他。他能在钢琴上凑合弹上几手，兴致极高地唱些诙谐歌曲，过了一晚又一晚。当菲利普在他的房间里一个人读书时，他能听到楼上格里菲斯的朋友们又叫又笑又闹。他想起了自己在巴黎度过的那些愉快的夜晚：他和劳森、弗拉纳根、克拉顿坐在画室里谈论艺术和道德，讲述当下遇到的风流韵事，还有对未来成名的憧憬。但此时菲利普心里觉得不舒服，他发现逞一时之勇倒是容易，却很难承受所带来的后果。最糟糕的是，现在的学业似乎让他特别厌烦了。解剖示范课教师的提问让他头痛，上课时他也常开小差。解剖学是一门枯燥的学科，学习时要熟记许许多多细节性的知识，解剖实验也让他不胜其烦。他不明白费劲地去解剖那些神经和动脉有什么用处，如果在书上看一下解剖图，或者在病理博物馆看一下标本，就知道它们准确的位置岂不省事得多。

菲利普偶尔也交几个朋友，但走得都不很近，因为他似乎跟他们没有什么话可说，当他尽量对他们的话题表现出兴趣时，他们还觉得他自命清高。其实，菲利普不是那种只顾自己谈得开心，而不考虑听众是否厌烦的人。有一个家伙，听说菲利普在巴黎学过画，就以为自己能跟菲利普的趣味相投，想跟他讨论艺术。但是菲利普对与自己观点不同的任何意见都听不下去，而且他很快发现对方的思想还很守旧，所以很快就与对方没什么话可说了。菲利普渴望自己受欢迎，但又不愿主动和人套近乎。他害怕被人拒绝，这又让他不敢对人太殷勤，他仍然极为羞涩，所以总是用沉默寡言，冷若冰霜来加以掩饰。他在上中学时曾遭遇过的那些痛苦经历又要重现了，但是这里的医科学生的生活还是比较自由的，对他而言，自己过自己的日子倒也并非不可能。

菲利普渐渐和一位叫邓斯福德的小伙了走得近了起来，这倒也不是出于菲利普的努力。邓斯福德就是那个气色很好，身体壮实的小伙子，两人在开学头一天两人就认识了。邓斯福德之所以和菲利普走得近，只是因为菲利普是他在圣路加医院认识的第一个人。邓斯福德在伦敦没有朋友，所以在每个周六的晚上，他和菲利普养成了习惯，一起去歌舞杂耍剧场，在正厅后座看杂耍表演，或者去剧院，站在顶层楼座看戏。邓斯福德不机灵，但脾气很好，绝不会跟人抬杠。他总说些没什么新意的话，即使有时菲利普嘲笑挖苦他，他也只是憨厚地笑笑——而且笑得很甜，虽然菲利普老是取笑他，但心里还是喜欢他的。菲利普觉得邓斯福德的直率让人开心，而他随和的脾气让人乐意跟他相处。邓斯福德的迷人之处，正是菲利普痛切地感到自己所缺少的。

他们经常去一家位于议会街的店里喝茶，因为邓斯福德喜欢在那儿工作的一位女招待。菲利普没看出她身上有什么吸引人的地方，她又高又瘦，臀部很窄，胸部很平。

"在巴黎没人会瞅她一眼。"菲利普不屑地说道。

"她的脸蛋挺俊俏的。"邓斯福德说道。

"光看脸蛋有什么用？"

她生得小巧端正，蓝色的眼睛，低而宽的前额——维多利亚时期的画家们，比如莱顿勋爵、阿尔玛-塔德玛[1]以及上百个其他的画家，力图使世人相信这种前额具有一种典型的希腊美。她的头发似乎也很浓密，精心梳理，特意在前额上

① 莱顿勋爵（Lord Leighton，1830—1896）和阿尔玛-塔德玛（Lawrence Alma-Tadema，1836—1912）是英国知名画家。

留着绺绺细发，一种她称为“亚历山大刘海”的发型。她贫血很严重，薄唇很苍白，象牙般细嫩的皮肤也泛着微微的青色，甚至连双颊上也没有一丝血色。她的一排细牙倒很整齐。为了让工作不把双手弄得粗糙，她可没少花心思，所以双手小巧、纤细和白皙。她对待工作老是一副厌烦的表情。

邓斯福德和女人打交道时总是很腼腆，从未跟她成功地搭讪过，他恳求菲利普助他一臂之力。

“我需要个牵针引线的人，”他说道，“然后我自己就能应付了。”

菲利普为了让他高兴，试着跟她搭过一两次话，但是她都哼哈地敷衍过去了。她已经打量过他俩，不过是毛头小伙子，她想他们应该是学生，自己根本用不着他们。邓斯福德注意到一个长着浅棕色头发，留着一撮短胡髭，长得像德国人的男人每次到店里时，她都会殷勤招待，似乎很受她的青睐。而他们想要点什么，要招呼她两三次她才应声。她对待不熟的顾客都是一副冷冰冰的态度，要是她和一个朋友聊起天来，全然不顾客人急切的招呼。她对待女客人的方式则更加“艺术”，由于她对那些急于就餐的女客人态度傲慢，让她们很是窝火，但她又不会给她们提供借口去向经理投诉。一天，邓斯福德告诉菲利普她的名字叫米尔德里德，他听见店里的一位女招待这么叫她。

“多难听的名字呀。”菲利普说道。

“为什么？”邓斯福德问道，“我倒是挺喜欢这名字的。”

“太矫揉造作了。”

恰巧那一天德国人没来店里，当她端来茶点时，菲利普笑着说：

“你朋友今天没来呀。”

“我不知道你说的是什么意思。”她冷冷地说道。

“我指的是那位有着淡色小胡子的贵客，他把你丢下找别人去了？”

“有些人最好管好自己的事情。”她反唇相讥。

她转身走开了。因为此刻店里也没什么客人，她坐下来，拿起一张客人留下的报纸看了起来。

“你这傻瓜，看把她得罪了吧。”邓斯福德埋怨道。

“她摆什么臭架子，我才不吃这一套哩。”菲利普回敬道。

不过菲利普很是恼火，他本来想讨好一个女人，结果把她给惹火了，这让他很烦躁。当他买单时，他又鼓起勇气开腔了，想以此缓解一下局面。

“我们不再讲话了吗？”他笑着问道。

“我在这儿是负责点餐和伺候顾客的，我跟他们没什么话可说，我也不想听他们要跟我说的话。”

她放下了一张单子，上面她已经标明了他们的付款，又走回了她刚才一直坐着的桌子旁边。菲利普气得满脸通红。

“那是给你脸色看呢，凯里。”他们出了门，邓斯福德马上说道。

“没教养的臭婊子，”菲利普骂道，“我再也不来这儿了。”

菲利普对邓斯福德有着很强的影响力，此后他们到别家店用茶点了，而邓斯福德很快又看上了另一个女孩。可是之前那个女招待的冷落让菲利普耿耿于怀，如鲠在喉。如果她对他客客气气的，也许他早就把她忘到脑后了。可她显然讨厌他，这让菲利普的自尊心受到了伤害，他无法克制想要报复她一下的欲望。他对自己的小心眼也很不屑，可就是不能释怀。在坚持了三四天没有去那家糕点店之后，最后菲利普还是向自己的报复心屈服了，他自己安慰自己说，去看一下她又无妨。去一趟，看一眼，他当然就可以不再想她了。一天下午，他借口有个约会，丢下邓斯福德，直奔那家他发誓再也不踏进半步的糕点店而去，心里对自己的软弱一点也没感到羞愧。在菲利普进门那一刻，他看见那位女招待正坐在桌子边上。他希望她能问问为什么他一周都没来，但是当她站起身给他点餐时，她什么也没说。他刚才还听她对别的客人说过：

“您是第一次来我们这儿吧？”

她的样子好像她以前从未见过他，为了试探一下她是否真的把他忘了，当她给他端来茶点时，他故意问道：

“你今天晚上看见我朋友来这儿了吗？”

“没，他好几天没来了。”

他想用这句话当个聊天的话头，但是他莫名地紧张起来，想不起下面应该说些什么了。她也没给他机会，马上转身离开了。他也没再有机会和她说话，直到他要买单的时候。

“天气真糟，对吧？”他说道。

他准备了半天，结果话到嘴边，竟说出了这么一句不痛不痒的话来，真是丢人。他搞不明白，为什么这个女招待会让他如此尴尬。

“天气如何跟我一点关系也没有，我整天得待在店里。”

她说话的语气有着拒人千里的感觉让他感到格外恼火。他想张嘴说些讽刺挖苦的话，但又硬生生地咽了回去。

“我真希望上帝让她说出些放肆无礼的话来，”他气哼哼地想，“这样我能去老板那儿告她一状，让她丢掉饭碗，她是自食其果，罪有应得。”

第五十六章

菲利普总也无法把她忘掉，他愤怒地嘲笑自己的愚蠢：那么在乎一个患贫血症的女招待对自己的态度，真是荒唐。可不知怎么他就是觉得自己受到了莫名的屈辱。虽然除了邓斯福德没人知道这桩丢脸事，而且他肯定早把这事忘掉了，菲利普觉得自己一天不洗刷屈辱，内心就一天得不到安宁。他反复考虑，不知自己做什么好。最后，他打定主意每天都去那家店，很显然他给她留下了不好的印象，但他认为自己有能力和智慧消除它。今后，他要小心地说话，即使最敏感的人也不会觉得受到冒犯。后来他确实这样做了，但丝毫没有效果。每当他走进店里就会跟她说一句“晚上好”，她也用同样的问候招呼。有一次，他故意不打招呼，为的是看看她是否会先问候，结果她什么也没说。他暗暗地嘀咕了一个词儿，这个词儿虽然经常用在某些女性身上，但在上流社会却不经常使用。他不露声色地点了茶点，决计不说一句话，离开店时也没说他习惯说的“晚安”。他暗自发誓，再也不进这家店了，但是到了第二天用茶点的时间，他又开始坐卧不安了。他竭力去想别的事情好转移一下注意力，但是就是控制不住自己的思绪，最后他绝望地说道：

“不管怎么说，如果我想去的话，没有什么我不应该去的理由。”

经过了长时间的思想斗争以后，快到七点钟时，他又进了这家糕点店。

“我以为你不会来了。”当他坐下后，那个姑娘对他说道。

他的心怦怦直跳，觉得自己的脸也红了，“我有事耽搁了，没法早来。”

“我猜你一定是在挑别人的刺吧？”

“我还没那么糟吧。”

“你是个学生，对吧？”

“是的。”

她的好奇心似乎得到了满足，于是就走开了。这时已经不早了，她负责的餐桌上已经没人了，于是她全神贯注地看起了小说。那时候，市面上还没流行开那种廉价版的单行本小说。有些穷困潦倒的雇佣文人专门定期写些廉价小说，供那些识字不多的人消遣。菲利普心里美滋滋的，毕竟她主动跟他打招呼了。他看到他的机会来了，到时候他就要把自己对她的看法告诉她，把他所有的蔑视统统倒出来，那才叫痛快呢。他看着她，她的侧影真的很美，她那个阶级的英国女孩通常都有完美、令人惊叹的轮廓，不过她的侧影又像大理石雕刻的一般冰冷冷的。她细嫩皮肤中透出的淡淡青色给人一种不健康的印象。所有的女招待着装都差不多，穿着纯黑的衣裙，腰间围着白围裙，再加上一副护腕和一顶小帽。菲利普从口袋中掏出半张白纸，趁她坐在桌边斜着身子看书的时候，给她画了一张速写（她看着书，嘴里还念念有词）。菲利普离开的时候，把速写留在了桌子上。这一妙招还真起了作用，第二天他一走进店门，她就对着他笑。

“我不知道您还会画画。”她说道。

“我在巴黎学了两年绘画。”

“我把您昨晚留下的画给我们女经理看，她被惊呆了。那张画画的是我吧？”

“正是。”菲利普说道。

当她去给他端茶点时，店里的另一个女招待来到他面前。

“我看见您给罗杰斯小姐画的画像了，画得真像。”她说道。

那是他第一次听见她的姓氏，当他要结账时，他便称她为罗杰斯小姐。

“看来你知道我的姓了。”她走过来，然后说道。

“你的朋友跟我说到那幅画时提到的。”

“她想让您也给她画一幅，可别答应她，如果您一旦开了头，后面就会没完没了，她们都想让您给她们画像哩。”稍停了一会儿，她突然把话题一转，“过去经常和您一块来的那个小伙子哪儿去了？已经离开这儿啦？”

“没想到你还记得他。”菲利普说道。

“他长得挺帅气的。”

菲利普觉得有种别样的滋味在心头，但他说不出是什么。邓斯福德有一头招人喜欢的鬈发，气色很好，而且笑容很可爱。菲利普想到邓斯福德的这些优点，心里有点酸溜溜的。

“哦，他在忙着谈情说爱呢。”他说道，呵呵一笑。

当菲利普一瘸一拐地回家时，心头重复着刚才交谈的每一个字。她现在对他已相当友好了。等有机会时，他会提出给她画一幅更精美的肖像画，他敢肯定她会喜欢的。她的脸颊很有趣，侧面轮廓也很可爱，就算因贫血而发青的肤色也有着奇特的魅力。他努力在想这肤色究竟像什么呢。起初他想到了青豆汤的颜色，但是很快就生气地把这个念头赶跑了；然后他又想到了黄玫瑰的花瓣，是那种在盛开之前就被撕成碎片的玫瑰花蕾的颜色。他现在对她也毫无厌恶之感了。

“她人还不错。”他喃喃自语。

对她曾说过的话那么耿耿于怀，真是太傻了。毫无疑问，这都怪他自己。她并没有存心冒犯谁。他现在应该明白自己的问题所在了——每次都会给别人留下不好的第一印象。他对画画这一招的成功还是有点得意，自从知道他的小才能后，她现在似乎对他兴趣渐浓。第二天，他又开始心神不宁了，他想去糕点店吃午餐，可想到那里那个时候肯定人很多，这时候米尔德里德一定没工夫跟他说话。本来在此之前，他已经摆脱了和邓斯福德一起吃茶点的习惯。在四点半时（他已经看了十多次手表了），他准时进了那家糕点店。

米尔德里德正背对着菲利普，她一边坐下来，一边和那位德国人聊着。菲利普原来每天都能在店里看见这个德国人，但是大概在两周前就再也没见过他。米尔德里德对德国人说的话大笑不止。菲利普觉得她笑得真粗俗，让他不禁打了个寒战。他叫她的名字，但是她根本没在意，他又叫了一次，然后他很不耐烦，生起气来，用手杖大声地敲打着桌子。她一脸不高兴地走过来。

“您好！”菲利普说道。

“您看上去急得不得了。”

她用他熟悉的那种傲慢态度低头看着他。

“我说，你怎么回事？”他问道。

“如果您准备好点餐了，我会给您拿来您点的东西。我可没法整晚上都站在这儿陪您聊天。”

“茶和烤面包。”菲利普简短地答道。

他对她怒不可遏。他随身带了份《星报》,当她上茶点时,他假装在看报。

“如果你现在就给我拿来账单，我就不必麻烦你再跑一趟了。”他冷冰冰地说道。

米尔德里德开了账单，把它放在桌子上，就又回到了德国人那里。很快她就跟他热火朝天地聊了起来。那个德国人中等个头，长着日耳曼民族典型的圆脑袋，一张灰黄的脸。唇上的小黑胡子又密又硬。他穿着燕尾服和一条灰色的裤子，胸前还挂着一条硕大的金表链。菲利普觉得店里其他的女招待来回打量着他和那边桌旁那一对男女，相互交换着意味深长的眼神。菲利普觉得她们肯定在嘲笑他，感到热血在往头上涌。他现在从心里恨透了米尔德里德，他知道自己最好再也不来这家糕点店了，但是他一想到自己在这事上落了下风，他就难以忍受。他想了一个办法，要让她看看自己是多么瞧不起她。第二天，他坐在另一张桌子旁，从另外一位女招待那儿点了他的茶点。米尔德里德的朋友也在店里，她正在跟他说话。她看也没看菲利普，所以当她走过他身边时，他选择这个时刻起身出门。他俩擦身而过时，他盯着她，好像他以前从未见过她。他在三四天里多次使用这个伎俩，指望那一刻她会利用机会跟他说点什么，他以为她会问他为什么现在不再坐到她负责的桌子旁了，他已经想好了怎么回敬她，话里会带刺，一吐自己对她的厌恶之情。他知道自己这么处心积虑实在是荒唐，但就是控制不住自己。她又一次把他打败了。那个德国人突然不再来了，但菲利普仍然坐在其他人负责的桌子旁。米尔德里德根本不理睬他，突然他意识到无论他做什么，她都不在乎。他如果继续这么下去，哪怕到了世界末日，也没有任何效果。

“这事我还没了结呢。”他自言自语道。

这天他在原来的位置上坐下来，米尔德里德走上前来，老样子道了声“晚上好”，好像他在过去的一周里并没有冷落她。菲利普脸色很平静，心却不受控制地狂跳。那时音乐喜剧[①]正受到公众的追捧，他肯定米尔德里德会乐意去看一场的。

“我说，”他突然说道，“我想知道你是否愿意找天晚上陪我吃顿饭，然后我们去看音乐喜剧《纽约美人》，我能搞到两张正厅前排座位的演出票。”

他加了最后那句话是为了诱惑她，他知道店里女孩子们看剧时，通常是坐在正厅后座的，即使有男人带她们去，也很少会坐在比楼厅更贵的座位上。米尔德里德苍白的脸上的神情没有任何变化。

“我无所谓。”她说道。

“你哪天有空？”

“我周四能早些下班。”

他们安排好怎样见面。米尔德里德在赫恩山和她婶婶住在一起，演出在八点钟开始，所以他们得在七点吃晚餐。她建议菲利普在维多利亚火车站的二等候车室等她。她没有一点高兴的表现，但是还是接受了邀请，好像她在给别人恩典似的。菲利普心里隐隐有些不快。

① 音乐喜剧，一种穿插着歌舞场面的喜剧。

第五十七章

菲利普来到维多利亚火车站比米尔德里德定的时间几乎提前了半个小时。他坐在二等车的候车室里等着她的到来，等了半天也不见她的影子。菲利普开始有点焦虑，站起身走进站里看进站的郊区火车。米尔德里德定的时间已经过了，仍然不见她的踪影。菲利普不耐烦起来，他走进了另外几个候车室，看着坐着的人们，突然他的心猛烈地跳动了一下。

“原来你在这儿呀，我以为你没来呢。”

“我倒是想不来呢，让我等了这么长时间，我正在想还是回家去算了。”

“可是你说的你要去二等候车室等的呀。”

“我才没那么说呢，能坐在头等候车室里我干吗要去二等候车室呀，你说呢？”

虽然菲利普很肯定自己没有记错，但是他什么也没说，他们一起上了一辆出租马车。

“我们去哪儿吃饭？”她问道。

“我想去阿德尔菲饭店吃，你觉得怎么样？”

“去哪儿吃饭我无所谓。”

米尔德里德粗鲁地说，她刚才等了半天很恼火，所以对菲利普的搭话，她哼哈地爱答不理。她穿了一件黑色粗料的长斗篷，头上裹着用钩针编织的围巾。他们来到饭店，在一张桌子旁坐了下来。她满意地环顾四周，餐桌上的蜡烛罩着红色的罩，整个餐厅金碧辉煌，还有一面面大镜子，显得室内豪华气派。

“我以前从来没来过这儿。”

她朝着菲利普微微一笑，脱下了大斗篷，他看见她穿着淡蓝色的方领外衣，头发比往常梳理得更加精心。他点了香槟，当香槟上桌时，她的眼睛都放光了。

“你可够奢侈的。”她说道。

“就因为我点了香槟？”他漫不经心地问道，好像他从不喝别的。

“那天你邀请我和你一起去看戏，我着实吃了一惊。”

谈话进展得并不轻松，因为她似乎没有太多话要说。而菲利普又因为没有把她逗乐而紧张得要命。她对他说的话似听非听，眼睛在扫视着其他食客，无意假装她对菲利普感兴趣的样子。他讲了一两个小笑话，但是她一本正经地听着，根本没笑。只有在菲利普谈起店里的其他女招待时，她才多少活跃了点。她和女经理的关系紧张，向菲利普不厌其烦地数落着她的不端行为。

“无论如何我都和她合不来，瞧她那副不可一世的样子。有时我真想把她的老底都抖搂出来，她觉得我什么都不知道呢。”

“什么事呀？”菲利普问道。

“嗯，我碰巧知道她时不时就会跟一个男人去伊斯特本过周末。有一次店里一个姑娘的姐姐和姐夫也去了那儿，撞见了女经理。他们住在同一家旅店里，别看她手上戴着结婚戒指，我知道她根本就没有结婚。”

菲利普把她的杯子斟满了酒，希望香槟能让她变得和气些。他对自己安排的小小的出游计划能否成功还有些忐忑不安。他注意到她握餐刀的姿势好像握笔杆一样，而她喝酒时，小拇指就翘起来。他又新找了几个话题，但得到她的反馈还是平平，他有些懊恼地想起他曾亲眼见她和那个德国人说个不停，还时不时地哈哈大笑。他们吃完晚饭，一起去了戏院。菲利普是个品位很高的年轻人，他根本看不上音乐喜剧。他认为音乐喜剧里面的笑话粗俗，音乐的曲调毫无韵味。在他看来，他们的演出似乎比他在法国时所看过的演出差远了。但米尔德里德却看得十分投入，她笑得前仰后合，肚子都笑疼了，她不时会看一眼菲利普，想跟他交换一下愉快的眼色，看到兴奋之处，她还会欣喜若狂地拍手。

“这是我第七次来这儿了，”在第一幕结束以后，她说道，“但我不介意再来七次。”

她对周围坐在正厅前排座位的女士们很感兴趣，还把那些涂脂抹粉和那些戴着假发套的女人指给菲利普看。

“太可怕了，这些西区的女人，”她说道，“我不知道她们怎么能戴这种玩意儿。”她用手指了指自己的头发，“我的头发全都是我自己的，每一根都是。”

米尔德里德对谁都看不上眼，每当她说到某人时，说的也总是些坏话，这让菲利普觉得很不舒服。他能想象得到第二天她会告诉店里的姑娘们，他约她出去了，但他让她厌烦得要死。他虽然不喜欢米尔德里德，但不知为什么，他就是想和她待在一起。在回家的路上，他问道：

“我希望你今晚过得愉快。”

“相当愉快。”

“那找个晚上你还愿意跟我一起出来吗？”

“我不介意。”

他永远也理解不了像这样的表达方式，她漠然的态度让他心里很气恼。

“听起来好像你出不出来都无所谓。”

“哦，如果你不约我出来，别人也会约我的。想带我去看戏的男人多着呢，一点也不缺。”

菲利普不吭声了。他们来到车站，他走到售票口前。

“我有月票。”她说道。

“我想天已经很晚了，如果你不介意的话，我还是送你回家吧。”

“哦，如果你愿意的话，我不介意。”

菲利普给她买了一张头等座的单程票，给自己买了往返票。

“嗯，我得说，你倒是不小气。”当他把车厢的门打开时，她说道。

当其他人陆陆续续进入车厢后，菲利普不知道他是应该高兴还是遗憾，因为他不可能再跟她说什么体己话了。他们在赫恩山站下了车，他陪着她走到她住的那条街的街角。

“我得在这儿跟你说再见了。”她说道，边伸出手，“你最好别到我家门口啦，我知道这些邻居都是些什么货色，我可不想让他们乱嚼舌根。”

她道了句晚安后，很快走了。他能看见白色的围巾在夜色中渐渐远去，他想她可能会转过身看看他，但她头也没回。菲利普看见她走进一幢房子，他也走过去，打量了一会儿那房子。房子是一座整齐、普通的黄砖小楼，跟这条街上的其他小楼别无二致。他站在楼外待了片刻，顶楼窗户的灯光很快熄灭了。菲利普慢慢地走回火车站。这一晚真让人沮丧。

他感到恼火、烦躁和悲苦。

当他躺在床上的时候，眼前仍然浮现她坐在火车车厢角落中的一幕，还有钩针编织的白围巾罩在她头上的样子。再次见到她还要好几个小时呢，他不知道自己该如何度过这漫漫长夜。他昏昏欲睡地又想到了她清瘦的面庞，精致的五官，还有白里泛青的皮肤。他和她在一起时虽然并没感到幸福，可一离开她又着实感到了不幸。他想坐在她身边，望着她，抚摸她，他还想……这念头刚冒出来，还没细想，就突然变得完全清醒了……他想用自己的双唇去亲吻那苍白的薄唇。最后他终于明白过来：他爱上了她，这真不可思议。

他以前经常想到有朝一日他会恋爱，有一个场面曾反复在他的脑海中浮现：他看到自己来到一间舞厅，他的目光落到了一小群正在聊天的男女身上，其中有一个女人转过身来，她的目光凝视着他。他急促地喘着气，她也如此。他一动不动地站立在那儿。她细高挑个儿，肤色较黑，长得十分美丽，她的双眸犹如黑夜一样黑。她穿着一袭白衣裙，钻石在她的黑发中闪耀着。他们彼此相互凝望，仿佛忘了周围人的存在。他径直向她走去，她也缓缓向他移动脚步。两个人都觉得正式的介绍反而不合适。他对她开口说起了话来。

“我用了一生在寻找你。”他说道。

“你终于来了。”她喃喃地说道。

“你愿意跟我跳舞吗？”

她投入他伸出的手臂中，他们开始跳起舞来（菲利普总是假装自己的脚没有跛）。她跳得好极了。

“我从来没有跟一个舞跳得像你这样好的人共舞过。”她说道。

她全然不顾原来的计划，整个晚上他们俩都在跳舞。

“感谢上帝让我等到了你，”他在她的耳边说道，“我知道我终将遇见你。”

舞厅里的人都在看着他俩，他俩毫不在意，也不希望掩饰他们内心的激情。最后，两人一起去了花园。他把一件短披风披到了她的肩头，把她扶到一辆正在等候的出租马车上。他们赶上了午夜的火车奔向巴黎，他们飞越了寂静、星光闪烁的夜晚，奔向了未知的世界。

他想到过去自己对爱情的遐想，似乎自己不可能会爱上米尔德里德·罗杰斯这样的女人。她的名字听上去就怪里怪气的。菲利普觉得她不漂亮，讨厌她的瘦削。就在那天晚上他还注意到，她晚礼服下的胸骨明显地突了出来。他把她的五官在心里挨个打量了一遍，他不喜欢她的嘴，她不健康的肤色也隐隐激起了他的反感。她的资质平平，她的言语粗俗又贫乏，不断地重复那几句言辞，显示出她思想的空洞。他又想起了她在看音乐喜剧时粗俗的笑声。他还记得当她把杯子凑近嘴边时，小拇指小心翼翼地翘着。她的举止就像她的谈吐，故作斯文，令人反感。菲利普还记得她的傲慢无礼，有时他真恨不得扇她两巴掌，就是那么突然，他也不知道为什么自己会这么想，也许是想到了要打她，或者是回忆起了她那对漂亮的小耳朵，他的心里猛地涌起了一股柔情。他渴望拥有她，把她揽入怀中，搂着那瘦弱的身躯，亲吻她苍白的嘴唇。他还想用手指轻轻抚摸她微微发青的脸颊，他需要她。

他一直以为爱情会让内心狂喜与激动，会让整个世界看上去如春天般美好，他曾期待那种令人心荡神摇的幸福来敲门。但是现在的这种情感不是幸福，而是一种灵魂的饥饿，是一种痛苦的渴望，它是一种酸涩的折磨，这是他未曾料到的。他绞尽脑汁在回想他何时开始爱上她的，他自己也说不清，只记得在最初去过店里两三次后，也没什么感觉。后来每次再去时，心头都有一种无法言说的隐痛。他还记得她每次跟他说话，他都会莫名其妙地觉得无法呼吸。当她离开他时，他有一种苦恼的感觉；当她又出现在他面前时，他又感到一阵绝望。

他像狗一样尽量伸展四肢躺在床上，心中暗自在想：他将如何忍受这无休无止的灵魂的痛楚呀。

第五十八章

菲利普第二天一大早就醒来了，脑海中马上出现了米尔德里德的身影。他忽然冒出了一个念头：他要去维多利亚火车站接她，然后送她到店里上班。他飞快地刮完脸，匆匆穿好衣服，跳上一辆开往火车站的公共汽车。他七点四十就到了火车站，观察着一列列进站的火车。人群从车厢中走出来，熙熙攘攘地来到月台上，他们大多是上早班的职员和店员，步履匆匆，有的是两人结伴，有的是三五成群的女孩，但更多的是一个人在赶路。在这一大早，大多数人都是脸色苍白，显得很难看，一副恍惚的表情。年轻人的脚步轻快，好像踩在月台的水泥地上也兴高采烈，但是其他的人好像是受到一架机器的推动，只顾埋头前行：他们皱着眉，一脸焦虑的神色。

最后，菲利普看见了米尔德里德，他急切地迎了上去。

“早上好，”他招呼道，“我想我要来看看。昨晚看完戏之后你还好吧。”

她穿着一件旧的褐色大衣，戴着一顶水手帽。看见他，她显然不太高兴。

“哦，我很好。我没那么多时间浪费。”

“你不介意我陪着你沿维多利亚街走走吧？”

“时候不早了，我得抓紧赶路。”她答道，低头看了一眼菲利普的跛足。

菲利普的脸红了。

“对不起，那我就不耽搁你了。”

“那你请便吧。”

她头也不回地继续向前走去，而菲利普则心情低落地自己回家吃早饭了。他恨她。他知道自己为她费心是自寻烦恼，是天下最大的大傻瓜。她不是那种会把他放在心上的女人，对他的残疾她一定会心生厌恶。菲利普下定决心当天下午不再去那家糕点店了。可是，到了时间他又去了，这实在让他痛恨自己。当他进门的时候，她朝他点了点头，微微一笑。

“我觉得今天早上对你不太礼貌。”她说道，“你知道，我没想到你会来，太出乎意料了。”

“哦，完全没关系。”

他突然感到身上一阵轻松，好像千斤重担卸了下来，短短的一句亲切的话就让他感激涕零了。

“你干吗不坐一会儿？”他说道，“这会儿又没人要你招待。”

“那我就坐会儿吧，反正我不介意。”

他看着她，但是不知说什么好。他焦急地转动着脑筋，想找个话题能把她留在自己身边。他想告诉她，她在他的心中是多么重要。他心中急切地想表达爱意，可就是不知如何开口示爱。

“你那位有着漂亮小胡子的朋友去哪儿了？我最近怎么没见他来。”

“哦，他回伯明翰了，他在那儿有生意，他只是偶尔来伦敦一趟。”

“他爱上你了吗？”

“你最好去问他，”她笑着说道，“他要是爱上我了，我不知道跟你有什么关系。”

一句刻薄的话已经到了嘴边，但他已学会了自我克制。

“我真不明白你为什么要跟我说这种话。”他只轻描淡写地回敬了这么一句。

米尔德里德冷漠地看着菲利普。

“看来你不怎么在乎我。”他又补了一句。

“我为什么要在乎你？”

“确实没有理由。”

菲利普伸手去拿自己带来的报纸。

“你这人脾气真大，”当她看见他这个动作时，说道，“很容易就生气了。”

他微笑着，带着恳求的神情望着她。

“你能赏脸帮我个忙吗？”他问道。

“那得看什么事了。”

“让我今晚陪你去火车站吧。”

“我不介意。”

菲利普用完茶点，出了门回到了他租的房子。不过到了晚上八点钟，糕点店要关门时，他已经在外面等候了。

“你这人真有意思，”当她走出店门，看见他后说道，“我搞不懂你在想什么。”

“我觉得你若想搞懂我的心思也不难。”他回敬道。

“有没有别的姑娘看见你在等我？”

“我不知道，也不在乎。”

“她们都在笑话你呢，你知道，她们说你在迷恋我哩。”

“你才不把我放在心上呢。”他嘟哝道。

“现在又要和我吵嘴了。”

到了车站，他买了一张车票，说他要陪她回家。

“你似乎闲得没事干了。”她说道。

“我想时间是我的，我爱怎么浪费就怎么浪费。”

他们似乎总是要吵起来。事实上，菲利普怨恨自己怎么会爱上她。她似乎在不断地羞辱他，每受一次冷落，都让他对她的怨恨多一分。但是那天晚上,她还是很友善,也很健谈。她告诉他，她的父母双亡。她想让他知道其实她不必自己挣钱糊口，她出外工作只是为了解闷。

“我婶婶不想让我出去工作，我家里条件很好，我不想让你认为我工作是迫不得已。”

菲利普知道她说的不是实话。她那个阶层的人都喜欢装出体面的派头，所以用这种假话来避免让人说自己得养家糊口，显得丢人。

“我们家的亲戚朋友也都很体面。”她说道。

菲利普微微一笑，但她注意到了。

“你笑什么？”她迅速问道，“你觉得我在跟你说瞎话？”

“我当然相信你说的话啦。”他回答道。

她用怀疑的目光看着他，但没过一会儿，又忍不住向他炫耀一下她昔日的奢华生活。

“我父亲总是乘一辆双轮马车，我们有三个仆人，一个厨师、一个女仆，还有一个做零工的。过去我们家里种着很多漂亮的玫瑰花，行人经常在大门外驻足观看，并打听这是谁家的宅子，说那些玫瑰真是漂亮。当然了，我跟店里那些姑娘混在一起实在有些不成体统，她们和我不是一个阶层的人，有时因为这个原因，我真想辞了那差事。倒不是介意店里活儿累，你别认为我怕辛苦，我只是不愿意和那类人为伍罢了。”

他们在火车上面对面坐着，菲利普颇为同情地听她侃侃而谈，心里感到很快活。他对她的天真幼稚感到有些好笑，同时又有些感动。米尔德里德的双颊上泛起了一丝淡淡的红晕，他暗自思忖，如果这时能亲吻一下她的下巴该有多美呀。

“你走进我们店的那一刻，我一见你就知道你是个地道的绅士。你的父亲也是位体面的专业人士吧？”

“他是个医生。”

“是不是专业人士，我一眼就能看出来。他们身上总有些与众不同之处，我虽然说不上来那是什么，但我立刻就能感受到。”

他们肩并肩从车站里出来向前走去。

“我说，我想请你跟我再去看一场戏。”他说道。

“我无所谓。”她说道。

“你就不能说一句你很愿意去嘛。”

“我干吗非得那么说？”

“没事，没事。我们约定个日子吧，周六晚上怎么样？”

“行，就这么说定了。”

他们做了进一步的安排，然后发现他们已经来到了她住的那条街的街角上。她向他伸出手，他握住了它。

“我说，我特别想叫你米尔德里德。”

“你想叫就叫吧，我不在乎。”

“那你也叫我菲利普，好吗？”

“如果我能想起来，我就这么叫你。但似乎叫你凯里先生更顺口些。”

菲利普轻轻地把她拽向自己，但她往后一躲。

“你想干什么？”

“你不想跟我吻别吗？”他轻声说道。

“你真放肆！”她说。

她猛地抽回了手，匆忙走向她住的那幢楼。

菲利普买好了周六晚上的戏票，但那天米尔德里德不能早下班，所以她没时间回家换衣服了。她打算早上随身带件外套，这样可以在店里匆匆换上。如果女经理那天心情好，也许可以让米尔德里德七点钟就下班了。菲利普已经答应七点过一刻就在店外面等她。他有些迫不及待地等待着约会，想象从剧院到火车站的出租马车上，米尔德里德兴许能让他吻她一下。这种交通工具对于男人用手揽住姑娘的细腰十分方便（这也是马车相对于今天出租车的优势之一），凭着这个乐趣，那么晚上娱乐的花费也物有所值了。

然而，在周六的下午，为了进一步确定俩人的约会，菲利普进店里打算用些茶点。他见到了那个有漂亮小胡子的男人从店里出来。菲利普现在知道他叫米勒，是个入了英国籍的德国人，甚至连自己的名字都英国化了，他在英国已经生活多年了。菲利普听他说过话，虽然他的英语流利而自然，但是语音语调还是与土生土长的英国人有所不同。菲利普知道他正在和米尔德里德调情，所以对他特别妒忌。但是一想到她那种没少让他痛苦的冷漠，反而觉得好受些了。想到她的不易动情，他觉得自己的情敌比他的遭遇也好不到哪里去。但是他的心又沉了下去，因为他想到米勒的突然出现，可能会影响到他盼望的这次出游。他走进了糕点店，心里忐忑不安。米尔德里德走上前来，问他要点什么，不一会儿便端了过来。

“很抱歉，”她说道，脸上带着几分确实难过的表情，“我今天晚上去不成了。”

“为什么？”菲利普问道。

“别看上去那么不高兴，”她笑道，“这又不是我的错。我婶婶昨天晚上病了，今晚照顾她的女孩放假，所以我必须回去陪着她。不能留她一个人在家待着，是吧？”

“没关系，我送你回家吧。”

“可是你已经买了票，浪费了多可惜。”

他从口袋里拿出票，把票撕得粉碎。

“你这是干吗？”

“你不会以为我一个人会去看那种破烂音乐喜剧吧？我是因为你才买的票。”

“你真想送我回家，我也不会让你送的。”

“你早已经另有安排了。”

“我不知道你这么说是什么意思。你跟其他男人一样，是自私鬼，你只想你自己。我婶婶生了病，你不能怪我吧。”

她快速地开了账单，走开了。菲利普对女人的心思了解甚少，否则的话，他应该装聋作哑，接受她们再明显不过的谎言。他打定主意盯着糕点店，看看米尔德里德到底是不是跟那个德国人一起出去。他有个缺点，爱较真，事事都想弄个明白。到了七点，菲利普站在店对面的人行道上。他留意着米勒，但没看见他的身影。十分钟之后，米尔德里德从店里走了出来，她披着斗篷，围着那条围巾，打扮得就和上次他带她去沙夫茨伯里剧院一样。很显然，她没有打算回家。在菲利普想躲到一旁之前，她看见了他。她愣了一下，然后径直向他走来。

“你在这儿干吗？”她问道。

“透透气。”他回答道。

“你在监视我，你这个卑鄙小人。我原来还以为你是个正人君子呢。”

“你以为正人君子可能会对你这种人感兴趣？”他嘟囔道。

菲利普心中的怒火实在按捺不住，迫使他把事情搞得一发不可收拾。他想像米尔德里德一样，把她对自己的伤害原封不动地奉还。

“如果我愿意，我想我随时可以改变主意。我没有义务一定要跟你出去。我告诉你我要回家了，你不许跟着我或者监视我。”

“你今天见过米勒了？”

“那不关你的事，事实上我没见到他，所以你又错了。”

“我今天下午看见他了。我进店时他刚刚从店里面出来。”

“好吧，就算他来过了又怎么样呢？如果我愿意，我可以跟他出去，对吧？我不知道你有什么好说的。”

“他让你久等了，是吗？”

“好吧，我宁愿等他，也不愿意你等我。这件事你自己好好考虑考虑吧，现在也许你最好回家，留神你自己的未来前程吧。”

菲利普的情绪突然从愤怒变为绝望了，当他说话时他的声音也颤抖着。

“哦，别对我这么残忍，米尔德里德。你知道我是那么喜欢你。我觉得我是全身心地爱你。难道你还不能回心转意吗？我是那么盼望今晚的相聚。你瞧，他没来，他根本不在乎你，跟我一起去吃晚饭，好吗？我还会再买两张票，你想去哪儿都行。”

“实话跟你说，我不愿意。你说什么都没用，我已经打定主意了，只要我打定了主意，我就绝不会改变。”

他静静地盯着她看了一会儿，他的心被痛苦撕扯着。在人行道上的行人从他们身边匆匆走过，出租马车和小公共汽车也隆隆而过。他看见米尔德里德的眼睛四下张望，唯恐看不见在人流中的米勒。

“我再也不能这样下去了，”菲利普呻吟着说，“真是太下作了，如果我走了就永远不会回头找你了。除非你今晚跟我一起走，否则你再也不会见到我了。”

“你似乎觉得这样就能吓倒我了，我只能说，你不在，我正好眼不见心不烦呢。”

“那么再见吧。”

他点了点头，一瘸一拐地慢慢走开了，他满心希望她能把他叫回去。在下一个路灯杆处，他停下脚步，扭过头看去。他想她可能会向他招手——他会不计前嫌，愿意忍受任何羞辱——但是她早已经转身走开了，显然不想再跟他纠缠下去了。他意识到对于米尔德里德而言，能把他成功甩掉，她实在是开心得不得了。

第五十九章

菲利普在痛苦中度过了那个晚上。他事先告诉房东太太他不回来吃晚饭了，所以家里没有给他留任何吃的，他不得不到加迪餐馆吃了顿晚餐。后来他回到了自己的房间，但是格里菲斯正在楼上举行聚会，欢闹的动静更让他觉得自己的悲惨境况难以忍受。于是他去了杂耍剧场，因为是周六晚上，剧场里只有站座了，看了半个小时无聊的表演，他双腿酸痛，于是便回了家。他想看一会儿书，但是无法集中注意力。他确实应该努力学习了，生物学考试还有不到两周就要进行了，虽然这门考试不难，但最近他常常不认真听课，知道自己什么都没学会。不过考试是口试形式，他确信用两周的时间来备考，通过考试还是问题不大的，因为他对自己的聪明头脑还是挺有信心的。他把书扔到了一边，任由自己把心思放在了那件挥之不去的闹心事上。

他懊悔地责怪自己晚上的不当行为。为什么一定要让她做出选择，要么和他一起吃饭，要么和他一刀两断呢？那她当然要拒绝他啦，他应该考虑到女孩子的骄傲。他这种破釜沉舟的行为，确实是断了自己的后路。如果他想到她现在可能也在难受，自己的痛苦也许会减轻些。但是他清楚她不会难受的，她对他完全不在乎。倘若自己聪明点儿的话，就会假装相信她的谎话。他应该能掩盖住失望之情，靠自制力控制好自己的脾气。他不知道为什么自己会爱上她。他曾在小说中读到过恋爱的人经常会产生理想化的爱情遐想，会“情人眼里出西施”，可他却清楚地看到了她的本来面目。她既不有趣也不聪明，思想平庸，身上的那种小市民的狡黠让他反感。她既不文雅也不温柔，她骨子里是个一心追逐个人利益的女人。能让她赞叹不已的事情是：有人要了花招，要弄老实人；哄得人受了骗，总是会让她在一旁看得心满意足。菲利普想到她在吃饭时忸怩作态、故作优雅的模样，不禁狂笑起来。她不能忍受粗俗的词汇，热衷于使用委婉的词语，但自己的词汇量又有限。她还到处挑刺，从不用“裤子”这个词，如需用到，一定用“下装”这个词代替。她觉得擤鼻子这个动作有些不雅，所以看见人当众擤鼻子就露出不以为然的神色。她贫血很严重,还有消化不良症,经常肠胃不舒服。她扁平的胸部和狭窄的臀部也让菲利普很扫兴；菲利普还讨厌她俗气的发式。可他竟然会爱上她，他对自己真是又厌恶又鄙视。

事实上，他现在觉得自己是那么无助。有时他觉得好像自己又落入了上学时欺负他的大孩子手中。他拼命反抗力量上占优势的大孩子的欺凌，直到自己力量全部耗尽，不再有丝毫的还手之力——他至今还记得四肢乏力的奇特感觉，好像他已经快瘫痪了——最后他完全是身不由己地任人摆布了。他现在就又有了那种一模一样的无力感。他爱上了这个女人，他知道自己以前从未这样爱过谁。他不介意米尔德里德身体或者品格上的缺点，他觉得他也爱她这些缺点。在他眼中，这些缺点都不算什么，似乎也不是他所关注的。他感到自己被某种奇怪的力量所驱使，迫使他做一些违背自己的意愿、与自己的兴趣相悖的事。因为他酷爱自由，讨厌束缚他心灵的锁链。每当他想到以前他多次渴望体验压倒一切的情欲滋味，就会嘲笑自己。他会诅咒自己竟然屈服于激情。他想到当初，如果他没有和邓斯福德一起去那家糕点店，一切都不会发生。整件事情全怪自己，如果不是自己那可笑的虚荣心，他就不会自找麻烦，和那个态度恶劣的臭娘们纠缠不清了。

无论如何，那天晚上发生的事已经把一切都结束了。只要还有一点羞耻心，他就不能再回去。他急切地想摆脱那份困扰他的爱情，这种爱情既下贱又可恨，他必须要防止自己继续想她。过一段时间，他所受的痛苦应该会缓解一些。他的思绪又回到了过去，他不知道埃米莉·威尔金森和范妮·普莱斯是否因为他，也承受过与他现在一样的折磨，他感到好一阵懊悔。

“那时我真不知道爱情是怎么回事。”他自言自语道。

他翻来覆去睡不着。第二天是星期天，他开始复习生物学。他坐在桌旁，把书放在面前，为了让自己集中注意力，嘴里还念着书上的语句，可是什么也记不住。他发现他时时刻刻都在想着米尔德里德，反复地回忆他们争吵时的每一句话。他硬着头皮强迫自己看书。接着他外出散步。泰晤士河南岸的街道在平时十分肮脏，但来来往往的人流显得充满活力，给街道也平添了几分活跃。可是在星期天，店铺都关了门，路上也不见了马车，寂静而压抑，给人一种难以名状的沉闷之感。菲利普觉得那一天漫长得像没有尽头一样，后来他太累了，沉沉地睡了过去。周一到来的时候，他又坚定地投入到生活中去。圣诞节快临近了，在冬季新旧学期之间，很多学生都去了乡下过简短的假期。但是菲利普谢绝了他伯父的邀请，没有回布莱克斯达布尔。他借口要准备临近的考试，但实际上他是不愿意离开伦敦和米尔德里德。他已经荒废了很多功课，现在他只剩下两周的时间来学习用三个月时间讲完的课程。他开始认真地埋头读书了，发现一天比一天都更容易不再去想米尔德里德。他庆幸自己还有一定的意志力。他感受到的痛苦不再是钻心的剧痛，而是一种酸痛，和一个人从马背上摔下来，虽然没摔断骨头，但遍体鳞伤，一碰就痛的感觉一样。菲利普发现他还能带着几分好奇心审视他在过去的几周的种种遭遇，饶有兴致地分析自己的感情，他觉得自己的表现有些好笑。让他深有感触的是：在那种情景之下，个人的想法实际上是不重要的。他设计出来的个人的处世哲学，过去曾让他自鸣得意，现在看起来对他根本没起什么作用，对此他深感困惑。

但是，有时在街上他看到一个长得很像米尔德里德的女孩，他的心似乎会停止跳动，随后他会情不自禁地追上去，急切而焦虑，结果发现完全不认识对方。学生们纷纷从乡下度假回来了，他和邓斯福德一起去一家 A. B. C. 公司经营的店里去用茶点，看到熟悉的女招待制服使他难过得说不出话来。他甚至异想天开地想：也许米尔德里德已经转到她所在公司的另一家分店工作了，他会突然与她不期而遇。这个想法让他一阵恐慌，他担心邓斯福德会看出他的不对劲。他又想不出什么话来说，只好假装在听邓斯福德讲话的样子。可邓斯福德的喋喋不休快让他疯了，他能做的就是控制住自己的情绪，不让自己对邓斯福德大喊：“看在老天的分上，你快住嘴吧。”

考试的日子终于到了，轮到菲利普考了，他自信满满地走到考官的桌前，回答了三四个问题。然后考官们又给他看了不同的标本，让他回答问题。菲利普平常没上过几节课，一问他从书本上学不到的东西，他就傻眼了。他想搪塞过去，掩饰自己的无知，考官也没刨根问底。很快十分钟的口试时间到了，他觉得肯定能通过。但是第二天，他到考试大楼看大门上贴的考试结果时，大吃了一惊，他在通过考试的学生名单中没有找到自己的学号。在惊讶中，他把名单看了三遍。当时，邓斯福德就在他身边。

“嗨，我太遗憾你没通过考试了。”他说道。

他刚问过菲利普的考号，菲利普转过身去看见他兴奋得放光的脸，心里明白邓斯福德通过了考试。

“哦，一点关系也没有，”菲利普说道，“我很高兴你通过了。我七月份再考一次。”

他急于装作毫不在乎的样子，在沿着河畔路回去的路上他还故意说些与考试无关的话题。邓斯福德是个天性善良的小伙子，他还想跟菲利普讨论一下考试失利的原因，但是菲利普硬是摆出一副无所谓的样子。事实上，他心里感到极度难堪。邓斯福德这个菲利普觉得讨人喜欢但天资愚钝的小伙子通过了考试，这使菲利普的失利显得更加不堪。他一向为自己的聪明感到自豪，现在他几乎绝望地自问，他对自己的评价是否错了。在冬季学期的三个月中，十月份入学的学生已经分化成不同群体了，哪些学生很优秀，哪些天资聪颖或勤奋刻苦，还有哪些“扶不上墙的烂泥”，这都很明显了。菲利普的考试失利除了让他自己大吃一惊外，在别人看来再正常不过了。到了茶点时间，他知道很多学生会在医院的地下室用茶点：那些通过了考试的学生会兴高采烈，那些不喜欢他的学生会幸灾乐祸地看着他，那些同样没通过考试的可怜虫们会对他表示同情，以期从他那里也得到同样的安慰。出于本能，他想一个礼拜都离医院远远的，这样在一周之后，大家就把考试的事给忘了。但是，恰恰是因为他不愿意去学校，他就偏偏要去——他要让自己受点折磨。他此时忘了他人生的座右铭：尽可随心所欲，只是留神街角的警察。如果说他遵循了这一准则行事，那只能说在他的天性中有某种奇怪的病态元素，使得他在自我折磨中获得痛苦的乐趣。

后来，他真的忍受了自己施加在自己身上的折磨。他听够了吸烟室中嘈杂的聊天声，于是独自步入了黑夜，心里猛然感到了一种从未有过的孤独。他觉得自己既荒唐又没用，迫切需要有人来安慰，那种想见米尔德里德的念头再也无法遏制。他苦涩地想到，从她那儿得到些安慰希望渺茫，但是即使他跟她说不上话，他也想见见她。毕竟，她只是个女招待，必须为他提供服务。她是世界上他唯一在乎的人，他自己再怎么否认这个事实也没用。当然，表现得好像什么事都没发生似的再去那家店，对他来说实在丢脸，但他已经没有多少自尊了。虽然他自己内心不愿承认，他每天都期盼她会给他写信，她知道把信写到医院他就会收到。但是她并没有写。很显然,她再见不见他都无所谓。可他不断对自己重复说：

“我必须要见她，我必须要见她。”

这种愿望是如此强烈，以至于他都等不及走路过去，而是直接跳上了一辆出租马车。他平时很节俭，只要可以避免，就不会为此破费。他在店外站了有一两分钟，突然想到她不会下班了吧，想到这儿，心里一激灵快步走进了店。他立刻看到了她。他坐了下来，她向他这边走了过来。

“请上一杯茶和一块松饼。”他吩咐道。

他几乎无法说话，有那么一会儿，他害怕自己会哭出声。

“我都以为你死了呢。”她说道。

她冲他笑了，竟然笑了！她似乎已经完全忘了菲利普在脑海中重复了一百遍的那最后的一幕。

“我以为如果你想见我的话，会给我写信。”他回答道。

“我闲得没事干啦，写哪门子信。”

看来想让她说些好话是不大可能的，菲利普诅咒命运怎么会把自己和这样一个女人连在一起。她去取他的茶点。

“你想让我陪你坐一会儿吗？”当她端来茶点后，说道。

“好的。”

“这段时间你去哪儿啦？”

“我一直在伦敦。”

“我以为你出门度假去了。那你为什么不来这儿啦？”

菲利普用忧伤而又满含深情的眼睛盯着她。

“你难道不记得了，我说过我再也不想见到你了？”

“那你现在干吗又见了？”

她似乎迫不及待地让他喝下那杯屈辱的苦酒。但他对她很了解，知道她就是随口一说。她的话有时伤得他很厉害，但也不是有意的。他没回答她的反问。

“你真差劲，对我耍那种手段，还盯我的梢。我一直以为你是个地地道道的正人君子哩。”

“别对我那么残忍，米尔德里德，我受不了啦。”

“你真是个怪人，我搞不懂你。”

“搞懂我太简单了。我是个彻头彻尾的大傻瓜，全心全意地爱着你，我知道你根本不在乎我。”

“如果你是个绅士的话，我以为你第二天会过来向我道个歉呢。”

她毫无怜悯之心，他看着她的脖子，心想他要是能用切松饼的小刀在她的脖子上来那么一下该多解恨。他有解剖学的知识，很清楚颈动脉的位置。可同时，他又想在她苍白、瘦削的脸上不断亲吻。

“如果你明白我是多么爱你就好了。”

“你还没向我道歉呢。”

他的脸变得煞白，她竟然觉得在那件事上她一点都没做错。她现在还想让他低声下气。他其实很骄傲，有那么一瞬间他几乎要脱口而出，“去见鬼吧！”但是他最终没有说出口，他的激情已经让他低入尘埃。为了能够见她，他愿意做任何事。

“我非常抱歉，米尔德里德，我请求你的原谅。”

他被迫说出了这些话，违心说出的话让他费了很大的气力。

“现在既然你已经这么说了，我也不介意告诉你。那天晚上我真后悔没跟你出去，我原以为米勒是个绅士，但是我发现我错了。我很快就把他打发走了。”

菲利普喘了口气。

“米尔德里德，你今晚愿意跟我一块出去吗？让我们找个地儿一起吃饭吧。”

“哦，不行，我婶婶还等着我回家呢。”

“我给她拍封电报，就说你在店里有事耽搁了，她也搞不清状况。噢，来吧，看在上帝的分上。我这么长时间没看见你了，我有好多话要跟你说。”

她低头看着她的衣服。

“别担心衣服。我们去个对着装没有要求的饭馆吃饭，然后我们去杂耍剧场。请你答应吧，那会让我十分开心的。”

她犹豫了片刻，他用可怜巴巴的眼神乞求般地看着她。

“好吧，我不介意跟你出去。我都不知道我有多长时间没有出去玩过了。”

他费了好大的劲儿才控制住自己的冲动——他想抓过她的手，在上面吻个千遍万遍。

第六十章

他们在索霍区的一家饭馆吃的饭，菲利普兴奋得有些微微颤抖。这家馆子不是那种人满为患、拥挤不堪的廉价饭馆，廉价饭馆往往是那些好面子而又囊中羞涩的人爱去的地方，他们相信下这种馆子既能体现他们放荡不羁的本色，又能保证经济实惠。菲利普他们去的这家馆子外观看上去比较简陋，是由一位善良的鲁昂人和他妻子经营的，是菲利普偶然找到的。他被法国式样的橱窗所吸引，橱窗的中间通常摆着一盘生牛排，两旁各放两盘生菜。店里只有一个邋遢的法国侍者，他正在学英语，可在他住的楼里，除了法语听不到别的语言。来店的顾客都是些放荡的女人，还有一两个法国家庭固定在这儿用餐，店里还存有他们自备的餐巾，还有几个样子古怪的人会急急忙忙进来简单吃点东西。

菲利普和米尔德里德在这儿能自己占一张桌子。菲利普派侍者去隔壁酒庄买了瓶勃良第[1]葡萄酒，另外还有蔬菜浓汤[2]，一份橱窗里的牛排加土豆[3]和一份樱桃酒煎蛋卷[4]，这

---

① 勃艮第，法国地名。

② 原文为法语。

③ 原文为法语。

④ 原文为法语。

儿的饭菜和环境还真有些浪漫的意味。米尔德里德刚开始还有些不以为然——“我从不相信这些外国餐馆，你永远不知道菜里都乱七八糟地加了些什么玩意儿。”——可不知不觉中就被它打动了。

“我喜欢这地方，菲利普，”她说道，“你觉得可以把胳膊放在桌子上，轻松自在，对吧？”

一个高个男人走了进来，一头浓密的灰白头发，稀疏的胡须参差不齐。他穿着一件破旧的斗篷，戴着一顶宽边礼帽，他对菲利普点了点头，因为后者以前在这儿和他打过照面。

“他看上去像一个无政府主义者。”米尔德里德说道。

“他是欧洲最危险的人物之一。他蹲过欧洲大陆上的每座牢房，他暗杀过的人超过了任何一个还未被绞死的杀人犯。他总是兜里揣个炸弹四处游荡。当然，想要跟他聊天有点麻烦，因为你如果不同意他的观点，他就会把炸弹掏出来砰地往桌子上一放。”

米尔德里德惊恐地看着那个男人，然后又满腹狐疑地扫了菲利普一眼。她看见他的眼中有着笑意，她微微皱起了眉头。

“你在捉弄我。”

他小声地发出了一声欢呼，心里很是快活。但是米尔德里德不喜欢被人嘲笑。

“我看不出说谎有什么好笑的。”

“别生气。”

他握住了她放在桌子上的手，温柔地捏了捏。

“你真可爱，我愿意亲吻你脚下走过的土地。”他说道。

她白里泛青的皮肤让他着迷，缺少血色的薄唇也有一种与众不同的魅力。因为贫血，她呼吸有点急促，她的嘴微微张着，这似乎也为她的脸庞增添了不可言状的吸引力。

“你的确有些喜欢我，是吧？”他问道。

“嗯，如果我不喜欢你，我想我也不会和你坐到这儿啦，是不是？你是个地地道道的绅士，我就是这么看你的。”

他们吃完了晚餐，又在喝咖啡，菲利普把节俭的习惯扔到了脑后，竟抽起了三便士一支的雪茄。

“你无法想象，只是坐在你的对面，看着你，就能给我带来莫大的喜悦。我对你无比思念，一直渴望看到你。”

米尔德里德微微笑了一下，脸上也泛起了一丝红晕。她平时因为消化不良，吃完饭后一般就会不舒服，可今天却没有感到任何异样，所以今天她对菲利普也有了特别的好感，目光中充满了往日没有的柔情，这让他欣喜若狂。但本能告诉菲利普，如果任凭自己由她摆布，那他就是疯了。他若想赢得她的唯一办法就是对她不温不火，而不能让她看到他心中汹涌澎湃的激情，否则她会利用他的弱点。可现在他无法做到小心谨慎了，他向她倾诉和她分手期间他的痛苦，他告诉她自己内心的挣扎，他如何想遏制自己的激情，一度觉得他已经成功了，结果发现那股激烈的情感还是和以往一样强烈。他明白他其实从来没真正想遏制住它。他是那么爱她，所以他不介意受些折磨。他向她坦露心迹，甚至骄傲地把自己的弱点也向她坦承。

没有什么比坐在虽然简陋但温暖舒适的饭馆里更让菲利普惬意了，但是他知道，米尔德里德喜欢热闹，她已经有点坐不住了，无论她去哪儿，待上一会儿她就想去别处了，他不敢让她觉得无聊。

“我说，咱们去杂耍剧场如何？”他问道。

他飞快地想：如果她真的在乎他，她会说自己宁愿就待在那儿。

“我刚才还在想，如果我们要去杂耍剧场，现在就该走了。”她答道。

“那我们走吧。”

菲利普焦急地等着表演结束，他已经打定主意他下一步要做什么了。当他们坐进出租马车的时候，他伸过一只胳膊，好像是不经意地揽住了她的腰。但是他叫了一声，马上把手缩了回去，什么东西扎了他一下。她哈哈大笑起来。

“你瞧，那就是你没事乱伸胳膊的后果。”她说道，“我一向知道什么时候男人试图用胳膊搂着我的腰，我那根别针可不是吃素的。”

“那我得多加小心了。”

他又把胳膊伸了过去，她没有拒绝。

“我太开心了。”他幸福地叹了一口气。

“这下遂了你的意了，你当然舒心了。”她回敬道。

他们从圣詹姆斯街拐到了公园路，菲利普飞快地吻了一下她。他怕她怕得出奇，鼓足了全部勇气才敢吻她。她把嘴转向了他，没有说话，似乎既没表示不喜欢，也没表示喜欢。

“你不知道我想吻你想了多久了。”他喃喃地说道。

他想再亲吻她一次，但是她把脸扭到了一边。

“一次就够了。”她说道。

在两人一起走向赫恩山的路上，菲利普伺机想吻她第二次。走到她住的那条路的尽头，他向她央求道：

“你难道不能再让我吻一下吗？”

米尔德里德无动于衷地看着他，然后瞟了一眼马路，看到路上没有人。

“我不介意。”

菲利普用双臂搂着她，狂热地吻着她，但是米尔德里德把他推开了。

“小心我的帽子，傻瓜，笨手笨脚的。”她说道。

第六十一章

在那以后，菲利普每天都去看她。他开始在糕点店吃午餐，但是米尔德里德不同意：她说那样会让别的姑娘说闲话的，所以他只能满足于在那儿吃茶点。但是他总在店外等着她，陪她一起走到车站。一周里他们要一起吃一两次饭，他还送她一些小礼物，诸如金手镯、手套、手帕之类的。他的支出超过了力所能及的范围，但他还是忍不住要去做，因为只有在他送她礼物的时候，她才对他展现出些许柔情。她知道每件礼物的价值，她的谢意完全和菲利普所送礼物的价值相匹配。他不在乎。当她主动吻他一下时，他会幸福得忘乎所以，根本不会介意他是用了什么方法才让她有所表示的。他发现她觉得星期天在家里很无聊，于是他就在一大早赶到赫恩山，在路的尽头和她碰面，然后陪她一起去做礼拜。

“我一直很想去教堂，”她说道，“教堂看上去挺不错的，对吧？”

然后她回家吃午饭，他在旅馆胡乱吃了点东西，下午他们一起在布鲁克维尔公园一起散步。他们彼此没有太多的话说，而菲利普特别担心她会觉得无聊（她动不动就觉得无聊），他绞尽脑汁地想聊天的话题。他意识到这种散步让他们俩都感到无趣，但他就是舍不得离开她，所以想尽量延长散步的时间，直到她累得够呛，发一通脾气收场。菲利普知道她不在乎他。他的理智告诉他，这个女人生性冷漠，她不懂爱情，而他非要从她那儿得到爱情。他无权向她要求，可他就是禁不住想要求。现在两人更熟了，他发现更不容易控制住自己的脾气了，他经常会被激怒，总忍不住说出些尖酸的话来。他们时常吵架，她会好长时间不理他。但总是他屈服，在她的面前低头求饶。菲利普对自己这种没尊严的样子也很懊恼。而且，如果他看见米尔德里德在店里和其他男人说话，他就会妒火中烧。一旦妒火燃起，他似乎就控制不住自己的情绪。他会故意冲她发火，从店里甩手而去，而后又在床上辗转反侧度过一个不眠之夜，既生气又后悔。第二天，他又会跑到店里去，恳求她的原谅。

“别生我的气了，”他说道，“我是那么喜欢你，我控制不住自己。”

“总有一天你会闹过头的。”她答道。

菲利普很想去她家里拜访一次，这样在他和那些她在工作时候认识的泛泛之交相比时，他就能因为这层与她更加亲近的关系而占上风，但是米尔德里德就是不同意。

“我婶婶会觉得那很奇怪。”她说道。

菲利普怀疑米尔德里德不想让他登门，可能只是不愿意让他见到她婶婶罢了。米尔德里德一直把她婶婶说成是个有身份的寡妇，丈夫生前是位专业人士（那是她对有身份的人的典型说法）。而她自己很清楚那位善良的夫人很难被称为“有身份的人”，因而内心会觉得不安。菲利普估计她很可能不过是一位小商人的未亡人，心里很清楚米尔德里德是个虚荣势利的人。他想向她表明他根本不在乎她婶婶是多么普通，可这话他又没办法说出口。

两人最激烈的争吵发生在一天晚上，他们一起吃晚饭的时候。她告诉他，有一个男人邀请她一起去看戏。菲利普的脸色变得煞白，他绷起了脸。

“你不会去吧？”他说道。

“干吗不去？他是个很不错的绅士呢。”

“我可以带你去任何你喜欢的地方。”

“但那不是一回事，我不能总是跟你一个人出去吧。而且他让我自己挑时间，我可以找一个不跟你在一起的晚上，这对你也没什么影响。”

“如果你还顾及颜面，如果你还有点感激之情，你就根本不会想到跟别人去看戏了。”

“我不明白你说的感激之情是什么意思，如果你指的是你送我的那些东西，我都退给你好了，我还正不想要呢。”

她说话的语气有时跟泼妇骂街一样，这也不是头一次了。

“总跟你一起四处走动，实在无趣得要命。你老是问：你爱我吗，你爱我吗，我都快烦死了。”

（他知道一再问她这个问题确实有些愚蠢，但他就是控制不住自己。

“哦，我还是挺喜欢你的。”她总是这么回答。

“就这么一句？我可是全身心地爱着你呢。”

“我不是那种人，我不会说那么多甜言蜜语的。”

“如果你知道就那么一句就会带给我多么大的幸福就好了！”

“嗯，我还是那句话，我就是这么个人，如果有人要跟我交往，哪怕他们不喜欢，也得受着。”

不过有时她表达得更直截了当，当他又问那个问题时，她干脆顶了回去：

“哦，别再这样问个不停了。”

于是菲利普绷着脸不吭声了，心里恨死她了。）

这会儿，菲利普说：

“哦，好吧，如果你那么想的话，我想知道你干吗屈尊又跟我出来了呢。”

“那又不是我要出来的，你很清楚是你死乞白赖叫我出来的。”

菲利普的自尊心受到了伤害，他疯了似的回敬道：

“你认为我就那么好脾气，在没人请你的时候，我才能请你吃饭和看戏呀，一旦有人请你了，我就得乖乖滚蛋是吗，真是谢谢你了，我对做这种便利工具已经厌烦透了。”

“我可不想让人这么跟我讲话，我倒要让你看看我多么稀罕你这顿破饭。”

米尔德里德站起身，穿上了外套，快步走出了餐馆。菲利普打定主意坐在那儿不动。可没过十分钟，他就跳上一辆出租马车，追她去了。他猜想她会搭公交车去维多利亚车站，这样他们到达的时间会差不多。他看见她站在月台上，趁她没注意，他也上了去赫恩山的同一列火车。他想在她回家的路上再跟她讲话，这样她就没处躲他了。

当她一从车马喧嚣、灯光明亮的主路拐过来，他就追上了她。

“米尔德里德。”他喊道。

她只埋头往前走，既没抬眼看他也没应他。他又叫了她一声，她才停下脚步，面对着他。

“你到底想干什么？我看见你在维多利亚车站鬼鬼祟祟，为什么你不让我消停会儿？”

“我真的太抱歉了，我们和好吧，好吗？”

“不，我可受够了你的臭脾气和吃醋劲儿。我不喜欢你，我从来没喜欢过你，我今后也不会喜欢你。我不想再跟你有任何瓜葛了。”

她走得很快，他不得不快走几步才跟上了她。

“你从来也不体谅我一下，”他说道，“当你没有喜欢的人时，你可以整天乐乐呵呵、和和气气的。如果你像我一样陷入情网不可自拔，那就很难控制住脾气了。可怜可怜我吧，我不在意你喜不喜欢我。毕竟这是强求不来的，我只求你让我爱你就行了。”

她继续走着，不肯说话。眼看还不到几百码就到了她住的房子了。菲利普急了，他顾不上什么自尊了，把心中对她的爱恋和忏悔，结结巴巴地一股脑儿都倾诉了出来。

“如果你这次原谅了我，我向你保证以后绝不会让你再抱怨诉苦，你愿意跟谁出去就跟谁出去。只要你没事可做的时候能跟我一块出去，我就非常高兴了。”

她又一次停下了脚步，因为他们已经到了他每次和她分手的街角了。

“现在你可以走了。我不会让你走到门口的。”

“我不走，除非你说你原谅我。”

“我对整件事都烦透了，受够啦。”

菲利普犹豫了片刻，因为他本能地知道他说什么能打动她，但要说那样的话又让他觉得恶心。

“真是残酷呀，上天为什么对我如此不公，你不知道跛足究竟意味着什么。你当然不会喜欢我，我也不能期望你喜欢我。”

“菲利普，我真不是那个意思，”她赶紧说，她的声音中突然流露出了几分怜悯，“你知道，你说的不是事实。”

菲利普现在索性开始演起戏来了，他的声音沙哑而低沉。

“哦，我感觉到的就是这样。”他说道。

米尔德里德握住了他的手，看着他，眼里噙满了泪水。

“我向你保证，你身体的残疾对我来说真的无所谓，在遇见你最初的一两天之后，我再也没想过。”

菲利普表现出一种悲壮的沉默，他想让她觉得他完全被内心的涌起的情感击垮了。

“你知道我非常喜欢你，菲利普。只是有时你真有点让人受不了，我们讲和吧。”

她把嘴唇凑了过去，菲利普如释重负地舒了口气，亲吻了她。

“现在你又高兴了吧？”她问道。

“高兴极了。”

她向他道了晚安，沿着马路匆匆向家门口走去。第二天，他送了她一块小怀表，表链上系有一枚胸针，可以别在外套上。这种表她一直期盼已久。

但是过了三四天，米尔德里德把菲利普的茶点端上来后，她对他说：

“你还记得那天晚上你的承诺吗？你不会反悔吧，对吗？”

“是的。”

他心里很清楚她指的是什么，对她下面的话已有了思想准备。

“因为我打算今晚和那位绅士一起出去了，就是我跟你说过的那位。”

“好吧，我希望你玩得开心。”

“你不会介意的，是吧？”

他现在完全控制住了自己的感情。

“我当然不会喜欢，”他笑了笑，“但是为了不让自己再讨人嫌，我也只能不介意。”

她对这次约会显得很激动，很愿意聊这个话题。菲利普心中暗自纳闷，她这么做是成心伤害他呢，还是仅仅因为她本身就是大大咧咧、没心没肺呢。他习惯于为她的残忍开脱，认为是她的愚蠢使然。当她伤害他时，也是有口无心，没想到会让他伤心。

“爱上一个没有想象力和幽默感的女孩实在不太好玩。”他一边听她兴奋地说着，一边沮丧地想。

不过，正是由于她天性中缺乏这些东西，才给了菲利普原谅她的借口。他觉得要不是他认识到这一点，他绝不会原谅她带给他的痛苦。

“他已经在蒂沃利剧院订了座位，”她说道，“他让我选，我就挑了那家剧院。我们还要去皇家餐厅吃晚饭，他说那是伦敦最贵的餐厅了。”

“他可是一个地地道道的绅士。”菲利普心里学着她一贯的腔调想，但咬紧牙关不让自己发出声来。

菲利普也去了蒂沃利剧院，看见了米尔德里德和她的同伴坐在正座的第二排。米尔德里德的同伴是一个脸庞光滑的年轻人，头发油光可鉴，衣冠楚楚，一副旅行推销员的模样。米尔德里德戴着黑色的阔边花式帽，上面插了几根鸵鸟羽毛，她戴这种帽子倒是合适。她正露出那种菲利普熟悉的文静微笑听着那位男士说话。她向来缺乏轻松活泼的表情，只有那些特别粗俗的闹剧才能引得她大笑。但是菲利普看得出来，她对同伴的话很感兴趣，听得津津有味。他苦涩地想：她那位穿着奢华、热情快乐的同伴，和她倒是很般配。米尔德里德天性不够活跃，这使她喜欢接近吵吵嚷嚷的人。菲利普虽然喜欢跟人探讨问题，对于闲聊却很不在行。他羡慕那些很容易就能说笑逗趣的人，他的一些朋友就精于此道，比如劳森，劳森插科打诨的本事常使菲利普钦佩，却又感到自卑和尴尬。菲利普感兴趣的很多事情却让米尔德里德感到兴味索然。米尔德里德希望听到男人谈论足球和赛马，而菲利普对这些一无所知。他也不知道那些说了就能让她大笑的时髦话。

菲利普向来迷信印刷品，现在为了让自己变得更有趣些，他开始勤奋地看起了《体育时报》。

第六十二章

菲利普不愿意屈服于消耗自己的激情。他知道人生的一切都是短暂的，终有一天他的这种激情也会逝去。他期盼那一天早点儿到来，爱情就像他心头的一条寄生虫，他正用生命的血液在滋养着这可恨的寄生虫。爱情吸引了他的全部心思，使他无法在其他事情中找到乐趣。过去他喜欢去圣詹姆斯公园欣赏那里优美的景色，他经常坐在树下，抬头望着繁茂的树枝，它们在整个天空的映衬下，看上去就像日本的版画；他总能在满是驳船和码头的美丽的泰晤士河风光中发现一种无尽的魅力；伦敦不断变换的天空让他的心里充满了令人愉悦的遐想。但是现在美在他眼中可以说是毫无意义的。只要没和米尔德里德在一起，他就会觉得无聊和不安。有时他想要去看看画展，好缓解自己难过的心情，但是当他走进国家美术馆时，他就像一名观光客，没有一幅画能唤起他心中的激情。他想知道自己究竟还能不能对过去所有热爱的东西提起兴趣来。他过去嗜书如命，但是现在书籍对他来说好像毫无意义。他一有空，就会花上好几个小时在医院俱乐部的吸烟室中待着，随手翻阅各种杂志。这份爱情是一种折磨，他怨恨自己如同囚徒般深陷其中不能自拔，他渴望自由。

有时他在早上醒来，什么感觉也没有，他的灵魂在欢快地跳跃，因为他认为自己自由了，他不再爱她了。但是，没过一会儿，等他完全清醒过来，痛苦又回到了他的心头，他知道自己还没有恢复过来。虽然他疯狂地渴望米尔德里德，但是他内心又十分鄙视她。他暗自思忖：恐怕在这个世界上，再没有比既爱慕同时又轻视一个人的感情更折磨人的了。

菲利普多年来一直习惯探究内心的感情，经常剖析自己，最终得出的结论是：他若想戒除这种堕落的情欲，只有让米尔德里德成为他的情妇才行。让他苦不堪言的正是对情欲的饥渴，如果他的情欲得到了满足，他可能就能挣脱束缚他的令人无法忍受的枷锁。他知道米尔德里德在那个方面对他丝毫不感兴趣，每当他充满激情地亲吻她时，她总会出于本能的厌恶而闪躲。她对床笫之欢似乎毫无感觉。有时他为了唤起她的嫉妒谈起在巴黎的种种艳遇，但是她对那些事一点都不感兴趣。还有一两次，他故意坐在糕点店的其他餐桌边，跟为他服务的女招待调笑，但是她完全无动于衷。菲利普能够看出来她倒真不是假装出来的。

“你不介意我今天下午没有坐到你负责的桌子边吗？”有一次他陪她走在去车站的路上，他问道，“你负责的桌子好像都满座了。”

这不是事实，但是她并没有反驳。对她来说，她根本无所谓他去别人负责的桌子坐，其实如果她能装作介意的话，他会心生感激的。要是再说上几句嗔怪的话，他的心灵会得到莫大的安慰。

“我觉得你每天都坐在相同的座位上也是有点傻，你应该时不时地让不同的姑娘伺候你嘛。”

菲利普越想越觉得只有让她完全委身才是他获得自由的唯一出路。他就像一名古代被施加了魔咒变成怪兽的骑士，正在寻找能够使他恢复英俊外表的解药。菲利普只有一个机会能实现这个愿望：米尔德里德特别渴望去巴黎看看。她就跟很多英国人一样。认为巴黎是时尚和快乐的中心。她听人说起过罗浮尔百货公司，在那儿只需用在伦敦需支付的大约一半的价钱就能买到最新款的东西。她的一位女友去巴黎度蜜月，花了一整天逛罗浮宫。她和她丈夫，老天呀，他们在那儿通宵达旦地游玩，不到早上六点钟绝不会上床睡觉。还有“红磨坊”以及她也说不清的好玩的去处。菲利普心想哪怕她仅仅是为了实现去巴黎的梦想才勉强以身相许，他也不在乎。只要能满足自己的情欲，什么样的条件他都会接受。他甚至想到一个疯狂的、夸张的念头，给她下点麻醉药。他还一个劲儿地给她倒酒，希望能让她兴奋起来，但是她不喜欢喝葡萄酒。虽然她喜欢让他点香槟，可那是因为香槟看上去比较高雅，可她喝香槟从不超过半杯。她喜欢把斟得满满的一大杯酒动都不动地留在餐桌上。

“这是要告诉侍者们你是个人物。”她说道。

菲利普挑了一个她看上去心情不错的时机，向她提出了这个建议。他在三月底要参加一场解剖学的考试。一周之后就是复活节了，米尔德里德那时也会有三天的假期。

“我说,你干吗不在那会儿去趟巴黎呢？”菲利普建议道，“我们肯定会玩得很开心的。”

“那怎么行呢？那可得花不少钱呢。”

这点菲利普也想过，这一趟两人至少得花二十五英镑，对他来说这是一大笔开销，但他愿意在她身上把自己最后一分钱都花掉。

“那又有什么关系？说你会去的，亲爱的。”

“再者说了，要知道，我还没结婚呢，我怎么能跟一个男人相约外出旅行呢。这种事你就不应该提。”

“那有什么大不了的呢？”

他又细说了和平大街的繁华，女神歌舞剧场的气派。他还描述罗浮宫和乐蓬马歇时尚百货。他还跟她滔滔不绝地讲了夜总会、修道院和外国人常去消磨时光的场所。他把他所鄙视的巴黎艳俗的一面涂了一层亮丽的色彩，无非是想方设法地让她跟他一起去巴黎。

“你知道，你说你爱我，但如果你真的爱我的话你会让我嫁给你的，你从来没向我求过婚呀。”

“你知道我结不起婚呀。毕竟我还是医学院一年级的学生，在今后六年里我可能一分钱都挣不到。”

“哦，我没有怪你。即便你双膝跪地向我求婚，我也不会答应嫁给你的。”

菲利普以前不止一次想到过结婚的事，但是到了这一步他就退缩了。在巴黎的时候，他就有了这样一种看法：婚姻乃是市井之人的可笑习俗。他也知道与她建立一种永久的婚姻关系会毁了他。他还有一种中产阶级与生俱来的骄傲，觉得娶一位女招待出身的女子是很羞耻的事情。有一位庸俗的妻子，体面的人士就不愿上门求诊。更何况他的财产也只能勉强维持到他获得行医资格。即便不打算要孩子，他也无法养活妻子。他想到了克朗肖，那位满腹经纶的雅士竟然和一位粗俗、邋遢的女人生活在一起，这让他惶恐得胆寒。他能预想到爱慕虚荣、思想浅薄的米尔德里德以后会成什么样。他不可能娶她为妻。虽说在理性上他可以痛下这样的决心，但在感性上他为了拥有她会不惜任何代价，如果只有娶了她才能得到她的话，他也会和她结婚的，未来会怎样到时再说。哪怕是以灾难收尾，他也不在乎了。他脑子里一旦有了这个念头，它就会一直困扰他，让他无法再顾其他。他还有一种超乎寻常的本事：能成功说服自己他想做的事是合乎情理的。如今，他发现自己把所有想过的拒绝这门婚事的合理理由都一一推翻了。他一天比一天急切地想与她结合，但他这种无法得到满足的爱让他愤恨交加。

“说实话，如果我娶了她，我会加倍地让她偿还我所受的苦。”他暗自说道。

最后他再也无法忍受这种折磨了。一天傍晚，在索霍区那家他们现在经常去的小饭馆吃完饭后，他对她说：

“我说，那天你说，如果我向你求婚，你也不会嫁给我的，这话当真？”

“当然，干吗这么问？”

“因为没有你我活不下去，我想让你和我永远在一起。我想尽力摆脱这种念头，但我做不到。我永远也做不到。我想求你嫁给我。”

她读过很多言情小说，不会不知道如何应付这种场面。

“菲利普，我非常感激，对你的求婚我感到受宠若惊。”

“哦，不要说那些陈词滥调了，你会嫁给我的，对吗？”

“你觉得我们在一起会幸福吗？”

“不会，但那又有什么关系？”

这些话几乎违背了菲利普的意愿，硬从他牙缝中挤出来，但是让她大吃一惊。

“嗯，你这人真有意思，那么你干吗还想娶我？那天你不是还说你没条件结婚。”

“我觉得我还有一千四百英镑的遗产，两个人节约点过跟一个人的花费差不多。那些钱足够支撑到我取得行医资格、通过医院里的实习期，然后我就能成为助理医师。”

“那就是说六年里你都挣不到一分钱，我们一周只有四镑的生活费，直到你找到工作，是吗？”

“只有三英镑多一点，因为我还得付学费呢。”

“那你以后做了助理医师呢？”

“一周三英镑的薪水。”

“你的意思是说你所有时间都用来学习，而且还花上了一笔钱来付学费，到头来一周只能挣三英镑？我看不出以后的日子能比我现在过得好多少。”

菲利普沉默了一会儿。

“那你的意思是说，你不打算嫁给我了？”他声音嘶哑地问道，“对于你来说，我对你的深情你真的觉得一点意义都没有吗？”

“在这些事上，每个人都要为自己考虑，不是吗？我不介意嫁人，但是如果我嫁人后的日子比我现在好不到哪儿去，我宁愿不嫁人。我看不出这样的婚姻有什么意义。”

“如果你真的在乎我的话，你就不会这么想了。”

“也许是吧。”

他又说不出话了，为了清清哽住的喉咙，他一口喝干了一杯葡萄酒。

“瞧那个刚刚出去的女孩，”米尔德里德说道，“她穿的毛皮大衣是从布里克斯顿的廉价商店里买来的。我上次路过那儿的时候，在橱窗里看见了这身衣服。”

菲利普冷冷地一笑。

“你笑什么？”她说道，“我说的是实话，我当时就对我婶婶讲，我才不会买那种陈列在橱窗里的廉价货呢，因为大家对你花了多少钱买的都心知肚明。”

“我真不理解你，你刚才还那么伤了我的心，下一秒钟你又东拉西扯地说些跟我正谈的主题无关的事。”

“你真是讨厌，”她委屈地回答说，“我忍不住去注意那件毛皮大衣，是因为我对婶婶说过……”

“我才不管你对你婶婶扯了些什么鬼话呢。”菲利普不耐烦地打断她。

“我希望你跟我说话时嘴巴放干净些，菲利普。你知道我不喜欢听粗话。”

菲利普嘴边露出一丝冷笑，眼里冒着怒火。他又沉默了一会儿，生气地看着她。他憎恨她，鄙视她，但又爱着她。

“要是我还有半点理智的话，我今后就绝不再见你。”他最后说道，“但愿你能知道，因为爱上了你，我从心底多么瞧不起我自己！”

“你这样对我说话，真是不厚道。”她面有愠色地说道。

“是不厚道，”他哈哈大笑，“我们到帕维廉剧场[①]去吧。”

“你这人可真怪，总是出人意料地开始大笑。如果我伤了你的心，你干吗还要带我去剧场？我都准备要回家了。”

“只是因为和你待在一起，比和你分开要少伤些心。”

“我倒是想知道你对我的真实看法。”

他放声大笑起来。

“亲爱的，要是你知道的话，就永远不会跟我说话了。”

---

① 帕维廉剧场，伦敦当时最有名的歌舞杂耍剧场，位于皮卡迪利广场北面。